LOS ESCRITOS SOCIALES
DE RABASH

LAITMAN
KABBALAH PUBLISHERS

LOS ESCRITOS SOCIALES DE RABASH

Copyright© 2014 MICHAEL LAITMAN
Todos los derechos reservados
Publicado por:
Laitman Kabbalah Publishers
1057 Steeles Avenue West, PO BOX 532
Toronto, ON – M2R3X1 Canada
Impreso en Israel

ISBN 978-1-897448-91-5

Primera edición: Enero 2014

Traducción y Revisión: Erán Minuchin, Alberto Bakaleinik, Merav Gottdank, Elena Garcia, Kate Weibel, Favio Mora
Compilación: David Melnichuk
Diseño gráfico: Henry Aponte
Post-producción: Uri Shabtay
Coordinador del proyecto: Tal Tzitayat

Contenido

Prólogo..5
El propósito del grupo (1)..7
El propósito del grupo (2)..9
Acerca del amor a los amigos..10
El amor a los amigos..12
Cada uno ayudará a su prójimo...13
¿Qué es lo que nos aporta la regla "Amarás a tu prójimo"?...13
El amor a los amigos..14
Acerca de lo explicado sobre"Amarás a tu prójimo como a ti mismo"............................18
¿Qué tipo de observación de la *Torá* y las *Mitzvot* purifica el corazón?..........................21
Uno debe siempre vender las vigas de su casa...23
Sobre la importancia del grupo..27
Algunas veces la espiritualidad es llamada *"Neshamá"*...29
Acerca del otorgamiento...33
El asunto de la importancia de los amigos...44
La agenda de la reunión de los amigos..47
Aquí están hoy todos ustedes..49
Hazte de un *Rav* y cómprate un amigo (1)...55
Hazte de un *Rav* y cómprate un amigo (2)...62
Poderosa roca de mi salvación..67
Pero cuanto más les oprimían...71
Y fue la tarde, y fue la mañana..76
¿Quién da testimonio de una persona?..80
La importancia del "rezo de muchos"..90
Ven hacia el Faraón (2)...99
El rezo de muchos..112
La agenda para la reunión...118
¿Quién causa el rezo?...123
Acerca de "por encima de la razón"...127
La grandeza de la persona depende de la medida de su fe en el futuro........................139
¿Cuál es la substancia de la difamación y contra quién está dirigida?..........................152
La severidad de la prohibición de enseñar la *Torá* a los idólatras.................................167
La necesidad del amor a los amigos..184
¿Cuál es el fundamento sobre el que se edifica la *Kdushá*?..188
¿Qué significa que uno comienza en *Lo Lishmá* en el trabajo?......................................227
¿Qué buscar en la reunión de los amigos?...236
¿Por qué se hacen específicamente cuatro preguntas en la noche de *Pésaj*?................245

¿Qué significa que las velas de *Jánuka* estén colocadas sobre la izquierda, en el Trabajo?............254
¿Qué significa que la *Torá* se llame "línea media", en el trabajo?............261
¿Qué significa que no hay bendición sobre aquello que se cuenta, en el trabajo?............270
Qué significa que el Señor permanece en Su campo cuando la cosecha está madura, en el trabajo?......280
¿Qué es "La entrega de los fuertes en mano de los débiles", en el trabajo?............288
Carta N° 5............297
Carta N° 8............298
Carta N° 16............307
Carta N° 24............311
Carta N° 34............313
Carta N° 37............317
Carta N° 40............318
El árbol del conocimiento del bien y del mal............324
Reprender al otro............326
El Hombre como un todo............326
Haremos y escucharemos (2)............328
Interioridad y exterioridad............329

Prólogo

Rav *Baruj Shalom HaLevi Ashlag* (*RaBaSH*) ocupa un lugar trascendente en la historia de la Cabalá. Puso en nuestras manos el último e indispensable eslabón para conectar la sabiduría de la Cabalá a nuestro quehacer humano. Debido a sus muy particulares cualidades, tuvo la capacidad de anularse frente a su padre y maestro, el gran cabalista, Rav *Yehuda Leib HaLevi Ashlag*, conocido como *Baal HaSulam*, por su Comentario *Sulam* (Escalera) al Libro del *Zóhar*. Sin embargo, si *RaBaSH* no hubiera escrito sus ensayos, habrían sido en vano los esfuerzos de su padre por desvelar la sabiduría de la Cabalá. Sin estos ensayos, solo unos cuantos habrían llegado al alcance espiritual que *Baal HaSulam* ansiaba para toda la humanidad.

En su vida cotidiana, *RaBaSH* era el perfecto ejemplo de humildad, restricción y discreción. No obstante, sus ensayos revelan un profundo entendimiento de la naturaleza humana. Lo que en primera instancia podría aparecer como rigor en su lenguaje, es en realidad un sendero preciso hacia las profundidades del corazón humano. Sus escritos nos señalan el momento crucial en que debemos hacernos de nuestra escalera e iniciar el ascenso. Él participa en este viaje espiritual, con una sensibilidad asombrosa atravesando con el estudiante las pruebas y confusiones que puede experimentar, avanzando hasta llegar al alcance espiritual. Sus palabras alientan al lector a aceptar su propia naturaleza y a transformar sus emociones, como el miedo y la ira, en alegría y confianza, liberándolo con mayor rapidez, que el caso de no haber contado con calidez y apoyo.

Sin sus ensayos, en particular los que se refieren al trabajo dentro de un grupo, no sabríamos cómo pasar de ser entusiastas de la Cabalá a cabalistas verdaderos. *RaBaSH* es el único cabalista que ha ofrecido un método claro de trabajo que puede ser utilizado por cualquier persona en el mundo, desde el momento en que despierta su punto en el corazón hasta que logra su meta espiritual a través del trabajo de grupo.

Sistemáticamente introduce en sus ensayos una o dos citas del *Zóhar* o del Pentateuco. Después *RaBaSH* pasa de un tono didáctico a un lenguaje más amable y personal. Y cuando dice, "Aprendemos todo en una sola persona", lo que sigue es la revelación de las profundidades del alma, en la que los lectores descubren tesoros ocultos que nunca soñaron que podrían existir.

Los escritos en este libro no solo están destinados a la lectura. Se trata más bien de una guía experimental para el usuario. Es muy importante trabajar con ellos para descubrir su verdadero contenido. El lector deberá llevarlos a la práctica viviendo las emociones que *RaBaSH* nos describe con gran maestría.

De hecho, él siempre me aconsejaba escribir un resumen de los artículos y trabajar con los textos. Hasta el día de hoy es mi costumbre y cada vez me asombran las revelaciones que emanan de ellos. Hoy recomiendo a todos mis estudiantes lo mismo: trabajen con los textos, escriban resúmenes, tradúzcanlos, impleméntenlos en sus grupos y descubrirán el poder que se encuentra en los escritos de *RaBaSH*.

Michael Laitman

El propósito del grupo (1)
Artículo N° 1, Parte 1, 1984

Nos hemos reunido aquí, para proporcionar las bases para la construcción de una sociedad, para todos aquellos que estén interesados en seguir el camino y método de *Baal HaSulam*, que es el camino de cómo elevarse a la condición del hombre y no permanecer en el nivel de bestia, tal como dijeron nuestros sabios (*Yevamot*, pág. 61) acerca del verso: "Y ustedes, mis ovejas, las ovejas de Mi prado, hombres son". Y *RaShBY* dijo: "Ustedes son llamados 'hombres', y los idólatras no son llamados 'hombres'".

Para comprender el grado del hombre, vamos a traer la explicación de nuestros sabios (*Brajot*, 6b) acerca del verso: "En conclusión, después que todo se haya escuchado: teme a Dios y observa Sus preceptos, ya que ese es el hombre completo" (*Eclesiastés*, 12:13). Y pregunta la *Guemará*: "¿Qué es «ya que ese es el hombre completo»?" Dijo *Rabí Elazar*: El Creador dijo, «El mundo entero fue creado solo para ese propósito», que significa que todo el mundo fue creado para el temor a Dios".

Es necesario comprender qué significa "temor a Dios", es decir, que es ésta la razón por la cual se creó el mundo. Es sabido a través de los escritos de los sabios, que el propósito de la Creación es hacer el bien a los creados. Es decir, que el Creador quiso deleitar a los creados, para que se sientan felices en el mundo. Y aquí los sabios dijeron sobre el verso: "ya que así es el hombre completo", que la razón de toda la Creación era el "Temor a Dios".

No obstante, según lo que se explica en el ensayo *Matán Torá (La Entrega de la Torá)*, está escrito que la razón por la cual los seres creados no reciben placer y deleite, a pesar de que ésta es la razón de la Creación, se debe a la disparidad de forma entre el Creador y los creados. Porque el Creador es el otorgante y los creados son los receptores. Y existe una regla que dice que las ramas se parecen a las raíces de las cuales nacieron.

Y dado que no existe la recepción en nuestra raíz, ya que el Creador no es en modo alguno deficiente, ni necesita recibir nada para satisfacer Su carencia, entonces cuando el hombre necesita ser receptor, siente incomodidad. Por eso, toda persona se avergüenza de comer el pan de la caridad.

Y para corregir eso, fue necesario crear el mundo. *Olam* (mundo) significa *He'elém* (ocultación), donde el placer y el deleite deben estar ocultos. ¿Por qué es así? La respuesta es: para el temor. En otras palabras, es así para que el hombre sienta temor, de usar su vasija de recepción, llamada "amor propio".

Esto significa que la persona debe abstenerse de recibir placeres que anhela. Es decir que debe tener las fuerzas para superar esta inclinación hacia el objeto de su anhelo.

En otras palabras, la persona debe recibir placeres que le brinden placer al Creador. Esto significa que el creado querrá otorgar al Creador y sentirá temor por el Creador, o sea, temor de recibir para su propio beneficio. Ya que la recepción del placer —cuando uno recibe para su propio beneficio— lo aleja de la adhesión con el Creador.

En consecuencia, cuando la persona lleva a cabo alguna de las *Mitzvot* (preceptos) del Creador, debe tener la intención de que esta *Mitzvá* (sin. de *Mitzvot*) le traiga pensamientos puros, de tal manera que quiera otorgarle al Creador mediante el cumplimiento de Sus *Mitzvot*. Es como nuestros sabios dijeron: *Rabí Janania Ben Akashia* dijo: "El Creador quiso purificar a *Israel*; por lo tanto, les dio *Torá* y *Mitzvot* en abundancia".

Por eso nos reunimos aquí, para establecer una sociedad, en la que cada uno de nosotros se guíe por el espíritu de "otorgar al Creador". Y para alcanzar el otorgamiento al Creador, antes debemos comenzar por el otorgamiento al hombre, lo que se llama el "amor al prójimo".

Y el amor al prójimo no puede existir excepto con la anulación de uno mismo. Es decir que por un lado, cada uno debe sentirse inferior; y por el otro, debe sentirse orgulloso de que el Creador nos haya dado la oportunidad de poder entrar en una sociedad en la que cada uno tiene un solo propósito: "que la Divinidad more entre nosotros".

Y aunque aun no hemos alcanzado este propósito, tenemos el deseo de alcanzarlo. Y esto también debemos apreciarlo porque, a pesar de que aun nos encontramos al comienzo del camino, tenemos la esperanza de alcanzar este sublime propósito.

El propósito del grupo (2)
Artículo N° 1, Parte 2, 1984

Debido a que el ser humano ha sido creado con un *Kli* (vasija), llamado "amor propio", cuando no ve que una acción le aporta algún beneficio, no tiene motivación alguna para hacer el menor movimiento. Y sin anular el amor propio es imposible alcanzar Adhesión con el Creador, es decir, la equivalencia de forma.

Y debido a que esto va en contra de nuestra naturaleza, necesitamos una sociedad en la que todos tengan una gran fuerza para poder trabajar juntos, en la anulación del deseo de recibir, denominado "el mal", ya que éste nos impide alcanzar el propósito para el cual fue creado el hombre.

Por lo tanto, esta asociación debe estar formada por individuos, que de manera unánime estén de acuerdo en que deben alcanzarlo. Entonces, todos los individuos producen una sola gran fuerza, que le permite a cada uno poder luchar contra sí mismo, ya que cada uno está incluido por todos los demás. Así, cada persona está apoyada sobre un gran deseo, que es alcanzar el propósito.

Y para que estén incluidos los unos con los otros, cada uno necesita anularse a sí mismo ante los demás. Esto se consigue por medio de que cada uno vea las virtudes de su amigo y no sus faltas. Pero el que piensa que es en algo, superior a sus amigos, ya no puede unirse a ellos.

Además, es importante ser serios durante la reunión para no alejarse del propósito por el cual se han reunido. Y en cuanto a la discreción, que es una cuestión muy grande, acostumbraban aparentar que no era tan serio. Pero, en realidad, había un fuego ardiente en sus corazones.

Pero las personas pequeñas, deben de todos modos ser cuidadosas durante la reunión, de no dejarse llevar por palabras o acciones que no estén dirigidas hacia el propósito por el cual se han reunido, alcanzar Adhesión con el Creador. Sobre el tema de la Adhesión, consultar el libro *Matán Torá* (*La entrega de la Torá*, pág. 168).

Y cuando no están con los amigos, es mejor no mostrar exteriormente la intención que tienen en su corazón y manifestarse como cualquier otra persona. Esto es lo que significa "sé discreto con el Señor tu Dios", aunque hay explicaciones más elevadas al respecto, también la explicación sencilla es de gran importancia.

Por lo tanto, es conveniente que haya igualdad entre los amigos que se unen para que puedan anularse unos frente a otros. Y dentro de la sociedad debe observarse cuidadosamente que no haya entre ellos ninguna frivolidad, ya que la frivolidad lo destruye todo. Pero como hemos dicho anteriormente, esto debe ser un asunto interior.

Pero durante la presencia de alguien que no pertenezca a esta sociedad, no se debe mostrar seriedad alguna, sino asemejarse externamente a la persona que acaba de llegar. En otras palabras, evitar hablar de temas serios, y sólo hablar de cosas que sean adecuadas para la persona recién llegada, llamada "un huésped inesperado".

Acerca del amor a los amigos
Artículo N° 2, 1984

1) La necesidad del amor por los amigos

2) ¿Cuál es la razón por la que elegí precisamente a estos amigos? ¿Y por qué los amigos me eligieron a mí?

3) ¿Debe revelar cada uno de los amigos su amor hacia la sociedad, o es suficiente con sentir amor dentro del corazón y profesar el amor a los amigos con discreción, sin necesidad de mostrar abiertamente lo que hay en su corazón?

Se sabe que la discreción es algo de gran valor. Aunque también podemos decir lo contrario, que es obligatorio revelar a los amigos el amor que se tiene en el corazón, ya que mediante esta revelación uno despierta el corazón de su amigo hacia los otros amigos del grupo, para que ellos también sientan que cada uno de ellos profesa amor a los amigos. Y el beneficio de ello, es que de este modo, uno recibe una mayor fuerza para profesar el amor a los amigos con mayor intensidad y vigor, ya que la fuerza del amor de cada uno de ellos, está incluida en todos los demás.

Conforme a eso, resulta que en lugar de tener, sólo una fuerza para profesar amor a los amigos, si el grupo está compuesto de diez miembros, cada uno está integrado de diez fuerzas de la necesidad, que comprenden que necesitan consagrarse al amor a los amigos. Pero si cada uno de ellos no revela al grupo, que está profesando amor a los amigos, entonces le falta la fuerza del grupo.

Esto es así porque es muy difícil juzgar a un amigo favorablemente. Cada uno piensa de sí mismo que es justo y que sólo él está consagrado al amor a los amigos. De este modo uno no tiene más que una fuerza muy pequeña para practicar el amor al prójimo. De esto se desprende que precisamente este trabajo debe ser realizado explícitamente y no con discreción.

Pero uno debe recordarse a sí mismo constantemente cuál es el propósito de esta asociación. De otro modo, el cuerpo tiende a desvirtuar el propósito, ya que el cuerpo siempre se preocupa de su propio beneficio. Por esa causa debemos recordar que el grupo fue establecido únicamente sobre el principio de alcanzar el amor al prójimo como trampolín hacia el amor al Creador.

Y esto se alcanza justamente diciendo que uno necesita de la sociedad para poder otorgar a su amigo sin recibir nada a cambio. Esto significa que no necesita a esta sociedad para que le otorgue ayuda y regalos, que le den satisfacción a las vasijas de recepción del cuerpo. No obstante una sociedad construida sobre el amor propio lo estimula solamente a desarrollar sus vasijas de recepción, porque la persona ve ahora, que tiene la oportunidad de incrementar su patrimonio, ya que con la ayuda de su amigo puede obtener posesiones materiales.

Por el contrario, debemos recordar que esta sociedad ha sido establecida en base al amor al prójimo. Es decir, que todos y cada uno de sus miembros reciben de ella el amor al prójimo, y el odio a sí mismos. Y al ver que sus compañeros se esfuerzan en anularse a sí mismos y en amar al prójimo, eso causa que cada uno de ellos esté incluido en la intención de su amigo.

De ahí que si el grupo tiene diez miembros, por ejemplo, entonces cada uno tendrá diez fuerzas que practican la auto-anulación, el odio a sí mismo y el amor a los demás.

De lo contrario, no sólo que uno permanece con una sola fuerza de amor al prójimo, pues no ve que los amigos lo estén practicando, ya que están practicando el amor al prójimo ocultamente, sino que además los amigos le hacen perder su fuerza y su deseo de seguir por el sendero del amor al prójimo. Y entonces él aprende de las acciones de ellos. Y de este modo cae bajo el dominio del amor propio.

4) ¿Debe conocer cada uno, cuáles son las necesidades de sus amigos, qué le falta a cada uno de sus amigos individualmente, para saber cómo les puede complacer, o es suficiente practicar el amor a los amigos en general?

El amor a los amigos
Artículo N° 3, 1984

"Y lo encontró un hombre, y he aquí que él estaba deambulando por el campo. Y el hombre le preguntó diciendo: «¿Qué estás buscando?» Y él le respondió: «Estoy buscando a mis hermanos; le ruego que me diga dónde están pastando ellos »" (Génesis, 37-15,16).

Un hombre "deambulando por el campo", se refiere al lugar de donde tiene que emerger la cosecha del campo para sustentar al mundo. Y el trabajo del campo es arar, sembrar y cosechar. Y acerca de eso está dicho: "El que con lágrimas siembra, con regocijo cosecha". Y esto se llama: "un campo bendecido por el Señor".

Baal HaTurim explica que una persona que deambula por el campo, se refiere a uno que ha perdido el camino de la razón, es decir, que no conoce el camino verdadero, el que le conduce al lugar al que necesita llegar, como en el verso "un burro deambulando en el campo". Y llega al estado en el que piensa que jamás llegará a la meta que debe alcanzar.

"Y el hombre le preguntó diciendo: « **¿Qué estás buscando?**»", es decir: "¿En qué puedo ayudarte?" "Y él le respondió: «Estoy buscando a mis hermanos»". Es decir, al estar junto a mis hermanos, o sea, al estar en un grupo en el que hay amor entre los amigos, podré avanzar por la vía que asciende a la casa del Señor.

Y esta vía se denomina "el camino del otorgamiento", que es un camino que va en contra de nuestra naturaleza. Y para poder llegar a esto, no hay otra recomendación más que el amor a los amigos, mediante el cual, cada uno puede ayudar a su amigo.

"Y el hombre dijo: «Se fueron de aquí»". Y *RaShI* interpretó, que se fueron de la hermandad, es decir, no quieren unirse a ti. Y es esto lo que finalmente provocó que el pueblo de *Israel* terminara cayendo en el exilio de Egipto. Y para salir de Egipto, debemos aceptar entrar en un grupo, donde se quiera estar en amor con los amigos, y por medio de ello, lograremos salir de Egipto y recibir la *Torá*.

Cada uno ayudará a su prójimo
Artículo N° 4, 1984

Hemos de entender cómo uno puede ayudar a su amigo. Si esto se refiere específicamente al lugar donde hay pobres y ricos, sabios y necios, fuertes y débiles, o donde todos son ricos, sabios, fuertes, etc., ¿y en ese caso en qué puede una persona ayudar a la otra?

Vemos que hay algo que todos tienen en común: el estado de ánimo. Tal como dijeron: "¿Una preocupación en el corazón del hombre? Que lo hable con los demás". Porque para que la persona tenga un estado de ánimo elevado, ni la riqueza, ni la erudición, le ayudarán.

En cambio, uno puede ayudar al otro, al ver que se halla con un estado de ánimo abatido. Tal como está escrito: "No hay persona que pueda liberarse a sí misma de la prisión". Sino que precisamente es su amigo el que puede levantarle el ánimo.

Es decir que su amigo le eleva del estado en el que se encuentra, hacia un estado de ánimo vivo. Y entonces, empieza a recuperar su fuerza y confianza de vida y riqueza. Y comienza, como si su meta se encontrase ahora cerca de él.

Como resultado, cada uno tiene que estar atento y pensar cómo puede ayudar a su compañero a elevar su estado de ánimo, porque con respecto al estado de ánimo, cada uno puede encontrar en su compañero, un espacio vacío que puede llenar.

¿Qué es lo que nos aporta la regla "Amarás a tu prójimo"?
Artículo N° 5, 1984

¿Qué es lo que nos aporta el precepto "Amarás a tu prójimo como a ti mismo"? Por medio de esta regla podemos llegar al amor al Creador. Y si es así, ¿de qué nos sirve el cumplimiento de las 612 *Mitzvot* (preceptos)?

Antes que nada necesitamos saber qué es un "regla". Se sabe que el conjunto[1] está constituido por muchos elementos y que sin los elementos, no puede existir el conjunto. Por ejemplo, cuando decimos "congregación

---

1. **(N. del T.):** *Klal* – En hebreo, la palabra *Klal* se utiliza como precepto, regla y también como totalidad, conjunto

sagrada", nos referimos a un número de individuos que se han reunido para formar una unidad. Después, se designa un líder para la comunidad, etc. Este conjunto se llama *"Minyán"* ("diez", "quórum") o "congregación" donde debe haber al menos diez personas presentes. Entonces, podemos decir la *"Kdushá"*[2]

El *Zóhar* dice sobre esto: "Donde hay diez personas, ya hay lugar para que more la *Shejiná"* (la Divinidad). Es decir que en un lugar donde hay diez hombres, hay lugar para la morada de la Divinidad.

De esto resulta que el precepto "Amarás a tu prójimo como a ti mismo", está construido sobre las 612 *Mitzvot*. Es decir, que si observamos las 612 *Mitzvot*, podemos alcanzar el precepto "Ama a tu prójimo como a ti mismo". Resulta que los elementos particulares nos permiten llegar al conjunto. Y cuando tengamos el conjunto, podremos alcanzar el amor al Creador, tal como está escrito: "Mi alma anhela al Señor".

Sin embargo, una persona no es capaz de cumplir todas las 612 *Mitzvot* por sí sola. Por ejemplo la *Mitzvá* de la Redención del Primogénito. Si el primogénito es una niña, ya no podrá observar esta *Mitzvá*. Del mismo modo, las mujeres están eximidas del cumplimiento de las *Mitzvot* que dependen del tiempo horario, como *Tzitzit* y *Tefilín*. Pero debido a que "Todo *Israel* son garantes los unos de los otros", todas las *Mitzvot* se cumplen por medio de todos. Se considera como si todos hubieran cumplido todas las *Mitzvot*, conjuntamente. En consecuencia, por medio de la observación de las 612 *Mitzvot*, podemos alcanzar el precepto "Amarás a tu prójimo como a ti mismo".

El amor a los amigos
Artículo N° 6, 1984

"Ama a tu prójimo como a ti mismo". *Rabí Akiva* dice: "Es una gran regla en la *Torá*". Significa que si uno cumple con esta regla, todos los detalles ya están incluidos en ella. Es decir, se da por sentado que llegaremos a todas las leyes particulares sin esfuerzos, y más que eso no debemos hacer.

Sin embargo, vemos que la *Torá* nos dice: "¿Qué es lo que el Señor pide de ti? Tener temor del Señor". Por lo tanto, el requisito principal

---

2. **(N. del T.):** una parte específica de una oración judía, en el oficio.

que se le exige a una persona, es solamente el temor. Si la persona cumple con el precepto del temor, toda la *Torá* y las *Mitzvot* están incluidas en él, incluso el precepto "Ama a tu prójimo como a ti mismo".

Sin embargo, según las palabras de *Rabí Akiva*, es lo contrario. Es decir, el temor está incluido en la regla "Ama a tu prójimo". Y según nuestros sabios (*Brajot, pág.* 6), el significado no es como dice *Rabí Akiva*. Ellos se referían al versículo: "Al final de todo: teme a Dios y observa Sus preceptos, pues todo esto en conjunto hace al hombre". La *Guemará* pregunta: "¿Qué significa 'todo esto en conjunto hace al hombre'? *Rabí Elazar* dijo: 'El Señor dijo que el mundo entero no fue creado sino para eso'". Pero, según las palabras de *Rabí Akiva* parece que todo está incluido en la regla "Ama a tu prójimo".

Sin embargo, encontramos en las palabras de nuestros sabios (*Makot* 24) que dijeron que la fe era lo más importante. Dijeron: "*Javakuk* llegó y los irguió sobre uno solo, como se dijo: "el justo vivirá en su fe".

El *MaHaRaSha* interpreta: "Lo que es más concluyente para cualquier persona de *Israel*, en todo momento, es la fe". En otras palabras, la regla fundamental es la fe. Por consiguiente, resulta que tanto el temor como "Ama a tu prójimo" están incluidas en la regla de la fe.

Si queremos comprender lo anterior, debemos considerar detenidamente lo siguiente:

¿Qué es la fe?

¿Qué es el temor?

¿Qué es "Ama a tu prójimo como a ti mismo"?

Lo más importante es recordar siempre el propósito de la creación, y es sabido que es "hacer el bien a Sus creaciones". Por lo tanto, si Él desea otorgarles deleite y placer, ¿por qué, entonces, se necesitan estas tres cosas, es decir, la fe, el temor y "ama a tu prójimo"? Más bien, significa que sólo necesitan volver aptas sus vasijas, para poder recibir el deleite y el placer que el Creador desea dar a sus creados.

Ahora debemos comprender en qué nos capacitan los tres puntos antes mencionados. La fe, incluyendo la seguridad, nos aporta que, primero debemos creer en la meta, que consiste en hacer el bien a Sus creaciones

También debemos creer con certeza, para poder prometernos a nosotros mismos que también podremos alcanzar esa meta. En otras palabras, el propósito de la creación no está destinado necesariamente a un grupo selecto, sino que el propósito de la creación, pertenece a todas los creados, sin excepción.

No es solamente para los talentosos y fuertes, o sea aquellos que tiene la fuerza para superarse, con valentía en su corazón etc. sino que pertenece a toda la gente. (Examina la *Introducción al Estudio de las Diez Sfirot*, Artículo 21, donde cita a *Midrash Rabá*, porción "Esta es la Bendición": "El Creador dijo a *Israel*: 'Sus vidas, toda la sabiduría y toda la *Torá* son cuestiones sencillas. Aquél que siente temor de Mí y realiza las obras de la *Torá*, toda la sabiduría y la *Torá* se encuentran en su corazón'").

Por lo tanto, se debe emplear la fe para que tenga la confianza, de que podrá alcanzar la meta, y no desesperar a mitad del camino abandonando la misión, sino creer, más bien, que el Señor puede incluso ayudar a una persona tan baja y vil como él. Significa que el Creador lo acercará a Él y así podrá alcanzar la adhesión con el Creador.

Sin embargo, para adquirir la fe, el temor debe estar antes, como se explica en la introducción al *Zóhar*: "El temor es un precepto que contiene todos los preceptos de la *Torá*, puesto que es la puerta hacia la fe en Él. Dependiendo del despertar del temor en Su providencia, en esa medida yace sobre él, la fe en Su providencia". Termina ahí: "El temor es, de si llegase a reducir la satisfacción que le da a su Creador". Significa que el temor que uno debe sentir con respecto al Creador es que quizás no pueda brindarle placer a Él y no que el temor sea para beneficio propio. Se deduce de ello, que la puerta hacia la fe es el temor; de otro modo es imposible alcanzar la fe.

Para adquirir ese temor, es decir, el temor de que uno no pueda dar satisfacción a su Creador, primero uno debe desear y anhelar otorgar. Luego, uno puede decir que hay lugar para el miedo, de que no pueda cumplir con el temor. Sin embargo, normalmente la persona tiene miedo que tal vez no pueda satisfacer de forma completa a su amor propio, y no se preocupa que quizá no pueda otorgar al Creador.

¿De dónde podría la persona adquirir un nuevo atributo, que es necesitar otorgar y que la recepción para sí mismo es incorrecta? ¡Esto va en contra de la naturaleza! Aunque a veces uno recibe ese pensamiento y deseo de renunciar al amor propio, que nos puede llegar a través de escritores y de libros, se trata de una fuerza muy pequeña. Este pensamiento no siempre prevalece en nosotros para considerarlo y utilizarlo permanentemente, como para afirmar que esta es la regla para todas las *Mitzvot* de la *Torá*.

Para ello, hay un consejo: si varios individuos que tienen esta pequeña fuerza, la del deseo de renunciar al amor propio, pero no tienen la suficiente fuerza e importancia para otorgar, y poder ser independientes sin ayuda externa. Y estos individuos se anulan uno con respecto al otro, puesto que cada uno siente, al menos potencialmente, amor por el Creador, aunque en realidad no puedan cumplirlo, entonces, al unirse cada uno al grupo, y al anularse ante el mismo, se convierten en un cuerpo único. Por ejemplo, si hay diez personas en ese cuerpo, este cuerpo tiene diez veces más fuerza que una sola persona.

Sin embargo, es bajo la condición de que cuando se reúnen, cada uno tenga en cuenta que ha llegado ahora con el propósito de anular el amor propio. Significa que no considerará como saciar su deseo de recibir en este momento, sino que pensará tanto como sea posible solamente en el amor a los demás. Esta es la única forma de adquirir el deseo y la necesidad de obtener ese nuevo atributo llamado "el deseo de otorgar". Y a partir del amor por los amigos uno puede alcanzar el amor por el Creador; es decir, desear brindar satisfacción al Creador.

Resulta que solamente a partir de esto se obtiene la necesidad y la comprensión de que otorgar es importante y necesario; y esto le llegó a través del amor por los amigos. Entonces sí podemos hablar de temor; o sea, que él siente temor de no poder brindar satisfacción al Creador. Y a esto se le llama temor.

Por lo tanto, la base primordial sobre la cual se puede edificar la santidad es la regla "Ama a tu prójimo". Mediante esta, se puede adquirir la necesidad de otorgar satisfacción al Creador. Después de esto, puede existir el temor, es decir, el temor de tal vez no poder dar satisfacción al Creador. Y luego, cuando realmente se ha alcanzado la puerta del temor, se puede llegar a la fe, pues la fe es la vasija dentro de la cual se puede alojar la Divinidad, como ha sido explicado en varios sitios.

Por consiguiente, vemos que existen tres reglas ante nosotros: La primera regla es la de *Rabí Akiva*: "Ama a tu prójimo como a ti mismo". Antes de esto, no hay nada que le dé a la persona la energía necesaria para modificar la situación en la que se encuentra, pues esta es la única forma de salir del amor propio hacia el amor al prójimo y de sentir que el amor propio es malo.

Ahora llegamos a la segunda regla, que es el temor. Sin temor no hay lugar para la fe, como dice *Baal HaSulam*.

Finalmente, llegamos a la tercera regla, que es la fe. Una vez que se han adquirido las tres reglas antes mencionadas se llega a sentir el propósito de la creación, que consiste en hacer el bien a Sus creaciones.

Acerca de lo explicado sobre "Amarás a tu prójimo como a ti mismo"
Artículo N° 7, 1984

Acerca de lo explicado sobre "Amarás a tu prójimo como a ti mismo", todos los detalles de estas 612 *Mitzvot* (preceptos), están incluidos en esta regla. Como dijeron nuestros sabios: "El resto; ve y estúdialo". Significa que al cumplir las 612 *Mitzvot* seremos recompensados con la regla "Amarás a tu prójimo", y luego, con el amor a Dios.

Así pues, ¿qué nos brinda el amor por los amigos? Está escrito (Artículo N° 5, 1984-5) que cuando se reúnen unos amigos, puesto que ninguno de ellos tiene más que una pequeña fuerza de amor al prójimo, es decir, que pueden llevar a cabo el amor al prójimo sólo en forma potencial, cuando lo ponen en práctica, entonces se acuerdan que decidieron renunciar al amor propio en favor del prójimo. Pero en la práctica, uno ve que no es capaz de renunciar a ninguno de los placeres del deseo de recibir, en favor del prójimo, ni siquiera un poco.

Pero al reunirse unas personas, que están de acuerdo, en que es necesario alcanzar el amor al prójimo, y cuando se anulan una ante la otra, entonces, cada una se incluye en las demás. Así, va acumulándose una gran fuerza en cada persona, según sea el tamaño del grupo. Y entonces, realmente tienen el poder de poner en práctica el amor al prójimo.

Sin embargo, ¿qué nos agrega el cumplimiento detallado de las 612 *Mitzvot*, sobre las cuales dijimos que estaban para cumplir la regla, si la regla se cumple mediante el amor a los amigos? Y vemos que en la realidad, también existe amor a los amigos entre los seculares. Ellos también se reúnen en toda clase de círculos para obtener el amor a los amigos. Entonces, ¿cuál es la diferencia entre los religiosos y los seculares?

Dice el verso (Salmos 1): "Ni en silla de escarnecedores se ha sentado". Debemos entender cuál es la prohibición de la "silla de escarnecedores". ¿Esto se refiere a la difamación o por hablar cosas vanas? Entonces la prohibición no proviene de la "silla de escarnecedores". ¿Qué nos aporta entonces la prohibición de "silla de escarnecedores"?

Significa que cuando se reúnen varias personas con el propósito del amor a los amigos, con la intención de que cada uno ayude a su amigo a mejorar su estado material, cada uno espera que al participar en más reuniones saque provecho del grupo, y mejore así su estado material.

Y después de todas las reuniones, cada uno hace sus cuentas, sobre cuánto ha recibido del grupo a cambio del amor propio; es decir, qué es lo que el deseo de recibir ganó con ello, ya que él está invirtiendo tiempo y esfuerzo en beneficiar al grupo. Y ¿qué ganó con esto? Seguramente, podría haber tenido más éxito si se hubiera dedicado a su beneficio personal, al menos en cuanto a sus propios esfuerzos. Pero dice "Y yo ingresé al grupo porque pensé que a través de este, sería capaz de ganar más de lo que podría ganar sólo. Pero ahora veo que no gané nada".

Entonces se lamenta, diciendo "hubiera sido mejor para mí usar mi pequeña fuerza, en lugar de haber entregado mi tiempo al grupo. Sin embargo, ahora que invertí todo mi tiempo en el grupo para poder obtener más bienes con su ayuda, finalmente me doy cuenta de que no solo no gané nada del grupo, sino que incluso salí perdiendo lo que podía haber ganado con mis propias fuerzas".

Cuando hay alguien que desea decir, que hay que dedicarse al amor de los amigos con la intención de otorgar, o sea, que todos trabajen para el bien del prójimo, todos se ríen y le ridiculizan. Y les parece como una especie de chiste. Y esta es una reunión de seculares. Y acerca de ello dijeron "Los actos de gracia de los pueblos son pecado, porque todo el bien que hacen lo hacen para sí mismos". Tal tipo de grupo aleja al individuo de la santidad y arroja al hombre hacia el mundo de escarnio. Y esta es la prohibición de la "silla de escarnecedores".

Nuestros sabios dijeron sobre tales grupos: "Dispersa a los malvados; mejor para ellos, y mejor para el mundo". En otras palabras, es mejor que no existan. Sin embargo, con los justos es lo contrario: "Reúne a los justos; mejor para ellos, y mejor para el mundo".

¿Cuál es el significado de "justos"? Son aquellos que quieren cumplir la regla "ama a tu prójimo como a ti mismo", ya que toda su intención es la de salir del amor propio y adoptar una naturaleza distinta, la de amar al prójimo. Y aunque es una *Mitzvá* que hay que cumplir, y el individuo podría obligarse a cumplirla contra su voluntad, sin embargo el amor, es algo que pertenece al corazón, y el corazón, por naturaleza, no está de acuerdo. Entonces, ¿qué puede hacer el individuo para que lo del amor al prójimo le toque el corazón?

Para eso nos asignaron el cumplir con las 612 *Mitzvot,* que contienen el poder que permite llegar a sentirlo en el corazón. Pero puesto que esto está en contra de nuestra naturaleza, entonces esa sensación es demasiado leve como para que tenga la capacidad de mantener el amor de los amigos, de facto, aunque tenga la necesidad de ello. Por eso, ahora tiene que buscar consejos que le ayuden a cumplir en la práctica.

El consejo para que uno pueda incrementar su fuerza con la regla "Amarás a tu prójimo", es el amor de los amigos. Si cada uno se incluye y se anula ante su amigo, se vuelven una masa única, en donde todas las partes pequeñas que quieren el amor al prójimo se integran en una fuerza general, incluida de muchas partes. Y cuando tiene gran fuerza, entonces tiene la habilidad de llevar a la práctica el amor al prójimo.

Y entonces, puede llegar al amor a Dios. Pero esto es sólo bajo la condición de que cada uno se anule ante el otro. De no ser así, cuando se separa de su amigo, no puede recibir la parte que debiera recibir de su amigo. Así pues, cada uno tiene que decir que uno mismo es un cero (es nada) comparado con su amigo.

Y esto se parece a cuando escribimos números. Cuando escribimos la cifra 1 al principio, y luego agregamos el 0, se multiplica por diez, o sea, equivale a 10. Y cuando escribimos dos ceros, entonces se multiplica por cien, o sea, que equivale a 100. Es decir, que si su amigo es el número uno, y le sigue el cero, entonces el individuo es considerado que recibe diez veces más de su amigo. Y si dice que él equivale a dos ceros ante su amigo, recibe entonces de su amigo cien veces más.

Sin embargo, si uno dice que su amigo es cero y él mismo es uno, entonces resulta diez veces menor que su amigo, o sea, 0.1. Y si puede decir que él es uno, y tiene dos amigos que son ceros comparados con él mismo, entonces se considera cien veces menos que ellos, o sea, 0.01. Resulta entonces que su grado disminuye según el número de ceros que tiene de los amigos.

Aun cuando ya posee este poder y puede cumplir el amor al prójimo en la práctica, y siente que el beneficio propio es malo para él, aun así, "jamás creas en ti mismo". Debe tener temor, de caer en el amor propio en mitad de trabajo. En otras palabras, que si le dieran un placer aun más grande de lo que él acostumbraba a recibir –aunque ya tuviera la intención de otorgar en los placeres pequeños, estando dispuesto a renunciarlos, aun así, vive con miedo de los placeres mayores.

A esto se le llama "temor", y esta es la puerta para recibir la Luz de la fe, llamada "La inspiración de la *Shejiná* (Divinidad)", como está escrito en *El Sulam* "La medida de la fe es según la medida del temor".

Por eso hay que recordar que la cuestión "Amarás a tu prójimo como a ti mismo", hay que cumplirla porque es una *Mitzvá;* es decir, porque Dios ordenó dedicarse al amor a los amigos. Y *Rabí Akiva* sólo interpreta esta *Mitzvá* que el Creador ordenó, porque tenía la intención de hacer una regla de esta *Mitzvá,* para que así pudieran cumplirse todas las *Mitzvot* por orden del Creador, y no para el beneficio propio.

Es decir, no es que las *Mitzvot* deban ampliar nuestro deseo de recibir, es decir, que al cumplir las *Mitzvot* el individuo sea generosamente recompensado. Por el contrario, al cumplir las *Mitzvot* llegaremos a la recompensa de poder anular nuestro amor propio y alcanzar el amor al prójimo y, después, el amor a Dios.

Ahora podemos entender lo que dijeron nuestros sabios sobre el versículo *VeSamtem* (y pusieron), de la palabra *Sam* (poción). "Si se le concedió, es la poción de la vida; si no se le concedió, es la poción de la muerte" (*Masejet Yomá*, 72, 72).

Es decir que "no se le concedió" significa que se dedica a la *Torá* y las *Mitzvot* para aumentar su amor propio y que su cuerpo adquiera bienes a cambio de su labor. Si "se le concedió" significa que se anuló su amor propio y su meta es recibir una recompensa que es la fuerza del amor al prójimo, por medio de la cual llegará al amor al Creador y su único anhelo será otorgar placer al Creador.

¿Qué tipo de observación de la *Torá* y las *Mitzvot* purifica el corazón?
Artículo N° 8, 1984

Pregunta: Si se observa la *Torá* y las *Mitzvot* (preceptos) con el fin de recibir recompensa, ¿acaso esto también purifica el corazón? Ya que nuestros sabios dijeron "Creé la inclinación al mal, creé la *Torá* como condimento". Significa que esta purifica al corazón. Pero, ¿es así únicamente cuando la persona observa la *Torá* y las *Mitzvot,* dirigiendo la intención a no recibir recompensa?, ¿o también purifica el corazón si uno trabaja con el fin de recibir recompensa?

Respuesta: En la *Introducción al Libro del Zóhar* (Artículo 44), está escrito: "Cuando una persona comienza a dedicarse a la *Torá* y las *Mitzvot,* incluso sin ninguna intención, es decir, sin amor ni temor, como corresponde cuando se sirve al Rey, aunque sea en *Lo Lishmá* (no en Su beneficio), entonces el punto en su corazón comienza a crecer y a mostrar actividad.

Esto es así porque una *Mitzvá* no requiere intención, y que incluso las acciones sin intención son capaces de purificar su voluntad de recibir, aunque solamente en su primer grado, el cual es denominado "Inanimado". Y en la medida en que uno purifica la parte inanimada del deseo de recibir, la persona construye gradualmente los 613 órganos del punto en el corazón, que es el inanimado de *Néfesh de Kdushá* (santidad)".

Por consiguiente, vemos que observar la *Torá* y las *Mitzvot*, incluso en *Lo Lishmá*, purifica el corazón.

Pregunta: ¿El camino del cumplimiento de la *Torá* y las *Mitzvot*, a fin de no recibir una recompensa,–es decir, observar todo con el fin de no recibir una recompensa, para que por medio de esto, sean recompensados con Adhesión con el Creador.- está destinado sólo a unos pocos elegidos, o cualquiera puede seguir este camino?

Respuesta: A pesar de que el deseo de recibir para sí mismo, salió y estuvo en el Pensamiento de la Creación, pero al darnos la corrección, o sea para que las almas lo corrijan para que sea con el fin de otorgar, es decir, mediante la observación de la *Torá* y las *Mitzvot*, se invertirá el deseo con el fin de recibir, en deseo con el fin de otorgar. Esto se da a todos, sin excepción, ya que a todos se les dio este remedio y no solamente a unos pocos elegidos.

Pero, como esto es una cuestión de elección, hay quienes avanzan más rápidamente y otros más lentamente. Pero como está escrito en la *Introducción al Libro del Zóhar* (Puntos 13, 14): "Pero, a fin de cuentas, todos llegarán a la perfección final, como está escrito: 'Porqué Él no rechazará a quién esté alejado'".

Cuando se comienza a enseñar la observancia de la *Torá* y las *Mitzvot*, se empieza en *Lo Lishmá*. Esto es porque el hombre ha sido creado con el deseo de recibir; por consiguiente, no entiende nada que no le aporte un beneficio propio, con lo que nunca querrá comenzar a observar la *Torá* y las *Mitzvot*.

Como escribió *RaMBaM* (*Hiljot Tshuvá*, Cap. 10), "Los Sabios dijeron: 'La persona siempre debe dedicarse a la *Torá*, incluso en *Lo Lishmá*, ya que de *Lo Lishmá* se llega a *Lishmá'*. Por lo tanto, cuando se les enseña a niños, mujeres y al pueblo en general, sólo se les enseña a trabajar desde el temor y para recibir recompensa. Y cuando acumulen conocimiento y adquieran suficiente sabiduría, el secreto se les revela paulatinamente. Se les acostumbra a esto con calma, hasta que Le alcancen y Le sirvan desde el amor". De este modo, vemos de las palabras de *RaMBaM*, que todo el mundo debe alcanzar *Lishmá*, pero la diferencia está en el tiempo.

Pregunta: Si una persona ve y siente que está yendo por el camino que conduce a *Lishmá*, ¿debe tratar de influenciar también a otros para que también ellos vayan por el camino correcto, o no?

Respuesta: Esta es una cuestión general. Es como si una persona religiosa examinara a una persona secular. Si sabe que puede reformarla, entonces debe reformarla, debido a la *Mitzvá*: "Si duda, reprenderás a tu prójimo". Del mismo modo, en este caso conviene hablarle al amigo, sobre el mejor camino por el que uno puede ir, siempre y cuando la intención sea sólo por la *Mitzvá*. Pero hay muchas veces en las que una persona reprende moralmente a otra, solamente con el fin de dominarle y no por el precepto "reprenderás a tu prójimo"

Y de lo anterior aprendemos que, el hecho que todos desean que el otro vaya por el camino de la verdad, ha creado diferencias entre ortodoxos y seculares, entre *Litaim* y *Jasidim* (movimientos religiosos), al igual que entre los mismos *Jasidim*. Esto es porque cada uno piensa que está en lo cierto y, cada uno intenta persuadir al otro para que vaya por el camino correcto.

Uno debe siempre vender las vigas de su casa
Artículo N° 9, 1984

"*Rabí Yehudá* dijo, '*Rav* dijo: 'Uno debe siempre vender las vigas de su casa y poner zapatos en sus pies'"" (*Shabat*, 129). Debemos entender la precisión acerca de las vigas de su casa y la gran importancia de los zapatos, en el sentido de que vale la pena vender las vigas de su casa por esto, es decir, para tener la posibilidad de poner zapatos en sus pies.

Debemos interpretarlo en el trabajo. La expresión *Korot* (vigas) de su casa se deriva de la palabra *Mikré* (incidente/evento), es decir, todo lo que le sucedió a la persona en su casa. Siendo que comprendemos al hombre, mediante dos discernimientos: mediante el conocimiento, es decir, con el intelecto, y mediante la emoción, es decir, lo que una persona siente en su corazón, si es feliz o no.

Y esos incidentes que una persona experimenta, evocan preguntas en su vida diaria. Esto se aplica tanto a las situaciones entre una persona y el Creador, como a las situaciones entre una persona y su amigo.

Entre una persona y el Creador significa que él tiene quejas de que el Creador no satisface sus necesidades. En otras palabras, lo que una persona piensa que necesita, el Creador debe satisfacerlo. Porque la regla es que la conducta del Creador es hacer el bien. Y algunas veces él tiene quejas como si sintiera lo opuesto, que su situación es siempre peor que la de otros, que los demás están en un grado más elevado que él.

De esto se deduce que él está en un estado que se llama "espías", (que difaman en contra de la Providencia), porque no siente ese deleite y placer en su vida, y es difícil para él decir "la bondad y la gracia me perseguirán todos los días de mi vida". Así es que en ese momento él se encuentra en el estado de "espías".

Nuestros sabios dijeron acerca de eso (*Brajot* [Bendiciones], 54): "Uno debe bendecir por lo malo, así como bendice por lo bueno", dado que la base del judaísmo está construida sobre la fe por encima de la razón, es decir, no apoyarse en lo que el intelecto le obliga pensar, decir y hacer, sino tener fe en la Providencia Superior, que es benevolente. Y precisamente mediante la justificación de la Providencia, después uno es merecedor de alcanzar y sentir deleite y placer.

Baal HaSulam nos dio una alegoría, acerca de una persona que tenía quejas y exigencias hacia el Creador, porque no le había concedido todos sus deseos. Como una persona que marcha por la calle con su hijo pequeño, quien llora terriblemente. Todas las personas en la calle miran al padre pensando: "¿Cuán cruel es este hombre que puede oír llorar a su hijo sin prestarle ninguna atención? El llanto del niño logra, que incluso las personas en la calle se sientan apenadas por él, pero este hombre, que es su padre, no lo está. Y existe una regla, 'Como un padre que se apiada de sus hijos'".

El llanto del niño hace que las personas, se acerquen al padre y le pregunten, ¿"Dónde está tu compasión?", a lo que el padre responde: "¿Qué puedo hacer, si mi hijo, a quien amo con el alma, al que cuido como lo más preciado, me exige darle un alfiler para poderse rascar el ojo, ya que le pica en sus ojos? ¿Se me puede llamar "cruel" por no conceder su deseo?, ¿o es por compasión por lo que no se lo doy, para que no se hurgue el ojo y se quede ciego para siempre?"

Por lo tanto, debemos creer que todo lo que el Creador nos da, es por nuestro propio bien. Aunque debemos rezar, para que los problemas no vengan, y el Creador los aparte de nosotros. Sin embargo, debemos saber que la plegaria y la concesión de la plegaria son dos cuestiones distintas.

En otras palabras, si hacemos lo que debemos, entonces el Creador hará lo que es bueno para nosotros, como se ilustra con la alegoría anterior. Se dice acerca de eso: "Y que el Señor haga lo que bien le parezca".

El mismo principio se aplica entre una persona y su amigo, es decir, que él debe vender las vigas de su casa y poner zapatos en sus pies. En otras palabras, una persona debe vender las vigas de su casa, es decir, todos los incidentes que su casa experimentó en relación al amor por los amigos. La persona tiene preguntas y quejas acerca de su amigo, ya que está trabajando devotamente en el amor por los amigos, pero no ve ninguna respuesta por parte de los amigos, que le ayude de alguna manera. Todos se están comportando no según su propia comprensión, acerca de cómo debería ser el amor por los amigos, es decir, que cada uno hablará a su amigo de manera respetuosa, como debe ser entre personas honradas.

Lo mismo con respecto a las acciones, ya que tampoco ve ninguna acción por parte de los amigos, que pueda considerar como relativa al amor por los amigos. En cambio, todo transcurre normalmente, como entre personas comunes, que aun no tienen un interés, en unirse y tomar la decisión, de construir un grupo donde haya amor por los amigos, donde cada uno se preocupe por el bienestar del otro.

Así, ahora ve que no hay nadie a quien seguir, que se dedique al amor por los amigos. Y como piensa que es el único que está marchando por el sendero correcto, y observa a todos con desdén y desprecio, a esto se le llama "espías", ya que está espiando a sus amigos para comprobar, si se están comportando correctamente hacia él, en lo relativo al amor al prójimo. Y como escucha constantemente, que los amigos predican todo el día el amor hacia los demás, como lo más importante, él quiere ver si lo que dicen es lo que hacen.

Y entonces ve que todo es de la boca hacia fuera. Descubre que incluso al hablar entre ellos, no existe amor hacia los demás, y esto es lo mínimo en el amor hacia al prójimo. En otras palabras, si le hace una pregunta a alguien, el otro le responde en forma brusca, de manera indiferente, no de la manera en la que alguien le responde a un amigo. Por el contrario, todo es muy frío, como si quisiera librarse de él.

Y no me preguntes: Si estás pensando en el amor por los demás, ¿por qué estás criticando si tu amigo te ama?, ¿acaso el amor por los amigos está basado sobre el amor propio?, ¿y por eso quieres ver lo que obtuvo tu amor propio de esta ocupación? Esos no son mis pensamientos. Más bien, realmente quiero amar a los demás.

Por eso estaba interesado en este grupo que se fundó, de manera que viera que todos y cada uno, está dedicándose al amor por los demás, para que a través de esto, la poca fuerza que tengo en amar a los demás, se fortalezca y así obtener la fuerza para ocuparme del amor por los demás, más poderosamente de lo que podría hacer por mí mismo. Pero ahora veo que no he ganado nada, porque veo que ni uno sólo lo está haciendo bien. Así, sería mejor que no estuviera con ellos y no aprendiera de sus acciones.

Para eso hay una respuesta: que si un grupo es establecido con ciertas personas, y cuando se reunieron, seguro que alguien, debió haber deseado establecer específicamente este "conjunto" en particular. Por consiguiente, él hizo una selección entre esas personas para asegurarse de que eran las adecuadas entre sí. En otras palabras, que cada uno de ellos tu viera una chispa de amor por los demás. Pero la chispa no pudo encender la luz de amor para iluminar en cada uno. Por lo tanto, acordaron que, al unirse, las chispas se convertirían en una gran llama.

Por lo tanto, también ahora, cuando les espía, él debe superarlo y decir: "Así como todos tenían el mismo pensamiento, de que debían marchar por el sendero del amor hacia los demás, cuando el grupo fue establecido, así sigue siendo ahora". Y cuando todos juzguen favorablemente a sus amigos, todas las chispas se encenderán una vez más y otra vez existirá una gran llama.

Es como *Baal HaSulam* dijo una vez cuando preguntó acerca del pacto que hacen dos amigos, como el que vemos en la *Torá* (Gen 21:27): "Y *Abraham* tomó ovejas y vacas y se las dio a *Abimelej*; y ellos dos hicieron un pacto". Él preguntó: "Si los dos se aman, por supuesto que se hacen bien el uno a otro. Y, naturalmente, cuando no hay amor entre ellos, porque el amor se ha marchitado por alguna razón, no se hace ningún bien el uno al otro. Por lo tanto, ¿en qué les ayudaría establecer un pacto entre ellos?"

Él respondió que el pacto que ellos establecen no es para el presente, ya que ahora, cuando se siente el amor entre ellos, no hay necesidad de hacer un pacto. Sino que, establecer un pacto, se hace deliberadamente para el futuro. En otras palabras, es posible que después de algún tiempo no sientan el mismo amor que ahora, pero aun así mantendrán sus relaciones como antes. Para esto se hace el pacto.

Podemos ver, además, que aun cuando ahora no sienten el amor, como era cuando el grupo fue establecido, todos deben sobreponerse a su punto de vista, e ir por encima de la razón. Mediante eso, todo será corregido y cada uno juzgará a su amigo favorablemente.

Ahora podemos entender las palabras de nuestros sabios, quienes dijeron: "Uno debe siempre vender las vigas de su casa y poner zapatos en sus pies". *Min'alim* (zapatos) se deriva de la palabra *Ne'ilat Delet* (cerrar una puerta), es decir, cerrar. Una vez que una persona ha espiado a su amigo – y *Riguel* (espió) se deriva de la palabra *Raglaim* (pies/piernas) – él debe "Vender las vigas de su casa", es decir, todo lo que sucedió en su casa, en la relación entre él y su amigo, es decir, los espías que él tiene, quienes calumnian a sus amigos.

Entonces, "Vende todo", es decir, elimina todos los incidentes que los espías le han traído y en su lugar pone zapatos en sus pies. El significado es que él debe encerrar a todos los espías, como si ya no existieran en la tierra. Y también encerrar, a todas las preguntas y demandas que hay sobre ellos. Y entonces todo estará en paz.

Sobre la importancia del grupo
Artículo N° 12, 1984

Se sabe que como el hombre siempre se encuentra entre personas, que no tienen ninguna relación con el trabajo del camino de la verdad, sino por el contrario, esas personas siempre se oponen a los que van por el camino de la verdad; y como los pensamientos de las personas se entremezclan entre sí, resulta que las ideas de quienes se oponen al camino de la verdad, penetran en aquellos que tienen un cierto anhelo de ir por el camino de la verdad.

Por eso no hay otro consejo, excepto que establezcan para ellos un grupo, para que sea su marco social. Es decir, una comunidad separada, que no se mezcle con otras personas, cuyas opiniones difieran de las de este grupo. Y deben despertar constantemente en sí mismos la cuestión del propósito del grupo, para que no sigan a la mayoría, ya que nuestra naturaleza es seguir a la mayoría.

Si el grupo se aísla del resto de las personas, es decir, si no tienen ningún tipo de relación con otras personas en lo concerniente a los asuntos espirituales, sino que todo el contacto con ellos es sobre temas materiales, entonces, no se entremezclan con sus puntos de vista, ya que no tienen ningún nexo en lo concerniente a la religión.

Pero cuando una persona se encuentra entre personas religiosas y comienza a hablar y a discutir con ellas, inmediatamente se mezcla con sus puntos de vista. Y de forma inconsciente, sus puntos de vista penetran en su pensamiento. Hasta tal punto que no será capaz de entender, que no se trata de sus propias ideas, sino que las recibió de las personas con las cuales se había relacionado.

Por lo tanto, en lo que respecta al trabajo en el camino de la verdad, la persona debe aislarse del resto de la gente. Esto es porque el camino de la verdad requiere de un esfuerzo constante, debido a que está en contra de la opinión del mundo. El punto de vista del mundo es conocimiento y recepción, mientras que el de la *Torá* es **fe y otorgamiento.** Y si uno no le presta atención a esto, olvida de inmediato todo el trabajo del camino de la verdad y cae en un mundo de amor propio. Solamente un grupo en el que se cumple "Cada uno ayudó a su amigo", cada persona del grupo, recibe la fuerza para luchar contra el punto de vista del mundo.

También hallamos en las palabras del *Zóhar* (*Pinjas*, pág. 31, Punto 91, y en El *Sulam*) que: "Cuando una persona reside en una ciudad habitada por personas malvadas, y no puede cumplir las *Mitzvot* de la *Torá*, y no tiene éxito en la *Torá*; cambia de lugar y sale de allí, para arraigarse en un lugar en el cual habiten personas buenas, que se dediquen a la *Torá* y las *Mitzvot*. Porque la *Torá* se llama 'Árbol'. Como está escrito: 'Es el Árbol de la vida para los que se aferran a ella'. Y el hombre es un árbol, como está escrito 'porque el hombre es el árbol del campo'. Y las *Mitzvot* (preceptos) de la *Torá* son como frutos. ¿Y qué dice? 'Solo cuando sepas, que un árbol no da frutos, destrúyelo y córtalo'. Destrúyelo de este mundo y córtalo del mundo por venir".

Por este motivo, la persona necesita desarraigarse de aquel lugar en el cual hay malvados, porque de lo contrario no podrá prosperar en la *Torá* y las *Mitzvot*. Y se plantará a sí mismo en otro lugar, entre los justos, y así tendrá éxito en la *Torá* y las *Mitzvot*.

Y el hombre, a quien *El Zóhar* compara con el árbol del campo, sufre como aquel árbol a causa de los malos vecinos. En otras palabras, siempre se deben cortar las malas hierbas que afectan su entorno, y también debe mantenerse alejado de los malos entornos, de aquellas personas que no siguen el camino de la verdad. Necesitamos ser muy cuidadosos para no ser atraídos por ellos.

Esto se llama "aislamiento", o sea, cuando uno tiene pensamientos de "la autoridad única", llamada "otorgamiento" y no de "la autoridad de las masas", que es el amor propio. A esto se le llama "dos autoridades" – la autoridad del Creador y la propia autoridad de uno.

Ahora podemos entender lo que nuestros sabios dijeron (*Sanhedrín*, pág. 38): "*Rav Yehuda* dijo: '*Rav* dijo: *Adam HaRishón* era hereje', como está escrito, 'Y el Señor Dios llamó al hombre y le dijo: '¿Dónde estás? ¿Hacia dónde tiende tu corazón?'".

En la interpretación de *RaShI*, ""hereje" se refiere a la tendencia a la idolatría. Y en el comentario "*Etz Yosef*" (*El árbol de Yosef*), está escrito: "Cuando se escribe: '¿Dónde estás, hacia dónde tiende tu corazón?", se refiere a herejía, como está escrito: 'no vayan tras sus corazones', esta es la herejía, cuando su corazón se deja llevar hacia el otro lado".

Pero todo esto es bastante confuso: ¿Cómo puede decirse que *Adam HaRishón* se inclinó hacia la idolatría? O, según el comentario de *Etz Yosef*, que estaba en "no vayan tras sus corazones", ¿es esto herejía? Según lo que aprendemos sobre el trabajo de Dios, que todo su asunto es el fin de otorgar, si una persona trabaja con el fin de recibir, este trabajo es ajeno a nosotros, ya que tenemos que trabajar sólo con la intención de otorgar, en tanto que él lo tomó todo con la intención de recibir.

Este es el significado de lo que dijo sobre que *Adam HaRishón* falló en "no vayan tras sus corazones". Es decir, que no había podido recibir el alimento del Árbol del Conocimiento, con el fin de otorgar, sino que recibió el alimento del Árbol del Conocimiento con el fin de recibir. Y esto se llama "discernimiento del corazón", lo que significa que el corazón sólo quiere recibir para su propio beneficio. Y este fue el pecado del Árbol del Conocimiento. Para entender este asunto, revisa la Introducción al libro *Panim Masbirot*.

Y con esto comprenderemos el beneficio del grupo –en cuanto a que puede introducir otro aire en el ambiente –, que es, que el trabajo sea sólo con el fin de otorgar.

Algunas veces la espiritualidad es llamada *"Neshamá"*
Artículo N° 13, 1984

Debemos entender por qué la espiritualidad a veces es llamada *Neshamá* (alma), como está escrito, "Cuerpo y alma (*Neshamá*)", y a veces a la espiritualidad se le llama *Néfesh* (alma), como está escrito "Y amarás al Señor, tu Dios, con todo tu corazón y con toda tu alma (*Néfesh*)".

Normalmente, cuando se habla de espiritualidad, hablamos de su discernimiento más elevado, que es *Neshamá*, para que la persona sepa, que ha sido preparado para ella un grado elevado, que es *Neshamá*. Para provocar en su corazón, el anhelo de lograrlo y que piense, cuál es la razón de que no lo haya alcanzado aun. Entonces, llegará a saber, que todo lo que le falta para alcanzar la espiritualidad, es la equivalencia de forma.

Siendo que el cuerpo nace con la naturaleza del amor propio. Lo cual es el discernimiento de la disparidad de forma con el Creador, a quien consideramos que solamente otorga. Por lo tanto, uno debe purificar su cuerpo y alcanzar la equivalencia de forma, para que, también la persona, quiera hacer cosas sólo para otorgar. Mediante eso, será capaz de alcanzar este grado elevado llamado *Neshamá*. Por eso siempre hablamos en términos de "cuerpo y *Neshamá*".

Pero cuando se hace referencia al orden del trabajo, entonces tras el grado del cuerpo, viene el grado de *Néfesh*. Por eso las escrituras dicen: "Y amarás al Señor, tu Dios, con todo tu corazón y con toda tu alma (*Néfesh*)", ya que este es el siguiente grado después del cuerpo.

Por ello, dice: "Con todo tu corazón" y, posteriormente: "Con toda tu alma". En otras palabras, la persona debe estar dispuesta a dar todo lo que tiene al Creador. Pero después, si obtiene un grado mayor, o sea *Rúaj* (espíritu) y a continuación, *Neshamá*, también debe estar dispuesto a darlo todo por el Creador. Pero el escrito comienza con el primer grado subsiguiente al cuerpo.

Todo lo que tiene el individuo, debe entregárselo al Creador. Lo cual significa, que él no hace nada para su propio beneficio. Por el contrario, todo es para el beneficio del Creador. A esto se le denomina, que todas sus obras son sólo para otorgar, mientras que él es completamente intrascendente. Por el contrario, todo es por el bien del Creador.

Ahora puedes entender lo que está escrito en el *Zóhar* (*Terumá*, pág. 219, Artículo 479 en el Comentario *Sulam*): "'Con toda tu alma'. Él pregunta 'Debería haber dicho: 'En tu alma', que es: '¿Con toda tu alma?' ¿Por qué dice *'con'*? Él contesta que eso incluye *Néfesh*, *Rúaj*, *Neshamá*. A esto se refiere "con toda tu alma", donde "toda" significa lo que sostiene a dicha *Néfesh*.

Entonces vemos que *El Zóhar* interpreta con "toda", que la *Torá* viene a decirnos que dentro del discernimiento de *Néfesh* están incluidos *Rúaj* y *Neshamá*. Sin embargo, deliberadamente comienza con *Néfesh*, pues después del cuerpo viene *Néfesh*. Pero cuando hablamos de espiritualidad en general, nos referimos a la espiritualidad como *Neshamá*, como está escrito: "Y Él insufló en su nariz la *Neshamá* ("alma" o "aliento") de vida".

Para obtener el grado de *NaRaN* (*Néfesh-Rúaj-Neshamá*), debemos ir por un camino de otorgamiento y tratar de salir del amor propio. Esto se llama "el camino de la verdad", lo que significa que, a través de eso, alcanzaremos una cualidad verdadera que se halla en Su Providencia, la cual es que Él se comporta con nosotros, con benevolencia.

Esto se llama "El sello del Creador es la verdad". Significa que el final de la obra del Creador, es decir, Su trabajo en la creación de los mundos – que es hacer el bien a Sus creaciones – es que el hombre debe alcanzar la cualidad de la verdad del Creador. Que el individuo sepa, que ha logrado su plenitud, luego de que haya alcanzado, la providencia del Creador como benevolente, debe ver que él tiene abundancia, y también debe ver que otros también tengan esa abundancia, lo cual significa, ver que todo el mundo tiene abundancia.

Esto se presenta en el libro *Introducción al Estudio de las Diez Sfirot* (Artículo 150),"La cuarta fase del amor, que es el amor que no depende de nada y también es eterno. Esto es así porque después de haber juzgado a la balanza de mérito (favorablemente), a todo el mundo, el amor es eterno y absoluto. Y no habrá nada oculto ni escondido en el mundo, porque allí existe un lugar de revelación completa del Rostro, como está escrito: 'Tu Maestro ya no Se ocultará, sino que tus ojos verán a Tu Maestro', ya que él ya conoce todas las ocupaciones del Creador, con todos los creados, en la forma de la Verdadera Providencia, que se revela de Su nombre bendito: 'El Bien que hace el bien a los buenos y a los malos'".

Por lo tanto, se deduce que si alcanzó su perfección final, alcanza su verdadero estado. Sin embargo, hay grados preliminares antes de eso, como está escrito en la *Introducción al Estudio de las Diez Sfirot,* que la primera fase, es el arrepentimiento desde el temor. Sobre ello está escrito (Artículo 63): "El primer grado de alcance de la revelación del Rostro, es decir, el alcance y la sensación de la Providencia de la recompensa y el castigo, de tal manera que Él, quien conoce todos los misterios, dará testimonio de que no volverá a la necedad, lo cual se denomina "arrepentimiento desde el temor". En ese momento, sus pecados se convierten en errores para él, y se le llama 'justo incompleto' o 'mediano'".

Sin embargo, de acuerdo con lo anterior, existe otro signo para saber, si está caminando por el sendero de la verdad: por oposición. En otras palabras, aun cuando él se observa dentro de sí, que se encuentra en un estado peor, es decir, que antes de que comenzara a caminar por el sendero de la verdad, se sentía más cerca de la *Kdushá* (santidad).

Pero ahora, que ha comenzado a caminar por el sendero de la verdad, se siente más alejado de la *Kdushá*. Pero según la regla conocida: "En la espiritualidad solo se eleva y no se baja", surge la pregunta: "¿por qué ahora que está caminando por el sendero de la verdad, piensa que está retrocediendo, en lugar de avanzar?, tal como debería ser, al estar caminando por el sendero de la verdad. Al menos, no debería descender de su estado anterior".

La respuesta es que debe haber ausencia, antes de que haya una vivencia. Significa que en primer lugar, debe haber un *Kli* (vasija), que se denomina "carencia", y a continuación, hay espacio para llenar la carencia. Por lo tanto, en primer lugar, la persona debe seguir adelante y estar cada vez más cercana a la verdad.

En otras palabras, cada vez que él avanza, y ve su situación – que está inmerso en el amor propio. Y cada vez debería ver más claramente que el amor propio es malo, porque el amor propio es lo que nos impide alcanzar el deleite y el placer que el Creador ha preparado para nosotros, ya que esto es lo que nos separa del Creador.

En consecuencia, podemos entender que lo que una persona piensa – que está retrocediendo ahora que ha entrado en el sendero de la verdad, debe saber que no es así. Por el contrario, está avanzando hacia la verdad. Anteriormente, cuando su trabajo no se basaba en el otorgamiento y la fe, estaba lejos de ver la verdad.

Pero ahora debe sentir el mal dentro de él, como está escrito: "No habrá ningún dios extraño dentro de ti". Nuestros sabios dijeron: "¿Quién es el dios extraño en el cuerpo de un hombre? Es la inclinación al mal". En otras palabras, dentro de una persona, el deseo de recibir es su verdadero mal.

Entonces, cuando ha logrado el reconocimiento del mal, puede decir que va a corregirlo. Resulta que antes de que alcanzara su mal, hasta un punto en el que ya no podía tolerarlo por más tiempo, no había nada para corregir. Por lo tanto, realmente ha recorrido un largo camino en la senda de la verdad, para ver su situación real.

Y cuando una persona ve el mal dentro de sí, hasta el punto de no poder tolerarlo, comienza a buscar asesoramiento, para saber cómo salir de eso. Pero el único consejo para un hombre de *Israel* es acudir al Creador, para que Él abra sus ojos y su corazón y lo llene de una abundancia sublime, como nuestros sabios dijeron: "A aquel que viene a ser purificado, le ayudan".

Cuando se recibe la ayuda del Creador, todas las carencias se llenan con la luz del Creador, y comienza a subir en grados de santidad, debido a que la carencia ha sido preparada dentro de él, por medio de que llegó a ver, su verdadero estado. Por lo tanto, ahora hay lugar para recibir su plenitud.

A continuación, una persona comienza a ver cómo, cada día, de acuerdo a su trabajo, asciende cada vez más. Sin embargo, siempre debemos despertar lo que olvida el corazón, lo cual es necesario para la corrección del corazón – el **amor por los amigos** – cuya finalidad es lograr el amor al prójimo.

Esto no es algo agradable para el corazón, el cual es llamado "amor propio". Por lo tanto, cuando hay una reunión de amigos, debemos recordar plantear la pregunta. O sea que, cada uno debe preguntarse, cuánto hemos avanzado en el amor al prójimo, y cuantas acciones hemos hecho, para avanzar en este asunto.

Acerca del otorgamiento
Artículo N° 16, 1984

Explicación de la cuestión del otorgamiento. Cuando una persona sirve a otra persona a quien el mundo considera importante, la persona importante no necesita recompensar al otro por este servicio. Por el contrario, el servicio realizado a una persona importante es considerado por la persona que sirve, como si ya hubiese sido recompensado. Significa que si él sabe, que aquel es una persona importante, ya disfruta del servicio y no necesita mayor recompensa. El servicio mismo es su placer.

Pero si está sirviendo a una persona común, este servicio no le aportará ningún placer y necesita ser recompensado por su servicio. Significa que si ese mismo servicio se le hace a una persona importante, no necesitará ninguna recompensa.

Si, por ejemplo, una persona importante viaja por avión, llevando una maleta pequeña. Y hay muchas personas que esperan su llegada. La persona importante entrega su maleta a alguien, para que la coloque en el vehículo que lo llevará hasta su destino. Por este servicio la persona importante quiere darle, digamos, cien dólares. Sin embargo, la otra persona se negará a recibir este dinero, porque el placer que se deriva de su servicio es mayor que los cien dólares.

Pero si él viajero fuese una persona común, el otro no le serviría ni siquiera por dinero. En cambio, le diría: "Hay aquí personas que se ocupan de cargas; ellos le llevarán su maleta hasta el coche. En cuanto a mí, no me honra servirte. Pero dado que ese es el trabajo de las personas de carga, ellos estarán encantados de atenderte si tú les pagas".

Por consiguiente, **al realizar el acto, hay una diferencia y distinción importante, no en la acción, sino para quien se hace** – Si se hace para una persona importante, depende **solamente** de la importancia que representa aquel individuo en particular, ante los ojos de esa otra persona, lo que se traduce en qué tipo de sentimientos profesa esa persona hacia la grandeza de aquel individuo. No importa si entiende que es una persona importante o si dicen que es una persona importante; esto ya le da la fuerza para servirle sin necesidad de recompensa.

De acuerdo con lo anterior, debemos entender cuál es la verdadera intención de la persona que está sirviendo al individuo importante. ¿Es su intención disfrutar de servirle, ya que lo considera un gran privilegio, o es porque le produce un gran placer servirle? ¿De dónde se origina el placer de servir al individuo importante? Él no lo sabe. Sin embargo, lo ve como natural – que existe un gran placer involucrado – por consiguiente él quiere servirle.

En otras palabras, su intención es, que al tratarse de una persona importante, quiere darle placer a ese individuo, o desea servirle porque a él mismo le da alegría. Por consiguiente, si él pudiera recibir el mismo placer que obtiene al prestar este servicio, de alguna otra fuente, entonces renunciaría a este servicio.

Ya que él sólo quiere servirle, porque siente que de esta manera, podría obtener una sensación agradable, y por eso le brinda su servicio.

El asunto es, si el servicio es brindado, porque se quiere, que la persona importante se sienta bien. Y el placer que se deriva de este servicio, es sólo un resultado. Pero la intención no es para sí mismo, sino para que la persona importante, se sienta bien. O si de hecho, no está considerando a la persona importante, sino que todos los cálculos son acerca de cuánto placer puede obtener de esto.

Y si se nos preguntara: "¿Qué obtenemos al cuestionarnos sobre la intención que usa?" La respuesta es que deberíamos saber el significado de "vasija de otorgamiento".

En un acto de otorgamiento hallamos 3 discernimientos.

1) Ocuparse en el otorgamiento en favor de otros – ya sea con su cuerpo o con su patrimonio – **a fin de ser recompensado** por ello. En otras palabras, el servicio en sí no es suficiente para darle placer. Sino que quiere, que se le dé algo a cambio. Por ejemplo, él quiere que se le rinda honores a cambio de su trabajo de otorgamiento. De ello obtiene la fuerza para trabajar. Pero si no está seguro de recibir honor a cambio, no haría lo que hace por los demás.

2) Ocuparse en el otorgamiento a otros y **no querer recibir ninguna recompensa** por el trabajo. O sea otra cosa aparte, algo adicional. Sino que se conforma, en realizar actos de otorgamiento. Su naturaleza es disfrutar haciendo el bien a los demás, y ese es su gran placer. Sin duda, se trata de un grado mayor que el anterior, ya que desde aquí vemos que él hace las cosas con el fin de hacer el bien a los demás. Deberíamos llamarlo "Otorgar con el fin de otorgar".

Sin embargo, si miramos un poco más profundamente y examinamos la intención verdadera, al otorgar a los demás, vemos que si la persona efectúa todas esas obras, es porque desea disfrutar – es decir por su amor propio, ya que por su naturaleza disfruta los actos de otorgamiento, o su intención es disfrutar de que los demás tengan cosas buenas.

En otras palabras, la persona disfruta que otros estén de buen ánimo y por esta razón trata de hacer el bien a los demás, de manera que aquellos eleven sus espíritus y disfruten de sus vidas. Y si, por casualidad, ve que hay otra persona que tiene mayor éxito que él, haciendo lo que él desea hacer por la gente de su ciudad, entonces ¿podría renunciar a su placer en la realización de actos de otorgamiento y permitir a esta otra persona que lo haga?

Por cierto que esa persona – quien participa en actos de otorgamiento sin querer ninguna recompensa por su trabajo – no sería capaz de hacer la concesión de permitirle a la otra persona, obrar por la gente de su ciudad, a pesar de que él sabe, que la otra persona es más competente. Acerca de esto, todavía no podemos decir que se trate de "otorgar con el fin de otorgar", ya que al final de cuentas, el amor propio es su factor determinante.

3) Trabajar con el fin de *no recibir ninguna recompensa*. Incluso, cuando ve que hay otra persona que es más competente, renuncia a su placer de otorgar a otros y se preocupa sólo por el bienestar de los demás. Esto se denomina "otorgar con el fin de otorgar".

Por lo tanto, existe una gran examinación que debe realizarse aquí, acerca de su verdadera intención: si quiere obtener buen ánimo para sí mismo y es por eso que brinda su servicio, o si desea otorgar buen ánimo a la persona importante.

Para comprender este discernimiento, podemos entender el asunto a través de una situación que la persona se imagine. Siendo que se trata de una persona muy importante, por eso se le quiere complacer, para que tenga buen ánimo. Por ello desea servirle. Pero durante el servicio que brinda, él mismo se siente en un excelente estado de ánimo, y siente dentro de sí, que todos los placeres que sintió en su vida, son nada comparado con lo que siente ahora, ya que le está sirviendo a la persona más importante del mundo, y no tiene palabras, para describir la gran satisfacción que le genera, al querer hacer feliz a esa importante personalidad.

Ahora él puede examinarse a sí mismo, es decir, cuál es su intención, al querer dar satisfacción a la persona importante – si se está preocupando por su propio bien, lo que significa que él quiere deleitarse porque sentiría mucha felicidad – o que toda su intención, es que la persona importante disfrute, de manera que la persona importante sea muy feliz, y debido a la grandeza de esa persona, se despierte en él un gran deseo de servirle.

Así pues, a pesar de que durante el servicio, siente el gran placer que se deriva de este, aun así, si él sabe que hay alguien, que le brindaría mayor alegría a la persona importante al servirle, él renunciaría al propio placer, que él pudiera sentir durante el servicio. Y desea sinceramente, que el otro pueda hacer este servicio, porque le proporcionaría mayor alegría a la persona importante, que si él le sirviera.

De manera que si él accede a conceder su servicio –a pesar de que le produce gran placer, este servicio,- de todas formas, a fin de beneficiar a la persona importante, para que ella obtenga mayor placer, él renuncia, porque no está pensando en sí mismo, sino sólo en el beneficio de la persona importante.

Esto se considera que él no tiene intención de beneficiarse a sí mismo. Sino que, todo es con el fin de otorgar y no tiene ninguna consideración consigo mismo. En ese momento, él obtuvo la examinación completa, ya que no puede engañarse a sí mismo, y a esto se le llama "**Otorgamiento completo**".

Sin embargo, debemos saber que uno no puede lograr esto por sus propias fuerzas. Por el contrario, como está dicho (*Kidushin*, 30) "La inclinación del hombre le supera cada día y trata de matarle, como está dicho: 'El malvado vigila al justo y trata de exterminarlo'. Y si el Creador no le ayuda, él no podrá superarlo, como está dicho: 'El Señor no lo dejará en sus manos'".

Significa que, primero, la persona debe ver si tiene la fuerza para llegar a ser capaz de realizar actos, con el fin de otorgar placer al Creador. Entonces, cuando llegue a darse cuenta, de que no podrá lograrlo por sí mismo, se enfocará en la *Torá* y las *Mitzvot* en un único punto, que es "la Luz en ella lo reforma", y esta será toda la recompensa que querrá obtener de la *Torá* y las *Mitzvot*. En otras palabras, la recompensa por su esfuerzo será, que el Creador le dé esta fuerza llamada "la fuerza de Otorgamiento".

Siendo que, hay una regla que dice que "si la persona hace un esfuerzo, es decir, que anula su descanso, es porque quiere algo, que sabe que sin esfuerzo, no se le otorgará, por lo que debe esforzarse". Por esta razón, una persona que se esfuerza en cumplir con la *Torá* y las *Mitzvot*, es seguro que le falta algo, y por eso, esa persona se esfuerza en la *Torá* y las *Mitzvot*, para obtener lo que desea a través de ellas.

En consecuencia, uno debe prestar atención y pensar, antes de empezar en la labor al servicio del Creador, qué quiere. Es decir, qué recompensa quiere por el trabajo. O, sencillamente, ¿cuál es la razón que le obliga a estudiar la *Torá* y las *Mitzvot*? Entonces, cuando se detiene a observar esto, o sea, saber cuál es su carencia, para la cual debe esforzarse, la persona comienza a pensar intensamente, hasta que le resulta difícil saber lo que realmente quiere.

Esa es la razón por la cual hay muchas personas que, cuando empiezan a analizar el propósito de su trabajo, no pueden determinar el verdadero objetivo. Por esta razón, dicen: "¿por qué debemos cansarnos con estas investigaciones?" Y trabajan sin ningún propósito y dicen: "estamos trabajando para el mundo por venir". Y, ¿qué es el mundo por venir? "¿Por qué debemos pensar en eso? Sólo creemos que es algo bueno y nos conformamos con eso. Cuando recibamos la recompensa del mundo por venir, entonces sabremos lo que es. ¿Por qué vamos entrar en estas examinaciones?"

Hay sólo unos pocos, que dicen, que está la cuestión de la Adhesión con el Creador, y para alcanzar Adhesión, se debe lograr la equivalencia de forma, lo que significa "Como Él es misericordioso, tú también eres misericordioso". Entonces, comienza a buscar la equivalencia de forma – que todas las acciones sean en otorgamiento – sólo entonces la restricción y la ocultación que existen en el mundo, desaparecen, y comienza a sentir la *Kdushá* (santidad).

Pero cuando comienza a alcanzar el grado de otorgamiento en el trabajo, nota que está muy lejos de ello, que no tiene ningún deseo de pensamiento, palabra o acción que tenga la capacidad de tener la intención "con el fin de otorgar". Y entonces no sabe qué hacer para obtener la fuerza de otorgamiento. Y cada vez que agrega fuerzas, nota que toda esta cuestión no le pertenece. Hasta que llega a darse cuenta de que no es humanamente posible, que se haga realidad, el llegar a ello.

En este punto, reconoce que sólo el Creador puede ayudarle, y sólo entonces entiende que debe ocuparse de la *Torá* y las *Mitzvot* con el fin de recibir recompensa. Y la recompensa por su esfuerzo será que el Creador le dé el poder del otorgamiento. Esta es la recompensa que él espera, ya que él quiere lograr Adhesión con el Creador, que es la equivalencia de la forma, es decir, el otorgamiento

Y esta es toda su recompensa, a la cual espera – que a través de su esfuerzo con la *Torá* y las *Mitzvot*, le será otorgado aquello que no puede obtener por sí mismo y, necesita que otro se lo dé. Es como esforzarse en el mundo material: puesto que uno no puede obtener dinero por sí mismo, se esfuerza y, a cambio, le dan dinero. Del mismo modo, en la espiritualidad, a lo que uno no puede obtener por sus propias fuerzas, y necesita de alguien que se lo proporcione, le que llamamos "recompensa".

De manera que, cuando una persona desea lograr la cualidad del otorgamiento, porque quiere alcanzar Adhesión con el Creador y no puede alcanzar esta cualidad, pero siente la necesidad de que el Creador se la otorgue, lo que él quiere obtener se denomina "recompensa".

Y como existe una regla que dice que si uno quiere una recompensa, debe hacer un esfuerzo y trabajar, entonces observa la *Torá* y las *Mitzvot* para recibir esta recompensa, llamada "la fuerza de otorgamiento", es decir, salir del amor propio y recibir el deseo, de obtener la fuerza, para ocuparse sólo en el amor hacia los demás.

Este es el significado de aquello que dice: "Uno debe estudiar siempre la *Torá* y las *Mitzvot* en *Lo Lishmá* (no en Su beneficio), pero desde *Lo Lishmá* uno llega a *Lishmá* (en Su beneficio) porque la luz en ella le reforma". Significa que a través del esfuerzo en la *Torá* y las *Mitzvot* a fin de alcanzar *Lishmá*, logrará el grado de *Lishmá* por medio de un esfuerzo previo. Por esa razón será recompensado con "la Luz en ella le reforma", y a esto se le llama, que desde el Cielo se le concedió la fuerza del otorgamiento.

Sin embargo, deberíamos preguntarnos: ¿por qué uno primero tiene que esforzarse y después se recibe la Luz de la *Torá*? ¿Por qué no recibimos la Luz de la *Torá* inmediatamente, de manera que nos reformemos al instante? Y también, ¿por qué esforzarse e invertir energías y tiempo gratuitamente? ¿No sería mejor si se recibiera la Luz desde el principio del trabajo, es decir, recibir la Luz inmediatamente e inmediatamente comenzar el trabajo en *Lishmá*?

El asunto es que no hay luz sin un *Kli* (vasija), y un *Kli* significa deseo. En otras palabras, cuando una persona tiene una carencia y un anhelo de satisfacer esa carencia, esto se denomina *"Kli"*. Sólo cuando tiene un *Kli*, es decir, un deseo de algún llenado, puede decirse que se le ha dado el llenado y está conforme con lo que se le dio, ya que esto era lo que anhelaba. La recompensa se llama un llenado, y es cuando lo anhelado se recibe. Además, la medida de la importancia del llenado depende de la medida del anhelo. Y según el nivel de su sufrimiento, en esa misma medida disfruta del llenado.

Por esta razón, es imposible dar a una persona la Luz que le reforma cuando no tiene ningún deseo de ella. Esto es porque reformarla significa que perdería la fuerza del amor propio y recibiría la fuerza de amar a los demás.

Y si la persona no tiene ningún deseo de dejar el amor propio y se le dice: "Haz algunos trabajos y a cambio no tendrás ningún deseo de amor propio", esto no lo considerará como una recompensa. Por el contrario, pensará que por el trabajo que hizo para el patrón, este debería haber hecho algo bueno por él a cambio de su trabajo. Pero, a cambio, le está dando algo muy malo, tanto que perdería todo su amor propio en un instante. ¿Quién estaría de acuerdo con esto?

Por este motivo, en primer lugar uno debe estudiar en *Lo Lishmá*, de manera que el cuerpo le ayude, ya que una persona estará dispuesta a renunciar a un placer pequeño para recibir un placer mayor. Pero, por naturaleza, uno es incapaz de imaginar placer a menos que esté basado en el amor propio.

Entonces, se le dice que será recompensado, por ocuparse en la *Torá* y las *Mitzvot*. Esto no es mentira, ya que sin duda, obtendrá recompensa. En otras palabras, se le dice que por el esfuerzo en la *Torá* y las *Mitzvot*, será recompensado, y esta es la verdad porque, de hecho, será recompensado, excepto que la recompensa cambiará.

Por ejemplo, un padre le dice a su hijo, "Si eres un buen chico, te compraré un coche de juguete, un coche de plástico". Entonces, el padre va al extranjero y regresa unos años más tarde. El hijo ya ha crecido, y le dice a su padre: "Papá, antes de irte al extranjero, me prometiste un coche de juguete". Entonces el padre va y le compra un coche real, uno con el que se puede viajar a grandes distancias. Y el hijo ya tiene uso de razón y entiende que ya no tiene edad para un coche de juguete, sino para uno real. ¿Se consideraría esto un engaño por parte del padre? Por supuesto que no. Ahora el joven se da cuenta de que cuando era un niño, no podía comprender otra forma de recompensa, más que algo insignificante.

Aquí, también, comienza con una insignificante recompensa, que se llama *Lo Lishmá*, lo que significa, que está esperando ser recompensado con algo que es insignificante en comparación con la verdadera recompensa que va a recibir – ser recompensado con *Lishmá*, que es el *Kli* o vasija donde uno puede recibir el deleite y el placer que el Creador desea dar. Estos son los verdaderos placeres.

Se deduce que, pidiéndole que trabaje en *Lo Lishmá*, que significa recibir una recompensa, eso es verdad. Es decir, que cuando tenga la intención de otorgar, también será recompensado. La única mentira está en la recompensa. Mientras una persona está en *Lo Lishmá*, piensa que se le dará una recompensa diferente, y que el *Kli* que la recibe se denomina "amor propio".

Pero después, cuando la persona crece, comienza a comprender que los *Kelim* (vasijas), que de hecho reciben recompensas, son los *Kelim* de otorgamiento, que es precisamente a través de esos *Kelim* donde se recibe el verdadero bien y el placer. En ese momento, siente que es el hombre más feliz de la tierra. Pero la recompensa que él deseaba recibir mientras estaba en *Lo Lishmá*, y la única que podía recibir, es una recompensa adecuada para un niño pequeño.

Por lo tanto, cuando enseñamos a recibir placer y recompensa por el trabajo en *Lo Lishmá*, no se considera una "mentira", ya que él no perdió nada, puesto que su recompensa se convirtió en una recompensa mayor. Nosotros sólo debemos explicar que *Lo Lishmá*, es decir, esta recompensa, no es el verdadero nombre, como él piensa. En cambio, la recompensa tiene un nombre diferente al que pensaba. Sin embargo, una recompensa sigue siendo una recompensa. Y la recompensa no se cambia; cambia sólo el nombre de la recompensa – de una "recompensa falsa e imaginaria" a una "recompensa auténtica".

De todo lo anterior se deduce que, **lo más importante que una persona necesita a cambio de su trabajo con la Torá y las Mitzvot es que el**

Creador le dé las vasijas de otorgamiento, que no puede obtener por sí mismo porque son contrarias a su naturaleza. Sin embargo, esto es un regalo del Cielo, y esa es su recompensa, ya que siempre esperaba y decía "cuando será el momento en el que pueda causar satisfacción al Creador". Y puesto que se trata de la recompensa que él espera, entonces se denomina "su recompensa".

Para comprender lo anterior, debemos mirar en el *Prefacio general al Árbol de la Vida* (Punto 3), donde se escribe: "La raíz de la oscuridad es el *Masaj* (pantalla) en el *Kli* de *Maljut*, y la raíz de la recompensa está arraigada en la Luz reflejada que sale a través de un *Zivug de Akaá* (acoplamiento de golpe)".

Ahí nos da la raíz, de lo que vemos en este mundo – que cada cosa que vemos en este mundo es una rama que se extiende desde las raíces, en los mundos superiores. Dice aquí: "La raíz del esfuerzo, que una persona siente en este mundo, se extiende desde la raíz del *Masaj* en el *Kli* de *Maljut*". Esto significa que el *Kli* que tienen los creados se llama "deseo de recibir placer", el cual hizo el Creador, por Su deseo de deleitar a Sus creados. Por tanto, Él creó en los creados un deseo de recibir placer. En las *Sfirot* superiores, el cual se llama *Maljut*

Después, aprendemos que hubo un *Tzimtzum* (restricción). Esto significa que él no quiere ser un receptor, porque desea la equivalencia de forma con el Creador; por tanto, se creó una regla en la *Kdushá*, que dice que no se recibe nada, a menos que pueda dirigir la intención hacia el otorgamiento.

Este es el significado de la corrección del *Masaj*. Como estamos hablando de las Luces superiores, el no querer recibir luz se llama "*Masaj*". Es como una persona que pone una cortina o un velo donde el sol resplandece con demasiado brillo y no quiere recibir la luz del sol, para que el sol no brille dentro de su casa.

Por tanto, cuando hablamos de Luces superiores, aunque *Maljut* tenía un gran deseo y anhelo de recibir la Luz del placer, aun así ella renunció al placer, al no recibirlo, porque quería la equivalencia de forma. Esto se llama "esfuerzo", es decir, cuando ella hace algo en contra de su voluntad, esto es, impidiéndose a sí misma recibir el placer.

También en el mundo material, cuando una persona debe renunciar a algún placer, se considera un esfuerzo. Por ejemplo, si una persona disfruta del descanso, y por alguna razón debe renunciar a su descanso e ir a hacer algo, a esto se le llama "esfuerzo".

Él también nos muestra cómo, cuando la rama corporal recibe recompensa, y dónde está arraigada en los mundos superiores. Nos muestra que la raíz de la recompensa se extiende desde la Luz reflejada, la cual es el deseo de otorgar que sale del *Zivug de Akaá* que sucede entre la Luz superior y el *Masaj* y *Aviut* (grosor) -(ver *El Estudio de las Diez Sfirot*, Parte 4, Hoja 258, Punto 8). Él escribe ahí: "La Luz reflejada que reviste, sale como resultado de dos fuerzas".

En la espiritualidad, un *Zivug de Akaá* significa que si dos cosas son opuestas entre sí, se considera como *Akaá* (golpe). Esto significa que, por una parte, él realmente quiere eso porque ve que le aportará un inmenso placer, pero por otra parte, se sobrepone y no lo recibe porque quiere la equivalencia de forma.

En otras palabras, hay dos deseos aquí:
1) Su deseo de recibir placer.
2) Su deseo por la equivalencia de forma.

Y de esos dos, nace uno nuevo, llamado "la Luz reflejada que reviste". Con esta fuerza, puede obtener luego, la abundancia Superior, porque esta Luz reflejada es el *Kli* apropiado para la recepción de la recompensa.

En otras palabras, con este *Kli*, él tiene dos cosas:
1) Recibe el placer que se encuentra en la abundancia Superior, que llega desde el pensamiento de la creación, o sea, hacer el bien a Sus creaciones.
2) Al mismo tiempo, se encuentra en equivalencia de forma, que es el segundo discernimiento, que tiene durante la recepción de la abundancia.

De todo lo anterior, vemos que la recompensa es únicamente la Luz reflejada, que es la fuerza del otorgamiento, que el inferior recibe del superior, que él denomina "Luz reflejada", es decir, que el inferior da al superior. Esto significa que la abundancia que llega del Creador se llama "Luz directa". Como está escrito: "Dios creó al hombre recto". Es como estudiamos, que el pensamiento de la creación era hacer el bien a Sus creaciones, es decir, que los inferiores reciban abundancia y esto se llama "recto".

Pero los receptores de la abundancia desean la equivalencia de forma. Por eso tenemos una corrección, llamada "Luz reflejada". Esto significa, que el receptor de la abundancia no la recibe porque desee disfrutar, sino porque desea otorgar al Superior. En otras palabras, así como el Superior desea que disfrute el receptor, el receptor de la abundancia aspira a devolver placer al otorgante, es decir, para que el Superior disfrute que se cumple de Su pensamiento. De ahí se deduce, por tanto, que **la recompensa es, principalmente, la Luz reflejada, es decir, la fuerza de otorgamiento que el inferior recibe del superior.**

Pero aun debemos entender por qué decimos que el *Kli*, el cual es llamado "fuerza de otorgamiento", es toda la recompensa. Después de todo, recompensa implica que algo se recibe. Decimos: "Trabajo por el salario". Y también decimos que el propósito de la creación es hacer el bien a Sus creaciones, es decir, que recibirán recompensa. Y aquí estamos diciendo que la recompensa es llamada "la fuerza de dar". Y nosotros entendemos, que la recompensa debe ser, que una persona alcance la Santidad y los secretos de la *Torá*, etc. Pero, nos dice que la recompensa es obtener la fuerza de dar, es decir, la fuerza del otorgamiento. Más aun, está diciéndonos que esto se extiende desde la raíz superior, llamada "Luz reflejada".

Existe una regla conocida en la que la vaca desea amamantar más de lo que el ternero desea succionar. Se deduce, por tanto, que el Creador desea dar a los creados, más de lo que los creados desean recibir. Así que, ¿quién lo está demorando? Es que debemos recordar el *Tzimtzum* que ocurrió, para que los creados tuvieran equivalencia de forma. Esto es una corrección para evitar el pan de la vergüenza, el cual se extiende desde nuestra raíz. Siendo que el Creador es el que otorga y no recibe, ya que Él no tiene carencia y no existe tal cosa como la recepción en Él. Así pues, según la regla que existe en nuestra naturaleza – que cada rama desea parecerse a su raíz, por eso, cuando el inferior debe llevar a cabo una acción que no está presente en la raíz, siente desagrado.

Se deduce de esto, que para recibir la abundancia, que es Luz y placer, uno no necesita hacer ninguna acción. Ya que, más de lo que el creado quiere recibir, el Creador quiere darle. Sin embargo, el creado no tiene un *Kli* en el cual disfrutar los placeres que le serán dados, debido a la vergüenza. Se deduce que la única recompensa que necesitamos es el *Kli*, que es denominado "fuerza de otorgamiento". Así, todo lo que nos falta son *Kelim* (pl. de *Kli*), y no Luces, y por ello la recompensa es, principalmente, la fuerza de otorgamiento.

Sin embargo, para obtener ese *Kli*, llamado "deseo de otorgar", necesitamos también un deseo, es decir, sentir que necesitamos este *Kli*. Por eso, primero debemos dedicarnos a la *Torá* y las *Mitzvot* en *Lo Lishmá*, y este es nuestro esfuerzo –ver que todo lo que hacemos es para nuestro propio beneficio, sin ninguna intención de otorgar.

Y entonces vemos que nos falta la fuerza del otorgamiento. Y queremos una recompensa a cambio de nuestro trabajo –que el Creador nos dé esta recompensa, que es, el deseo de otorgar. Y cuando tengamos esa fuerza, podremos recibir el bien y el placer que ya está disponible y por el cual no necesitamos trabajar en absoluto, porque el Creador lo da. Pero siempre que una persona ascienda de grado en grado, es solamente para adquirir fuerza de otorgamiento, y otra cosa no hace falta.

El asunto de la importancia de los amigos
Artículo N° 17, Parte 1, 1984

Con respecto a la importancia de los amigos que se encuentran dentro del grupo, ¿de qué manera hay que valorarlos? Es decir, ¿con qué tipo de importancia debe observar cada uno a su amigo? El sentido común dicta que si uno observa, que su amigo se encuentra en un escalón inferior al suyo, entonces querrá enseñarle, cómo comportarse de una manera virtuosa, mejor de las que aquel posee. Así pues, no puede ser su amigo; él puede tenerlo como un alumno y no como un amigo.

Y si él ve que su amigo está en un escalón más alto que el suyo, y ve que puede aprender de él buenas cualidades, entonces puede ser su *Rav* (maestro), pero no su amigo.

Significa que precisamente cuando uno ve que su amigo se encuentra en el mismo nivel que él, entonces lo puede aceptar como amigo, pudiendo conectarse con él. Esto es así porque "amigo" significa que ambos están en el mismo estado. Y esto es lógico. Es decir, que ambos tienen equivalencia de puntos de vista y, por consiguiente, han decidido que se unirían y buscarían esta meta, la cual ambos quieren alcanzar.

Es como dos amigos que concuerdan en sus ideas y hacen juntos algún negocio, a fin de que este negocio les aporte alguna ganancia. En ese estado, ambos sienten que tienen los mismos poderes. Pero si uno de ellos siente que es más competente que el otro, entonces no querrá aceptarlo como a un socio igualitario. Entonces, se hacen socios de acuerdo a un cierto porcentaje, es decir, de acuerdo a los poderes y virtudes que tiene uno en comparación al otro. Y entonces el negocio es por un porcentaje de un treinta y tres o veinticinco por ciento, por lo que no se puede decir que ambos son socios igualitarios.

Pero en el amor de los amigos, cuando los amigos se conectan para que exista entre ellos unidad, significa explícitamente que entre ellos hay igualdad. Esto se llama "unidad". Por ejemplo, si hacen algún negocio juntos y dicen que no dividirán las ganancias a partes iguales, ¿podría esto llamarse "unidad"?

Indudablemente todo este asunto del amor de los amigos, debería ser realizado de tal manera, que todas las ganancias del amor de los amigos fueran controladas de una forma equitativa por ellos. No deberían esconderse u ocultarse entre ellos, sino que todo habría de ser con amor, amistad, verdad y paz.

Pero en el ensayo, *Un discurso para la conclusión del Zóhar* está escrito: "Hay dos condiciones para obtener la medida de la grandeza:

Siempre escuchar y aceptar la apreciación del grupo en la medida de su grandeza;

El entorno debe ser grande, tal como está escrito 'En la multitud reposa la Gloria del Rey'".

Y a fin de aceptar la primera condición, cada estudiante debe sentirse como si fuera el más pequeño de todos los amigos. Y entonces podrá recibir de todos el valor de la grandeza, ya que un grande no puede recibir de uno más pequeño y menos aun inspirarse de sus palabras. Y sólo el más pequeño se impresiona del valor del grande.

Y con respecto a la segunda condición, cada estudiante debe elevar las virtudes de su amigo como si fuera el más grande de la generación. Y entonces, el entorno actuará sobre él, como debe hacerlo un gran entorno, pues la calidad es más importante que la cantidad.

Y lo dicho anteriormente implica que en el asunto del amor de los amigos "Un hombre a su amigo ayudará", lo que significa que es suficiente que cada uno mantenga a su amigo como si estuviera con él en el mismo nivel. Pero como cada uno tiene que aprender de su amigo, entonces existe el asunto del *Rav* (maestro) y el estudiante. Por eso tiene que considerar a su amigo como más grande que él.

Pero ¿cómo es posible considerar a su amigo como más grande que él?, si, por el momento, ve que tiene mayores virtudes que su amigo, es decir, que tiene más talento y mejores atributos. Esto se puede entender de las siguientes formas:

Él va con fe por encima de la razón, de manera que desde el momento en que escogió un amigo para él, ya lo aprecia por encima de la razón.

Esta forma es más natural: desde dentro de la razón. Puesto que si decidió aceptarlo como amigo y trabaja consigo mismo para amarlo, es natural que por medio del amor se vean sólo las cosas buenas. E incluso aunque existan cosas malas en su amigo, él no puede verlas, como está escrito: "El amor cubre todas las transgresiones".

Podemos observar que un hombre puede ver faltas en los hijos del vecino, pero no las ve en sus propios hijos. Y cuando le dicen que sus hijos tienen algunas faltas, de inmediato empieza a discutir con su amigo y comienza a nombrar todas las virtudes que tienen sus hijos.

Y la pregunta es, ¿cuál es la verdad? Después de todo, en sus hijos hay virtudes, y por eso se enfada cuando otros hablan de ellos. El asunto es así, tal y como lo escuché de *Baal HaSulam*: Realmente, en cada persona hay virtudes y faltas. Y tanto el vecino como el padre están diciendo la verdad. Pero el vecino no se relaciona con los hijos del otro, como en una relación de un padre hacia su hijo, ya que no siente el mismo amor hacia esos niños tal y como lo siente su propio padre.

Por lo tanto, cuando mira a los hijos del otro, sólo ve las faltas que hay en ellos, ya que esto le causa más placer. Es así porque puede demostrar que es más que el otro, por el hecho de que sus propios hijos son mejores. Por eso sólo ve las faltas de los demás. Lo que está viendo es verdad, pero sólo ve las cosas que le causan placer.

Pero el otro padre también ve sólo la verdad, excepto que él mira únicamente las cosas buenas que tienen sus hijos. Sin embargo las cosas malas que tienen sus hijos no las ve, debido a que eso no le causa placer. Por lo tanto, él dice la verdad de lo que ve en sus hijos, porque sólo mira las cosas que le aportan placer; es decir, ve sólo las virtudes.

Por eso resulta, que si él siente amor hacia los amigos, el discernimiento del amor, el cual es una ley, de tal manera que quiere ver precisamente las virtudes de su amigo y no sus faltas, resulta que si él ve alguna falta en su amigo, esta es una señal que la falta no se encuentra en su amigo sino en sí mismo. Es decir, que él ha dañado el amor hacia los amigos y por eso ve dichas faltas en el amigo.

No obstante, él necesita ver ahora, no que su amigo se corrija, sino lo que él mismo precisa corrección. De lo dicho anteriormente, concluimos que no necesita ver que su amigo reciba corrección sobre sus faltas, las cuales ve en su amigo, sino que él mismo necesita una corrección por el daño que causó en el amor hacia los amigos. Y cuando se corrija a sí mismo, verá solamente las virtudes de su amigo y no sus faltas.

La agenda de la reunión de los amigos
Artículo N° 17, Parte 2, 1984

Al comienzo de la reunión, debe haber una agenda. Cada uno debe hablar, de acuerdo a su capacidad, de la importancia del grupo, describiendo las ganancias que le traerá el grupo y qué cosas importantes espera que le aporte, las cuales no es capaz de conseguir por sí mismo–, y valora al grupo, en esa misma medida.

Como los sabios escribieron (*Brajot*, 32): "*Rabí Shamlai* dijo: 'La persona debe siempre alabar al Creador y luego rezar'. ¿De dónde sacamos esto? De *Moshé* (Moisés), como está escrito: 'E imploré al Señor en aquel momento'. También está escrito: 'Oh, Señor Dios, Tú has comenzado a mostrar Tu grandeza', tal como está escrito: 'Déjame cruzar, Te ruego y ver la buena tierra'".

Y la razón por la que necesitamos comenzar alabando al Señor es porque es natural que existan dos condiciones cuando uno pide algo a alguien:

Que tenga lo que le pido, como riqueza, poder y que sea famoso por su riqueza y prestigio.

Que tenga un buen corazón, es decir, un deseo de hacer el bien a los demás.

A una persona así, le puedes pedir un favor. Por eso dijeron: "La persona debe siempre alabar al Creador y luego rezar". Esto significa que después de que uno cree en la grandeza del Creador, de que Él tiene toda clase de placeres que dar a los creados y que Él desea hacer el bien, entonces cabe decir está rezándole al Creador quien, indudablemente, le ayudará, porque Él desea otorgar. Y entonces, el Creador puede darle lo que desea. Entonces, también la oración puede hacerse desde la confianza que el Creador recibirá su plegaria.

Lo mismo sucede con el amor a los amigos, cuando se reúnen al principio de la reunión, deberíamos alabar primero a los amigos, la importancia de cada uno de los amigos. En la medida en que asumimos la grandeza del grupo, en esa misma medida, uno puede respetar al grupo.

"Y luego, reza", es decir, que cada uno tiene que examinarse a sí mismo y ver cuánto esfuerzo está invirtiendo en el grupo. Y, en consecuencia, cuando ve que no tiene la fuerza para hacer nada por el bien del grupo, entonces es momento de suplicar al Creador que le ayude, y le dé la fuerza y la voluntad para dedicarse al amor al prójimo.

Y después, todos deben comportarse igual que en las tres últimas partes del rezo *"Shmoné Esré"* (Rezo dieciocho). En otras palabras, después de haber suplicado todo ante el Creador, el Sagrado *Zóhar* dice que en las tres últimas partes del rezo *"Shmoné Esré"*, uno debe pensar como si el Señor ya le hubiese concedido su petición y se hubiese marchado.

Respecto al amor de los amigos debemos comportarnos igual: Tras examinarnos a nosotros mismos y seguir el conocido consejo de rezar, debemos pensar como si nuestro rezo hubiese sido respondido y alegrarnos con nuestros amigos, como si todos los amigos fueran un solo cuerpo. Y así como el cuerpo desea que todos los órganos disfruten, así nosotros queremos que todos nuestros amigos disfruten ahora.

Por lo tanto, después de todos los cálculos, llega el momento de la alegría y del amor de los amigos. En ese momento, cada uno debe sentir que es feliz, como si hubiera hecho un buen negocio por medio del cual ganará mucho dinero. Y en ese momento es costumbre que él, dé de beber a los amigos.

Aquí cada uno necesita que su amigo beba, coma pasteles, etc. Porque ahora él es feliz, entonces también quiere que los amigos se sientan bien. Por eso, el momento de culminar la reunión, debe ser con alegría y júbilo.

Esto sigue la forma de "un tiempo de *Torá*" y "un tiempo de plegaria". "Un tiempo de *Torá*" significa perfección, donde no hay carencia alguna. A esto se le llama "derecha", como está escrito: "en Su mano derecha había una ley ardiente".

Pero "un tiempo de plegaria", se llama "izquierda", ya que un lugar de carencia es un lugar que necesita corrección. A esto se le llama "la corrección de los *Kelim* (vasijas)". Pero en el estado de "*Torá*", llamado "derecha", no hay lugar para la corrección, y por eso a la *Torá* se le llama "regalo".

Es costumbre dar regalos a la persona a la que amas. Y también es habitual el no amar a uno que es carente. Por tanto, durante el "tiempo de *Torá*", no hay lugar para pensamientos de corrección. Así, cuando se abandona la reunión, debe ser como en las tres últimas partes del "Rezo dieciocho". Y por esta razón, todo el mundo sentirá plenitud.

Aquí están hoy todos ustedes
Artículo N° 19, 1984

Los intérpretes preguntan sobre las palabras: "Aquí están hoy todos ustedes, sus cabezas, sus tribus, sus ancianos y sus funcionarios, cada hombre de *Israel*". Comienza en plural: "ustedes", y termina en singular: "cada hombre de *Israel*". El autor del libro *"La Luz y el Sol"*, explica que al usar el plural y el singular, alude al asunto del amor a los amigos. Aunque entre ustedes hay "cabezas, tribus", etc., no obstante ninguno ve en sí mismo más mérito que en cualquier hombre de *Israel*. Al contrario, todos son iguales en que ninguno acusa al otro. Por esta razón, desde lo alto también son tratados de la misma manera, y este es el motivo por el que se otorga gran abundancia hacia abajo.

Está en nuestro camino el estudiar todas las cuestiones bajo un solo tema (cuerpo). Resulta que una persona debe tomar para sí misma la carga del reino del cielo, "como un buey lleva el yugo, y como un burro lleva la carga", los cuales son los discernimientos de mente y corazón. En otras palabras, todo el trabajo de la persona debe ser con el fin de otorgar.

En consecuencia, si trabaja con el fin de otorgar y no desea ninguna recompensa a cambio —excepto servir en el sagrado trabajo, sin esperar que se le conceda ninguna adición a lo que él tiene— ni siquiera tiene deseos de alguna adición en el trabajo, o sea, recibir algún conocimiento de que él está caminando sobre el camino correcto. Lo cual es, ciertamente, una demanda justa; y, sin embargo, abandona incluso eso porque desea ir con los ojos cerrados y creer en el Creador. Hace lo que está a su alcance y está contento con su parte.

E incluso siente que hay gente que tiene alguna comprensión del trabajo del Creador, mientras él ve que se encuentra completamente vacío. En otras palabras, muchas veces saborea el trabajo, y a veces siente que está en un estado de "sus cabezas". En otras palabras, a veces piensa que ahora ha alcanzado un grado en el que es imposible que descienda alguna vez a un estado de bajeza, que es un estado en el que si desea comprometerse con el trabajo del Creador, y tiene que hacer grandes esfuerzos para forzar a su cuerpo. Pues las cosas que hace en ese momento son por obligación, ya que no siente deseo por el trabajo y el cuerpo sólo desea descanso, y no le importa nada más.

En cambio, en ese momento siente que ya ha llegado a conocer de manera clara, que no hay nada más en el mundo, excepto trabajar con el fin de otorgar. Entonces, ciertamente le encuentra el buen sabor al trabajo. Y cuando se refiere a sus estados anteriores, no los puede comprender, ahora que está en un estado de ascenso. Por tanto, según todos los cálculos, decide que ahora es imposible que pueda volver a sufrir una caída.

Pero a veces, un día o una hora después, o tras unos minutos, desciende a tal estado de bajeza, que no puede sentir de manera inmediata, que se ha caído desde su estado elevado "a la profundidad del gran abismo". Sino que a veces, después de una hora o dos, de pronto ve que ha caído del nivel más alto, es decir, de su certeza anterior de que él era el hombre más fuerte, y él es como cualquier hombre de *Israel*, es decir, una persona común de las masas. Entonces, comienza a buscar consejo en su corazón: "¿Qué debería hacer yo ahora?" "¿Cómo puedo retornar al estado de *Gadlut* (grandeza) que tenía antes?"

En ese momento, uno tendría que caminar por la senda de la verdad para decir: "Que actualmente yo esté en la bajeza completa, significa que fui deliberadamente expulsado desde arriba, para saber si realmente deseo hacer el sagrado trabajo, con el fin de otorgar, o si deseo ser el sirviente de Dios, porque lo encuentro más gratificante que otras cosas".

Entonces, si uno puede decir: "Ahora quiero trabajar con el fin de otorgar y no quiero hacer el sagrado trabajo, para recibir alguna satisfacción en la labor. En cambio, me conformo haciendo el trabajo sagrado como cualquier hombre de *Israel* –rezando o asistiendo a una lección de la lectura diaria– y no tengo tiempo para pensar con qué intención estudio o rezo, sino que simplemente observo las acciones sin ninguna intención especial". En ese momento, entra de nuevo en el santo trabajo porque ahora desea ser el sirviente de Dios sin ninguna condición previa.

Este es el sentido de lo que está escrito. "Aquí están hoy, todos ustedes", es decir, todos los detalles que te sucedieron, o sea los estados que has experimentado –estado de *Gadlut* o estados inferiores a *Gadlut,* los cuales fueron considerados como estados intermedios. Tú tomas todos aquellos detalles y no comparas un grado al otro porque no estás interesado en ninguna recompensa, sino sólo en hacer la voluntad del Creador. Él nos ha mandado observar las *Mitzvot* (preceptos) y estudiar la *Torá*, y esto es lo que hacemos, como cualquier hombre común de *Israel*. En otras palabras, el estado en el que está justamente ahora, es tan importante para él como cuando él pensó que estaba en un estado de *Gadlut*. En ese momento: "El Señor, tu Dios, pacta contigo hoy".

Significa que entonces el Creador hace un pacto con él. En otras palabras, precisamente cuando uno acepta Su trabajo sin ninguna condición y está de acuerdo en hacer la sagrada labor sin ninguna recompensa, lo cual es llamado "rendición incondicional", es el momento en el que Creador hace un pacto con él.

Baal HaSulam explicó la cuestión de hacer un pacto: Cuando dos personas ven que se aman la una a la otra, hacen un pacto entre sí: que su amor permanecerá entre ellos para siempre. Y él preguntó: "Si se aman la una a la otra y entienden que este amor nunca les abandonará; ¿para qué este pacto? ¿Por qué hacen este pacto, es decir, con qué propósito? En otras palabras, ¿qué ganan haciendo este pacto? ¿Es sólo un ritual o es por algún beneficio?

Él dijo que la cuestión de hacer un pacto es que ahora ellos entienden que es del interés de ambos amarse el uno al otro; debido a que ellos ahora pueden ver que cada uno siente que el otro se preocupa sólo por su bienestar, por eso hacen un pacto. Y como ahora ninguno de ellos tiene queja alguna contra su amigo, sino no hubieran hecho el pacto. Se dicen el uno al otro: "Vale la pena, para nosotros, hacer un pacto de una vez y para siempre". En otras palabras, si alguna vez existe un estado en el que uno pueda tener alguna queja contra el otro, ambos recordarán el pacto que hicieron cuando el amor fue revelado entre ellos.

De manera similar, aunque actualmente no sientan el amor como lo sintieron en su momento, entonces aun evocan el viejo amor y no miran al estado en el que se encuentran actualmente. Al contrario, vuelven a hacer cosas buenas el uno por el otro. Este es el beneficio del pacto. Así, aun cuando el amor que hubo entre ambos haya perdido su encanto, como hicieron el pacto, tienen la fuerza para revivir el brillo del amor que tuvieron en el pasado, el cual aun les ilumina, y a esta luz la infunden nuevamente en su futuro.

Resulta que el pacto se hace principalmente para el futuro. Es como un contrato en el que firman que no podrán arrepentirse al ver que los lazos de amor no son lo que fueron, que este amor les dio gran placer mientras se hacían el bien el uno al otro, pero ahora que el amor ha sido corrompido, se sienten sin fuerzas para hacer algo en favor del otro.

Pero si desean hacer algo el uno por el otro, deben considerar el pacto que tenían antes, y con esto deberían reconstruir su amor. Es como una persona que firma un contrato con su amigo, y el contrato les conecta de modo que no pueden separarse el uno del otro.

Se deduce que: "Aquí están hoy todos ustedes" En otras palabras, él piensa en los detalles: "cabezas, tribus, ancianos y funcionarios, cada hombre de *Israel*". Significa que de todos los grados elevados que tuvo, ahora considera que está en un estado de "cada hombre de *Israel*", y asume ese estado, como cuando tenía estados que consideraba, bajo su criterio, buenos. Él dice: "Ahora hago mi parte, y estoy de acuerdo con lo que el Creador me quiera dar, y yo no tengo críticas". En ese momento, es recompensado con hacer un pacto. En otras palabras, la conexión permanece para siempre porque el Creador hizo un pacto con él para toda la eternidad.

De acuerdo con lo dicho arriba, deberíamos interpretar el verso: "Las cosas ocultas, al Señor, nuestro Dios, las cosas reveladas a nosotros y a nuestros hijos para siempre, para que nosotros podamos observar todas las palabras de esta ley". Deberíamos entender qué viene a decirnos este verso. No podemos decir que viene a decirnos que nosotros no sabemos qué está oculto y que sólo el Creador lo sabe. No podemos decir eso porque, sin el verso, ya vemos que no sabemos qué está oculto de nosotros. Así pues, ¿qué es lo que viene a decirnos el verso?

Es sabido que existe algo que está oculto y algo que está revelado. Significa que la parte de acciones que hacemos, podemos observar si estamos cumpliendo o no. Y si el cuerpo no desea realizar la *Mitzvá* (precepto), existe una táctica: uno puede forzarse a sí mismo, es decir, que a él se le obliga a hacer la *Mitzvá* en contra de su voluntad. Resulta que la coacción es relevante con cosas reveladas.

La cuestión oculta es la intención en la Mitzvá. Esto no se puede ver, es decir, qué intención tiene el otro mientras lo hace. También sucede con la persona consigo misma, aquella quien actúa. Ella tampoco puede saber si se miente a sí misma mientras lo hace. Piensa que no tiene ninguna otra meta y que está completamente dedicada al Creador. Pero con la acción, llamada "la parte revelada", es irrelevante hablar de una persona que se engaña a sí misma, que piensa que está usando *Tefilín* cuando en verdad, no es *Tefilín*. De forma similar, una mujer no puede engañarse a ella misma diciendo que ella encendió las velas del *Shabat*, cuando de hecho no lo hizo.

Pero con la intención, puede decirse que uno se miente a sí mismo. Piensa que está trabajando en *Lishmá* (en Su beneficio), cuando de hecho está totalmente en *Lo Lishmá* (no en Su beneficio). Además, no corresponde la coacción, porque uno no puede forzar a su pensamiento a pensar lo que él quiera. En las cosas que pertenecen a la emoción o al conocimiento, una persona es impotente. No puede forzar a su mente a entender de forma diferente a como lo hace, o a sentir de forma diferente a como siente.

Ahora podemos entender el asunto anterior de que todo lo que se nos deja a nosotros es la parte práctica. Esto es llamado "las cosas reveladas a nosotros y a nuestros hijos para siempre, para que nosotros podamos observar todas las palabras de esta ley". A nosotros se nos ordena realizar la acción, es decir, que es la acción que se nos ordena hacer, incluso obligatoriamente.

Pero en cuanto a la intención, llamada "la parte oculta", en eso, ningún hombre tiene conocimiento o dominio alguno. Por lo tanto, ¿qué es lo que deberíamos hacer para cumplir también la parte oculta? Aquí todo lo que uno puede hacer es probar, es decir, examinarse a sí mismo para ver si realmente está haciendo todo con el fin de otorgar, o si el cuerpo ofrece resistencia al querer otorgar. Y en la medida que siente que está apartado de eso, hasta el punto de que no hay nada que pueda hacer por sí mismo, pues lo que sea que piense hacer, todas las tácticas para poder tener la intención de otorgar, no le ayudan.

Lo que aquel verso viene a decirnos es sobre esto: que este asunto de *Lishmá*, llamado "la parte oculta", pertenece al Señor nuestro Dios. En otras palabras, sólo el Creador puede ayudarle, mientras que no hay absolutamente ninguna posibilidad de que él, por sí mismo, pueda realizarlo. Esto no está en las manos del hombre porque está por encima de la naturaleza. Por esta razón, el verso dice: "Las cosas ocultas, al Señor, nuestro Dios"; es decir, que esto Le pertenece, que el Creador debe dar esta fuerza llamada "para otorgar".

Por eso nuestros sabios dijeron (*Kidushin* 30): "La inclinación del hombre lo supera cada día y busca darle muerte, tal como está dicho: 'El malvado vigila al justo y busca matarlo'. Y si el Creador no le ayuda, él no podría dominarlo, tal como se ha dicho: 'El Señor no nos dejará en su mano'".

El asunto de buscar darle muerte, significa que desea que la persona haga todo con el fin recibir, lo que se considera como estar separado de la Vida de Vidas. De esta forma, uno permanece como una bestia. Por eso nuestros sabios dijeron: "A los malvados, en vida, se les llama 'muertos'".

Resulta que se le llama "muerte", cuando su intención es recibir. Esto se considera separación. Para ser recompensado con Adhesión, es decir, para que se le conceda la fuerza para otorgar –para tener tal cosa– solamente el Creador se lo puede dar; no está en el poder del hombre el obtenerlo.

Por eso nuestros sabios dijeron: "La inclinación del hombre lo supera cada día y busca darle muerte, y si el Creador no le ayuda, él no podría dominarlo, tal como se ha dicho, 'El Señor no nos dejará en su mano'". De lo que hemos explicado, entenderemos el verso: "Las cosas secretas le pertenecen al Señor, nuestro Dios, pero las cosas que están reveladas nos pertenecen a nosotros y a nuestros hijos", **que sólo el acto es para que nosotros lo hagamos, pero la parte oculta es para que el Creador la haga.**

Sin embargo, todavía hay algo que debemos hacer acerca de lo oculto, para que el Creador nos entregue la parte oculta. Esto sigue la regla de que todo requiere de un despertar desde abajo. El asunto es este: Hay una regla que dice que no hay luz sin un *Kli* (vasija), es decir, no hay llenado sin una carencia. No puedes insertar algo a menos que no exista un espacio vacío, y entonces se puede poner dentro lo que se desee. Pero si no existe una cavidad, ¿cómo podríamos introducir algo?

Por consiguiente, primero debemos ver que no tenemos **la vasija de otorgamiento denominada "deseo de otorgar", y que esta es nuestra Luz.** Como explicamos en artículos anteriores, nuestra principal recompensa es adquirir el deseo de otorgar, que se llama "Luz reflejada", tal como se ha dicho: "Toda la recompensa que esperamos es la Luz reflejada" (Prefacio general al Árbol de la Vida).

Por lo tanto, si el deseo de otorgar se llama "la Luz", entonces esta carencia, en la que él ve que no tiene el poder de otorgar, se llama "un *Kli*". Siente que esto es lo que le falta, es decir, que él ve que está perdiendo al no tener esta fuerza que se llama "la fuerza del otorgamiento". Por ello, su carencia se construye dentro de él a través de las impresiones de su sensación. A esto se le llama "un *Kli*" y "lugar vacío", pues aquí, donde carece de la fuerza del otorgamiento, ahora hay lugar para que acceda este llenado. A esto se le llama, "la llegada de la Luz al *Kli*".

Sin embargo, debemos saber que recibir este *Kli* requiere de mucho trabajo. Tenemos *Kelim* (pl. de *Kli*) denominados "carencias", que deseamos llenar. Que se llaman "*Kelim* de amor propio", es decir, que deseamos recibir llenado. Estos son *Kelim* muy importantes porque estos *Kelim* provienen del lado del Creador, quien creó su existencia desde la ausencia, porque Él desea hacer el bien a Sus creaciones, es decir, que Él desea otorgar llenado. Pero, ¿cómo sería posible otorgar un llenado, si no existe un lugar en donde colocar este llenado? Por esta razón, Él creó estos *Kelim*, la existencia extraída de la ausencia, para poner el deleite y el placer dentro de ellos. Resulta que esta es la esencia del *Kli* que el Creador creó.

Sin embargo, debido a que este *Kli* se llama "deseo de recibir", este deseaba tener equivalencia de forma, llamada "Adhesión con el Creador". Por ello este *Kli* fue descalificado de ser un *Kli* para la recepción de la abundancia superior. Ahora se necesita de un nuevo *Kli* para la recepción, que se vista en el *Kli* anterior, y en donde sólo mediante los dos –al revestir el deseo de otorgar por sobre el deseo de recibir, este *Kli* será apto para la recepción.

El *Kli* anterior, llamado "deseo de recibir", provino del Creador, y el inferior no participa en el trabajo del deseo de recibir, sino que todo proviene del Supremo. De igual forma, el segundo *Kli* llamado "deseo de otorgar", proviene sólo del Creador, y el inferior no puede añadir, al igual que en el primer *Kli*, llamado "deseo de recibir".

Sin embargo, la diferencia es que la vasija de otorgamiento primero debe tener una exigencia del inferior, quien busca que el Creador le dé el nuevo *Kli*. A diferencia del primer *Kli*, que llegó hasta él sin ningún despertar por parte del inferior.

Hazte de un *Rav* y cómprate un amigo (1)
Artículo N° 1, 1984-85

En la *Mishná* (*Avot*, 1), *Yehoshua Ben Perajia* dice: "Hazte de un *Rav* (grande/maestro), cómprate un amigo, y juzga a cada persona según una balanza de méritos (favorablemente)". Vemos que aquí hay tres cosas:

1) Hazte de un *Rav*.
2) Cómprate un amigo.
3) Juzga a cada persona favorablemente.

Significa que además de hacerse de un *Rav*, hay algo más que debe hacer en relación con el público en general. En otras palabras, comprometerse en el amor a los amigos no es suficiente. Además, debe ser considerado con toda persona y juzgarla favorablemente.

Debemos entender la diferencia entre el léxico de "hacer", "comprar", y "favorablemente". Hacer es una cosa práctica. Significa que no hay implicación de la mente, sino sólo acción. En otras palabras, incluso si uno no está de acuerdo con lo que desea hacer, sino al contrario, la mente le hace ver que no vale la pena: esto se llama hacer, es decir, la fuerza pura, sin inteligencia, ya que está en contra de su razón.

En consecuencia, debemos interpretar en relación al trabajo, que el hecho de que uno tiene que asumir el yugo del Reino de los Cielos se llama "un acto". Es como poner el yugo a un buey, para que pueda arar la tierra. Aunque el buey no desea encargarse de ese trabajo, no obstante le obligamos a la fuerza.

Del mismo modo, con el Reino de los Cielos también deberíamos obligarnos y esclavizarnos a nosotros mismos porque son los preceptos del Creador, sin más. Esto es así porque el hombre debe aceptar el Reino de los Cielos, no porque el cuerpo sienta que le pueda llegar algún tipo de beneficio en consecuencia, sino a fin de dar satisfacción al Creador.

Pero, ¿cómo puede el cuerpo estar de acuerdo con eso? Esta es la razón por la cual el trabajo debe realizarse por encima de la razón. Esto se llama **Hazte de un** *Rav*, ya que el Reino de los Cielos, debe cumplirse porque "Él es grande y gobernante".

Está escrito en *El Zóhar* (*Introducción al Libro del Zóhar hoja 185*): "El temor es lo más importante, el temor reverencial del hombre a Lo Superior, porque Él es grande y gobernante, la esencia y la raíz de todos los mundos, y todos son intrascendentes comparados con Él. Por lo tanto, hay que temer al Creador, porque Él es grande y gobierna sobre todo. Él es grande, porque es la raíz a partir de la cual todos los mundos se extienden, y Su grandeza se ve por Sus acciones. Y Él gobierna sobre todo porque todos los mundos que Él creó, tanto los superiores como los inferiores, son considerados como apenas nada en comparación con Él, ya que no aportan nada a Su esencia".

Por lo tanto, el orden de trabajo es empezar por "hacerse de un *Rav*", y tomar sobre sí mismo la carga del Reino de los Cielos por encima del sentido común y de la razón. Esto es lo que se llama "hacer", refiriéndose sólo a la acción, a pesar de la desaprobación del cuerpo. Después, "Cómprate un amigo". Comprar es igual, a cuando una persona desea comprar algo –debe dejar algo que ya ha adquirido. Da lo que ha obtenido hace algún tiempo y, a cambio, adquiere un objeto nuevo.

Con el trabajo al Creador es igual. Para lograr Adhesión al Creador, como en "Así como Él es misericordioso, sé tú también misericordioso", debe ceder muchas de las cosas que tiene, para adquirir la unión con el Creador. Este es el significado de "Cómprate un amigo".

Antes de que una persona se haga de un *Rav*, es decir, el Reino de los Cielos, ¿cómo puede comprarse un amigo, o sea, el vínculo con el *Rav*? Después de todo, aun no tiene un *Rav*. Sólo después de haberse hecho de un *Rav*, tiene sentido pedir al cuerpo que haga concesiones, para así comprar el vínculo con el que desea satisfacer al Creador.

Por otra parte, debemos entender que tiene la fuerza para observar "cómprate un amigo" en la misma medida, de la grandeza del *Rav*. Esto es así porque él está dispuesto a hacer concesiones con el fin de vincularse al *Rav*, en la misma medida en que siente la importancia del *Rav*, ya que entiende que la obtención de Adhesión al Creador merece cualquier esfuerzo.

Pues resulta que si uno ve que no puede vencer al cuerpo, porque piensa que no es lo bastante fuerte, que nació con un carácter débil, no es así. **La razón es que no siente la grandeza del *Rav***. En otras palabras, aun no tiene la importancia del Reino de los Cielos, por lo que no tiene fuerzas para superarse, en algo sin importancia. Pero, con algo que sí le importa, cualquier cuerpo puede hacer concesiones de las cosas importantes que ama, para recibir lo que desea.

Por ejemplo, si una persona está muy cansada y se va a dormir alrededor de las 11 pm y se despierta a las 3 am, por supuesto, dirá que no tiene energía para levantarse a estudiar porque está muy cansada. Y si se siente un poco débil o tiene un poco de fiebre, el cuerpo sin duda no tendrá fuerzas para levantarse a la hora a la que está acostumbrado a hacerlo.

Pero si una persona que está muy cansada, se siente enferma, se va a dormir a medianoche, pero se despierta a la 1 am y le dicen: "Hay fuego en el jardín, y está a punto de llegar a tu habitación. Rápido, levántate y salvarás tu vida a cambio del esfuerzo que estás haciendo", no pondrá ninguna excusa por el hecho que está cansado, atolondrado o enfermo. Es más, incluso si está muy enfermo, hará todo lo posible por salvar su vida. Evidentemente, como obtendrá algo importante, el cuerpo tiene la energía para hacer todo lo posible para conseguir lo que quiere.

Por lo tanto, mientras trabaja en "Hacerse de un *Rav*", y cree que es "Porque es nuestra vida y la extensión de nuestros días", en la medida en que siente que se trata de su vida, el cuerpo tiene la fuerza suficiente para superar todos los obstáculos. Por esta razón, en todas las obras de la persona, en el estudio o en la plegaria, debe concentrar todo su trabajo en la obtención de la grandeza y de la importancia del *Rav*. Debe dedicar mucho trabajo y muchas oraciones sólo a eso.

En palabras de *El Zóhar*, esto se llama "Elevar la Divinidad desde el polvo", lo que significa elevar el Reino de los Cielos, el cual está humillado en el polvo. En otras palabras, uno no pone una cosa importante en el suelo y lo que no es importante se tira al suelo. Y como el Reino de los Cielos, llamado "Divinidad", "Se humilla hasta lo más bajo", por eso se dice en los libros que antes de cada acción espiritual, hay que rezar para "elevar la Divinidad desde el polvo", es decir, rogar que podamos ver el Reino de los Cielos como algo importante y que valga la pena esforzarse por él y elevarlo a su grandeza.

Ahora podemos entender lo que decimos en oración de la víspera de *Rosh HaShaná* (Año Nuevo): "Da gloria a Tu pueblo". Esto parece bastante desconcertante. ¿Cómo se autoriza a orar por el honor? Nuestros sabios dijeron: "Sé muy, muy humilde", así que ¿cómo podemos rezar para que el Creador nos otorgue gloria?

Debemos interpretar que oramos, para que el Creador otorgue la gloria de Dios a **Tu pueblo**. No tenemos la gloria de Dios, sino que "La ciudad de Dios se humilla hasta lo más bajo", llamada "Divinidad en el polvo". Además, no apreciamos la verdadera importancia en la cuestión de "Hazte de un *Rav*". Por lo tanto, en *Rosh HaShaná*, el cual es el momento en que tomamos la responsabilidad del Reino de los Cielos, le pedimos al Creador, dar la gloria de Dios a Tu pueblo, para que el pueblo de *Israel* sienta la gloria del Creador. Y entonces seremos capaces de mantener la *Torá* y las *Mitzvot* en su totalidad.

Por lo tanto, debemos decir: "Da la gloria de Dios a Tu pueblo", lo que significa que Él dará la gloria de Dios al pueblo de *Israel*. Esto no quiere decir que Él dará la gloria de *Israel* al pueblo de *Israel*, sino que el Creador le dará la gloria de Dios al pueblo de *Israel*, porque esto es todo lo que necesitamos para sentir la importancia y la grandeza de la Adhesión con el Creador. Si apreciamos su importancia, cada persona será capaz de esforzarse y no habrá nadie en el mundo, que diga que no tiene fuerzas para salvar su vida, y que quiere seguir siendo una bestia, si siente que la vida es algo muy importante, porque puede disfrutar de la vida.

Pero si una persona no siente que la vida tiene un sentido, muchas personas eligen morir. Esto es así porque nadie está capacitado para experimentar el sufrimiento en su vida, porque esto está en contra del propósito de la creación. Puesto que el objetivo de la creación fue hacer el bien a Sus creaciones, lo que significa que disfruten de la vida. Por lo tanto, cuando la persona ve que no puede ser feliz ahora o, al menos, más tarde, se suicida, porque no posee la meta de la vida.

De ello se deduce que **lo único que nos falta** es "Hazte de un *Rav*", para sentir la grandeza del Creador. Entonces, todo el mundo será capaz de alcanzar la meta, que es la adhesión con Él.

Y también debemos interpretar las palabras del *Rabí Yehoshua Ben Perajia* que dice tres cosas: 1) Hazte de un *Rav*. 2) Cómprate un amigo. 3) Juzga a cada persona favorablemente, respecto al amor de los amigos.

Es lógico pensar, que la amistad se refiere a dos personas con el mismo nivel de habilidades y cualidades, ya que entonces les resulta fácil comunicarse y se unen como una sola persona. Y luego, "Cada uno ayudará a su amigo", como dos personas que crean una sociedad y cada uno invierte la misma energía, recursos y trabajo. Entonces, los beneficios también se dividen por igual entre ellos.

Sin embargo, si uno es superior al otro, es decir, si invierte más dinero o más experiencia o más energía que el otro, la división de los beneficios también es desigual. Esto se llama "una sociedad a un tercio" o "una sociedad a un cuarto". Por lo tanto, no se considera una verdadera alianza, porque uno tiene un estatus más elevado que el otro.

Resulta que la amistad verdadera – es cuando cada uno hace el pago necesario para comprar a su amigo, y es, precisamente, cuando ambos poseen el mismo estatus, y entonces ambos pagan por igual. Es como un negocio material, donde ambos dan todo por igual, o no puede haber una verdadera sociedad. Por lo tanto, "Cómprate un amigo", ya no puede haber unión –cuando cada uno compra su amigo– salvo cuando son iguales.

Pero, por otro lado, es imposible aprender el uno del otro, si la persona no ve que su amigo es más grande que él. Pero si el otro es más grande, no puede ser su amigo, sino su *Rav*, y a la persona se le considera como un estudiante. En ese momento, la persona puede aprender conocimientos o virtudes del otro.

Por eso se dice: **"Hazte de un Rav y cómprate un amigo"**, ambos deben existir. En otras palabras, cada persona debe considerar al otro como un amigo, y entonces hay lugar para comprar. Significa que cada uno debe pagar con **concesiones** al otro como un padre **concede** su descanso, trabaja para su hijo, y dedica dinero a su hijo, y todo por amor.

Sin embargo, aquí se trata del amor natural. El Creador dio el amor natural para criar a los hijos para que hubiera perpetuidad en el mundo. Si, por ejemplo, el padre criara a los hijos porque es una *Mitzvá*, sus hijos tendrían alimento, ropa y otras cosas necesarias para los niños, en la medida en que una persona se compromete a observar todas las *Mitzvot*. Algunas veces observaría las *Mitzvot* y otras veces sólo haría lo mínimo, por lo que sus hijos podrían morir de hambre.

Por ello el Creador dio a los padres el amor natural a sus hijos, para que pudiera perpetuarse el mundo. Esto no es así con el amor a los amigos. Aquí todo el mundo debe hacer un gran esfuerzo por sí mismo, para crear el amor a los amigos en su corazón.

Lo mismo sucede con "Y cómprate un amigo". Una vez que comprenda, al menos intelectualmente, que necesita ayuda y que no puede hacer el trabajo sagrado, si entiende que necesita ayuda, en la medida en que lo entiende en su mente, comienza a comprar, a hacer concesiones por el bien de su amigo.

Esto es así porque entiende que el trabajo consiste principalmente en otorgar al Creador. Sin embargo, está en contra de su naturaleza porque el hombre ha nacido con el deseo de recibir sólo para su propio beneficio. Por lo tanto, se nos dio la **cura** de cómo salir del amor propio hacia el amor a los demás, y mediante este, poder llegar al amor al Creador.

Por lo tanto, la persona puede encontrar a un amigo a su nivel. Pero después, hacer del amigo un *Rav*, lo que significa sentir que su amigo está en un grado más alto que él, es algo que uno no puede ver, que su amigo es como un *Rav* y él es como un estudiante. Pero si él no considera a su amigo como un *Rav*, ¿cómo va a aprender de él? A esto se le llama **"Hacer"**, es decir, una acción sin razonamiento. En otras palabras, debe aceptar, por encima de la razón, que su amigo es más grande que él, y a esto se le llama "Hacer", es decir, **actuar por encima de la razón**.

En el ensayo, *Entrega de la Torá (Hoja 142)* está escrito: "Para recibir la primera condición, cada estudiante debe sentirse como el más pequeño entre todos los amigos. En ese estado, uno puede apreciar la grandeza del superior". Así, está afirmando explícitamente que todos deben verse a sí mismos como al más pequeño entre los estudiantes.

Y, sin embargo, ¿cómo puede la persona verse como la más pequeña de los estudiantes? Aquí sólo viene al caso por encima de la razón. A esto se le llama "Hazte de un *Rav*", lo que significa que a cada uno de ellos lo considera un *Rav* en comparación consigo misma, y a sí misma se considera una simple estudiante.

Esto es un gran esfuerzo, ya que existe una regla en la que "las deficiencias de los demás son siempre visibles mientras los defectos propios siempre están ocultos". Y, sin embargo, debe considerar al otro como un ser virtuoso, y que merece la pena aceptar lo que dice o lo que hace, y aprender de las acciones del otro.

Pero el cuerpo no está de acuerdo con esto, porque cada vez que uno debe aprender de otro, significa que si se tiene en alta estima al otro, el otro le compromete a esforzarse, y el cuerpo revoca las opiniones y acciones del otro. Como el cuerpo quiere descansar, es mejor y más conveniente para él descartar las opiniones y acciones de su amigo, para no tener que hacer ningún esfuerzo.

Por eso se le llama "Hazte de un *Rav*". Significa que, para que el amigo sea su *Rav*, tú tienes que **hacerlo**. En otras palabras, no es mediante la razón, puesto que la razón afirma lo contrario, y a veces incluso le muestra todo lo contrario, que él puede ser el *Rav* y el otro su estudiante. Por eso se llama "Hacer", es decir, **hacer** y no razonar.

3) "Y juzga a cada persona favorablemente".

Después de decir: "Cómprate un amigo", nos queda la pregunta: "¿Qué pasa con el resto de la gente?" Por ejemplo, si una persona elige a unos pocos amigos de su congregación y deja a los demás y no se relaciona con ellos, la pregunta es: "¿Cómo debería tratarles?" Después de todo, no son sus amigos, ¿y por qué no les eligió? Probablemente podríamos decir que no encontró virtudes en ellos, dignas de dedicar su tiempo en relacionarse con ellos, es decir, que no les aprecia.

Por lo tanto, ¿cómo debe tratar al resto de la gente de su congregación? Y lo mismo se aplica para el resto de personas que no forman parte de la congregación, ¿cómo debe tratarles? *Rabí Yehoshua Ben Perajia* dice al respecto: "Y juzga a cada persona favorablemente", es decir, hay que juzgar a cada uno favorablemente.

Significa que el hecho de que no les encuentre cualidades no es culpa de ellos. Por el contrario, no está en sus manos el poder ver las cualidades del público en general. Por esta razón, ve según las cualidades de su propia alma. Esto será exacto de acuerdo a su alcance, pero no de acuerdo a la verdad. En otras palabras, existe tal cosa como la verdad en sí misma, independientemente de aquel que la alcanza.

O sea que existe la verdad que cada uno percibe dependiendo de su propio alcance, es decir, que la verdad cambia según quien la alcance. O sea, que está sujeta a cambios según los estados cambiantes de quien alcanza.

Pero en realidad la verdad no cambió en su esencia. Por eso, cada persona puede alcanzar lo mismo de manera diferente. Por lo tanto, a los ojos del público, puede que el público esté bien, pero él ve de manera diferente según su propia cualidad.

Por eso, dice: "Y juzga a cada persona favorablemente", lo que significa que debe juzgar a todos los demás, exceptuando a sus amigos, favorablemente. Es decir, que todos son dignos dentro de su propio valor y que no tiene ninguna queja en cuanto a su comportamiento. Pero a nivel de su propio valor, o sea, con el fin de poder aprender algo de ellos, y no por no tener ninguna equivalencia de forma con ellos".

Hazte de un *Rav* y cómprate un amigo (2)
Artículo Nº 8, 1984-85

Tomando en consideración lo que discutimos en el Artículo Nº 1 (1984-5), debemos hacer ciertos discernimientos.

Debemos distinguir entre
a) la persona y el Creador,
b) la persona y su amigo,
c) la persona y el resto de la gente, quienes no son sus amigos,
   aunque existe un dicho: "Todos en *Israel* son amigos".

En cierto momento, encontramos que las palabras: "Hazte de un *Rav* (maestro) y cómprate un amigo", son el camino de la corrección. Y en otro momento, esto se encuentra en las palabras: "Y juzga a cada persona según una balanza de méritos (favorablemente)" (*Avot*, Cap. 1). Debemos entender la diferencia entre "hacer" y "comprar", y el significado de juzgar favorablemente.

Deberíamos interpretar "hacer" como llegar a excluir a la razón. Esto es porque cuando la razón no puede entender si algo es digno de hacerse o no, ¿cómo puede determinar lo que es bueno para mí? O viceversa, si la razón los considera iguales, ¿quién determinará lo que la persona debe hacer? Así, el acto puede definir.

Deberíamos saber que existen dos caminos ante nosotros: trabajar con el fin de otorgar, o trabajar con el fin de recibir. Existen partes en el cuerpo del hombre que le dicen: Tendrás mayor éxito en la vida si trabajas con el fin de otorgar, y de esta forma disfrutarás de la vida". Este es el argumento de la inclinación al bien, como nuestros sabios dijeron: "Si lo haces así, serás feliz en este mundo y feliz en el mundo por venir".

Y el argumento de la inclinación al mal es opuesto: "Es mejor trabajar con el fin de recibir". En este estado, sólo la fuerza llamada: "acción que está por encima de la razón" es la fuerza determinante, y no el intelecto o la emoción. Por eso "hacer" se llama: "por encima de la razón" y "por encima del sentido común"; y esta fuerza es llamada "fe que está contra el intelecto".

"Comprar" está dentro de la razón. Normalmente, la gente desea ver lo que quiere comprar; entonces el comerciante le muestra las mercancías y negocian si el precio que el comerciante le pide es o no conveniente. Si la gente piensa que no lo es, no compra. De ese modo, "comprar" está dentro de la razón.

Ahora explicaremos el asunto del "*Rav*" y el asunto del "amigo". Un amigo se llama, algunas veces, "grupo" cuando la gente se reúne y desea unirse. Esto puede suceder a través de la equivalencia de forma, preocupándose cada uno del amor al prójimo. Por eso, se unen y se vuelven uno.

Por tanto, cuando se establece una asociación para ser un sólo grupo, vemos que la gente que considera crear tal grupo, normalmente busca a personas que sean parecidas en sus puntos de vista y atributos, a quienes puedan ver como más o menos iguales. De otra manera, no los aceptarán en el grupo que desean establecer. Y después de eso, comienza el trabajo de amor a los amigos.

Pero si no tienen equivalencia con las metas del grupo desde el principio, incluso antes de que hayan entrado al grupo, no se puede esperar que salga algo de aquella vinculación. Sólo si había igualdad aparente entre ellos antes de que entraran en el grupo, se puede decir que pueden comenzar a esforzarse en el trabajo del amor al prójimo.

Entre el hombre y el Creador

Entre el hombre y el Creador el orden comienza con: "Hazte de un *Rav*", y después: "cómprate un amigo". En otras palabras, primero, uno debe creer, por encima de la razón, que el Creador es grande; como está escrito en *El Zóhar* (Comentario *Sulam*, pág. 185, Punto 191): "El temor principal es, que el hombre debe temer a su Señor porque Él es grande (*Rav*) y gobernante".

Hasta el punto en que uno crea en la grandeza del Creador, quien es llamado *Rav* ("Grande"), se tiene la fuerza de dar para "comprar", es decir, comprar a través de dar concesiones sobre su amor propio, con el objetivo de alcanzar equivalencia de forma, lo que es llamado Adhesión con el Creador. Y esto es llamado un *Javer* (amigo): uno que está en *Jibur* (una conexión) con el Creador.

Cuando compramos cosas materiales, debemos ceder dinero, honor, o simplemente hacer un esfuerzo para obtenerlas. De manera similar, cuando una persona desea adquirir lazos con el Creador, debe deshacerse de su amor propio; porque de otra manera no puede alcanzar la equivalencia de forma.

Cuando la persona ve que es incapaz de hacer concesiones, para comprar la equivalencia de forma, no es porque nació con un carácter débil y que por eso no puede superar su amor propio. Por el contrario, la falla está en "Hacerse de un *Rav*", es decir, no estar trabajando en la cuestión de la fe, pues en la medida de la importancia de su fe en la grandeza del Creador, en esa medida lo será su poder para hacer concesiones.

Además, la persona debe saber que si desea medir su nivel de fe, puede verlo en el grado de concesiones que pueda hacer en el amor propio, y así sabrá el grado que tiene en el trabajo de fe por encima de la razón. Esto se puede aplicar entre el hombre y el Creador.

Entre el hombre y su amigo

Entre el hombre y su amigo debemos empezar con "Cómprate un amigo" y después "Hazte de un *Rav*". Esto es así porque, cuando una persona busca a un amigo, debe examinarle primero para ver si realmente vale la pena unirse a él. Después de todo, vemos que se ha establecido una plegaria especial acerca de un amigo, la cual pronunciamos, después de las bendiciones en el rezo "Hágase Tú voluntad": "Te ruego...aléjanos de una mala persona y de un mal amigo".

Significa que antes de aceptar para sí un amigo, se le debe examinar en cada forma posible. En ese momento, uno *debe* usar su razón. Por eso no se dijo: "Hazte de un amigo", ya que "hacer" implica ir por encima de la razón. Por lo tanto, en lo concerniente a un hombre y su amigo, debe ir con su razón y analizar, tanto como pueda, si su amigo está bien, como rezamos cada día: "aléjanos de una mala persona y de un mal amigo".

Y cuando ve que vale la pena unirse a ese amigo, debe pagar con el fin de unirse a él, es decir, hacer concesión en su amor propio y, a cambio, recibir la fuerza del amor a los demás. Y entonces, puede esperar ser recompensado también con el amor al Creador.

Después de haberse unido a un grupo de personas, que deseen alcanzar el grado de amor del Creador y desee tomar de ellos la fuerza para trabajar, con el fin de otorgar y conmoverse por sus palabras sobre la necesidad de obtener el amor del Creador, él debe considerar a cada uno de los amigos en el grupo como más grandes que él mismo.

Como está escrito en el libro *Matan Torá* (*La Entrega de la Torá*, pág. 143), que uno no es impresionado por el grupo como para apreciarlos en algo, a menos que considere al grupo como más grande que él. Esta es la razón del porqué cada uno debe sentir que es el más pequeño de todo el grupo; pues aquel que es más grande no recibe de aquel que es más pequeño, y mucho menos puede ser impresionado por sus palabras. Al contrario, sólo el más pequeño es quien se impresiona a través del reconocimiento del más grande.

Resulta que en el segundo paso, cuando cada uno debe aprender de los demás, está la cuestión de "Hazte de un *Rav*". Esto es porque para ser capaz de decir que su amigo es más grande que él mismo, debe usar el "hacer", que es acción sin la razón; pues sólo por encima de la razón puede ver que su amigo se encuentra en un grado más alto que él mismo. Por tanto, entre un hombre y su amigo, el orden es comenzar con "Cómprate un amigo" y después "Hazte de un *Rav*".

Entre una persona y las demás personas

La *Mishná* nos dice: "Hazte de un *Rav*, cómprate un amigo, y juzga a cada persona favorablemente" (*Avot*, Cap. 1)

Hemos explicado que entre un hombre y su amigo, el orden es que primero uno vaya y se compre un amigo –y explicamos que comprar es con la razón– y después, se debe comprometer en "Hacerse de un *Rav*". Y entre al hombre y el Creador, el orden es primero "Hacerse de un *Rav*" y después "comprarse un amigo".

Deberíamos entender el significado de decir: "Juzga favorablemente", en lo que se refiere a cada persona. ¿Esto es "comprar" o "hacer"? Según lo anterior, debemos interpretar el significado de: "Y juzga a cada persona favorablemente" como "hacer" y no como "comprar".

Por ejemplo, asumamos que hay muchas personas en la congregación, y que una pequeña cantidad de entre ellos decide, que desean unirse en un grupo que se comprometa en el amor a los amigos. Y digamos que, por ejemplo, hay 100 hombres en la congregación, y diez de ellos deciden unirse. Deberíamos examinar el por qué estos 10 individuos específicos decidieron unirse entre ellos, y no con otros en la congregación. ¿Esto es porque hallaron que esas personas son más virtuosas que el resto de las personas de la congregación, o porque ellos son peores que los otros y sienten que deben emprender alguna acción, para ascender en la escalera de la *Torá* y el temor?

Según lo mencionado anteriormente, podemos interpretar que la razón por la que estas personas accedieron a unirse en un grupo particular, que se ocupe en el amor a los amigos, es que cada uno de ellos siente que tiene un deseo de poder unir todos sus puntos de vista, para recibir la fuerza del amor a los otros.

Existe una máxima famosa de nuestros sabios: "Así como sus rostros difieren, sus puntos de vista también difieren". Así pues, aquellos quienes acordaron entre ellos unirse en un grupo, entendieron que no hay gran distancia entre ellos, en el sentido de que entienden la necesidad de trabajar en el amor al prójimo. Por tanto, cada uno de ellos será capaz de hacer concesiones a favor de los demás, y pueden unirse alrededor de eso. Pero el resto de la gente no tiene la comprensión de la necesidad de trabajar en el amor al prójimo, por eso es que no pueden unirse con ellos.

De esto resulta que, cuando se comprometen en la unidad del amor a los amigos, cada uno examina al otro, tanto su mente como sus atributos, para ver si reúne los requisitos o si es digno de unirse al grupo al cual decidieron permitirle ingresar. Es como cuando rezamos: "aléjanos de una mala persona y de un mal amigo", dentro de la razón.

Resulta que él mismo se enorgullece por encima del resto de la gente de la congregación. ¿Cómo se permite esto? Después de todo, esto va en contra de una ley explícita que dice: "*Rabí Levitas*, hombre de *Yavne*, diría: "Sé muy, muy humilde" (*Avot*, Cap. 4).

Rabí Yehoshua Ben Perajia dice sobre esto: "Juzga a cada persona favorablemente" (*Avot*, capítulo 1) es decir, que con respecto al resto de la gente, él debería ir por encima la razón, lo cual es llamado "hacer", es decir, actuar y no razonar. Esto es así, porque su razón le muestra que ellos no son tan apropiados como la gente a quien él mismo se asoció, y esto es lo que cada uno se dice a sí mismo. Así, cada uno se enorgullece de sí mismo por encima de los demás. El consejo para esto es lo que él dice: "Y juzga a cada persona favorablemente".

Significa que, con respecto a cada persona, es decir, con respecto al resto de la gente en esa congregación, debería juzgarlos favorablemente y decir que realmente son personas más importantes que él mismo, y es culpa suya el que no pueda apreciar la grandeza e importancia de todos en general, quienes son llamados por nuestros sabios: "Cada persona". Así, dentro de su razón, él no ve la grandeza de los demás, y podemos decir que entre un hombre y si amigo debería haber "compra"; pero, en este caso, se debe usar el "hacer", lo cual es por encima de la razón. Y a esto se le llama: "Juzga a cada persona favorablemente".

Poderosa roca de mi salvación
Artículo N° 13, 1984-85

En la canción de *Januká* decimos: "Poderosa roca de mi salvación, alabarte es un deleite; restaura mi casa de rezo, y allí llevaremos una ofrenda de agradecimiento". La canción comienza con palabras de alabanza: "Alabarte es un deleite", y luego comienza con palabras de rezo: "Restaura mi casa de rezo". Después, vuelve a palabras de agradecimiento y alabanza: "Y allí llevaremos una ofrenda de agradecimiento".

Por lo tanto, hay tres asuntos aquí, en un orden parecido al del rezo:

1) Los tres primeros de los Dieciocho (*Tfilat Shmoné Esré* es una secuencia de rezos) son de alabanza y agradecimiento.
2) Los tres de en medio son súplicas.
3) Los tres últimos son de alabanza y agradecimiento nuevamente.

Así, empezamos con el presente, como dice: "Alabarte es un deleite", lo que significa que Te agradecemos y alabamos por el bien que hemos recibido de Ti. Es como nuestros sabios dijeron: "Uno debe siempre alabar al Creador y luego rezar" (*Brajot* [Bendiciones], 32).

La razón es que aquel que cree que el Creador es misericordioso y clemente, y que Él desea hacer el bien a Sus creaciones, tiene lugar para el rezo. Esa es la razón por la que primero debemos establecer la alabanza al Creador, es decir, que la propia persona debe establecer la alabanza del Creador. Eso no significa que el Creador debe ver que la persona está alabándolo, ya que el Creador no necesita de los creados. Más bien, la propia persona debe ver la alabanza al Creador, y luego puede pedir que le ayude, pues Su comportamiento es hacer el bien a Sus creaciones.

Así pues, después de decir: "Alabarte es un deleite" llega el rezo y decimos: "Restaura mi casa de rezo". Y, ¿qué es "Mi casa de rezo"? Significa, tal como está escrito: "Incluso a ellos les llevaré a Mi montaña sagrada, y les alegraré en Mi casa de rezo". En "Mi montaña sagrada". *Har* (montaña) se deriva de la palabra *Hirhurim* (pensamientos/contemplaciones), lo que significa que Él les traerá pensamientos de *Kdushá* (santidad), es decir, que todos sus pensamientos serán sólo de *Kdushá*.

"Y les alegraré en Mi casa de rezo" es el corazón del hombre, para que haya allí un lugar para la presencia Divina. La Divinidad es llamada "rezo", como es sabido que *Maljut* es llamada "rezo", tal como está escrito: "y yo soy todo rezo".

Después de "Restaura mi casa de rezo" viene "Y allí llevaremos una ofrenda de agradecimiento". De ahí se deduce que primero hay una alabanza, luego hay oración, y después alabanza nuevamente, como el orden del rezo, que concluye con alabanza y agradecimiento.

Pero, ¿qué puede hacer la persona, si quiere empezar con alabanza pero su corazón está cerrado, y siente que está lleno de defectos y no puede abrir su boca y cantar y alabar? El consejo es ir por encima de la razón y decir que todo es "*Jasadim* encubiertas". En otras palabras, debe decir que todo es *Jésed* (gracia), pero que está oculto a él porque aun no está calificado para ver el deleite y placer que el Creador ha preparado para Sus creaciones.

Y después de establecer la alabanza del Creador –lo que significa que cree por encima de la razón que todo es bueno y lleno de gracia– debe rezar para que el Creador enmiende su corazón y lo convierta en "Mi casa de rezo", lo que significa que las bendiciones del Creador aparecerán allí. A esto se le llama "*Jasadim* reveladas".

Y entonces "llevaremos una ofrenda de agradecimiento", lo que significa que dará gracias por haber sido privilegiado con poder ofrecer las vasijas de recepción. A eso se le llama "Allí llevaremos una ofrenda de agradecimiento", por haber sido merecedor de sacrificar su deseo de recibir, y a cambio de esto llega el deseo de otorgar, que es llamado "el lugar del Templo".

Pero el asunto importante para la persona es tener, primero, un deseo de sacrificar el deseo de recibir. Y como el deseo de recibir es la esencia misma del creado, por eso ama al deseo de recibir y le es muy difícil entender que debe ser anulado o, de lo contrario, es imposible ser merecedor de algo espiritual.

En la corporalidad, vemos que la persona tiene un deseo y una carencia que le concierne, que le llega de las entrañas de su cuerpo, y hay deseos que uno adquiere desde el exterior, y no desde sí mismo. En otras palabras, si no hubiera gente en el exterior que engendrara esa carencia en él, nunca sentiría que le hace falta; Solo la gente en el exterior engendra ese deseo en él.

Por ejemplo, una persona, que esté sola, seguirá queriendo comer, beber, dormir, etc., incluso cuando no haya otras personas a su alrededor. Sin embargo, si hay gente en su entorno, está la cuestión de la vergüenza, en lo que los otros le obligan. Entonces debe comer y beber lo que le impone la gente que le rodea.

Eso es evidente fundamentalmente en cuanto a la ropa. En casa, la persona lleva puesto lo que le resulta cómodo. Pero cuando está entre la gente, debe vestir conforme a la manera en que los otros entienden como correcto. No tiene opción, ya que la vergüenza lo obliga a perseguir sus gustos.

Es lo mismo en la espiritualidad. La persona tiene un deseo por la espiritualidad en su interior, que proviene desde dentro de sí mismo. En otras palabras, incluso cuando está solo y no hay gente a su alrededor que le afecte y de quien absorba algún deseo, recibe un despertar y anhela ser un siervo del Creador. Pero su propio deseo tal vez no sea suficiente para no necesitar agrandar ese mismo deseo, y poder trabajar con él para obtener la meta espiritual. Por lo tanto, existe una manera –al igual que en la corporalidad– de intensificar ese deseo a través de la gente del exterior, que le impulse a seguir sus opiniones y su espíritu.

Eso se hace a través de la unión con gente, que él ve que también tiene una necesidad espiritual. Y el deseo que tiene esa gente del exterior, engendra un deseo en él, y así recibe un gran deseo por la espiritualidad. En otras palabras, además del deseo que siente en su interior, recibe un deseo por la espiritualidad que ellos engendran en él, y entonces adquiere un gran deseo con el cual puede alcanzar la meta.

Por lo tanto, en el asunto del **amor a los amigos**, es donde cada persona del grupo, además de tener un deseo propio, obtiene el deseo de los amigos. Eso es una gran adquisición que **sólo** se puede obtener a través del amor a los amigos. Sin embargo, se debe tener gran cuidado de no ir con amigos que no tengan el deseo de examinarse a sí mismos, es decir, a la base de su trabajo –ya sea para otorgar o para recibir– y para ver si están haciendo lo indicado para llegar al sendero de la verdad, que es el camino de otorgamiento puro.

Sólo dentro de un grupo así es posible inculcar en los amigos el deseo de otorgar, lo que significa que cada uno absorberá la carencia de los amigos, o sea que le falte el poder de otorgar. Y, a donde quiera que vaya, buscará con impaciencia un lugar donde quizá alguien tenga la posibilidad de darle el poder de otorgar.

Por lo tanto, cuando llega a un grupo en el que todos están sedientos de la fuerza de otorgar, cada uno recibe esa fuerza de todos los demás. Esto se considera que está recibiendo fuerza desde el exterior, además de la pequeña fuerza que tiene en su interior.

Sin embargo, y en oposición a esto, existe una fuerza en el exterior de la cual está prohibido recibir ninguna asistencia, a pesar de que esa fuerza, que puede recibir desde el exterior, le dará el combustible para trabajar. Se debe ser muy cuidadoso de no recibirla. Y se necesita tener mucho cuidado porque el cuerpo tiende a recibir fuerza para el trabajo particularmente de la gente en el exterior. Llega a la persona cuando oye que se dice acerca de él, por ejemplo, que es una persona virtuosa, o un discípulo sabio, o un hombre con temor al cielo, o cuando se dice de él que es un hombre que busca la verdad. Cuando la persona escucha esas cosas, las palabras que escucha –que su trabajo es apreciado–, le dan fuerza para el trabajo porque está recibiendo respeto por su labor.

Y entonces no necesita fe por encima de la razón ni el poder de otorgar, es decir, que el Creador le ayudará y que esa será su motivación. En lugar de esto, recibe el combustible del exterior. En otras palabras, la gente externa le obliga a esforzarse en la *Torá* y las *Mitzvot* (preceptos).

Ese es el asunto en cuanto a ser humilde –una de sus razones es que no habrá nutrición a los externos. Por eso cada uno debe caminar humildemente, como está escrito: "Y camina humildemente con el Señor tu Dios".

Los externos son gente que se encuentran fuera de él. Ellos lo nutren por su trabajo, pero luego –es decir, después de escuchar que es respetado– aprende a trabajar por las personas del exterior y no por el Creador. Esto es así porque ya no necesita que el Creador lo acerque a Su trabajo, porque ahora él trabaja, porque la gente del exterior le da el combustible para estudiar y trabajar para ellos. En otras palabras, ellos son quienes le obligan a trabajar y no es el Creador quien le obliga a trabajar para Él. Más bien, otros le inspiran a trabajar por ellos –para que le respeten, etc.

Se deduce que esto es similar a trabajar para un *dios extraño*. Esto es, ellos le ordenan trabajar por la recompensa del respeto y similares, lo cual le darán a cambio de esforzarse en la *Torá* y las *Mitzvot*. Eso significa que si ellos no conocen su trabajo, y él no vio que hay alguien que lo observa y se dedica a la *Torá*, no hay quien le obligue a trabajar. Esto se llama "aferramiento de los externos" y es por esto por lo que la persona debe trabajar de manera oculta.

Sin embargo, trabajar de manera oculta no es suficiente. Aunque es cierto que ahora sólo el Creador le impulsa a hacer el trabajo sagrado, debe haber una cosa más: la persona no debe trabajar para recibir recompensa. Eso es un asunto completamente diferente porque ello está en contra de nuestra naturaleza. Somos creados con la naturaleza llamada "deseo de recibir". Pero ahora debemos trabajar sólo en el trabajo de otorgamiento, y no recibir nada para nosotros mismos.

Para eso, debemos buscar un grupo, en donde cada uno piense que debemos trabajar para otorgar. Como esta es una pequeña fuerza dentro de la persona, debe buscar personas que también estén buscando tales fuerzas. Pero unidos, cada uno de ellos puede recibir fuerza de los demás y eso es todo lo que le falta. Y el Creador enviará ayuda desde arriba para que podamos caminar en el sendero del otorgamiento.

Pero cuanto más les oprimían
Artículo N° 16 1984-5

Está escrito: "Pero cuanto más les oprimían, más se multiplicaban y más se extendían, de tal modo que le temían a los hijos de *Israel*" (Éxodo 1:12). El significado de las palabras: "Pero cuanto más les oprimían" es que se multiplicaban y se propagaban en la misma medida en que eran oprimidos. Parece como si fuera una condición, es decir, que no puede haber multiplicación ni propagación del trabajo si no existe primero una base de opresión.

Pero para entender lo anterior, debemos conocer nuestros principios, es decir, nuestra esencia. Como se explica en las introducciones, nuestra esencia es el deseo de recibir. Y ciertamente, cuando el deseo de recibir cumple su deseo, ese llenado no se considera una labor, ya que considera trabajo como tal, cuando uno recibe una retribución a cambio.

En otras palabras, el trabajo consiste en las acciones que el hombre preferiría evitar, pero que hace sólo porque no tiene otra opción, ya que desea recibir alguna recompensa. Esta es considerada como lo que el hombre anhela, representando su único deseo y voluntad. Anhelo verdadero significa que esta recompensa le toca tan profundamente que dice: "Prefiero morir que vivir sin conseguirla". De ello se deduce que si no se siente afligido y dolido por no tener lo que tanto desea, no se considera como anhelo. Según la magnitud de su sufrimiento, se mide su anhelo.

De ello se deduce que si uno desea recibir cierta satisfacción, primero tiene que haber una carencia. Esto es así porque no hay Luz sin un *Kli* (vasija) y nadie puede llenarla con nada, si no hay carencia. Por ejemplo, no se puede comer sin apetito o disfrutar del descanso sin fatiga.

Por lo tanto, si uno no sufre porque los egipcios en su cuerpo le estén oprimiendo, y no quiere obedecerles y desea seguir un camino que les desagrade. Porque la raíz de la recepción en el hombre se llama "amor propio", y esto es considerado como "Egipto". A pesar que hay muchas naciones, generalmente llamadas "las setenta naciones", que son lo contrario de la *Kdushá* (santidad) y representan las siete *Sfirot*, donde cada *Sfirá* (sing. de *Sfirot*) consta de diez, de ahí el número de setenta naciones. Y también, cada nación tiene su deseo y pasión propios y únicos.

La *Klipá* (cáscara) de Egipto es una *Klipá* general. Es donde cayeron las chispas de *Kdushá*, las cuales tuvo que corregir el pueblo de *Israel* (que se encontraba en Egipto). Así pues, primero ha de haber dolor y aflicción, por no poder salir de su gobierno, como está escrito: "Y los hijos de *Israel* gemían a causa del trabajo, y gritaban, y su clamor subió hasta Dios a causa del trabajo. Y Dios oyó su lamento".

Debemos hacer una precisión acerca de las palabras "a causa del trabajo", ya que aparecen escritas dos veces. Debemos explicar que todos los lamentos venían del trabajo, lo que significa que no podían trabajar para el Creador. De hecho, su sufrimiento era porque no podían lograr que el trabajo que estaban realizando fuera para el Creador, debido a la *Klipá* de Egipto. Esta es la razón por la que escribe "a causa del trabajo" dos veces.

1) Sus lamentos no provenían del hecho de que les faltara algo. En verdad, les faltaba sólo una cosa, lo que significa que no deseaban ningún lujo o pago. Su única carencia, por la que sentían dolor y sufrimiento, era no poder hacer nada por el Creador. En otras palabras, anhelaban tener el deseo de satisfacer al Creador, en vez de a ellos mismos, pero no podían y esto les afligía. Esto se llama "querer aferrarse en algo a la espiritualidad".

2) El segundo "a causa del trabajo" viene a enseñar que: "Y su clamor subió a Dios", que Dios escuchara su lamento, fue debido a que su única petición era el trabajo. Esto, por tanto, alude al otro "a causa del trabajo". Resulta que todo el exilio que sentían era sólo porque estaban bajo el dominio de la *Klipá* de Egipto, y no podían hacer nada para convertirlo en sólo para otorgar.

Está escrito en *El Zóhar* (Éxodo, del Artículo 381 en el Comentario *Sulam*): "Dijo *Rabí Yehudá*: 'Ven y ve que esto es así, como *Rabí Yehoshua de*

Sakhnin dijo: 'Todo el tiempo que a su ministro se le dio dominio sobre *Israel*, el grito de *Israel* no fue escuchado. Cuando cayó su ministro, escribe: 'Murió el rey de Egipto', y acto seguido: 'Y los hijos de *Israel* gemían a causa del trabajo, y gritaban, y su clamor subió a Dios a causa del trabajo'. Pero hasta entonces no se dio respuesta a su clamor'".

Por esta razón, podemos decir que si no es hora de destronar al ministro de Egipto, no hay lugar para la elección, para que se arrepientan y puedan ser redimidos del exilio. Él dice (Éxodo, Artículo 380 en el Comentario *Sulam)*: "En aquellos muchos días'. "Muchos" se refiere a la permanencia de *Israel* en Egipto, es decir, que el fin ha llegado. Y como su exilio ha terminado, ¿qué es lo que dice? "El rey de Egipto murió". ¿Qué significa eso? Significa que el ministro de Egipto fue descendido de su estado y cayó de su orgullo. Esta es la razón por la que la escritura dice acerca de él: "El rey de Egipto murió", ya que el descenso es considerado para él como morir. Sólo cuando el rey de Egipto (que era su ministro) cayó, el Creador se acordó de *Israel* y oyó su lamento".

El Zóhar hace esta pregunta sobre el versículo: "En tu angustia, cuando todas estas cosas vienen sobre ti" (Deuteronomio 4). Significa que antes de que cada cosa suceda, es imposible lograr la perfección. Resulta que tú das una excusa, un pretexto de que todas las cosas por las que ellos deben pasar pueden experimentarse por la sensación de sufrimiento, y que esto no se mide ni por la cantidad ni por el tiempo que dure la aflicción, sino por la medida de la sensación (ver en *El Zóhar*).

Podemos entenderlo a través de una alegoría. Si una persona debe realizar un trabajo equivalente a un kilogramo, que constituye mil gramos de sufrimiento, la recompensa también ha de ser de un kilogramo. Como nuestros sabios dijeron: "La recompensa va de acuerdo al sufrimiento". Significa que el trabajo que uno debe realizar, antes de recibir la recompensa, está basado en que no hay Luz sin un *Kli*, ya que no hay llenado sin una carencia. Y el trabajo que la persona realiza, es la preparación para la recepción de la carencia, para que después sea capaz de recibir el llenado en esta.

Digamos que esa persona puede dar los mil gramos de carencia de forma intermitente, que son discernimientos de cantidad y de calidad. La persona puede esforzarse durante diez minutos al día, lo que significa que lamenta su alejamiento del Creador. O puede lamentar su alejamiento del Creador durante diez minutos a la semana, o diez minutos al mes, que le recuerdan su alejamiento del Creador, etc.

Es similar a la *calidad* de los sufrimientos que padece cuando recuerda que está alejado del Creador. A pesar de que le duele, no es algo insoportable y, además, hay cosas que le duelen más, a las cuales anhela. De ahí se deduce que también debería considerarse la calidad. Así, la persona tiene una opción, aunque tiene que experimentar todo el proceso del trabajo y la aflicción hasta el final, hasta que llega a un estado de "Y volverás al Señor tu Dios y escucharás Su voz".

A pesar de esto, el hombre tiene la opción de acortar el tiempo del proceso de aflicción por medio de dedicarle tiempo, que, como hemos dicho, se llama "cantidad", y añadir calidad, que es la sensación de sufrimiento causada por el distanciamiento del Creador.

Pero deberíamos saber que hay una gran diferencia entre la cantidad y la calidad, en la forma de trabajar. En cuanto a la cantidad de tiempo, una persona puede organizar su horario, es decir, la cantidad de tiempo que asigna para sí mismo, incluso bajo coacción. Significa que a pesar de que su cuerpo no desea sentarse durante todo el tiempo que ha destinado para participar –es decir, tener que estar sentado durante varios minutos u horas y lamentar estar tan distanciado del Creador, si tiene un fuerte deseo y no es débil de carácter, puede sentarse y mantener el horario que dispuso para sí mismo, ya que esto es un acto, y mediante acciones, una persona puede hacer cosas por coacción.

Pero en lo concerniente a la calidad, esto es muy difícil porque ninguna persona puede obligarse a sí misma, a sentir de forma diferente a como lo hace. Resulta que si examina su sensación, es decir, cuánto dolor y sufrimiento está experimentando por encontrarse alejado del Creador, a veces, llega a un estado en el que esto deja de importarle. En ese momento, no sabe qué hacer porque no puede cambiar lo que siente, y se encuentra en una situación embarazosa.

Esto causa la prolongación del exilio, ya que es difícil para nosotros dar la cantidad necesaria, y mucho menos la calidad. Y cuando empieza a analizar la calidad de la carencia, ve que no siente dolor, que está aparentemente inconsciente, insensible. Y a estar lejos del Creador se le llama no tener vida, pero no le duele el no tenerla. Entonces no tiene más remedio que rezar al Creador, para que le dé algo de vida y así poder sentir que está gravemente enfermo y que necesita curar el alma.

Y, a veces, uno llega a un estado en el que se encuentra en un descenso tal, que ni siquiera tiene fuerzas para rezar. Es más, se halla en un estado de completa indiferencia. Esto se llama "estar en un estado inanimado", lo que significa que se encuentra completamente inmóvil.

En ese estado, sólo el grupo puede ayudarle. En otras palabras, si viene al encuentro de los amigos y no los critica, o sea que no los examina, si ellos también tienen los mismos pensamientos y obstáculos, pero los superan, o si simplemente no les interesa la introspección, lo cual les permite poder ocuparse de la *Torá* y las *Mitzvot*, entonces, ¿cómo puede ser como ellos?

Durante ese período, él no puede recibir ninguna ayuda del grupo porque no tiene Adhesión con ellos, ya que son demasiado pequeños para ser sus amigos. Por lo tanto, naturalmente, ellos no lo influencian de ninguna manera.

Pero si viene con los amigos, sin la cabeza en alto, como si fuera sabio y los amigos necios, sino que arroja su orgullo lejos de él, siguiendo la regla: "La pobreza sigue al pobre", así pues, no sólo se encuentra en un estado de descenso y no siente ninguna necesidad de espiritualidad, sino que también recibirá pensamientos de orgullo, es decir, que es más sabio que todo su grupo.

Ahora volvamos a la primera cuestión, respecto a lo que dice *El Zóhar*: "Y como su exilio ha terminado", qué es lo que dice: "El rey de Egipto murió", ya que compara el destrono con la muerte. Y como el rey de Egipto (que es su ministro) cayó, el Creador se acordó de *Israel* y escuchó su oración. De ello se deduce que existe un pretexto de que ninguna oración nos ayudará, antes de su debido tiempo. Por lo tanto, no hay nada que se pueda hacer porque el Creador no escuchará su oración.

Con lo dicho anteriormente, podemos entender las cuestiones tal como son. Este es el mismo asunto del que nuestros sabios hablaron acerca del versículo: "Yo, el Señor, a su tiempo, aceleradamente". Si son recompensados, "lo aceleraré". Y si no son recompensados, "A su debido tiempo". Dicho de otro modo, cuando llegue el momento, un despertar llegará, por parte del Creador y, a través de él, *Israel* se arrepentirá. Resulta que la elección radica en los tiempos, como él comenta en la *Introducción al Libro del Zóhar* (Artículo 16).

De todo lo anterior se deduce que uno no debería observar al tiempo de la redención –que está escrito que antes de eso, la oración de ellos no fue aceptada– porque esto está relacionado con el tiempo de la cantidad y la calidad del sufrimiento, y con que existe un cierto plazo de tiempo en el que el sufrimiento se completará. Sin embargo, podemos acortar ese tiempo, es decir, que la cantidad y la calidad totales en las que aparecerá el sufrimiento, pueden reducirse de modo que todo ese sufrimiento llegará en un breve período de tiempo, pero ya todo el sufrimiento se habrá revelado allí.

Y fue la tarde, y fue la mañana
Artículo N° 36, 1984-85

El sagrado *Zóhar* dice acerca de este versículo: "Y fue la tarde, y fue la mañana" (Génesis 3, pág. 96, Punto 151 en el *Comentario Sulam*): "'Y fue la tarde'" según dicen las escrituras, que significa que se extiende desde el lado de la oscuridad, es decir, desde *Maljut*: "Y fue de mañana"; significa que se extiende desde el lado de la luz, que es *Zeir Anpin*.

Esta es la razón por la que se escribe acerca de ellos: "Primer día" (o también "Un día"), indicando que tanto la tarde como la mañana son como un solo cuerpo, y que ambos hacen el día. *Rabí Yehudá* dijo: "¿Cuál es el motivo?" Pregunta: "Puesto que: 'Y fue la tarde, y fue la mañana', apunta hacia la unificación de *ZoN,* y que la Luz del día sale de ambos, después de que el texto lo anuncia en el primer día: ¿por qué dice sobre cada día: 'Y fue la tarde, y fue la mañana'?

Y responde: 'Es para saber que no hay un día sin una noche, y una noche sin un día, y ellos nunca se separarán el uno del otro. Esto nos explica el por qué el texto nos repite e informa sobre todos y cada uno de los días, para indicar que es imposible que pudiera existir la luz del día sin la oscuridad de la noche. Del mismo modo, nunca habrá oscuridad de la noche que no traiga al día tras de sí, pues ellos nunca se separarán el uno del otro'". Hasta aquí sus palabras.

Deberíamos entender lo antes escrito en cuanto al trabajo, qué significa "luz" y qué significa "oscuridad", y por qué es imposible tener un día a menos que surja de la unión de ambos, es decir, que la luz y la oscuridad producen un sólo día, esto es, que se toma de ambos para construir un sólo día. Significa que el día empieza cuando la oscuridad comienza, porque esto es, cuando se inicia la secuencia de la formación de un nuevo día. Debemos entender cómo, la palabra "día", puede aplicarse a la oscuridad, ya que cuando la oscuridad ha comenzado, yo puedo empezar, realmente, a contar el día.

Se sabe que después de las restricciones y de la salida de la luz que ocurrió en los mundos superiores, y después de la segunda restricción y del rompimiento, emergió el sistema de las *Klipot* (cáscaras), hasta que el lugar de *BYA* se dividió en dos discernimientos. Desde su parte media hacia arriba era *BYA* de *Kdushá* (santidad), y desde su parte media hacia abajo el lugar se convirtió, permanentemente, en la sección de las *Klipot* (cáscaras), como se explica en *TAS* (Parte 16, pág. 1938, Artículo 88).

En consecuencia, en este mundo, "El hombre nace como una cría de burro salvaje", y no tiene ningún deseo por la espiritualidad. Así pues, ¿de dónde le llega a una persona la sensación de necesitar la espiritualidad?, hasta el punto de decir que siente oscuridad, la cual se llama "noche", por percibir que está alejado del Creador. Debemos saber que, en el mismo momento en el que él comienza a sentir que está alejado del Creador, es cuando, en cierta medida, comienza a creer en la existencia del Creador. Si no, ¿cómo puede decir que está alejado de alguien que no existe? En lugar de esto, debe decirse que tiene una iluminación desde lejos, la cual lo ilumina hasta el punto que siente que está alejado del Creador.

Por lo tanto se deduce, que tan pronto como comienza la oscuridad, es decir, la sensación de la existencia de la oscuridad, la Luz, inmediatamente, comienza a iluminar hasta cierto punto. Y la medida de la iluminación de la Luz solamente es reconocida a través de la negación. Significa que él siente una carencia, que no tiene la Luz del Creador iluminándolo en una manera afirmativa. Sino que, la Luz brilla para él en forma de carencia, lo que significa que ahora comienza a sentir que le falta la Luz del Creador, la cual se llama "día".

Pero para aquellos, a quienes no les ilumina la Luz del día, no saben si existe tal realidad, en donde una persona deba sentir la ausencia de la Luz del Creador, la cual se llama "día". Y bajo el discernimiento de una sola persona, o sea dentro un solo cuerpo, algunas veces siente que se encuentra en la oscuridad, es decir, que está alejado del Creador y anhela acercarse a Él. Siente sufrimiento por estar alejado del Creador.

La pregunta es: "¿Quién le causa el que se preocupe por la espiritualidad?" Y a veces siente oscuridad y sufrimiento cuando ve que otro tiene éxito en la materialidad, en las posesiones y es feliz, mientras que a él le falta el sustento y el respeto. Y ve, en su persona, que en verdad es más talentoso que el otro, tanto en términos de talento como por su respetada familia, y que merece más respeto. Pero en realidad, está muchos grados por debajo del otro, y esto le duele terriblemente.

En ese momento, no tiene ninguna conexión con la espiritualidad, y ni siquiera recuerda que alguna vez la tuvo, que él mismo consideraba a todos los amigos con quienes estudiaba en el seminario, cuando los veía con los sufrimientos que tenían, debido a su preocupación por lograr la integridad en vida, como niños pequeños quienes no pueden hacer un cálculo con propósito espiritual, y que todo lo que sus ojos veían, era lo que ellos deseaban.

Por un momento, entendían que lo principal en la vida era el dinero, en otros momentos pensaban que lo principal en la vida era conseguir una posición honorable entre las personas, etc. Y ahora él se encuentra dentro de esas mismas situaciones de las cuales se burlaba, y siente que su vida es insípida, a menos que establezca toda la esperanza y la paz en la vida, sea al mismo nivel en que ellos lo determinaron, que eso se llame: "el propósito de la vida".

Y, ¿cuál es la verdad? Pero ahora el Creador se ha apiadado de él y ha iluminado el discernimiento de "el día" para él, y este día comienza con el discernimiento de la negación. En otras palabras, cuando el día comienza a brillar en su corazón, bajo la forma de oscuridad, a esto se le llama "el comienzo del amanecer" y entonces los *Kelim* (vasijas) empiezan a formarse en él, en los cuales la Luz será capaz de brillar de una forma positiva. Esta es la Luz del Creador, cuando él comienza a sentir el amor del Creador y comienza a sentir el sabor de la *Torá* y las *Mitzvot*.

De esto podemos entender las palabras citadas del sagrado *Zóhar*, sobre que el día surge específicamente de ambos, como está escrito: "Por eso se escribe sobre ellos: "Un día", indicando que el atardecer y la mañana son como un cuerpo, y ambos forman el "día". También, cuando *Rabí Yehudá* dijo que por eso los textos se refieren a cada día como nuevo –para indicar que es imposible que pudiera haber Luz sin que la oscuridad de la noche la anteceda. Y también, que no podrá haber oscuridad de la noche que no traiga a la Luz del día tras ella, por lo que nunca se separarán la una de la otra.

Como se mencionó anteriormente: 1) siguiendo la regla de que no existe la Luz sin un *Kli*, y 2) también se requiere de la Luz, a la cual se llama "día", para hacer un *Kli*.

Pero deberíamos entender por qué, si a uno se le ha concedido ya un poco del día en la forma negativa, y siente que su vida entera sólo vale si es recompensado con Adhesión con el Creador, y comienza a atormentarse por estar alejado del Creador, así pues, ¿quién le provoca caer de su estado de ascenso? Es decir, que toda su vida debería estar sólo en la vida espiritual, y en esto radica toda su esperanza; y, de pronto cae en un estado de bajeza, al estado en que siempre se burlaba de las personas cuya esperanza en la vida era obtener el llenado de los deseos animales. Pero ahora, él mismo se encuentra entre ellos, nutrido por los mismos alimentos de los que ellos se nutren.

Además, deberíamos sorprendernos, cómo ha olvidado que alguna vez estuvo en un estado de ascenso. Ahora está en un estado de amnesia tal, que ni siquiera se le ocurre recordar, como miraba a la gente entre la que ahora se encuentra; es decir, que sus únicas ambiciones están a tan bajo nivel, y que no se avergüenza de sí mismo por haberse atrevido a ingresar en tal ambiente, del que siempre había querido huir. En otras palabras, este aire que con gusto respiran, él siempre decía que era un aire que sofoca a la *Kdushá* (santidad), y ahora él está entre ellos, y siente que no hay faltas en ellos.

La respuesta es, como dicen las escrituras (Salmos 1): "Feliz es el hombre que no ha seguido el consejo del malvado". Debemos entender qué es el consejo de los malvados. Se sabe que la pregunta del malvado que aparece en la *Hagadá* (narrativa de *Pésaj*) es: "¿Qué es esta labor de ustedes?" *Baal HaSulam* explica que significa que cuando la persona comienza a trabajar con el fin de otorgar, la pregunta del malvado llega y cuestiona: "¿Qué obtendrás al no trabajar para ti mismo?"

Y cuando la persona recibe tal pregunta, comienza a meditar si, tal vez, el malvado tiene razón. Y entonces cae en su red. De acuerdo a esto, deberíamos interpretar "Feliz es el hombre que no ha seguido el consejo del malvado", que cuando el malvado llega a él y le aconseja que no vale la pena trabajar si no ve que le reporta algún beneficio y ganancia para sí mismo, él no le escucha. Al contrario, se refuerza a sí mismo en el trabajo y dice: "Ahora veo que voy por el camino de la verdad y, que ellos desean confundirme". Resulta que cuando esta persona se sobrepone, es dichosa.

Después las escrituras dicen: "Tampoco permaneció en el camino de los pecados". Y hay que interpretar "camino de pecados". Él dice: "tampoco permaneció". El pecado es, como explicamos en el ensayo anterior (Artículo 34, 1984-85), si la persona no cumple con "No deberás agregar". En otras palabras, el verdadero camino es que tenemos que ir por encima de la razón, llamado el discernimiento de la "fe". Y lo opuesto a esto, es el discernimiento del conocimiento, o sea que el cuerpo entiende que no tiene otra opción, excepto creer por encima de la razón.

Por lo tanto, cuando él siente algún sabor en el trabajo y lo toma como apoyo, y dice que ahora no necesita la fe, porque ya dispone de algunas bases, inmediatamente cae de su grado. Y cuando uno es cuidadoso acerca de esto, y no se detiene ni durante un minuto, para mirar y ver si es posible cambiar sus bases, se considera que es dichoso porque no permaneció en el camino de los pecadores, para observar su camino.

Y después, las escrituras dicen: "Ni se sentó en el asiento de los escarnecedores", refiriéndose a aquellas personas que pasan sus días ociosamente, quienes no toman sus vidas de forma seria y no consideran cada momento como precioso. Son aquellos que se sientan a pensar en los demás –si están en lo correcto, y en qué medida los demás deberían corregir sus acciones, y no se miran a sí mismos, preocupándose de sus propias vidas, esto les provoca todos los descensos. El *RaDaK* interpreta "escarnecedores" a aquellos que tienen una mente astuta en cuanto a malvada, encontrando faltas en las personas y revelando secretos entre ellos. Esto es para la gente perezosa y ociosa. Por eso dijo: "Ni se sentó en el asiento de los escarnecedores", y esta es la razón de los descensos.

¿Quién da testimonio de una persona?
Artículo Nº 37, 1984-85

Está escrito en *El Zóhar, Shoftim* (Jueces) (y en el Comentario *Sulam*, pág. 8, Artículo 11): "Es una *Mitzvá* (precepto) testificar en el tribunal, de manera que su amigo no pierda dinero por causa que él no está testificando". Por eso los autores de la *Mishná* dijeron: '¿Quién da testimonio de una persona? Las paredes de su casa'.

¿Cuál es el significado de "Las paredes de su casa"? Estos son las paredes de su corazón, como está escrito: "Entonces Ezequías volvió su rostro hacia la pared". Los autores de la *Mishná* afirmaron que esto nos enseña que Ezequías rezó desde las paredes de su corazón. Más aun, los habitantes de su casa dan testimonio de él. Los habitantes de su casa son sus 248 órganos, ya que el cuerpo es llamado "casa".

"Esto es lo que los autores de la *Mishná* afirmaron: 'Al malvado, sus pecados están grabados en sus huesos. De la misma manera, al justo, sus méritos están grabados en sus huesos'. Esta es la razón por lo que *David* dijo: 'Todos mis huesos dirán'. Pero, ¿por qué los pecados están grabados en los huesos más que en la carne, los tendones y la piel? Esto es porque los huesos son blancos, y la escritura en negro es visible desde lo blanco. Es como la *Torá*, que es blanca por dentro, es decir, el pergamino, y negro desde fuera, es decir, la tinta. Negro y blanco son oscuridad y Luz. Y más aun, el cuerpo está destinado a incorporarse sobre sus huesos; así que los pecados y méritos están grabados en sus huesos. Si es recompensado, el cuerpo se incorporará sobre sus huesos. Si no es recompensado, no se incorporará y no tendrá la resurrección de los muertos". Hasta aquí sus palabras.

Debemos entender por qué *El sagrado Zóhar* interpreta que una persona debe testificar ante un tribunal para que su amigo no pierda dinero. Esto es interpretado en el trabajo del Creador. Así, debemos entender cuál es la demanda que él está exigiendo, y a quién se la está exigiendo. Y para que sea digno y tenga credibilidad, una persona debe dar testimonio.

En el trabajo del Creador, una persona exige del Creador que le dé lo que quiere del Creador. Así, para demostrar que su argumento es verdadero, ¿no sabe el Creador si una persona está diciendo la verdad o no? Sin embargo, si una persona testifica, entonces sabe que su argumento es verdadero. Más aun, ¿cómo pueden confiar en la persona si testifica para sí misma? Y debemos entender, además, por qué el testimonio debe ser desde las paredes de su corazón, ya que él aporta evidencia del significado de "paredes de su casa" de Ezequías, en las palabras: "Entonces Ezequías giró su rostro hacia la pared", que interpretamos que significaba "las paredes de su corazón".

Así, aquí, el testimonio de una persona también debería ser desde las paredes de su corazón. Sin embargo, se sabe que el testimonio debe ser desde su boca, como nuestros sabios dijeron: "Desde sus bocas, no desde sus escritos", y aquí dice que debe ser desde las paredes de su corazón, y no desde la boca.

Deberíamos entender también por qué dice: "Esto es lo que los autores de la *Mishná* afirmaron: 'Al malvado, sus pecados son grabados en sus huesos. Y de la misma manera, al justo, sus méritos están grabados en sus huesos'". Pero, ¿están los pecados y los méritos, grabados en los huesos corporales? ¿Cómo asuntos espirituales, como los pecados y las *Mitzvot*, están grabados en los huesos? Y es aun más difícil entender su respuesta: "Esto es porque los huesos son blancos, y la escritura en negro es visible desde lo blanco".

Además, deberíamos entender por qué dice: "Y más aun, el cuerpo está destinado a incorporarse sobre sus huesos". Por qué dice, en particular,

"Sobre sus huesos", es decir, que depende de sus huesos si es resucitado o no.

Para entender lo antes dicho sobre el trabajo, debemos recordar la conocida regla que dice: "no hay luz sin un *Kli* (vasija)"; es decir, que es imposible recibir cualquier llenado si no hay un hueco y una carencia allí, donde el llenado pueda entrar. Al igual que una persona no puede disfrutar de un banquete si no tiene hambre. Es más, el grado de placer de comer, se mide según el nivel de carencia que tiene para con el banquete.

De ahí se deduce que, cuando uno no siente ninguna carencia, no hay esperanza de que se sienta placer, de que se tenga la habilidad de recibirlo, ya que no hay espacio para recibir ningún llenado.

Se deduce que cuando hablamos del orden del trabajo, cuando una persona comienza a entrar al interior del trabajo, es decir, cuando desea realizar la labor sagrada, con el fin de otorgar placer a su Hacedor, de acuerdo a la regla antes mencionada, debe tener una necesidad por ello –sentir que necesita otorgar al Creador. Y podemos decir que él tiene un *Kli*, según el grado de su necesidad de dar al Creador. Y el llenado para ese *Kli*, ocurre mientras él otorga al Creador, es decir, cuando desea aportar satisfacción al Creador, lo que significa que el cuerpo ya está de acuerdo con otorgar al Creador.

Y como el individuo nació con una naturaleza para la recepción y no para el otorgamiento, si uno desea dedicarse al otorgamiento, el cuerpo ciertamente se resistirá. Y si una persona desea ocuparse del otorgamiento, es decir, que tiene un deseo de obtener tal *Kli*, y un *Kli* significa "deseo y carencia", entonces el cuerpo inmediatamente llega y pregunta: "¿Por qué quieres cambiar la naturaleza en la que fuiste creado? ¿Cuál es la carencia, en la que sientes que esto te hace falta? ¿Estás seguro al cien por cien de que entiendes que necesitas trabajar para otorgar? Mira como hace el trabajo sagrado la mayoría; no son meticulosos con lo que hacen. En otras palabras, en su dedicación a la *Torá* y las *Mitzvot*, ellos observan, principalmente, que el acto sea adecuado, con todas sus precisiones y detalles; pero no la intención. Ellos dicen: 'Ciertamente, hacemos lo que podemos'. No ponen ninguna atención en la intención, porque dicen que el trabajo *Lishmá* (en beneficio de la *Torá*) pertenece a unos pocos elegidos, y no a todos".

De ahí se deduce que el cuerpo, que llega y hace sus preguntas, probablemente está preguntando sobre un tema importante. Y como no se le está dando una respuesta satisfactoria, esto no le permite a la persona tener pensamientos del deseo de otorgar, ya que tiene razón, porque "no hay Luz sin un *Kli*". En otras palabras: "Si no sientes la necesidad de ocuparte del otorgamiento, ¿por qué estás armando tanto escándalo?" Así que primero le dice: "Dame esta necesidad, la necesidad de otorgar, y después hablamos". Pero, de acuerdo a lo dicho antes, la necesidad por ese deseo debe estar presente; es decir, que debe atormentarse por no ser capaz de otorgar. Así pues, como no tiene ningún *Kli*, ciertamente no se le puede conceder la Luz, es decir, el llenado.

Por lo tanto, una persona debe tratar de tener una gran carencia en cuanto a que es incapaz de otorgar al Creador. Y se sabe que una carencia viene determinada por la sensación de sufrimiento que siente a causa de esta carencia. De otra manera, aun cuando no tiene lo que está pidiendo, todavía no es considerada una carencia; porque una carencia real se mide por el dolor que siente por no tener. De otra manera, son solo palabras huecas.

Ahora podemos entender lo que nuestros sabios dijeron (*Taanit*, 2a): "'Amar al Señor su Dios y servirlo con todos sus corazones'. ¿Cuál es el trabajo del corazón? Es una plegaria. Debemos entender por qué extendieron la plegaria más allá de su significado simple. Normalmente, cuando uno quiere que otra persona le dé algo, se lo pide verbalmente, como está escrito: 'Porque Tú escuchas la plegaria de cada boca'. Entonces, ¿por qué dijeron que a una plegaria se le llama 'el trabajo del corazón'?"

Dijimos antes que una plegaria es denominada "una carencia", y él quiere que su carencia sea llenada. Y, aun así, ninguna carencia es sentida en la boca de una persona; por el contrario, todas las sensaciones del hombre son sentidas en el corazón. Por eso, si una persona no siente una carencia en su corazón, lo que expresa en su boca no cuenta para nada, de manera que podríamos decir que, verdaderamente, necesita lo que está pidiendo con su boca. Esto es así, porque el llenado que está pidiendo debe entrar a un lugar de carencia, el cual es el corazón. Por ello, nuestros sabios dijeron que una plegaria debe ser desde el fondo del corazón; es decir, que el corazón por entero sentirá la carencia de lo que está pidiendo.

Se sabe que la Luz y el *Kli* se llaman "carencia" y "llenado" (o "satisfacción"). Asociamos la Luz, que es el llenado, al Creador; y el *Kli*, que es la carencia, lo relacionamos a los creados. Así, una persona debe preparar el *Kli* de manera que el Creador vierta la abundancia ahí, o no habrá espacio para la abundancia. Por esta razón, cuando una persona pide al Creador que lo ayude, para poder dirigir sus acciones hacia el otorgamiento, el cuerpo viene y le pregunta: "¿Por qué estás rezando esta plegaria? ¿De qué careces sin ello?"

Por esta razón, debemos estudiar e investigar los libros que hablan sobre la necesidad del trabajo de otorgamiento, hasta que una persona entienda y sienta que si no tiene este *Kli*, no será capaz de acceder en la *Kdushá*.

La persona no debe mirar a la mayoría, que dice que lo más importante es el acto y que aquí es hacia donde debe ir toda la fuerza. Que los actos de las *Mitzvot* y el establecimiento de la *Torá*, lo que actualmente realizamos, es suficiente para nosotros.

En cambio, debe llevar a cabo cada acto de la *Torá* y las *Mitzvot* para conducirlo hacia la intención de otorgar. Más adelante, cuando tiene una comprensión completa de cuánto necesita comprometerse con el propósito de otorgar, y siente dolor y sufrimiento al no tener esta fuerza, entonces se considera que ya tiene algo por lo que orar, por trabajar en el corazón, ya que el corazón siente lo que necesita.

De esa plegaria llega la respuesta a la plegaria. Significa que se le da esta fuerza desde arriba, de manera que sea capaz de tener la intención con el propósito de otorgar, porque entonces él ya tiene la Luz y el *Kli*. Sin embargo, ¿qué podemos hacer si después de todos los esfuerzos que ha hecho, aun no siente una carencia por no ser capaz de otorgar, en forma de dolor y sufrimiento? La solución es pedirle al Creador que le dé el *Kli* llamado "Una carencia por no sentir", ya que él está en un estado de inconsciencia, o sea que no siente ningún dolor por no ser capaz de otorgar.

De esto se deduce que, si puede lamentarse y sentir dolor por no tener la carencia, es decir, por no sentir cuán alejado está de la *Kdushá* (santidad), que él es completamente mundano y que no entiende que la vida que está viviendo –al querer satisfacer sus necesidades corporales– no es más importante que la de cualquier otro animal que ve, y que si prestara atención en ver cuán similar es a ellos en todas sus aspiraciones, vería que la única diferencia sería la astucia humana y su habilidad de explotar a otros, mientras que los animales no son lo suficientemente listos para explotar a otros.

Algunas veces, aun cuando ve que está estudiando la *Torá* y observando las *Mitzvot*, no puede recordar –mientras observa las *Mitzvot* o mientras estudia la *Torá*– que debe obtener conexión con el Creador al ocuparse de la *Torá* y *Mitzvot*. Es como si fueran cosas separadas –la *Torá* y las *Mitzvot* son una cosa y el Creador es otra.

Y si se lamenta por no tener ninguna sensación de carencia, de que es como los animales, a esto también se le llama "trabajo en el corazón" y "una plegaria". Significa que gracias a esta carencia, ya dispone de un lugar en el cual recibir el llenado del Creador, de darle la sensación de carencia, que es el *Kli* que el Creador llena con un llenado.

Ahora podemos entender lo que preguntamos acerca de por qué una plegaria está en el corazón y no en la boca. Es porque una plegaria se llama "una carencia", y no puede decirse que él tenga una carencia en la boca. Más bien, **la carencia es una sensación en el corazón.**

Ahora deberíamos explicar por qué preguntamos sobre lo escrito, que "los méritos y los pecados se graban en los huesos y si él puede o no resucitar a partir de los huesos". *El Zóhar* compara los huesos, que son blancos, a la *Torá*, que es negro sobre blanco, donde el negro es la oscuridad y el blanco es la luz.

Debemos explicar el significado de que los huesos sean blancos. Por eso los méritos y los pecados se escriben sobre ellos ya que, en lo que respecta al trabajo del Creador, debe interpretarse que una persona que se ocupa en la *Torá* y las *Mitzvot* es llamada *Etzem* (hueso y también esencia). La parte principal de la *Torá* y las *Mitzvot* es considerada blanco, ya que algo en lo que no hay carencias es llamado "blanco". Y como no hay nada que añadir a las acciones que esa persona hace, porque está dicho sobre esto: "No añadirás ni sustraerás", así, su ocupación en la *Torá* es denominada "huesos". Son blancos porque los méritos y los pecados de una persona están grabados en ellos.

Sin embargo, si una persona crítica sus propias acciones, y busca la razón en la cual funda sus cimientos –es decir, la razón que lo obliga a ocuparse en la *Torá* y las *Mitzvot*, su intención al hacer sus obras, si acaso él intenta ver, si está haciendo esas obras verdaderamente para el Creador, para otorgar contento a su Hacedor–, entonces puede ver la verdad: que está dentro de la naturaleza en la que nació, llamada "recibir para recibir", y no quiere dedicarse a la *Torá* y a las *Mitzvot* sin ninguna recompensa.

Y la verdadera razón por la que uno no puede salir de su naturaleza, es que no ve la necesidad de ello, así que tendría que cambiar la naturaleza que fue grabada en él, que se llama "amor propio", y asumir el amor a los demás, para lograr el amor al Creador. Esto es así porque una persona siente que le falta el amor del entorno; es decir, que su familia lo amará, y las personas de su pueblo, etc. Pero, ¿qué ganará por amar al Creador? Además, ¿qué ganaría si amara a sus amigos? Después de todo, siempre está evaluando la ganancia en relación al amor propio. Así que, ¿cómo puede salir de este amor?

Y si se pregunta a sí mismo por qué está observando la *Torá* y las *Mitzvot* en acciones y, es meticuloso acerca de todas sus precisiones y detalles, entonces se responde que recibió fe a través de la educación. En la educación, comienzas a guiar a una persona para ocuparse de la *Torá* y las *Mitzvot* en *Lo Lishmá* (no en Su beneficio), como dice *Maimónides* (al final de *Hiljot Teshuvá* [leyes del arrepentimiento]). De ahí se deduce que ha asumido el creer en el Creador, que trabajará en la labor sagrada y que, a cambio, recibirá recompensa en este mundo y en el siguiente.

Por eso se le dice a una persona que el trabajo real es creer en el Creador, quien nos dio la *Torá* y las *Mitzvot* para observarlas y, mediante eso, lograremos la equivalencia de forma, llamada "Adhesión con el Creador". Significa que uno debe salir del amor propio y tomar la responsabilidad del amor a los demás. Y en el grado en el que sale del amor propio, en ese mismo grado puede ser recompensado con la fe completa. De otra manera, se separa, como dice en el Comentario *Sulam* (*Introducción al Libro del Zóhar*, pág. 138): "Es una ley que el creado no puede recibir daño de forma directa de Él, porque si el creado lo percibe a Él como haciéndole mal, eso sería un dañar Su gloria. Ya que no corresponde con el Operador perfecto. Así, cuando la persona se siente mal, en el mismo grado, se encuentra en herejía de Su providencia sobre ella y el Operador se oculta de él, lo cual es el castigo más grande en el mundo".

Si una persona hace introspección, y reconoce la verdad de que la *Torá* y las *Mitzvot* deben ser para el Creador. Ella siente cuán alejada está de la verdad, y el escrutinio le conduce al dolor y al sufrimiento, marchando constantemente en el camino equivocado, en vez de ser llamado "sirviente del Creador". Más bien, todo su trabajo es por su propio beneficio, lo que se llama "trabajar para sí mismo", que es el modo de los animales, pero es inapropiado para el grado del hablante.

De esto se deduce que, a través de esos sufrimientos, él recibe un *Kli*, es decir, una carencia. Y como ve que es incapaz de salir del amor propio por sí mismo, porque no tiene la fuerza para ir en contra de la naturaleza, la solución es pedir al Creador que lo ayude, como dijeron nuestros sabios: "Aquel que viene a ser purificado, es asistido". De ello resulta que, entonces, tiene espacio para llenar la carencia, ya que no hay Luz sin un *Kli*.

Esto saca a colación la pregunta que hicimos anteriormente: ¿Qué puede hacer la persona si, aunque entiende que vale la pena trabajar para otorgar, aun no siente el dolor y el sufrimiento de no ser capaz de aspirar hacia el propósito de otorgar? En ese caso, debe saber que esto no significa que tiene fe completa en el Creador, y solamente no puede aspirar al propósito de otorgar. Debe saber que carece de fe completa ya que, cuando tiene fe total en el Creador, hay una ley en la naturaleza que dice que el pequeño se anula ante el grande. Así, si verdaderamente tuviera fe total en la grandeza del Creador, sería anulado ante el Creador de forma natural y desearía servirle a Él sin ninguna recompensa.

Por lo tanto, resulta que no hay un defecto aquí, porque no puede imponerse sobre la naturaleza. Sino que ahí hay una falta de fe total, aunque tenga fe. La evidencia de ello es que está observando la *Torá* y las *Mitzvot*. Sin embargo, no es fe completa tal como ella debería ser.

En otras palabras, la plenitud total es creer en Su grandeza, y si la persona desea saber si tiene fe completa, puede observar cuánto está dispuesta a trabajar para otorgar, y en qué grado se anula el cuerpo ante el Creador. En otras palabras, la incapacidad de una persona para trabajar para otorgar es la carencia, pero hay una carencia más grande aquí: que es la falta de la fe completa, y esta es la principal.

Pero, ¿qué puede hacer la persona, si incluso cuando ve que le falta la fe completa, esa carencia aun no le produce dolor y sufrimiento por ser incompleta? La razón verdadera es que **ella está mirando a la mayoría,** y ve que son personas importantes, de influencia y estatus, y no es evidente que carezcan de fe completa. Porque cuando hablamos con esas personas, nos dicen que esto es sólo para unos pocos elegidos, lo cual es, su bien conocido punto de vista. Esta es la gran división que llega a ser una barrera para una persona, deteniendo su progreso sobre el camino correcto.

Esta es la razón por la que necesitamos un **entorno**, es decir, un grupo de personas en el que todas tengan la opinión de que deben lograr la fe completa. Esto es lo único que puede salvar a una persona de los puntos de vista de la mayoría. En ese momento, **todos refuerzan a todos los demás,** para anhelar el lograr fe completa, y que él pueda otorgar satisfacción al Creador, y que esta sea su única aspiración.

Sin embargo, esto no concluye la solución, para lograr una carencia de la fe completa. En cambio, uno debe esforzarse en acciones más de lo que él está acostumbrado, tanto en cantidad como en calidad. Y el cuerpo, ciertamente, se resistirá y preguntará: "¿Cómo es que hoy es diferente de otros días?" Y él responderá: "Estoy imaginándome como un sirviente del Creador, cómo serviría al Creador si tuviera fe completa. Por eso, quiero servirle a Él al mismo ritmo **que si** ya hubiera sido recompensado con la fe completa". Esto crea en él una carencia y dolor por no tener fe completa, ya que la resistencia del cuerpo le provoca tener una necesidad de fe completa. Pero, ciertamente, esto se dice de manera específica cuando él va contra el cuerpo, en coacción, o sea que trabaja con el cuerpo no de acuerdo a su voluntad.

Se deduce que esas dos acciones, tanto él, trabajando más de lo que está acostumbrado, como la resistencia del cuerpo, le provocan la necesidad de la fe completa. Sólo entonces se forma un *Kli* en él, de manera que, después, la Luz se vista en este, ya que ahora tiene lugar en su corazón para la plegaria, es decir, un lugar de carencia. Y entonces el Creador, que escucha una plegaria, le da la Luz de la fe, por la cual puede servir al Rey, no con el fin de ser recompensado.

Ahora podemos entender lo que preguntamos acerca del significado de los méritos y pecados que son grabados en los huesos. Huesos se refiere a la esencia del asunto ("hueso del asunto" es una expresión en hebreo), refiriéndose a la *Torá* y las *Mitzvot* que está observando. Se considera que se nos entregó ello para observarlo en la acción, y no hay nada que añadir a eso, como está escrito: "No debes añadir ni sustraer".

Y sobre esas acciones, los pecados y méritos son grabados; es decir, que si él desea andar en el camino de la verdad, y critica sus propias acciones –si son con la intención de otorgar o no–, y es un hombre que ama la verdad y no está interesado en lo que hacen los otros, sino que quiere saber si está ocupado en la *Torá* y las *Mitzvot Lishmá* (en Su beneficio), o es todo para sí mismo; entonces, ve que está inmerso en el amor propio, y que no puede salir de ahí por sí mismo.

Entonces, grita para que el Creador le ayude a salir del amor propio y ser recompensado con el amor al prójimo, y el amor al Creador. Y "El Señor está cerca de todos los que Lo llaman de verdad". Por eso es recompensado con Adhesión con el Creador. Resulta, entonces, que los méritos están grabados en sus huesos, es decir, que la *Torá* y las *Mitzvot* que observó se llaman: "blanco"; ya que, en términos de acciones, todo es blanco, es decir, positivo y no hay nada que añadir a ellos. Pero, luego que realizó una crítica vio que la intención era incorrecta, y vio que hay oscuridad en ellos porque está separado y no tiene Adhesión, llamada "equivalencia de forma"; es decir, que hará todo con el fin de otorgar, sino que está bajo el control del amor propio.

Así pues, él tiene oscuridad que yace sobre el blanco, que son los huesos blancos, como está escrito en las palabras de *El Zóhar*. Significa, que ve oscuridad que yace sobre la *Torá* y las *Mitzvot* que llevó a cabo, lo cual es el discernimiento, de estar separado de la luz –ya que la luz es otorgamiento, mientras que él hace todo con el fin de recibir –Él no puede hacer nada, excepto lo que le concierne al amor propio.

De esto se deduce que sus huesos, es decir, la *Torá* y las *Mitzvot* en su aspecto práctico, son blancas; que significa que no hay carencias en el acto, y que no puede agregar nada más. Pero, a través de la crítica que él aplica a este blanco, él ve que ahí hay oscuridad. Y si pone atención en corregirlo, porque le causa dolor y sufrimiento encontrarse en la oscuridad, le reza al Creador para que lo ayude a salir del amor propio, y mediante eso, luego, será recompensado con adherirse al Creador.

A esto se le llama: "Al justo, sus méritos están grabados en sus huesos"; es decir, que su crítica a sus huesos blancos, le causó ser recompensado con la resurrección de los muertos, ya que "los malvados, en sus vidas son llamados 'muertos'", ya que están separados de la Vida de Vidas. Así, cuando son recompensados con adherirse al Creador, se considera que han sido recompensados con la resurrección de los muertos.

Pero: "Un malvado, sus pecados son grabados en sus huesos", ya que un malvado es uno que aun está inmerso en el amor propio, y al justo se le llama "bueno", y "bueno" se denomina "otorgamiento", como está escrito: "Mi corazón rebosa algo bueno; dirijo mi canto al Rey". En otras palabras, ¿qué es algo bueno? Es como cuando uno dice: "Mi trabajo es para el Rey", es decir, que todas sus acciones son para el Creador y no para su propio bien.

Por eso: "El ojo misericordioso será bendito". Por eso, se trata de aquellos que mantienen la *Torá* y las *Mitzvot* en su forma práctica, lo que es considerado el *Etzem* (hueso y también fundamento/ esencia), ya que la *Torá* y las *Mitzvot* fueron dados de boca del Creador para ser implementadas, a esto se le llama "blancas", ya que las acciones no tienen carencias, como está escrito: "No debes agregar ni sustraer". Por eso sus huesos son blancos.

Y "Sus pecados están grabados en sus huesos", que son blancos, porque él no realizó una crítica en sus acciones, si son o no para otorgar. Y confió en la mayoría y en cómo ellos observan la *Torá* y las *Mitzvot*. Y ellos dicen que trabajar para el bien del Creador, es un trabajo que corresponde a unos pocos elegidos, y que no todos deben emprender este camino, de estar preocupados de que su trabajo sea con el fin de otorgar.

Esto se le llama "El punto de vista de los dueños". Pero "El punto de vista de la *Torá*" es diferente. Se sabe que "El punto de vista de los dueños es opuesto al punto de vista de la *Torá*", ya que el punto de vista de los dueños es que cuando alguien se ocupa de la *Torá* y las *Mitzvot*, sus posesiones crecen y se expanden, o sea que se convierte en un dueño de mayor grado. En otras palabras, todo lo que hace va hacia el amor propio.

Pero la visión de la *Torá* es como nuestros sabios dijeron acerca del verso: "cuando un hombre muere en una tienda". Ellos dijeron: "La *Torá* existe sólo en alguien que está dispuesto a morir por ella". Significa que se expone **a sí mismo a la muerte**; es decir, que es el amor propio lo que expone a la muerte. Así, él no tiene posesiones porque no hay dueño con el que relacionar dichas posesiones, ya que su único objetivo es otorgar, y no recibir. Así pues, él anula a su yo.

De esto se deduce que: "Un malvado, sus pecados son grabados en sus huesos", lo que significa que no caminó por el sendero de la *Torá*, ya que la *Torá* se llama "negro sobre blanco", como dice *El Zóhar*, que por eso sus méritos son grabados en sus huesos. "Porque los huesos son blancos, y una escritura en negro es visible sólo desde el blanco". Como en la *Torá*; es decir, si hay blanco –si observa la *Torá* y las *Mitzvot*, puede decirse que él es como la *Torá*, que tiene negro sobre blanco. Entonces, está tratando de lograr Adhesión o permanece con los huesos blancos y no escribe nada sobre ellos.

Por eso se llama "malvado", porque sus iniquidades están grabadas en sus huesos. Pero aquellos que no tienen blanco en ellos, que no tienen la *Torá* y las *Mitzvot* prácticas, no pertenecen al discernimiento de "malvados". Más bien, pertenecen al discernimiento de animales, es decir, solo son bestias.

La importancia del "rezo de muchos"
Artículo N° 7, 1985-86

Está escrito en *El Zóhar, Vaishlaj* (pág. 13, Artículo 45 en el Comentario *Sulam*): "Ven y ve. *Rabí Shimon* dijo: "Una plegaria de muchos se eleva ante el Creador y el Creador se corona a Sí Mismo con aquel rezo, porque este se eleva de varios modos: Uno que pide *Jasadim* (gracia), otro que pide *Gvurot* (fuerzas), y otro solicita *Rajamim* (misericordia). Esto consta de varios lados –el lado derecho, el lado izquierdo, y el medio. Y como consta de varios lados y formas, esto se convierte en una corona y es colocada sobre la cabeza del Justo, quien vive la vida eterna, esto es, *Yesod*, quien imparte toda la salvación a la *Nukva (Maljut)* y, de ella, a todo el público. Y ven y ve, *Jacob* estaba comprendido por las tres líneas; por eso el Creador quiso su plegaria, pues esta fue en integridad completa de las tres líneas, como un rezo de muchos. Por eso está escrito: 'Entonces *Jacob* sintió mucho miedo y aflicción', fue el Creador el que se lo hizo de esta forma, para que él rezara, porque Él anhelaba su plegaria".

Vemos en las palabras del sagrado *Zóhar*, que interpreta un "rezo de muchos" acerca de una sola persona, diciendo que *Jacob* constaba de las tres líneas. Pero en todos los lugares en los que se escribe sobre un rezo de muchos significa, literalmente, que muchos rezan, como nuestros sabios dijeron (*Brajot*, pág. 8a): "*Rabí Yojanán* dijo en el nombre de *Rabí Shimon Bar-Yojai*: '¿Por qué está escrito: 'Yo a ti oro, Oh Señor, al tiempo de tu buena voluntad'"? ¿Cuándo es un tiempo de buena voluntad? Cuando el público reza".

Significa, literalmente, que hay muchos rezando juntos. También, debemos entender que el sagrado *Zóhar* dice que: "Una corona está colocada sobre la cabeza del Justo de vida eterna". ¿Qué significa que se convierte en una corona sobre la cabeza? Una corona significa la corona del rey, como la corona del reino. Y, ¿qué significa que la corona sobre su cabeza está hecha del rezo? ¿Qué nos hace entender la importancia y grandeza de un rezo? Como él desea revelarnos la importancia del rezo, nos dice: "Has de saber que del rezo, se hace la corona para el Rey".

También dice que este se llama *Yesod*, y que imparte toda la salvación a *Nukva*, y desde ella a todo el público. Debemos entender por qué la corona está hecha específicamente sobre *Yesod*. Pues es sabido que nosotros rezamos a *Ein Sof Baruj Hu* (Infinito bendito sea Él), entonces, ¿qué significa que una plegaria de muchos se convierte en una corona específicamente sobre *Yesod*? Y también, ¿por qué dice que *Yesod* imparte a la *Nukva*, y desde la *Nukva* al público?

Baal HaSulam explicó el asunto de un rezo de muchos, como una persona rezando por el público; esto se llama "un rezo de muchos". Por eso también se le llama "un tiempo de buena voluntad". Cuando una persona reza para sí misma, tiene acusadores, que la incriminan acerca de si su rezo es verdaderamente digno de aceptación o no. Pero cuando reza para el público, se vuelve irrelevante investigar y discernir si es digno que su rezo sea contestado, ya que no pide nada para sí mismo, sino sólo para los demás.

Por eso se dijo que un rezo de muchos se llama "un tiempo de buena voluntad" y su plegaria es contestada. Y de acuerdo a lo que está explicado en varios lugares en el Comentario *Sulam*, una plegaria de muchos se refiere a *Maljut*, que es llamada "la congregación de *Israel*" o "la Divinidad Sagrada". Ella es denominada "muchos, multitud" porque contiene todas las almas. Y como la Divinidad se encuentra en el exilio, pedimos por este exilio de la Divinidad, el cual es llamado algunas veces "Divinidad en el polvo", ya que todos esos nombres nos indican el contenido del propósito de la creación, que es hacer el bien a Sus creaciones.

Es sabido que para que Él revele la perfección de Sus obras, hubo la primera restricción. Significa que donde existe sólo un *Kli* llamado "recibir con el fin de recibir", la abundancia Superior allí estará oculta. Sólo a un lugar donde es posible aspirar, a con el fin de otorgar, llega dicha abundancia. Y como por naturaleza el hombre nació sólo para recibir, en ese lugar que él ve, que su receptor –llamado "amor propio"– no puede recibir. Por el contrario, él debe hacerlo todo por la Divinidad, esto es, por *Maljut*, pues sólo por eso Su gloria aparecerá en *Maljut*. Esto es así porque sólo cuando el Creador puede revelarse a los inferiores, la gloria de Su nombre es visible. Fue escrito que el lugar en donde el *Shojén* (morador) aparece, se llama *Shejiná* ("lugar donde se mora" pero también "Divinidad").

A esto se le llama "Que Su gran nombre sea magnificado y santificado", pues el nombre del Creador, quien es llamado: "El Bien que hace el bien", aparece en el mundo. Esto es así porque todos obtienen el propósito de la creación llamado: "Hacer el bien a Sus creaciones", ya que ahora hay un *Kli* (vasija) que está listo para recibir, que es la intención de otorgar, la cual también es llamada Adhesión con el Creador.

Resulta que, por su naturaleza, los creados tienen únicamente el deseo de recibir con el fin de recibir, y no pueden trabajar con el fin de otorgar sin sobreponerse a su propia naturaleza, y así provocan que *Maljut* permanezca en el polvo, es decir, que ellas no pueden ver su grandeza. Significa que no pueden percibir, lo que ella puede recibir del Creador porque todo está oculto, debido a la restricción.

Sin embargo, necesitamos alguna introspección. Esto es, que debemos creer lo que nuestros sabios nos dicen, que todos los placeres en el goce corporal no son más que una pequeña llama comparada con los placeres que existen en la espiritualidad. Como está escrito en el Comentario *Sulam* (*Introducción al Libro del Zóhar*, pág. 173): "Este es el significado del rompimiento de las vasijas que precedió la creación del mundo. A través del rompimiento de las vasijas de *Kdushá* (santidad) y su caída en los mundos de separación de *BYA*, cayeron chispas sagradas junto con ellas a las *Klipot* (cáscaras), de las que llegaron los placeres y pasiones de todo tipo al dominio de las *Klipot*, que los transfieren para la recepción y el deleite del individuo".

Por consiguiente, resulta que la mayoría de los placeres está en la *Kdushá*, mientras que nosotros vemos lo contrario, que en la corporalidad todo el mundo ve cosas que pueden ser disfrutadas. Pero en el duro trabajo de la *Torá* y las *Mitzvot* (preceptos), es imposible decirle a una persona que se comprometa en dicha labor, sin asegurarle una retribución por su trabajo. Porque al momento de ocuparse de cumplir las *Mitzvot*, las encuentra completamente insulsas. Pero, cuando se le promete una recompensa, y cree en ella, puede trabajar en la *Torá* y las *Mitzvot* porque recibirá una retribución a cambio.

Esto no es así cuando se ocupa de asuntos corporales tales como comer, beber, dinero, honor, etc. La persona no pregunta: "¿Por qué debo lidiar con estos asuntos mundanos?" ya que donde uno siente placer, no pregunta sobre el propósito de recibir el placer. Todo lo que puede pensar sobre esto, mientras recibe el placer es, cómo aumentarlo en cantidad y calidad. Dios no quiera que la persona llegue a dudar, acerca del asunto de la recepción de placer, es decir: ¿Para qué necesito recibir placer?

Algunas veces, una persona recibe placer de algo por lo que no pagó nada. A pesar de que esto le proporciona mucho placer, la pregunta aun está presente en él: "¿Cuál es el propósito de ese placer?" Por ejemplo, un placer que no cuesta dinero es el placer del descanso. No existe necesidad de comprar este placer, pues uno lo recibe gratuitamente. Pero, muchas veces, una persona se pregunta a sí misma: "¿Qué ganaré disfrutando el descanso?"

Sin embargo, cuando una persona experimenta verdadero deleite y placer, ni siquiera se le ocurre pensar en el propósito de este deleite. Y si resulta que sí piensa acerca del propósito de este placer que ahora goza, esto es un signo de que el placer que él está sintiendo no es un placer real, pues aun hay un espacio en su mente para reflexionar sobre el propósito. Esto es una señal de que existe una carencia en aquel placer, y donde existe carencia, puede pensar acerca de un propósito diferente del que está sintiendo ahora.

De todo lo dicho arriba, resulta que la esencia del sabor de la vida[3] y el placer se encuentran en la *Torá* y las *Mitzvot*, pues es ahí donde la Luz superior está depositada. Sobre esto, está escrito en el Comentario *Sulam* (*Introducción al Libro del Zóhar*, pág. 242, *Visiones de la escalera*, Artículo 1): "Cuando uno es recompensado con escuchar a la voz de Su palabra, las 613 *Mitzvot* se vuelven *Pekudin*, de la palabra *Pikadón* (depósito). Esto es así porque existen 613 *Mitzvot*, y en cada *Mitzvá*, una Luz de un grado único es depositada, y corresponde a un parte única de los 613 órganos y tendones del alma y el cuerpo. Resulta que mientras se realiza la *Mitzvá*, uno extiende a la parte correspondiente en su alma y cuerpo el grado de Luz que le pertenece a ese órgano y tendón. Esto es considerado el *Panim* (Cara/Anterior) de las *Mitzvot*".

Resulta que por observar la *Torá* y las *Mitzvot*, se revela el propósito de la creación −hacer el bien a Sus criaturas−. Sin embargo, él dice ahí, en el Comentario *Sulam*, que esto viene específicamente después de que uno es recompensado con observar la *Torá* y las *Mitzvot* bajo la forma de "Escuchar la voz de Su palabra". Pero cuando él observa la *Torá* y las *Mitzvot* bajo la forma de "Los que cumplen con acciones con Su palabra", antes de que ellos sean recompensados con "escuchar", las *Mitzvot* son llamadas *Eitin* (consejo), y se consideran como *Ajor* (espalda/posterior). Significa que la Luz superior que pertenece a esa *Mitzvá* aun no está brillando en ellos, pero se consideran como consejos por los cuales llega la Luz de *Panim*, la cual pertenece a la *Mitzvá*.

Y todo el trabajo y la fortaleza que la persona necesita para sobreponerse a sus deseos y pensamientos, los cuales son un obstáculo para ir sobre el camino de la verdad, se aplican sólo cuando él está en *Ajoraím* (espalda), en la forma de "Los que cumplen con acciones con Su palabra". Esto es así porque en ese estado, él aun no siente la luz superior que está investida en la *Torá* y las *Mitzvot* y, por lo tanto, hace todo porque cree que es un gran privilegio ser recompensado con ocuparse en la *Torá* y las *Mitzvot*, aun cuando él no siente su importancia, pero hace todo con fe por encima de la razón, pues este es el propósito del hombre −alcanzar Adhesión con el Creador− y lo hace todo por alcanzarlo. Como resultado, lo observa todo y hace grandes esfuerzos siempre que puede y su intención es, exclusivamente, alcanzar la perfección

---

3. (N. del T.): en hebreo sabor y sentido tienen el mismo significado

Siendo que ve, que después de todos sus esfuerzos y sobreponiéndose a los obstáculos que se le oponen, él aun permanece afuera, pues Adhesión significa equivalencia de forma, y él aun no se movió ni un centímetro del amor propio, lo cual es un acto opuesto al Adhesión con el Creador. En ese estado, va a rezar al Creador para que lo ilumine y así pueda elevarse la Divinidad desde el polvo. Significa que el Reino de los Cielos –tal como aparece la Divinidad ante la persona cuando desea trabajar solo por ella, o sea para revelar la gloria del Cielo en el mundo– bajo ese estado, le sabe como el polvo. Y ve que todos son como él, irreverentes hacia la gloria del Cielo, pues no pueden apreciar su importancia. Esto se llama "un rezo de muchos", es decir, que él reza por los demás.

Deben hacerse dos discernimientos:

1) *Maljut* es llamada "muchos, multitud" porque ella contiene todas las almas.

2) Un rezo de muchos, cuando él reza para los demás, es decir, que los demás serán recompensados con la importancia de la *Torá* y *Mitzvot*. O sea que obtengan el discernimiento de los 613 *Pekudin* (depósitos), bajo el cual la Luz superior ilumina, en todas y cada una de las *Mitzvot*.

Resulta que al final de cuentas, los dos discernimientos de "muchos" se hacen uno. Significa que se reza para que la generalidad sea recompensada. Que los "muchos, o multitud" (también llamados *Maljut*), sean retribuidos con la grandeza e importancia de *Maljut*, lo cual ocurre cuando todos son recompensados con vasijas de otorgamiento. En ese momento, las 613 *Mitzvot* serán reveladas, como en "Escuchar a la voz de Su palabra", momento en el cual las 613 *Mitzvot* son denominadas bajo el discernimiento de los 613 depósitos.

Lo mencionado arriba significa que un rezo de muchos no es rechazado, cuando se reza por el público en general o los muchos. La congregación se llama "*Knéset Israel*", y también es llamada "la Sagrada Divinidad". Y siendo que, la congregación comprende varios discernimientos, el sagrado *Zóhar* dice que la razón por la que el rezo por la congregación es aceptado, es porque hay perfección en él. Está escrito: "el Creador se corona a Sí Mismo con aquel rezo porque este se eleva de varios modos: Uno que pide *Jasadim*, otro que pide *Gvurot*, y otro solicita *Rajamim*".

Debemos entender por qué un rezo debe estar compuesto de todos ellos. La regla es que todos los discernimientos que observamos en la espiritualidad, son revelaciones que deberían ser descubiertas con el propósito de corregir a los inferiores. Resulta que el asunto de las tres líneas que mencionamos —que perfección significa que las tres líneas son reveladas ahí— significa que el Creador desea dar abundancia a los inferiores, para que puedan usarla y que no haya ningún daño allí. Esto es diferente de cómo estaba en el mundo de *Nekudim*, donde ocurría el rompimiento de las vasijas, porque allí no había corrección de las líneas, como dijo el sagrado *ARÍ*.

En otras palabras, cuando el Superior da algo de abundancia al inferior, Él desea que la abundancia que reciba el inferior sea para su beneficio. Pero, si el *Kli* donde la abundancia debe ir se encuentra con imperfecciones, toda la recompensa irá hacia los externos. Esta es la cuestión con el rompimiento de las vasijas —que la recompensa se fue al exterior de la *Kdushá*. Por esta razón, la recompensa no se vierte a los inferiores, y esto se considera que el rezo no es aceptado.

Y aquí viene el asunto de la corrección de las tres líneas que existen en la congregación (o en el colectivo). Significa que los muchos, que es *Maljut*, se incluyeron en la congregación. En otras palabras, existe una corrección llamada "las tres líneas" por las cuales la abundancia permanece en *Kdushá* y no va a los externos. Así, tal rezo puede ser aceptado, es decir, que ella (*Maljut*) puede recibir abundancia.

El sagrado *Zóhar* interpreta acerca de esto: "Porque *Jacob* estaba comprendido por las tres líneas", pues *Jacob* es llamado "la línea media", la cual incluye la derecha y la izquierda. Por eso el Creador deseaba su rezo, pues este está en total perfección, comprendiendo las tres líneas, como el rezo de muchos. En otras palabras, por parte del Creador no existe demora en impartir la abundancia hacia abajo, pues Su deseo es beneficiar a Sus creaciones. Sin embargo, es como si Él esperase que las vasijas de recepción de los inferiores, sean aptas para recibir.

Así, cuando hay un *Kli* apropiado por parte del inferior —es decir, que la plegaria es el *Kli* adecuado para la recepción— debe ser con la condición de que la abundancia no se perderá, esto es, que la abundancia no podrá ir a los externos, a las *Klipot*. Por eso hay una corrección en el *Kli* de *Maljut*, por lo que ella debe transferir la recompensa a los inferiores, y esta corrección se llama "corrección de las líneas".

Ahora explicaremos el resto de las palabras del sagrado *Zóhar*, sobre las que preguntamos su significado. Está escrito: "Y como consta de varios lados y formas, esto se convierte en una corona y es colocada sobre la cabeza del Justo que vive la vida eterna, esto es, *Yesod*, quien imparte toda la salvación a la *Nukva (Maljut)* y, de ella, a todo el público".

Nosotros preguntamos: "¿Acaso nosotros no rezamos a *Ein Sof*? Así pues, ¿qué significa que el rezo de muchos se convierte en una corona específicamente sobre *Yesod*? La cuestión es que el orden de la impartición de la recompensa que viene a *Maljut* se llama *Yesod*. Significa que las nueve primeras *Sfirot* dan su esencia a *Yesod*, y esta es llamada *Kol* ("todo").

Resulta que siempre hablamos desde la perspectiva del otorgante y del receptor de la abundancia, quien es llamada *Maljut*. Así pues, como el Supremo desea otorgar y espera a los inferiores para darles los *Kelim* apropiados para la recepción de la abundancia, cuando las plegarias se elevan, esto es, cuando las plegarias son dispuestas de tal forma que son aptas para ser aceptadas, se llaman "un *Kli* para la recepción de la abundancia". Se deduce que el *Kli* se elevó al otorgante, y como el otorgante general es *Yesod*, se considera que la plegaria se elevó a *Yesod*.

Por consiguiente, esto sigue la regla: "El acto del inferior despierta al acto de arriba". Significa que, a través del despertar de los inferiores, quienes desean acercarse al Creador y ser recompensados con Adhesión, solicitan Su ayuda. Esto es como nuestros sabios dijeron: "Aquel que viene a purificarse recibe ayuda", (*Zóhar, Noé*, pág. 23, y en el Comentario *Sulam*, Artículo 63). Si una persona viene para purificarse, se le ayuda con un alma sagrada y es purificado, santificado, y es llamado "sagrado".

Por tanto, vemos que cuando un hombre desea mejorar sus acciones, provoca un *Zivug* (acoplamiento) arriba, por medio del cual la abundancia es vertida hacia abajo. Esto se llama **elevando el *MaN***, es decir, causando una carencia arriba. Pero debemos entender cómo podemos decir que el inferior causa una carencia arriba. Y también deberíamos conocer el significado de "carencia". Se sabe que un *Kli* es llamado "una carencia", es decir, que si existe una carencia, existe un lugar en el que colocar el llenado y llenar la carencia.

No existen retrasos en otorgar por parte del Supremo, pues Su deseo es hacer el bien. La razón por la que vemos que existe ocultación de la Luz es porque el inferior no tiene los *Kelim* para recibir la abundancia. Así, cuando el inferior despierta para purificarse a él mismo, y carece de fuerza, pide al Creador que le ayude. Entonces, esta carencia se eleva, así que ahora el superior tiene un *Kli* para darle abundancia, y esto se llama *elevando el MaN*.

Resulta que cuando el rezo - que es la carencia que el inferior pide ser llenada- se eleva al otorgante, el cual es llamado *Yesod*, quien le otorga a la congregación de *Israel*, llamada *Maljut* - este rezo se convierte en una corona sobre Su cabeza. Esto es así, porque una corona significa *Kéter* (corona), aludiendo a la corona del Rey, es decir, la importancia del rey. Significa que cuando existe revelación de Su Luz, todos reconocen la importancia del Creador.

Sin embargo, durante la ocultación del Rostro, la Divinidad –el lugar donde aparece el rey– se llama "exilio" y "polvo". Esto es así porque no se distingue ningún sabor en la espiritualidad, sino que les parece que la *Torá* y las *Mitzvot* les saben a polvo. Y todo esto es porque los inferiores no tienen los *Kelim* para recibir la abundancia. Y debido a eso, Su gloria es profanada entre las naciones, es decir, que antes de que una persona sea recompensada con el discernimiento de ser judío, él es similar a las naciones. O sea, es sabido que cada persona es un pequeño mundo y está formado de las 70 naciones así como también de *Israel*.

Pero después, durante la ocultación, cuando la recompensa superior no puede mostrarse a los inferiores porque no tienen los *Kelim* apropiados, cualquier iluminación que se les dé a ellos se irá a las *Klipot*. Por eso, la abundancia superior se les ocultada. Esto es llamado "la corona ha caído de nuestra cabeza", es decir, que la importancia del Creador es profanada.

Pero cuando una persona viene a purificarse, cuando desea que el Creador lo acerque y le dé una vasija de otorgamiento con la cual ser recompensado con Adhesión, toda la abundancia superior que se le revela será con el fin de otorgar. En otras palabras, él desea que se le dé fuerza desde arriba, para tener la habilidad de estar siempre en *Kdushá*, lo cual es Adhesión.

Entonces, de su rezo se hace una corona. La corona del Rey, ya que entonces se reconoce la importancia del Rey. Y este es el significado de que el sagrado *Zóhar* diga que la plegaria "se convierte en una corona y es colocada sobre la cabeza del Justo, quien vive para siempre, es decir, *Yesod*, quien imparte toda la salvación a la *Nukva*, y de ella al público en general". Esto es así porque a través del rezo, la abundancia superior es otorgada a los inferiores, momento en el cual el deleite y placer se revelan. Esto se llama "una corona", la corona del Rey, la importancia del Rey.

Ven hacia el Faraón (2)
Artículo N° 13, 1985-86

El Zóhar pregunta: "Está escrito: 'Ven hacia el Faraón', pero debería haber dicho: '"Ve hacia el Faraón". Dado que el Creador vio que Moisés tenía miedo, y otros emisarios designados no podían acercársele, el Creador dijo: 'He aquí, Yo estoy contra ti, Faraón rey de Egipto, el gran dragón que yace en medio del Nilo'. El Creador tuvo que librar una guerra contra el Faraón y nadie más, como está escrito: 'Yo soy el Señor', explicaron, 'Yo y no otro', 'Yo y no un mensajero'". Hasta aquí sus palabras (en el principio de la porción, *Bo* (*Ven*)).

La diferencia entre "ven" y "ve" es que "ven" significa que nosotros debemos caminar **juntos**, como la persona que le dice a su amigo "ven"

Debemos entender esto, ya que el *Zóhar* pregunta: ¿por qué el Creador necesitaba ir con Moisés? Porque Moisés por sí solo no podía luchar contra el Faraón, sólo el propio Creador y nadie más. Por lo tanto, ¿por qué necesitó de Moisés para ir con el Creador? Después de todo, dice: "Yo y no un mensajero". Entonces, ¿cuál es el propósito del Creador al ir con Moisés hasta el Faraón, quien es llamado "el gran dragón"? Él podría haber ido al Faraón sin Moisés.

También debemos entender lo que decían nuestros sabios *(Kidushin* [Matrimonio] 30b*)*: "*Rish Lakish* dijo: 'la inclinación del hombre le supera cada día y busca matarle' como está dicho: 'El malvado observa al justo' y si el Creador no le ayuda, no lograría superarlo, como está dicho: 'El Señor no lo abandonará en sus manos'".

Aquí también surge la pregunta: "Si una persona no puede sobreponerse por sí misma y necesita la ayuda del Creador, ¿para qué esta duplicación?" En otras palabras, o que el Creador le otorgue a una persona la fuerza para superarse por sí misma, o que el Creador lo haga todo. ¿Por qué parece que aquí son necesarias dos fuerzas, una del hombre y, posteriormente, la fuerza del Creador? Es como si sólo se pudiera derrotar al mal con las dos, y una sola fuerza fuera insuficiente.

Es bien sabido que la perfección del hombre es que debe alcanzar el propósito de la creación, para obtener la razón por la cual el mundo fue creado, lo cual se llama "hacer el bien a Sus creaciones". En otras palabras, los creados deben llegar a recibir las delicias y el placer, que Él ha pensado para deleitarles.

Previo a ello, la creación no se considera adecuada al Creador, ya que es sabido que desde el Operador perfecto deben surgir operaciones perfectas. Significa que todos deberían sentir la belleza de la creación y ser capaces de admirar y glorificar la creación, y que todos fuéramos capaces de agradecer al Creador por la creación que creó y que todos pudiéramos decir, "Bendito sea El que dijo: 'que se haga el mundo'". En otras palabras, todos deberíamos bendecir al Creador por habernos creado un buen mundo, lleno de placeres, en donde todos están alegres y felices por la satisfacción que sienten por todos los deleites que experimentan en el mundo.

Sin embargo, cuando una persona comienza a examinar si está realmente satisfecha con su vida y cuánta satisfacción está recibiendo de sí mismo y de su entorno, entonces ve todo lo opuesto –todos están sufriendo, atormentados y cada persona sufre de diferente manera. Pero uno debe decir: "Bendito sea Él que dijo: 'que se haga el mundo'", y entonces se da cuenta de que sólo lo dice de manera superficial.

Sin embargo, es bien sabido que las delicias y placeres no pueden aparecer en el mundo antes de tener *Kelim* (vasijas) de otorgamiento, ya que nuestras vasijas de recepción continúan estando contaminadas por la propia recepción, la cual está fuertemente restringida en su medida y nos separa del Creador (lo que significa que había una primera restricción dentro de la vasija de recepción de manera que la abundancia no brillara allí; consulta la *Introducción al Libro de Zóhar*, pág. 138).

Al querer obtener las vasijas de otorgamiento, es cuando comienzan las guerras y disputas, ya que va en contra de nuestra naturaleza. Por esta razón se nos dio la *Torá* y las *Mitzvot*, para alcanzar el grado de otorgamiento, como dijeron nuestros sabios: "Yo he creado la inclinación al mal, Yo he creado el condimento de la *Torá*" (*Kidushin* 30).

También se nos ha dado la *Mitzvá* (precepto/buena acción) de "ama a tu prójimo como a ti mismo", y *Rabí Akiva* dijo: "Esta es la gran regla de la *Torá*" (*Bereshit Rabá*, *Parashá* 24). En otras palabras, al trabajar en el amor hacia los amigos, una persona se acostumbra a salir de su egoísmo y a cultivar el amor a los demás.

Sin embargo, debemos entender lo que vemos frente a nosotros, en cuanto a que existen personas que profesan amor por los amigos y aun así no se acercan ni un centímetro al amor por el Creador, de manera que puedan trabajar con la *Torá* y las *Mitzvot* debido a este amor. Significa que dicen que, de hecho, están avanzando un poco en cuanto al amor a los amigos, pero no ven progreso alguno en cuanto al amor hacia el Creador. Sin embargo debemos saber que, en cuanto al amor a los amigos también hay grados, lo que significa que debemos contemplar la obligación de amar a los amigos.

Podemos compararlo con un edificio de dos pisos, que también tenga una planta baja. El Rey se encuentra en el segundo piso, y se dice que aquel que desea ir hacia el Rey –cuyo único objetivo es conversar con el Rey cara a cara– se le dice que primero debe subir al primer piso, ya que es imposible llegar al segundo piso sin llegar antes al primero.

Sin duda, todo el mundo entiende que esto es así. Sin embargo, existe una razón por la cual se debe alcanzar antes el primer piso –esto se denomina "correcciones". En otras palabras, al alcanzar el primer piso, esta persona aprende cómo dirigirse al Rey cara a cara y ser capaz de pedirle al Rey lo que su corazón desea.

Esa persona, que escucha que primero debe subir al primer piso y posteriormente al segundo piso, lo entiende muy bien. Pero dado que su único deseo es ver la cara del Rey y no le importa nada más, esto hace que lo que se le dijo –que debía subir al primer piso– se le convierta en una carga y un trabajo duro.

Sin embargo, no tiene más opción, así que sube al primer piso. No está interesado en ver lo que hay allí, aunque escuchó que en el primer piso es donde se aprende a hablar con el Rey. Pero no le presta atención a eso ya que no es su objetivo. Su objetivo es el Rey, no lo que pueda aprender en el primer piso. Su meta no es el estudio, sino ver la cara del Rey. ¿Para qué desperdiciar su tiempo en cosas triviales, cuando todo es nulo y vacío comparado con el Rey? Por lo tanto, ¿para qué prestarle atención a lo que se aprende en el primer piso?

De manera que cuando sube al primer piso, no tiene deseos de quedarse allí. En cambio, desea subir pronto al segundo piso, donde está el Rey, ya que esto es todo lo que desea. Sin embargo, se le dice: "Si no conoces las normas que rigen en el primer piso, seguramente vas a mancillar el honor del Rey. Por esta razón, no puedes aspirar a subir al segundo piso sin antes aprender todo lo que tienes que aprender en el primer piso".

De igual forma, con el amor a los amigos escuchamos que es imposible ser recompensado con el amor del Creador antes de ser recompensado con el amor de los amigos, como dijo *Rabí Akiva*: "ama a tu prójimo como a ti mismo, es la gran regla de la *Torá*". Por lo tanto, mientras la persona se dedica al amor por los amigos, no lo está considerando algo valioso, de gran importancia, sino como un lujo redundante.

Él lo cumple porque no tiene otra opción, pero está buscando constantemente el momento en el que "Seré recompensado con el amor del Creador" y "Seré capaz de deshacerme del amor de los amigos. Este trabajo me resulta pesado porque a duras penas puedo soportar a mis amigos, ya que veo que todos ellos tienen rasgos diferentes a los míos y yo no tengo nada en común con ellos, pero no tengo alternativa, ya que se me dijo que sin el amor a los amigos no seré capaz de conseguir el amor al Creador. Así que, en contra de mi voluntad, me siento con ellos".

"Sin embargo, puedo preguntarme: ¿qué ganancia estoy obteniendo de los amigos?" Una sola cosa: estoy corrigiéndome a través del tormento que me impongo al sentarme con ellos y tolerar sus conversaciones, las cuales me desagradan y van en contra de mi naturaleza. Pero ¿qué puedo hacer? Se me ha dicho que debo sufrir en este mundo, así que lo hago: me siento y espero el momento en el que pueda huir y evitar ver la bajeza que veo en ellos.

Resulta que él no está tomando del amor a los amigos el remedio llamado: "amar a los demás", sino sólo porque se le ha dicho que no tiene otra opción, o de lo contrario no obtendrá el amor al Creador. Esta es la razón por la cual participa en el amor por los amigos y cumple con todas las obligaciones a la que los amigos le comprometen. Pero lo que debe aprender de ellos, se encuentra a gran distancia.

Significa que no está dejando su amor propio, y a la vez no está alcanzado el amor a los demás. Está observando el amor a los amigos no desde el amor, sino desde el temor, ya que no le está permitido llegar al amor al Creador antes de entrar al amor por los amigos. Como resultado, teme no cumplir con el amor a los amigos porque no le será permitido entrar en el amor del Creador.

Esto es similar a la alegoría acerca de no poder subir al segundo piso, donde se encuentra el Rey, a menos que suba antes al primer piso. La idea es que aprenda las reglas de cómo rendirle honor al Rey, así que parecería razonable que se sintiera feliz por subir al primer piso, ya que de esa manera aprendería como ser cuidadoso con el honor del Rey. Esto lo beneficiaría ya que, después de todo, cuando entre en el palacio del Rey, no mancillará Su honor. Por lo tanto, mientras está en el primer piso, le presta atención a todas las reglas que se aplican allí para acostumbrarse a ellas, ya que desea llegar al Él, para honrarlo y de ninguna manera desdeñar Su honor.

Esto aplica sólo a aquel que desea presentarse ante el Rey para darle satisfacción. Pero, aquel que desea presentarse ante el Rey para recibir para sí mismo considera lo que se encuentra en el primer piso como innecesario. No es de su interés. Sube al primer piso sólo porque tiene temor, ya que sabe que no le será permitido llegar al segundo piso sin antes pasar por el primero. No siente la necesidad de estudiar las leyes que son enseñadas allí –como evitar manchar el honor al Rey- ya que la razón por la cual él desea llegar ante el Rey es por sus propósitos egoístas.

Así que deberíamos saber que se nos dio el asunto del amor a los amigos de manera que aprendiéramos a evitar manchar el honor del Rey. En otras palabras, si no se tiene otro deseo excepto el de satisfacer al Rey, ciertamente se ensuciaría el honor del Rey, el cual se llama "Transmitir la *Kdushá* (santidad) a los externos". Por esta razón, no debemos restarle importancia al trabajo del amor de los amigos, ya que de allí aprenderemos como salir del amor propio y entrar en el camino del amor hacia los demás. Cuando completemos ese trabajo de amar a los amigos podremos recibir la recompensa del amor por el Creador.

Deberíamos saber que existe una virtud al amar a los amigos: uno no puede engañarse a sí mismo y decir que ama a los amigos si, de hecho, no lo hace. Podemos examinar si verdaderamente amamos a nuestros amigos o no. Pero con el amor al Creador, uno no se puede examinar a sí mismo, si la intención es el amor por el Creador, lo cual significa que queremos otorgarle al Creador, o si nuestro deseo es recibir con el fin de recibir.

Pero deberíamos saber que después de todas las correcciones que a un hombre se le dan para que haga, sin la ayuda del Creador, no se le concederá ningún progreso en el trabajo de otorgamiento. Y nos preguntamos: "Entonces, ¿por qué debemos hacer cosas para ser recompensados más tarde con la ayuda del Creador? Después de todo, el Creador puede ayudarnos aun sin el trabajo de los inferiores, y la labor del hombre en este trabajo, no le ayudarán a progresar en ningún caso".

El asunto es que si no empezamos a trabajar, no sabremos que no podemos triunfar sobre la inclinación al mal. Pero cuando una persona comienza a transitar el sendero hacia el Creador y hace todo lo que puede hacer, entonces puede elevar una verdadera plegaria para que el Creador le ayude.

Pero, ¿por qué el Creador desea que se le ofrezca una plegaria verdadera? Es humano el desear que se haga una plegaria genuina. Porque cuando una persona le pide de forma genuina a sus amigos, éstos se lo agradecen sinceramente. El humano, el cual persigue honores, la gratitud que da es como si se humillara ante su amigo y él lo disfrutara. Pero en cuanto al Creador, ¿necesita que las personas le brinden respeto? Entonces, ¿por qué el Creador desea que una persona le eleve una plegaria sentida de corazón?

Lo que sucede es, que es sabido, que no hay luz sin un *Kli*. Que es imposible darle a una persona algo que sea muy importante, si no siente deseo por ello, porque entonces lo despreciará y lo desechará. Y ello se perderá, por causa que su necesidad debe igualarse a su carencia; esto es lo que le da la importancia. En la medida de la importancia, él impedirá que el regalo se pierda ya que, de otra manera, todo irá a las *Klipot*.

A esto se le llama "alimentar a las *Klipot*", lo que significa que todo va a las vasijas de recepción, las cuales toman bajo su mando, todo lo que una persona desecha en materia de *Kdushá*. De aquí sabemos por qué debemos empezar a trabajar. Pero, ¿por qué el Creador no nos da la fuerza para completar el trabajo por nosotros mismos sin su ayuda?

Se sabe la forma en que *El Zóhar* interpreta aquello que nuestros sabios dijeron: "Aquel que viene a ser purificado, es ayudado", y pregunta: "¿Con qué?" Y responde: "Con un alma sagrada", lo que significa que recibe iluminación desde arriba, lo que se llama *Neshamá* (un alma), llamado "alcanzar la Divinidad", lo cual está incluido en el pensamiento de la creación para hacer el bien a Sus creaciones.

Resulta que al tener un *Kli* y un deseo por las vasijas de otorgamiento, él recibe la Luz, llamada *Neshamá*. Así pues, ambos son requeridos. En otras palabras, una persona debe empezar, y de esa manera recibe un *Kli*. Y al ser incapaz de terminar, clama por ayuda al Creador y entonces recibe la Luz.

Ahora podemos entender lo que está escrito: "Ven hacia el Faraón, ya que he endurecido su corazón y el corazón de sus sirvientes, para que pueda mostrar Mis señales en medio de ellos".

Y a esto se plantea una pregunta: "¿Por qué el Creador ha endurecido el corazón del Faraón?" El texto responde "Para que pueda mostrar Mis señales en medio de ellos". Y la interpretación es: "¿Por qué el Creador ha endurecido el corazón del hombre y no puede ganar la guerra contra sus propias inclinaciones por sí mismo?"

La respuesta es, **entonces el hombre clamará al Creador, y así conseguirá el *Kli***. Y luego el Creador será capaz de colocar las letras de la *Torá*, en él, dentro de su *Kli*. Esta es el alma que el Creador le da como ayuda.

Esto es considerado: "La *Torá* y el Creador son uno". "Mis señales" se refiere a las letras de la *Torá*, bajo el discernimiento de los nombres del Creador. Esto es "hacer el bien a Sus creaciones", que es el pensamiento de la creación, hacer el bien a Sus creados. Esto le llega a una persona específicamente cuando tiene un *Kli*, y este *Kli* viene a través del endurecimiento del corazón, de manera que entonces exista un lugar desde donde puede clamar por la ayuda del Creador, y Él le ayuda con un alma divina.

Ahora podremos entender el asunto de "Ven hacia el Faraón", es decir, los dos juntos. En otras palabras, una persona debe empezar y luego ver que no puede vencerle, y esto queda implícito cuando Moisés tenía miedo de acercársele. Entonces el Creador dijo: "He aquí, Yo estoy contra ti, Faraón", es decir, que luego llega la ayuda del Creador. Y ¿con qué? Con un alma divina, como está escrito en el *Zóhar*.

De ello se desprende que el endurecimiento del corazón, como está escrito: "Porque he endurecido su corazón", era para hacerle un lugar a la plegaria. Y esta oración no es como un pedido hecho entre personas de carne y hueso, quienes quieren honor, para ser respetados. Por el contrario, aquí el propósito de la oración es para que él obtenga un *Kli*, una necesidad de la ayuda del Creador, ya que no hay Luz sin un *Kli*. Y cuando una persona ve que no se puede ayudar a sí misma de ninguna manera, entonces siente la necesidad de la ayuda del Creador.

Este es el significado de lo que decían nuestros sabios: "El Creador ansía la plegaria de los justos". Aquí también surge la interrogante: ¿pero acaso el Creador necesita la rendición del hombre, para que le ruegue a Él?" Sin embargo, como Su deseo es beneficiar a Sus creaciones, pero no hay Luz sin un *Kli*, Él ansía la oración del justo, ya que gracias a eso se revelan los *Kelim* (vasijas) a través de las cuales Él puede otorgar. Por consiguiente, cuando una persona ve que no puede sobreponerse al mal, **entonces es realmente el momento para pedir la ayuda del Creador.**

Ahora podemos entender lo que dijo el Creador (Éxodo 6): "Y te traeré hacia Mí como mi pueblo, y Yo seré tu Dios; y debes saber que Yo soy el Señor tu Dios, quien te ha liberado del yugo de los egipcios".

En *Maséjet Brajot* (38a) nuestros sabios escribieron acerca de eso de la siguiente manera: "Quien te liberó del yugo de los egipcios". Y agregaron "así dice el Creador a *Israel*: "Cuando yo los saque, haré por ustedes algo para demostrarles que fui Yo quien los liberó de Egipto", como está escrito: "Que Yo soy el Señor vuestro Dios, quien los liberó"".

Significa que no es suficiente que el Creador sacara al pueblo de *Israel* fuera de Egipto, que ellos fueran liberados del tormento y sufrimiento que padecían allí. Cuando hablamos del trabajo del Creador, surge la interrogante: "¿Esto no fue suficiente?" Ahora que han sido liberados de la esclavitud y del exilio después de no haber sido capaces de servir al Creador debido al dominio del Faraón, y todo aquello que construyeron para ellos mismos, en cualquier posición en el trabajo, todo ello fue tragado por la tierra, como dicen nuestros sabios (*Sotá*, pág. 11): "*Pitom* y *Ramsés*. *Rav* y *Shmuel*, una dice que su nombre era *Pitom*. Entonces, ¿por qué era su nombre *Ramsés*? Primero por su cabeza *Mitroses* (se fragmenta)". *RaShI* interpreta que: "Cuando construían algo, se fragmentaba y caía. Ellos lo reconstruían y se volvía a caer. Y alguien dijo: 'Su nombre es *Ramsés*, y entonces, ¿por qué era su nombre *Pitom*? Porque primero que todo, fue tragado por el *Pi Tehom* (la boca del abismo)'".

Vemos entonces que no hay disputa entre *Rav* y *Shmuel* con respecto a los hechos, sino sólo en cuanto a la interpretación. El hecho era que todo lo que construían se caía. Esto significa que cada vez que ellos construían para ellos mismos alguna estructura en el trabajo, los egipcios venían, es decir, los pensamientos extraños de los egipcios, y arruinaban todo su trabajo. En otras palabras, toda la labor que hicieron con todos sus esfuerzos para superarse y servir en el trabajo santo, fue tragada por la tierra.

Así que cada día tenían que empezar de nuevo, y les parecía como si nunca se hubieran ocupado en el trabajo sagrado. Es más, cada vez que empezaban a avanzar, notaban que no sólo no progresaban sino que retrocedían, puesto que las nuevas preguntas con respecto a "quién" y "qué" surgían siempre en sus mentes.

En consecuencia, debemos entender esta salida de Egipto, como la manera en que ellos finalmente obtuvieron la habilidad de servirle al Creador sin los pensamientos extraños de los egipcios. Por lo tanto, ¿qué viene a decirnos este conocimiento en las palabras: "Y tú sabrás"? Que debemos saber que es *el Creador* quien les sacó de la tierra de Egipto. Y hay más sobre lo que deberíamos preguntarnos, ya que empezamos a examinar la esclavitud en Egipto, cuando estuvieron haciendo un duro trabajo, y han sido liberados de eso, así que, ¿qué más les falta?

Pero, ¿qué es el trabajo duro? Nuestros sabios explicaron el verso: "Todas las labores que rigurosamente se les impusieron" (*Sotá* 11b). "*Rabí Shmuel Bar Najmani* dijo: '*Rabí Yonatán* dijo: 'Ellos reemplazaron el trabajo de los hombres con el trabajo de las mujeres y el trabajo de las mujeres con el trabajo de los hombres. Y los egipcios hicieron que los hijos de *Israel* sirvieran *BeParej* (con rigor)". *Rabí Elazar* dice: '*Be Pe Raj* (con una boca suave)'".

También debemos entender lo que sucede con el trabajo con rigor (*BeParej*) en el camino hacia la santidad. Debemos hacer dos discernimientos:

1. El acto que se llama "la parte revelada", lo que una persona puede ver, y donde uno no puede decir que se está equivocando o engañando a sí mismo, ya que no se puede decir que hay un error en cuanto a algo que es aparentemente visible. Esto es así porque con el acto de *Mitzvot* y el estudio de la *Torá*, él ve, y otros también pueden ver si él está ejecutando o no acciones de *Torá* y *Mitzvot*.

2. La intención. Esto se denomina: "la parte oculta", ya que los demás no pueden ver la intención detrás de los actos de una persona. Y él tampoco puede ver la intención en el acto ya que es posible estar equivocado acerca de la intención y desviarse, pues sólo en las cosas aparentes, que se denominan "la parte revelada", todos pueden ver la verdad. Pero uno no puede confiar en lo relativo a las intenciones del corazón o el pensamiento de la mente. Por consiguiente, esto está oculto para uno mismo y para los demás.

Ahora podemos interpretar el significado de trabajo pesado (*BeParej*), lo que se dijo que era "Reemplazar el trabajo de los hombres con el trabajo de las mujeres". "El trabajo de los hombres" significa que ya es un *Guéver* (hombre) que puede *Lehitgaber* (superar) su maldad y participar activamente en la *Torá* y *Mitzvot*. Por lo tanto, ¿qué debe hacer cuando ya es llamado "un hombre", es decir, un hombre de guerra, que puede pelear con su maldad con acciones? Ahora le llegó el momento de empezar su trabajo en el segundo discernimiento, es decir, en lo oculto, que es la intención. En otras palabras, en lo sucesivo, deberá tratar que todas sus acciones sean para otorgar placer al Creador y no para su propio beneficio.

¿Y qué hicieron los egipcios cuando vieron que él era un hombre que podía salir de su control y entrar en la santidad? Le cambiaron su trabajo por el trabajo de las mujeres. Lo que significa que todo su trabajo era trabajo de mujeres, es decir, los egipcios les hicieron pensar: "¿Quién necesita intenciones? Las acciones son lo que cuenta, y aquí en acciones tendrás éxito, como puedes ver –eres un hombre, puedes triunfar sobre el mal dentro de ti y esforzarte en la *Torá* y las *Mitzvot* en cada detalle y precisión, y debes emplear todos tus esfuerzos en ser más meticuloso con la *Torá* y las *Mitzvot*".

"Sin embargo, ¡**no debes dedicarte a las intenciones!** Este trabajo no es para ti, sino sólo para unos pocos escogidos. Si empiezas con el trabajo de otorgamiento, es decir, dándote cuenta de que debes aspirar a que todo sea con el fin de otorgar, no tendrás fuerzas para ser tan meticuloso en la acción revelada, donde no te engañarás a ti mismo porque ves lo que estás haciendo. Por lo tanto, allí es donde puedes expandirte en cada detalle y precisión en tus acciones".

"Pero con respecto a las intenciones, no tienes como examinarte de verdad. Así pues, te recomendamos, por tu propio bien, que no pienses que, Dios no permita, queremos desviarte de tu trabajo de santidad. Por el contrario, queremos que te eleves hacia los grados de santidad".

A esto se le denomina "Reemplazar el trabajo del hombre por el trabajo de la mujer". Donde tenían que realizar trabajos pertenecientes a los hombres, le explicaron a la gente de *Israel* que sería mejor para ellos realizar trabajos de mujeres, es decir, lo que pertenece a las mujeres.

"Y el trabajo de las mujeres por el trabajo de los hombres" significa que aquellas personas no tenían el poder de superarse. Por el contrario: "Son tan débiles como una mujer", es decir, que son débiles para cumplir la *Torá* y las *Mitzvot* y no tenían la fuerza suficiente para mantener y observar las *Mitzvot*, ni siquiera en su forma revelada, lo que se denomina "solo en su acción". Y que todo su trabajo de superación fue solo en la acción, no en la intención.

Los egipcios fueron a ellos y les hicieron entender: "No queremos interrumpir su trabajo sagrado. Por el contrario, queremos que sean verdaderos servidores del Creador. En otras palabras, vemos que desean servir en el trabajo de la santidad, por lo tanto les aconsejamos que lo más importante no sea la acción; sino que es la **intención**. De manera que, en lugar de practicar para superarse en la acción, acostumbrados a superar a vuestros cuerpos, a estudiar otra hora más o rezar otra hora y media más, tratando de clamar "Bendito sea Él", "Bendito sea Su nombre", "Amén", y no hablar en medio de las repeticiones del cantor. ¿Quién necesita eso?

"Lo principal es la intención dirigida *al Creador*. Allí es donde deben enfocar todos sus esfuerzos. ¿Para qué desperdiciar sus fuerzas en cosas banales? A pesar de que, la *Halajá* (Ley religiosa) dice que debemos mantener todas aquellas pequeñas cosas, pero este trabajo no es para ti; es trabajo para las mujeres. El hombre necesita participar en trabajos masculinos. El hecho de que participes sólo en acción no es apropiado. Deberías enfocarte primeramente en la intención, lo que significa utilizar cada porción de energía que tienes para tratar de que todo sea para el Creador. Sin embargo, no pienses ni por un minuto que estamos tratando, Dios no permita, de interrumpir tu trabajo para el Creador. Queremos lo contrario, que subas la escalera de la santidad y alcances la perfección, es decir, que todas tus acciones sean sólo para otorgar satisfacción a tu Creador".

Y como se encontraban en el grado llamado "mujeres", y todavía no tenían la fortaleza para superarse, ni siquiera en la parte de la acción, considerando que eran tan débiles como las mujeres, los egipcios les hicieron ver que lo importante es alcanzar *Lishmá* (en beneficio de la *Torá*). De esa manera, los egipcios se aseguraron de que ellos no tendrían la fortaleza para continuar y superarse en el trabajo de la santidad.

Es como dice *Maimónides*, cuando escribió (*Hiljot Teshuvá* [Leyes de arrepentimiento], *Parashá* No.10): "Los sabios dijeron: 'Una persona debe siempre ocuparse de la *Torá*, aun en *Lo Lishmá* (no en beneficio de la *Torá*) ya que desde *Lo Lishmá*, llegará a *Lishmá*'. Por lo tanto, cuando enseñamos a los niños, a las mujeres, y al pueblo en general, se les debe enseñar a trabajar por temor y para recibir recompensa. Cuando consiguen el conocimiento y adquieren mucha sabiduría, se les enseñará ese secreto poco a poco, y se deben acostumbrar a ello de forma amena, hasta que alcancen ese secreto y le conozcan a Él y le sirvan con amor".

Los egipcios les advirtieron, a aquellos que se encontraban bajo el discernimiento de las mujeres, de no seguir lo que dice *Maimónides*. Por el contrario, aun cuando ellos estaban al nivel de las mujeres y de los pequeños, les hicieron entender que debían empezar inmediatamente el trabajo para alcanzar *Lishmá*. De esa manera, los egipcios se aseguraron de que ellos permanezcan bajo su dominio, fuera de la *Kdushá* (santidad).

De manera que esto se denomina "trabajo duro", tal como interpretó *Rabí Shmuel Bar Najmani*, "*BaParej* (con trabajo duro) significa *BePrijá* (frágil/desmoronado)" y *RaShI* interpretó: "En el desmoronamiento y rompimiento del cuerpo y la cadera". La razón es que cuando se reemplaza el trabajo de los hombres por el trabajo de las mujeres y el trabajo de las mujeres por el trabajo de los hombres, será como explicamos, ya que el trabajo del hombre era el de superación y avance, y aspirar a alcanzar la intención *Lishmá*, pero les debilitaron en este trabajo porque los egipcios lo impidieron. Así que, además de tener que trabajar duro para superarse y así poder aspirar a poder otorgar, tenían más trabajo con que los egipcios les hicieron pensar que todo su trabajo era innecesario, que el trabajo de otorgamiento no tenía relación con ellos, sino sólo con unos pocos escogidos.

A esto se le denomina "doble trabajo":

1) Esforzarse hasta alcanzar el fin de otorgar.

2) Pelear con ellos y decirles que no es cierto, que ellos sí *serán* capaces de alcanzar *Lishmá*, y no como afirmaban los egipcios, de que debían hacer el trabajo de las mujeres. Y esa era toda la intención de los egipcios, impedirles que se acercaran al trabajo de otorgamiento.

También reemplazaron el trabajo de los hombres por el trabajo de las mujeres cuyo trabajo, dijeron que es inútil porque es mantener la *Torá* y las *Mitzvot* sólo en acción. Significa que toda su guerra contra la inclinación es sólo sobre la acción y no como dijo *Maimónides*, que el trabajo de las mujeres debe tratar sólo acerca de hacer cosas y no enseñarles que deban querer *Lishmá*.

De manera que, cuando los egipcios vinieron y les dijeron que tenían que hacer el trabajo de los hombres, es decir, obtener la intención de otorgar, fue un trabajo duro para ellos:

1) En relación a *Lishmá*, son totalmente incapaces de eso.

2) Superar el cuerpo y mantener las *Mitzvot* prácticas fue más difícil para ellos antes de que los pensamientos negativos de los egipcios llegaran y les hicieran pensar que el acto de las *Mitzvot* sin intención es completamente inútil y degrada la importancia de la *Torá* y las *Mitzvot* en *Lo Lishmá*.

Por lo tanto, ahora, a través de los egipcios, el trabajo en la forma de mujeres ha sido degradado, y esto les generó un trabajo duro, como se dijo, que es el rompimiento del cuerpo y de la cadera.

De todo lo anterior se desprende que hay tres significados para la palabra *Parej* (trabajo pesado), aunque no hay contradicción entre una interpretación y la otra. Por el contrario, las tres cosas están allí, y cada cual las interpretó de acuerdo a su propia necesidad:

1. En la primera interpretación de *Parej*, *Rabí Elazar* dice que es "en *Pe Raj* (boca suave)".
2. *Rabí Shmuel Bar Najmani* dijo: "En *Perijá*", que significa rompimiento.
3. *Rabí Shmuel Bar Najmani*: "*Rabí Yonatán* dijo: 'Reemplazaron el trabajo de los hombres por el trabajo de las mujeres, y el trabajo de las mujeres por el trabajo de los hombres'".

Sin embargo, todos ellos interpretan que el trabajo duro es *Perijá* (desmembramiento), es decir, el rompimiento del cuerpo. Y la razón por la cual era trabajo duro hasta el punto que llamaron esta labor: "Trabajo que rompe el cuerpo y la cadera", es que reemplazaron el trabajo de los hombres por el trabajo de las mujeres y el trabajo de las mujeres por el trabajo de los hombres. Esto les ocasionó el duro trabajo.

Entonces, ¿por qué escucharon las opiniones de los egipcios? Porque ellos le hablaron a *Israel* con *Pe Raj* (una boca suave) lo que significa que los pensamientos de los egipcios les llegaban a *Israel* con una boca suave. Esto es, todo lo que ellos les decían que tenían que hacer no era para apartarlos del servicio al Creador, Dios no lo permita. Por el contrario, ellos deseaban guiarlos para que caminaran por los senderos del Creador de una manera exitosa, para que no desperdiciaran su tiempo en vano, inútilmente, es decir, que no vieran progreso en el trabajo de santidad. Y puesto que les hablaron con boca suave, fue duro para ellos superar estos pensamientos.

Esto implica que cuando él dice que les fue reemplazado el trabajo de los hombres por el trabajo de las mujeres, explica por qué escucharon a los egipcios. La respuesta es que, a causa del *Parej*, o sea que ellos le hablaron a *Israel* con *Pe Raj* (una boca suave). Por lo tanto, es por las dos razones arriba mencionadas, por lo que llegaron a trabajar duramente: como dice *Rabí Shmuel Bar Najmani*, *Parej* significa el trabajo de *Perijá* (rompimiento), que es un trabajo que rompe el cuerpo.

En consecuencia, debemos entender por qué no es suficiente para el pueblo de *Israel* que el Creador les sacara de Egipto, es decir, que los liberara de su esclavitud y pudieran estudiar la *Torá* y las *Mitzvot*, cada uno de acuerdo a su nivel, y la *Klipá* de Egipto no tenía la fuerza suficiente para oponerse a su trabajo.

En verdad, ¿qué tan grande es el milagro y quién puede apreciar la importancia de la cuestión? La persona, cuando considera la cantidad de sufrimiento y tormento que siente al estar en el exilio bajo la esclavitud del Faraón, Rey de Egipto, en la medida de la oscuridad de *Pitom* y *Ramsés* que asume en su corazón, el cual estaban construyendo.

Y ahora, las puertas de la *Klipá* de Egipto se abrieron ante ellos de una vez y quedaron bajo su propia autoridad. Significa que ahora eran libres para estudiar la *Torá* y las *Mitzvot* como lo desearan, sin interrupciones. Cuánta alegría y júbilo siente una persona cuando compara el tiempo de oscuridad con el tiempo de la iluminación. Es como está dicho: "Quien separa entre la Luz y la oscuridad".

De acuerdo a lo anterior, debemos entender la necesidad de saber que sólo el Creador les liberó de las ataduras de los egipcios, como dicen nuestros sabios: "Cuando te saque, haré por ti algo para mostrarte que he sido Yo quien te ha liberado de Egipto, como está escrito: 'Yo soy el Señor tu Dios, quien te ha liberado del yugo de los egipcios'".

El asunto es que siempre debemos recordar la meta que debemos alcanzar. Y dado que el propósito de la creación es hacer el bien a Sus creaciones, nuestra meta es recibir las delicias y placeres que Él ha previsto para nosotros. Pero para los fines de la corrección, llamada Adhesión, que trata de la equivalencia de forma, tenemos que trabajar para obtener las vasijas de otorgamiento.

Sin embargo, esto es sólo la corrección de la creación; no es la perfección. La perfección significa conocer al Creador, conocer y alcanzar la *Torá*, la cual es llamada "los nombres del Creador".

En consecuencia, no es suficiente que ya tengamos la fuerza para observar la *Torá* y las *Mitzvot* sin ninguna interrupción, ya que esto es sólo una corrección, y no la meta completa, que es obtener el conocimiento del *Torá* como en: "La *Torá*, *Israel* y el Creador son Uno". Por esta razón nuestros sabios dijeron: "Esto es lo que el Creador le dijo a *Israel*: 'Y tú debes saber que Yo soy el Señor tu Dios, quien te ha liberado. Yo y no un mensajero'". Significa que cada uno debe llegar a conocer al Creador, y a esto se le llama: "*Torá*", a los Nombres del Creador.

El rezo de muchos
Artículo N° 15, 1985-86

Está escrito en el sagrado *Zóhar* (*Beshalaj*, y en el Comentario *Sulam*, Artículo 11): "Y ella dijo, 'Yo resido entre mi pueblo'. Él pregunta: '¿Qué significa eso?' Y responde: 'Cuando el *Din* (Juicio) está presente en el mundo, uno no debe separarse jamás de la gente y estar solo, porque cuando el Juicio pende sobre el mundo, aquellos que se aislaron y son vistos solos, a pesar de que sean justos, son atrapados primero. Por lo tanto, uno nunca debe alejarse de la gente, porque la misericordia del Creador siempre se encuentra sobre toda las personas en su conjunto. Este es el motivo por el cual ella dijo: 'Yo resido entre mi propia gente', y no deseo separarme de ellos'".

"Cuando el Juicio pende sobre el mundo" se refiere al deseo de recibir, que es el amor propio; Es la naturaleza en la cual los creados nacen, debido a Su deseo de hacer el bien a Sus creaciones. Y como hubo un deseo de adquirir la equivalencia de forma para que no exista el pan de la vergüenza, se dictó la sentencia (*Din*) de que está prohibido usar las vasijas de recepción, excepto cuando la persona sabe que puede tener el propósito de recibir con el objetivo de otorgar. Solo entonces se le permite usar las vasijas de recepción.

De acuerdo a lo dicho, el significado de "Cuando el Juicio pende sobre el mundo" es que cuando todo el mundo está inmerso en el amor propio, en ese momento hay oscuridad en el mundo, porque no hay lugar para que Luz sea atraída hacia abajo, a los creados, debido a la disparidad de forma entre la Luz y los creados que reciben la Luz. La sentencia fue dictada debido a esta disparidad de forma, es decir, que la abundancia Superior no les será otorgada.

Por lo tanto, cuando una persona se despierta y desea que el Creador la acerque a Él, es decir, que le dé vasijas de otorgamiento, lo cual se llama "acercar", la persona le pide a Él que le ayude. Pero es sabido que la ayuda que llega del Creador se llama "abundancia Superior" también denominada *Neshamá* (alma). Es como dice el sagrado *Zóhar*, que la ayuda recibida de arriba consiste en un alma sagrada.

Por este motivo, cuando una persona llega a pedirle al Creador que la acerque a Él, pero está sola, eso significa que la persona entiende que el Creador la debe acercar personalmente. Pero, ¿qué le hace pensar que la gente puede permanecer en su estado actual y solamente con ella, el Creador debe comportarse de manera distinta?

Esto sucede porque la persona entiende que tiene méritos que los demás no tienen. Y a pesar de que estos son individuos que no pertenecen al colectivo, porque entienden que merecen acercarse al Creador más que otros, y se consideran justos, éstos son atrapados primero. En otras palabras, el Juicio, que es la recepción para sí mismo, pende sobre ellos más que en todos los demás, y ellos se vuelven peores que los demás, en las cualidades del amor propio.

Esto es así porque la persona piensa que merece más que otros. En otras palabras, es suficiente que los demás tengan lo que ya tienen, pero cuando se considera a sí misma, ella merece más que el resto de las personas. Este pensamiento es considerado, de hecho, como recepción, es decir, cien por ciento amor propio. Resulta que el amor propio comienza a desarrollarse en ella más que en otros.

Por lo tanto, resulta que está trabajando constantemente en amor propio. Pero, a sus ojos, la persona tiene la impresión de que es justa, ya que desea trabajar como otorgante. Él se dice a sí mismo que su petición al Creador de que lo acerque a Él es justa, porque, ¿qué está pidiendo? Que el Creador le dé fuerzas para observar la *Torá* y las *Mitzvot* con la intención de otorgar y, ¿qué falta podría haber ahí, en desear servir al Rey?

Con ello podemos interpretar las palabras del sagrado *Zóhar*, que aconseja a las personas que tienen una demanda interna, que no pueden aceptar el estado en que se encuentran porque no ven ningún progreso en el trabajo del Creador, y que creen lo que está escrito (Deuteronomio 30:20): "Para amar al Señor, tu Dios, para escuchar Su voz, y para adherirte a Él; porque esta es tu vida, y la extensión de tus días". Ellos ven que les falta amor y Adhesión y no sienten la vida que hay en la *Torá*, ni saben cómo encontrar consejo para sus almas, para llegar a sentir en sus órganos lo que el texto nos dice.

El consejo es pedir por todo el colectivo. En otras palabras, todo lo que uno siente que le falta y lo que pide para que su petición sea satisfecha, uno no debe decir que uno es la excepción, es decir, que merece más que todos. Por el contrario: "Yo resido entre mi pueblo", es decir, estoy pidiendo para toda la colectividad, porque deseo llegar a un estado en el que no tendré absolutamente ninguna preocupación por mí mismo, sino sólo por causarle satisfacción al Creador. Por lo tanto, es lo mismo para mí si el Creador siente placer de mis acciones o si Él puede recibir placer de los demás.

En otras palabras, uno le pide al Creador que nos dé el entendimiento llamado "completamente para el Creador". Significa que la persona estará segura de que no se está engañando a sí misma con que quiere otorgarle al Creador, y que tal vez, en realidad, está pensando solamente en su propio amor, es decir, en que sentirá placer y deleite.

Por lo tanto, la persona reza por la colectividad. Significa que si hay unas pocas personas en la colectividad que pueden alcanzar el objetivo de Adhesión con el Creador, y esto le causará mayor satisfacción al Señor de la que le causaría si él mismo fuera premiado con el acercamiento al

Hacedor, la persona renuncia a sí misma. Por el contrario, la persona desea que el Creador les ayude porque esto causará mayor satisfacción arriba que su propio trabajo. Por este motivo, la persona reza de forma colectiva, para que el Creador ayude a todos. Y también que le dé la sensación de recibir satisfacción al ser capaz de otorgarle al Creador, de causarle satisfacción.

Y como todo requiere de un despertar desde abajo, la persona otorga ese despertar desde abajo, y otros recibirán el despertar desde arriba – aquellos a quienes el Creador sabe que le resultarán más beneficiosos.

Resulta que si uno tiene la fuerza para elevar tal plegaria, entonces ciertamente tendrá que enfrentarse a una verdadera prueba –si está de acuerdo con esa plegaria. Pero si sabe que lo que está diciendo son solo palabras vacías, ¿qué puede hacer cuando ve que el cuerpo está en desacuerdo, con la plegaria de otorgar sin ningún vestigio de recepción?

Aquí sólo se le puede dar un famoso consejo –que le rece al Creador y que crea por encima de la razón que el Creador le puede ayudar, tanto a él como a toda la gente. Y él no debe impresionarse si ve que ya ha rezado muchas veces, pero su plegaria no ha sido respondida. Esto le conduce a uno a la desesperación, y el cuerpo se burla de uno y le dice: "Ya ves que no puedes hacer absolutamente nada, y es como si ahora estás completamente sin esperanza, ¿precisamente ahora estás pidiendo que el Creador te otorgue cosas que son inaceptables para las personas razonables?".

Entonces, el cuerpo reclama: "Dime, ¿quién, entre la gente práctica y piadosa, desea que el Creador les dé algo que es completamente irracional?" Es más, tú puedes ver por ti mismo que no te fueron otorgadas cosas incluso menores que la estás pidiendo ahora, de que el Creador te ayude, y aun no has sido redimido, a pesar de que ya le pediste al Creador redención. Y ahora dices que quieres que el Creador te otorgue algo grandioso. Esto es ciertamente algo grandioso, porque no hay muchas plegarias en el mundo que pidan que el Creador les dé fuerza para hacer cosas por el bien de todos, es decir, que todo el público sea beneficiado con deleite y placer por medio de tu esfuerzo, y esto se llama "otorgamiento puro y limpio, sin ningún vestigio de amor propio".

"Y tú piensas que aunque tu plegaria por cosas pequeñas no fue otorgada, que no será así, por las cosas grandiosas e importantes, que ciertamente, son invaluables". Por ejemplo, si decimos que vale la pena ir a cierta persona, quien tiene vajilla tan fina y preciosa, que tendrías que buscar por todo el mundo para encontrar tales objetos, ya que estos se encuentran solamente en manos de unos pocos elegidos en el mundo; y una persona de la clase media llega, quien apenas tiene la vajilla usual en su casa y, de pronto, se le ocurre que él también debería tratar de obtener aquellos objetos que se encuentran en manos de los pocos elegidos. Ciertamente, si alguien escuchara eso, se reiría de él.

Lo mismo sucede con nosotros. Cuando una persona no es sabia, y se encuentra por debajo del promedio y, aun así, desea pedirle al Creador que le otorgue *Kelim* (vasijas) que se encuentran en manos de unos pocos elegidos en el mundo, aquí el propio cuerpo se burla de él. Le dice: ¡Necio! ¿Cómo te atreves a pensar siquiera, en pedirle al Creador algo que ni las personas con vastos conocimientos tienen? ¿Cómo puedo darte fuerza para trabajar para tal necedad?

Y aquí comienza el verdadero trabajo, ya que la labor del hombre en este mundo consiste en salir del dominio de la inclinación al mal, llamada "recibir con el fin de recibir". Y desear que el Creador le ayude a caminar por la vía del otorgamiento puro y limpio, sin un vestigio de recepción para sí mismo.

Resulta que su trabajo está realmente en contra de la inclinación al mal, siendo que no desea cederle ninguna posesión. Por el contrario, desea que desde ahora en adelante su trabajo no esté en el deseo de recibir. Es más, le pide al Creador que incluso lo que ha trabajado para ese deseo en el pasado, y fue registrado en el dominio de su deseo de recibir, sea transferido completamente en favor de la autoridad del Creador.

Ahora resulta, que reza para que el Creador le dé fuerzas para arrepentirse. Es decir, para que el Creador le dé fuerzas para transferir todas las acciones que realizó por el deseo de recibir de vuelta al dominio del Creador –tanto las acciones del pasado como las del futuro. Es como *Maimónides* dice (*Leyes de arrepentimiento*, Capítulo 2): "El arrepentimiento también debe ser por el pasado".

Él escribe: "¿Qué es el arrepentimiento? El arrepentimiento consiste en que el pecador abandone su pecado, lo saque de su mente, y que resuelva en su corazón no volver a cometerlo nunca, como está escrito: 'Que el malvado deje sus costumbres'. Y él también debe arrepentirse por el pasado, como está escrito: 'Ya que, después de volver, me arrepentí' y Él, que conoce todos los misterios, testificará que la persona nunca retornará a ese pecado".

Ahora podemos entender la importancia del rezo de muchos, como está escrito: "Yo resido entre mi pueblo". El sagrado *Zóhar* dice: "Uno jamás debe retirarse de la gente, porque la misericordia del Creador siempre está sobre todo el pueblo, en su conjunto". Significa que si uno le pide al Creador que le dé vasijas de otorgamiento, como nuestros sabios dijeron: "Así como Él es misericordioso, tú también debes serlo", uno debería rezar por toda la colectividad.

Esto es así porque entonces es palpable que su objetivo es que el Creador le dé vasijas de otorgamiento puro, como está escrito: "La misericordia del Creador se encuentra siempre sobre todo el pueblo, en su conjunto". Se sabe que desde arriba no se otorga la mitad de algo. Eso significa que cuando la abundancia llega de arriba hacia abajo, esta abundancia es para toda la colectividad.

Por este motivo, uno debe pedir para toda la gente, ya que cualquier abundancia que llega desde arriba, siempre llega para toda la gente. Por eso dice: "La misericordia del Creador siempre está sobre todo el pueblo". Por lo tanto, esto tiene dos significados ya que, para tener otorgamiento puro, hubiera sido suficiente rezar solo por una persona además de para sí mismo. Pero aquí hay otra cuestión: una persona debe pedir algo completo, porque es una regla en la espiritualidad que lo que llega es algo completo, y todas las observaciones se dan solamente en los receptores. Por este motivo, uno debe pedir para toda la gente.

Y como la abundancia llega a todo el público, y no hay Luz sin un *Kli* (vasija), es decir, que es imposible recibir satisfacción si no hay una carencia, donde la satisfacción pueda entrar, entonces la plegaria que la persona estaba realizando por el bien de la gente es respondida. Es como nuestros sabios dijeron (*Baba Kama, 92*): "Quien suplica misericordia para su amigo es respondido primero, ya que él necesita lo mismo". Significa que a pesar de que la abundancia llega a la colectividad, a la colectividad le faltan las vasijas.

En otras palabras, la abundancia que proviene de arriba es suficiente para toda la gente, pero sin *Kelim* –carencias para poder llenar, el público no obtiene la abundancia que llega desde arriba. Mientras que, quien tiene carencias, es respondido primero.

La agenda para la reunión
Artículo Nº 17, 1985-86

En *Masejet Brajot* (pág. 32), nuestros sabios escribieron: "*Rabí Shamlai* dijo, 'Siempre se debe alabar al Creador y luego rezar'. ¿De quién recibimos esto? De Moisés, tal como está escrito: 'Y yo imploré'". *Baal HaSulam* interpreta que cuando uno desea pedir un favor a otro, debe saber:

a) Si tiene lo que se él le pide porque, si no lo tiene, no tiene sentido pedir.

b) Que tenga un buen corazón. Esto es así porque él puede que tenga lo que pide, pero que no tenga un corazón abierto para dar.

Así pues, primero se necesita alabar al Creador, es decir, creer que el Creador tiene todo lo que se le pide, y que el Creador es misericordioso y concede a todos su deseo para bien.

Resulta que cuando los amigos se reúnen en un sitio, la reunión tiene seguramente un propósito, pues cuando uno dedica parte de su tiempo –que debería emplear para sus propias necesidades, renunciando a sus compromisos y participando en una reunión –es porque desea adquirir algo. Por lo tanto, es importante intentar que, cuando cada amigo se marche a casa, examine con qué vino a la reunión, y lo que ha adquirido ahora que vuelve a su hogar.

Algunas veces, durante la reunión de los amigos, todos se sienten bien durante la reunión. En ese momento no se les ocurre reflexionar con qué posesiones volverán a su casa, es decir: qué es lo que tengo en mi mano, qué he adquirido durante la reunión de los amigos y que no tenía antes de venir al grupo. Y entonces observa que no tiene nada.

Esto es igual a lo que está escrito (Deuteronomio, 23:25): "Si entras a la viña de tu prójimo, podrás comer todas las uvas que quieras, hasta que hayas saciado tu alma, pero no meterás ninguna en tus vasijas". Debemos interpretarlo como que cuando los amigos se reúnen se le denomina "La viña de tu prójimo", cuando se sientan, comen y beben juntos, charlando de esto y lo otro, y el cuerpo disfruta durante estas acciones. Esto es igual a: "Podrás comer todas las uvas que quieras, hasta que hayas saciado tu alma".

Pero cuando se van a sus casas y desean ver lo que tienen en sus *Kelim* (vasijas), para llevarse algo del buen ánimo a casa, esto es, cuando has abandonado la reunión y quieres examinar lo que llevas en tus *Kelim* después de todo el festejo, vemos que: "Pero no meterás ninguna en tus vasijas". En otras palabras, que no hay nada en los *Kelim* con lo que revivir el alma después de la reunión.

Sin embargo, cuando la persona se esfuerza, se debe asegurar de que no lo hace sin una recompensa. Es como decimos en el rezo "Y vino a Sión": "Para que no nos esforcemos en vano". Pero, cuando uno va a una reunión, debe adquirir sustento allí, para que cuando regrese a casa, pueda ver si tiene algo que poner en los *Kelim*. Entonces tendrá provisiones para alimentarse hasta la siguiente reunión. Y, hasta entonces, tendrá de lo que ha preparado, es decir, de lo que ha adquirido durante la reunión de los amigos.

Por lo tanto, primero, **se debe alabar la importancia de la reunión** y luego ver lo que va a adquirir de esa actividad. Es como nuestros sabios dijeron: "Siempre se debe alabar al Creador y luego rezar". En otras palabras, al comienzo de la reunión, es decir, al comienzo de las discusiones, en la apertura de la asamblea, se debe alabar al grupo. Cada uno debe intentar proporcionar razones y explicaciones acerca del mérito e importancia del grupo. No deben hablar de nada que no sea para ensalzar al grupo.

Finalmente, el enaltecimiento debe ser revelado por todos los amigos. Luego, ellos deberán decir: "Ya hemos concluido con la primera etapa de la reunión de los amigos y comienza la etapa número dos". Entonces, cada uno manifestará lo que piensa acerca de las acciones que podemos tomar, para que cada uno pueda adquirir el amor por los amigos. En otras palabras, **lo que cada persona puede hacer para adquirir el amor en su corazón por todos y cada uno de los que integran el grupo.**

Y una vez que se ha completado la etapa dos –que consiste en las sugerencias de lo que se puede hacer en favor del grupo – da inicio la etapa número tres. Esta se refiere **a llevar a cabo las decisiones de los amigos respecto a lo que se debería hacer.**

Y con respecto al enaltecimiento del grupo, en *Matan Torá (La entrega de la Torá hoja 137)*, se introduce el asunto del amor por los amigos, que al vincularse con los amigos se puede adquirir la grandeza del Creador. Todo el mundo se encuentra inmerso en su amor propio y él desea seguir el camino del otorgamiento. Pero esto va en contra de la opinión general, pues es la naturaleza en la que fuimos creados, debido al propósito de la creación, que es, como se dijo: "Su voluntad de hacer el bien a Sus creaciones".

Y todo nuestra fuerza para oponernos, para actuar al contrario –que no solo no queramos recibir para nosotros mismos, sino que deseamos dar, lo que se considera que todas nuestras acciones serían para otorgar satisfacción a nuestro Hacedor– radica en que, debido a la naturaleza del otorgamiento, una persona disfruta cuando da a una persona importante. Resulta que, sin el placer, la persona no puede hacer nada porque va en contra de su naturaleza.

Sin embargo, podemos **reemplazar** el placer. Eso significa que en lugar de recibir placer de un acto de recepción, deseamos recibir placer de un acto de otorgamiento. A esto se le llama "equivalencia de la forma". Debemos decir que así como el Creador disfruta de dar a las criaturas, nosotros debemos disfrutar de dar al Creador.

De otra forma, es decir, si no sentimos alegría y placer cuando le damos al Creador, estamos haciendo daño a la equivalencia de forma. Es como nuestros sabios dijeron: "No ha habido alegría tal ante Él, como el día en que los cielos y la tierra fueron creados. No hubo alegría ante el Creador desde el día en que el mundo fue creado, como la alegría que Él está destinado a disfrutar con los justos en el futuro" (*El Zóhar*, 1, 115).

Por consiguiente, si la persona no siente alegría al cumplir los preceptos del Creador, incluso cuando aspira al otorgamiento, no se considera como equivalencia de forma, porque la persona solo puede sentir alegría cuando existe el placer. Resulta que si él no siente deleite y placer al dar al Creador, no se considera todavía como equivalencia de forma, y no tiene espacio para recibir la abundancia superior, pues todavía carece del placer que el Creador siente cuando les da a los creados.

Se deduce que toda la base sobre la cual podemos recibir deleite y placer, y sobre la que tenemos permitido disfrutar –y hasta es una gran obligación– es disfrutar de un acto de otorgamiento. Por lo tanto, hay un punto en el que debemos trabajar –**la importancia de la espiritualidad**. Y ello se expresa cuando tengo cuidado en ver a quién me dirijo, con quién hablo, de quién son los preceptos que cumplo, de quién es la *Torá* que aprendo, es decir, en buscar consejo sobre cómo dar importancia al Otorgante de la *Torá*.

Y antes de obtener por sí mismo alguna iluminación desde lo alto, la persona debe buscar personas más o menos parecidas a ella, quienes también busquen enaltecer la importancia de cualquier contacto con el Creador, de la forma que sea. Y cuando un gran número de personas lo apoyan, todos pueden recibir la ayuda de su amigo.

Debemos saber que "Dos es el plural menor". Eso quiere decir que si dos amigos se sientan juntos y reflexionan sobre cómo engrandecer la importancia del Creador, es que ya tienen la fuerza, de recibir el enaltecimiento de la grandeza del Creador bajo la forma del despertar desde abajo. Y a este acto, le sigue el despertar desde arriba y comienzan a tener alguna sensación de la grandeza del Creador.

Conforme a lo que está escrito: "En la multitud de la gente se halla la gloria del Rey", se deduce que cuanto mayor sea el número de personas, más efectivo es el poder del colectivo. En otras palabras, ellos generan una atmósfera poderosa de la grandeza y la importancia del Creador. En ese momento, el cuerpo de cada persona siente que todo lo que desea hacer por la santidad –es decir, otorgar al Creador– como una inmensa fortuna; que tiene el privilegio de encontrarse entre personas que han sido recompensadas con servir al Rey. En ese momento, cualquier pequeña cosa que haga, lo llena de alegría y placer, ya que ahora tiene algo con lo que puede servir al Rey.

En la medida en que el grupo considere la grandeza del Creador con sus pensamientos durante la reunión, cada cual conforme a su grado, genera la importancia del Creador dentro de sí. Por consiguiente, puede transitar todo el día por el mundo de la alegría y el regocijo, es decir, que disfruta de cada pequeña cosa que hace ligada al servicio del Creador. Eso se debe a que si él recuerda que debe contemplar la espiritualidad aunque sea durante un minuto, de inmediato dice: "Ya estoy muy agradecido por alabar y glorificar al Creador", pues ahora cree que el Creador lo ha convocado y desea hablar con él.

Y cuando la persona imagina que el Rey le convoca y le dice que quiere jugar con él, ¿cuánta alegría experimentaría entonces y cuán animado se sentiría? Ciertamente, en ese estado de exaltación, no tendría pensamientos triviales. Se sentiría un poco avergonzado por no conocer las leyes y las costumbres del Rey –cómo comportarse cuando el Rey le habla.

Pero considera lo que sabe hacer para el rey como una gran fortuna, pues de cualquier forma conoce algunas de las reglas para cumplir los preceptos del Rey, que aprendió en la escuela cuando era joven. Y ahora que ya ha crecido y desea servir al Rey, seguro que carecerá del conocimiento de las leyes del Rey.

Resulta que su preocupación es que no sabe, qué es lo que le proporciona al Rey mayor placer: qué acción o qué intención. Y además de esto, vive en un mundo que es todo bienestar. Al juntarse para la reunión, esto es en lo que el grupo debería pensar y hablar, de la grandeza del grupo, tal como está escrito: "Se debe alabar al Creador y luego rezar".

Es lo mismo con el grupo. Cuando deseamos pedir algo al grupo, a esto se le denomina "rezar", primero debemos establecer el mérito del propio grupo y después "rezar", es decir, pedir al grupo que nos proporcione lo que queremos de él.

Por lo tanto, primero la persona necesita ver lo que tiene el grupo, cuáles son las posesiones que puede obtener de ellos al vincularse con ellos. Tal vez no necesita las posesiones del grupo, sino que, es más, se aleja de éstas tanto como le es posible.

Y, en consecuencia, cuando llega a la reunión de los amigos, siempre debe ver si los amigos tienen la meta que él anhela, que cada uno de ellos se aferre en algo a esa meta. Y él piensa que al unirse por la meta, cada uno recibirá su parte, así como las partes de todo el grupo. Resulta que cada uno de los integrantes del grupo tendrá la misma fuerza que la del conjunto del grupo unido.

Se desprende de ahí que cada uno debe considerar seriamente el propósito de la reunión –que al término de la reunión de los amigos esta debe aportar la sensación de que, cada uno tenga algo en su mano que pueda poner en sus vasijas, y que no se encuentren en la situación de: "Pero no meterás ninguna en tus vasijas". Cada uno debe considerar que si no se sienta especialmente atento durante la reunión, no solamente pierde él mismo, sino que corrompe a todo el grupo.

Esto se parece a lo que está escrito en el *Midrash* (*Vaikrá Rabá*, Capítulo 4): "Dos personas subieron a un bote. Una de ellas comenzó a hacer un hoyo en el bote debajo de ella. Aquel le dijo: "¿Por qué estás haciendo un hoyo?" Y este le replicó: "¿De qué te preocupas, si estoy haciéndolo justo debajo de mí y no debajo de ti?" Entonces aquel le respondió: "¡Qué necio! ¡Ambos nos ahogaremos al hundirse el bote!"

Y una vez que hayan hablado de la importancia y de la necesidad del grupo, comienza el orden de la corrección –cómo y con qué podemos fortalecer al grupo para que se convierta en una agrupación sólida, tal como está escrito: "Y allí acampó *Israel* frente al monte" (Éxodo 19:2), y fue explicado que "como un solo hombre con un solo corazón". El orden debe ser que cualquiera que tenga una sugerencia en cuanto a mejorar el amor por los amigos, esta debe discutirse, **pero debe ser aceptada por todos los amigos para que no exista aquí ningún asunto de coacción.**

Hasta ahora, hemos discutido la conexión entre la persona y su amigo, que sirve para conducirnos a la conexión entre la persona y el Creador, tal como está escrito en *Matan Torá* (La entrega de la *Torá hoja 137*). Resulta que al hablar de la importancia de los amigos y de que toda su importancia radica en que nos conduce hasta el amor por el Creador, también deberían pensar que el amor por los amigos debe conducirnos a la importancia del amor por el Creador.

¿Quién causa el rezo?
Artículo N° 18, 1985-86

Nuestros sabios escribieron (*Masejet Brajot* 32): "Uno debe siempre alabar al Creador y luego rezar". Eso nos muestra, que uno debe creer, que cuando una persona llega al estado, en que siente sus fallas en el trabajo del Creador –cuando siente que su fe no es como debería ser, esto es, tener la habilidad de creer que el Creador es benevolente. Y este sentimiento surge, cuando ve que no puede dar las gracias al Creador y decir sinceramente: "Bendito sea Aquel que dijo: 'Que haya un mundo'", es decir, que disfruta tanto del mundo, que agradece al Creador por haber creado el mundo, para que él tenga algo con lo que disfrutar. Si no siente el bien y el placer que hay por recibir, es difícil para él el estar agradecido por ello. Y le duele no poder alabar al Creador por el mundo que Él ha creado y decir sinceramente: "Bendito sea Aquel que dijo: 'Que haya un mundo'".

Y esa carencia le duele, o sea, que él dice que ese sentimiento debe haber llegado hasta él porque está alejado del Creador, es decir, porque está inmerso en el amor propio. Eso le provoca separarse del Creador, lo que significa que no siente la grandeza del Creador debido a que el Creador se oculta de él.

Y, por lo tanto, no puede ver la verdad, tal como está escrito: "Pues es tu vida y la extensión de tus días". Y tampoco puede sentir la importancia de la *Torá*, tal como está escrito: "Pues esta es tu sabiduría y tu comprensión, ante los ojos de las naciones, que escucharán todas estas leyes y dirán: 'Esta gran nación es ciertamente un pueblo sabio y versado'".

Cuando la persona se evalúa, concluye: "¿Dónde está este entusiasmo del que hablan las naciones acerca de nosotros? Como está escrito: '... ciertamente un pueblo sabio y versado.' que somos por la fuerza de la

Torá, porque observamos lo que está escrito: 'Observa y cumple; pues esta es tu sabiduría y tu comprensión ante los ojos de las naciones'. Entonces, ¿por qué no siento la importancia de la *Torá* y las *Mitzvot*?"

En ese estado de reflexión, cuando él siente cuán alejado está de cualquier importancia por el trabajo del Creador, y comienza a despertar y pensar: "Algo debe hacerse. No puedo estar en este estado de bajeza durante el resto de mi vida". Ciertamente, este es el momento en el que una persona comienza a rezar al Creador para que lo acerque a Él y lo ayude desde arriba, como nuestros sabios dijeron: "Aquel que viene a purificarse recibe ayuda".

En otras palabras, que el Creador quite de él, la ocultación de la grandeza y la importancia de la *Kdushá* (Santidad), para poder vencer todos los pensamientos y deseos bajos, que llegan desde el amor propio. Y que todas sus preocupaciones sean solamente sobre lo que puede hacer por la *Kdushá*, llamada "para otorgar satisfacción a su Hacedor". Y, ciertamente, eso sólo puede hacerse en la medida en que cree en la grandeza e importancia del Creador.

Por lo tanto, pide del Creador que le abra los ojos, para que vea y sienta la grandeza e importancia del Creador, como está escrito (Salmos 88): "Señor, ¿por qué abandonas mi alma? ¿Por qué me ocultas Tu Rostro?" Y entonces es un rezo desde el fondo del corazón. Esto es, en ese momento, la persona quiere que el Creador sane su corazón, tal como está escrito (Salmos 147): "Él sana a los de corazón roto y venda su tristeza".

Y entonces la persona probablemente piense, que el despertar del rezo, para que el Creador lo acercara a Él, proviene de sí mismo, y espera la salvación del Creador, y que Él le ayude, con recibir y conceder su plegaria. Esto es, que Él lo llevará cerca de Él, puesto que está rezando ahora, porque ahora siente Su carencia, la cual no sentía antes.

Por lo tanto, cuando la persona no recibe del Creador lo que piensa que el Creador debería darle, se enfada porque el Creador no le concede su plegaria. En cuanto a las otras personas, cree que Él no les acerca porque no tienen un deseo por la espiritualidad. Pero ella no es como la otra gente, quienes no tienen ninguna afinidad con el Creador, por lo que el Creador no necesita acercarles de ninguna manera.

Pero de esa persona, que rezó para que el Creador le ayude, el propio Creador puede ver que ese hombre, no es como las demás personas, sino que es más elevado que el resto; él entiende el mundo y su propósito, y considera el propósito por el que fue creado y lo que debe lograr. Pero cuando ve a las otras personas, ve su bajeza –que todos sus pensamientos y acciones son para su propio beneficio– y siente que él tiene una comprensión diferente porque su mente y sus cualidades son más virtuosas y dignas, que el resto de las personas.

Además, algunas veces la persona ve que incluso es más virtuosa, que las otras personas de su grupo. Ve que ellas piensan ocasionalmente en la espiritualidad, pero ella, cada pensamiento y todos sus deseos son solo sobre la espiritualidad. Y ella, siempre quiere salir del amor propio, y todas sus peticiones al Creador son solo para que Él le libere de esta bajeza. Y no ve que sus amigos sean así de serios también, y que piensen sólo sobre espiritualidad.

Por esa razón, está molesta con el Creador, por no concederle su plegaria, dejándola en su estado actual, como el resto de los amigos, y no es considerado con ella, es decir, con su plegaria, ya que ella reza de verdad y desde el fondo del corazón. Por lo tanto, con respecto a que se le conceda su plegaria, encuentra que hay una falla arriba.

Y se pregunta a sí misma: "Pero está escrito: 'Porque Tú escuchas el rezo de cada boca', y 'Cada boca'[4] significa que toda la boca debe pedir el rezo, es decir, que todo su cuerpo exija que el Creador le ayude. Pero, en cuanto al resto de las personas, sus rezos no son respondidos porque no es con 'cada boca'".

Baal HaSulam dijo acerca de esto: "Está escrito: 'Y sucederá que antes de que ellos llamen, Yo responderé, y mientras aun estén hablando, Yo escucharé'". Él interpreta que cuando una persona siente su carencia y reza para que el Creador le ayude, no es porque la persona siente su carencia, y eso le da una razón para rezar. Más bien, la razón es que **ella está siendo favorecida por el Creador, y el Creador desea acercarla**.

En ese momento, el Creador le envía la sensación de su propia carencia, y le llama para unirse a Él. En otras palabras, **es el Creador quien le acerca, dándole un deseo de dirigirse hacia el Creador y hablar al Creador**. De eso se deduce que el Creador la acercó, con ello que le dio lugar, para hablar con el Creador. Eso se llama "Antes de que llamen, Yo responderé". En otras palabras, el Creador acercó a esa persona a Él, antes de que apareciera el pensamiento en la mente de la persona de que debía rezar al Creador.

Pero, ¿por qué el Creador le eligió a ella y le llamó para presentarse ante a Él y rezar? Para eso, no tenemos respuesta. En lugar de esto,

---

4. **(N. del E.):** (en hebreo cada y toda se escriben igual)

debemos creer por encima de la razón que eso es así. Eso es lo que llamamos "Guía de la Providencia privada". O sea que la persona no debe decir: "Estoy esperando que el Creador me dé el despertar desde arriba y entonces tendré la posibilidad de trabajar en el trabajo de santidad". *Baal HaSulam* dijo que, con respecto al futuro, una persona debe creer en la recompensa y el castigo, es decir, que debe decir (*Avot*, Capítulo 1): "¿Si no estoy yo por mí, quién está por mí, y cuando yo estoy para mí, qué soy yo, y si no es ahora, cuándo?

Por lo tanto, no se debe esperar ni un instante. En cambio, debe decir: "¿Si no es ahora, cuándo?" Y no se debe esperar un mejor momento en el que entonces: "Luego me levantaré y haré el trabajo de santidad". Más bien, es como nuestros sabios dijeron (*Avot*, Capítulo 2): "No digas: "cuando me desocupe cambiaré", no vaya a ser que no te desocupes".

Pero después del hecho, dijo *Baal HaSulam*, uno debe creer en la Providencia privada –que no fue la persona quien llamó al Creador, sino el Creador quien llamó a la persona y le dijo: "Quiero que Me hables". De eso se deduce que la razón del acercamiento no provino del individuo sino del Creador. Por esa razón, uno no debe pensar que el Creador no escucha su rezo. En cambio, Él lo acercó incluso antes de que se volviera al Creador para que lo acercara a Él.

Eso se llama "Antes de que llamen, Yo responderé". De lo antes dicho se deduce que si la persona ha despertado para sentir su estado de bajeza, eso no vino de la persona, sino del Creador que le envió ese sentimiento, para que pidiera que la acercara. Por lo tanto, en cuanto la persona tiene un pensamiento de que está alejada del Creador y desea rezar al Creador para que la acerque, **no debe rezar antes de agradecer al Creador, por haberla llamado para acercarla.**

El Creador quiere que la persona le rece al Creador. Y cuando una persona hace un autoanálisis sobre por qué de pronto recordó que hay espiritualidad en el mundo, y que ella debería tratar de obtener algo en la espiritualidad, si inmediatamente dice que el Creador le envió ese pensamiento, entonces puede rezar.

Este es el significado de lo que nuestros sabios dijeron: "Uno debe siempre alabar al Creador". En otras palabras, tan pronto como uno comienza a considerar su situación con respecto a la espiritualidad, debe inmediatamente alabar y agradecer al Creador por haberle dado el pensamiento y deseo por la espiritualidad. Luego, cuando sabe que el Creador lo está llamando, inmediatamente comienza a agradecer y a alabar al Rey por haberle acercado. Es en este momento cuando puede rezar por su situación, ya que ve que carece de la *Torá* y no ve la distinción entre verdadero y falso, y reza para que el Creador le enseñe el camino de la verdad.

Ahora podemos entender lo que nuestros sabios dijeron (*Midrash Rabá, Toldot* 63, Marca 5): "'Y el Señor le respondió'. *Rabí Levi* dijo: 'Hay una alegoría acerca de un príncipe que se esforzaba por tomar una libra de oro de su padre. Él se esforzaba desde dentro y se esforzaba desde fuera, ya que en árabe, 'esforzarse' significa 'pedir'. Interpreta allí el "*Matanot Kehuna*", que 'tomar una libra significa que su padre también deseaba darla, y se esforzaba de manera opuesta para apresurarlo a que tomara'".

De lo que hemos explicado, la razón de que una persona quiera acercarse proviene del Creador. El Creador no espera que la persona despierte, sino que despierta a la persona. Después, uno ruega que el Creador la acerque. Podemos entenderlo con la alegoría que da acerca del verso, "Y oró *Isaac*", lo que significa que *Isaac* le rezó al Creador.

Y dio una alegoría acerca de ello, es decir, que su padre, esto es, el Creador, conspira desde dentro, lo que significa que su Padre le dio el pensamiento y el deseo de rezarle a Él, y luego el príncipe conspira desde fuera. En otras palabras, el pueblo de *Israel* son príncipes, y están fuera del palacio del Rey y desean acercarse al Creador, es decir, entrar al palacio del Rey. Eso significa que su Padre en los Cielos comenzó primero.

Acerca de "por encima de la razón"
Artículo N° 21, 1985-86

Con respecto a por encima de la razón, debemos usar dicha vasija entre una persona y su amigo y entre una persona y el Creador. Sin embargo, hay una diferencia entre ellos. Entre la persona y el Creador, esa vasija debe permanecer para siempre. En otras palabras, no se debe subestimar nunca la vasija llamada 'fe por encima de la razón'. Pero entre amigos, si la persona puede ver la virtud de sus amigos dentro de la razón, es mucho mejor.

Y, sin embargo, la naturaleza del cuerpo es opuesta –pues siempre ve los defectos de su amigo, y no sus virtudes. Esa es la razón por la que nuestros sabios dijeron: 'Juzga a cada persona favorablemente'. En otras palabras, aunque dentro de la razón la persona vea que su amigo está equivocado, aun así debe tratar de juzgarle favorablemente. Y esto puede ser por encima de la razón. Es decir, aunque según la lógica no puede justificarlo, por encima de la razón, siempre puede justificarlo.

Sin embargo, si puede justificarlo dentro de la razón, es ciertamente mejor. Si, por ejemplo, ve que sus amigos están en un grado más elevado que el suyo, ve dentro de la razón cómo él se encuentra en la absoluta bajeza, comparado con sus amigos, ya que todos los amigos cumplen su asistencia al templo, y se interesan por todo lo que está ocurriendo entre los amigos, para ayudar a cualquiera todo lo que pueden, e inmediatamente implementan con hechos reales cada consejo que dan los maestros para el trabajo, etc.

Eso, ciertamente, le afecta y le da fuerza para sobreponerse a su pereza. Eso sucede tanto cuando necesita despertar antes del amanecer, cuando es despertado, como durante la lección, que su cuerpo también está más interesado en las lecciones, pues de otra manera sería el retrasado de entre sus amigos. Igualmente, con cualquier cosa que concierna a la *Kdushá* (santidad), debe tomarla más seriamente porque el cuerpo no puede tolerar la bajeza. Además, cuando su cuerpo observa a sus amigos ve, dentro de la razón, que todos están trabajando para el Creador y, entonces, su cuerpo también le permite trabajar para el Creador.

Y la razón por la que el cuerpo le ayuda a trabajar para el Creador, como se mencionó –es que el cuerpo no está dispuesto a tolerar la bajeza. En lugar de esto, cada cuerpo tiene su orgullo, y no quiere aceptar una realidad en la cual su amigo es más grande que él. Así, cuando ve que los amigos están en un nivel más elevado que el suyo, eso le provoca ascender en todos los sentidos.

Este es el significado de lo que nuestros sabios dijeron: "La envidia hacia los escritores, incrementará la sabiduría". En otras palabras, cuando todos los amigos ven que el grupo se encuentra en un nivel elevado, tanto en pensamientos como en acciones, es natural que cada uno deba aumentar su grado a un nivel más alto del que tiene, según las cualidades de su propio cuerpo.

Eso significa que si la persona, por su naturaleza, no anhela grandes pasiones, y no se siente intensamente atraída por el honor, igualmente a través de la envidia, puede adquirir fuerzas adicionales, que por su naturaleza, no tenía al nacer. Sino que, la cualidad de la envidia dentro de ella, esa fuerza, procreó nuevas fuerzas, las cuales existen en el grupo. Y a través de ellos, recibe esas nuevas cualidades, es decir, fuerzas que no le fueron transmitidas por sus progenitores. Así pues, ahora tiene nuevas cualidades que el grupo ha procreado en ella.

De eso se deduce que una persona tiene cualidades que los padres dan en herencia a sus hijos, y tiene cualidades que adquiere del grupo, lo cual es una nueva posesión. Y eso le llega, sólo por medio de la fuerza de conexión con la sociedad y por la envidia que siente hacia los amigos. Cuando ve que ellos tienen mejores cualidades que las suyas. Eso le motiva, a adquirir esas buenas cualidades que ellos tienen y que ella no, y así los envidia.

Así, a través del grupo, adquiere nuevas cualidades, que adopta al ver que ellos se encuentran en un grado más elevado que el suyo, y les tiene envidia. Esa es la razón por la que ahora puede ser más grande, que cuando no tenía un grupo, ya que obtiene nuevas fuerzas a través del grupo.

Sin embargo, esto puede decirse si verdaderamente ve a los amigos en un grado más elevado que el suyo. Pero, al mismo tiempo, la inclinación al mal le muestra la bajeza del grupo y le hace pensar: "Por el contrario, ese grupo al que deseas unirte no es para ti. Ellos se encuentran muchos grados por debajo del tuyo. Así, de ese grupo, no sólo no ganarás nada, sino que incluso las fuerzas que posees de nacimiento, y que son pequeñas, ese grupo tiene cualidades incluso menores que las tuyas. Así que, de hecho, deberías permanecer alejado de ellos. Y si quieres unirte a ellos, al menos asegúrate de que todos te obedezcan, es decir, sigan tu razonamiento de cómo debería comportarse el grupo: cómo sentarse cuando se reúnen, cómo estudiar, y cómo rezar. En otras palabras, que todos sean serios, y Dios no permita que sonrían o discutan con los amigos sobre asuntos mundanos: si se ganan la vida o cómo se ganan la vida, fácilmente o con dificultades, si tienen un trabajo donde no sufren o si tienen dificultades con el patrón que le hace la vida imposible, o si sus compañeros no se burlan de él por ser ortodoxo, etc. Todos esos asuntos son triviales y es una pérdida de tiempo pensar sobre ellos, porque son sólo asuntos materiales. Él, por otro lado, vino a formar parte en una asamblea de amigos con un propósito elevado, que es ser un verdadero siervo del Creador".

De eso se deduce que cuando desea olvidar su corporalidad –cuando, de hecho, su corporalidad le preocupa profundamente y no le hace caso y no quiere recordarla– los amigos llegan y empiezan a discutir la corporalidad de un amigo. Y él no se interesa sobre la corporalidad de su amigo, ya que ahora quiere espiritualidad: "Entonces, ¿por qué, de pronto, los amigos enturbian mi mente con asuntos mundanos que no me conciernen a mí en absoluto? ¿Para eso quiero olvidar mi corporalidad, para tener tiempo para pensar en la corporalidad de mis amigos, es posible? Así pues su cuerpo le dice: "Más vale que me escuches a mí y permanezcas lejos de ellos, y ciertamente tendrás más éxito. ¿Por qué confundir tu mente con tales absurdos?"

De eso se concluye que cuando el cuerpo le muestra la inferioridad de sus amigos, ¿qué puede responderle a su cuerpo, cuando llega con los argumentos de un justo? En otras palabras, el cuerpo no le aconseja alejarse del grupo, como consejo para que sea malvado. Por el contrario, el cuerpo le dice: "Permaneciendo lejos del grupo, serás justo y pensarás sólo acerca de tu espiritualidad y, cuando sea necesario, también de tu corporalidad".

Por lo tanto, si una persona cree que sin un grupo es imposible avanzar y alcanzar el amor al Creador, ya que ese es el trampolín para salir del amor propio y entrar en el amor al Creador, no tiene otra opción sino ir por encima de la razón. En otras palabras, debe decirle a su cuerpo: "El hecho de que veas que ellos realmente no están en el grado de anhelar alcanzar el amor al Creador, como tú lo anhelas —esto es así, puesto que tú eres mi cuerpo, y veo en ti que eres más santo que el resto de los cuerpos de los amigos, ya que tú deseas ser siervo del Creador.

Veo que me aconsejas dejar a los amigos, porque sus cuerpos muestran su inferioridad y no tienen la fuerza para ocultar sus cualidades detestables, ya que la gente normalmente oculta su maldad a los demás, para que estos le respeten por tener cualidades sobresalientes.

Pero aquí, su maldad es tan grande que son incapaces de superar el mal y ocultarlo para que otros no lo vean. Así pues, desde mi perspectiva, son ciertamente inferiores. Sin embargo, sin una sociedad no ganaré nada, a pesar de todas mis buenas cualidades. Así pues, por encima de la razón, observaré lo que los sabios dijeron (*Avot,* Capítulo 4): 'Sé muy, muy humilde'. En otras palabras, debo ir por encima de la razón y creer que ellos están en un grado más alto que el mío. Y, entonces, en el grado de mi fe, podré recibir coraje y fuerza de la sociedad, y recibir de ellos lo que la sociedad puede dar". De eso se deduce que la única razón por la que está aceptando amor a los amigos por encima de la razón es por necesidad, por no tener alternativa; pero, dentro de la razón, ve que él está en lo correcto.

Sin embargo, es precisamente aquí, es decir, con respecto a los amigos, donde el ir **"desde la razón" es más importante que el grado de "por encima de la razón"**. Eso es así porque, en verdad, cuando una persona desea acercarse en Adhesión con el Creador a través del trabajo que desea hacer sólo para otorgar, el mal comienza a aparecer en ella. Y el asunto del reconocimiento del mal no es una cuestión intelectual. Más bien, es una sensación en el corazón.

Eso significa, que debería sentirse como si ella fuera peor y más vil que el resto del mundo. Y si no ha llegado a sentirlo, sino que piensa que hay alguien que aun es peor que ella, entonces probablemente no ha obtenido el reconocimiento del mal. En otras palabras, el mal aun está oculto en su corazón y aun no le ha sido revelado. Eso es así porque sólo es posible ver el mal cuando él posee algo de bien. Por ejemplo, es imposible detectar algo sucio en la casa si está oscuro. Pero cuando enciendes una lámpara, puedes ver que hay suciedad.

Igualmente, si uno no lleva a cabo buenos actos, es decir, si no se dedica a la *Torá* y a la plegaria y desea acercarse al Creador, no tiene Luz que ilumine su corazón para que le permita ver el mal que hay en éste. De eso se deduce que la razón por la que aun no ve que hay más mal en su corazón, que en el de todos los amigos, es que aun necesita más bien. Por eso, piensa que es más virtuoso que sus amigos.

Por lo tanto, resulta que si ve que sus amigos son peores que él, es porque carece de la Luz que brille para él y mediante la que verá el mal en sí mismo. Así pues, todo el asunto del mal que está en el hombre no está en la existencia del mal, ya que cada uno tiene este mal, llamado "deseo de recibir para recibir", que es el amor propio, sino que toda la diferencia está en la revelación del mal. En otras palabras, no todas las personas ven y sienten que el amor propio es malo y dañino, ya que la persona no ve que dedicarse a satisfacer su deseo de recibir, llamado "amor propio", la dañará.

Sin embargo, cuando comienza a hacer el sagrado trabajo, en el sendero de verdad, esto es, cuando desea obtener Adhesión con el Creador, para que todas sus acciones sean para el Creador, a través de esto recibe un poco más de Luz que le ilumina cada vez, y entonces comienza a sentir que el amor propio es algo malo.

Eso es un proceso gradual. Cada vez ve que eso es lo que le obstruye obtener Adhesión con el Creador, ve cada vez más claro cómo el deseo de recibir es su enemigo real, tal y como el Rey Salomón se refirió a la inclinación al mal como "un enemigo". Acerca de ello, está escrito: "Si tu enemigo tiene hambre, aliméntale de pan, porque apilarás carbones ardientes sobre su cabeza".

Por lo tanto, vemos que, en verdad, la persona debe sentir que es peor que los demás porque, de hecho, es cierto. Y también debemos entender lo que nuestros sabios dijeron: "La envidia hacia los escritores, incrementará la sabiduría". Eso es, precisamente, dentro de la razón. Pero, por encima de la razón, el mérito de sus amigos no es tan evidente como para decir que siente envidia de ellos, puesto que entonces eso le haría trabajar y esforzarse ya que sus amigos le obligan, debido a la envidia.

Baal HaSulam interpretó una frase de *Rabí Yojanán*: "El Creador vio que los justos eran pocos. Él los situó y plantó en todas y cada una de las generaciones", como se dijo: "Porque los pilares de la tierra son del Señor, y Él ha establecido el mundo sobre ellos". *RaShI* interpreta: "Los esparció a través de todas las generaciones", para que sean una base, sustento, y fundación para la existencia del mundo (*Yomá* 78b). "Pocos" significa que fueron disminuyendo. Por lo tanto, ¿qué hizo Él? "Él los puso en todas y cada una de las generaciones". Así, poniéndolos en cada generación, se multiplicarán. Debemos entender cómo se multiplicarán, si Él los plantó en todas y cada una de las generaciones. Debemos entender la diferencia entre todos los justos estando en una sola generación o estando disgregados a través de todas las generaciones, como se entiende de las palabras del comentario de *RaShI*, que al esparcirlos a través de las generaciones los justos se incrementarán.

Él, *Baal HaSulam*, dijo: "Teniendo justos en cada generación, habrá sitio para la gente que no tiene las cualidades innatas, para obtener Adhesión con el Creador. Sin embargo, mediante la unión con los justos que estarán en cada generación, mediante su adhesión a ellos, aprenderán de sus acciones y tendrán la posibilidad de adquirir nuevas cualidades a través de los justos que estarán en cada generación. Esa es la razón por la que Él esparció a los justos en todas y cada una de las generaciones, para que, de esa manera, los justos se incrementarán".

Y como fue dicho, puede obtenerse lo mismo a través de adhesión con los amigos –nuevas cualidades por las que estarán capacitados para obtener Adhesión con el Creador. Y todo eso puede decirse mientras ve los méritos de los amigos. En ese tiempo, es relevante decir que debe aprender de sus acciones. Pero cuando ve que él está mejor calificado que ellos, entonces no tiene nada que pueda recibir de los amigos.

Esa es la razón por la que dijeron que cuando la inclinación al mal llega y le muestra la bajeza de los amigos, debe ir por encima de la razón. Pero, ciertamente, será mejor y tendría más éxito si pudiera ver, desde la razón, que los amigos están en un nivel más alto que el suyo. Con ello podemos entender el rezo que *Rabí Elimelej* escribió para nosotros: "**Permite que nuestros corazones vean las virtudes de nuestros amigos, y no sus defectos**".

Sin embargo, entre la persona y el Creador, es un asunto completamente distinto. En otras palabras, es mejor "por encima de la razón". Significa que si asume la fe por encima de la razón, su trabajo se encuentra en el sendero correcto. No ocurre así dentro de la razón, aunque el intelecto de la persona lo capte de manera diferente. En otras palabras, cada persona conoce y entiende que si no tuviera que creer, sino que Su Providencia fuera revelada a través del mundo, esto es, a todos los creados, ciertamente todo el mundo se esforzaría en la *Torá* y las *Mitzvot*, y no habría lugar para los seculares. Por el contrario, todos serían religiosos.

Pero, siendo que Su Providencia no es revelada a los inferiores, sino que se debe creer, y la fe es un asunto difícil, ya que el Creador nos da el intelecto y la razón para ver cada asunto según nuestros propios ojos. Nosotros consideramos todo lo que concierne a la persona y su amigo, de acuerdo a nuestro mejor juicio, y ahí no hay nada que nos aporte distinciones excepto nuestras mentes, como nuestros sabios dijeron: "Un juez sólo tiene lo que sus ojos ven" (*Baba Batrá* 131). Se deduce que nosotros conducimos todos nuestros asuntos dentro de la razón, no por encima de la razón.

Y por ese motivo, cuando la persona comienza con el trabajo del Creador y le dicen que debe asumir la fe por encima de la razón, comienza a pensar: "Pero yo veo que el Creador nos da la razón para entenderlo todo de acuerdo al intelecto, es decir, según la manera en la que comprende nuestra razón. Así, ¿cómo puedo asumir algo que va en contra de mi razón?" Es un asunto muy difícil para el cuerpo, entender que es más conveniente hacer el trabajo sagrado, por encima de la razón.

Por encima de la razón se aplica en la mente y el corazón. Ese es el motivo por el que no todas las personas pueden entrar en el trabajo sagrado en la forma de otorgamiento, el cual es el trabajo por encima de la razón. Por ese motivo, cuando se enseña al resto del mundo el trabajo del Creador, la orden es como *Maimónides* dijo, que empiezan en *Lo*

Lishmá (no en Su beneficio), hasta que ganan conocimiento y adquieren mucha sabiduría, y entonces se les dice que la esencia del trabajo es para otorgar, lo cual se llama "trabajar para el Creador".

Sin embargo, debemos entender por qué es mejor trabajar para otorgar. Ya que la razón nos dice lo contrario, que si servir al Creador estuviera dentro de la razón, llegaría más gente que querrían ser siervos del Creador. *Baal HaSulam* dijo acerca de ello que uno no debe pensar, que el que Creador nos dé Su trabajo en la forma de "por encima de la razón", es un grado bajo. Por el contrario, debemos creer que es un grado muy alto, porque sólo a través de ello, uno tiene la posibilidad de ser apto para trabajar por otorgar. De otra manera, tendríamos que caer en "con el fin de recibir".

Por lo tanto, aunque habría más gente que trabajaría, si el trabajo hubiera sido dentro de la razón, nunca tendrían la posibilidad de lograr Adhesión con el Creador, que es el trabajo para otorgar. Por lo tanto, aunque hubiera un incremento en cuanto a la cantidad, en términos de calidad, sería imposible para el hombre el ser capaz de recibir el deleite y el placer que el Creador desea dar a los creados, de acuerdo a Su deseo, que es hacer el bien a Sus creaciones.

Por lo tanto, para que el deleite y el placer que los creados recibirán, no tengan defectos, esto es, evitar el pan de la vergüenza, existió la corrección del *Tzimtzum* (restricción) –ya que la abundancia superior no brilla salvo en donde hay equivalencia de forma. Eso se considera, que los creados reciben la abundancia en vasijas de otorgamiento. Y cuando no hay vasijas de otorgamiento, los creados deben permanecer en la oscuridad, que se llama "morirán sin sabiduría".

Sin embargo, debemos saber que también hay luz de la *Torá* en *Lo Lishmá*, sobre lo cual nuestros sabios dijeron: "Uno siempre debe esforzarse en la *Torá* y las *Mitzvot* en *Lo Lishmá*, porque de *Lo Lishmá* uno llega a *Lishmá*, ya que la Luz en ésta, lo reforma", después, uno debe alcanzar *Lishmá*. En otras palabras, debe llegar a trabajar por encima de la razón en mente y corazón.

Pero, entre la persona y su amigo, sí puede trabajar en el amor de los amigos dentro de la razón, es decir, si trata de ver a los amigos como que están en un nivel de santidad más alto que él mismo, esto es ciertamente mejor. En otras palabras, si ve dentro de la razón que los amigos están más cerca de la Adhesión con el Creador que él, esto es indudablemente mejor que si tuviera que creer por encima de la razón.

Así, en verdad, ve que está en un grado más alto que los amigos. Dentro de la razón, siempre ve a los amigos como inferiores. Sin embargo, cree, por encima de la razón, que debe decir:"es una *Mitzvá* (precepto), que debe creer que no es como él lo ve". Ciertamente, si puede ver dentro de la razón que los amigos se encuentran en grados de santidad, es mejor todavía.

De manera similar, podemos interpretar (Samuel, 16:7): "Pero el Señor le dijo a Samuel: 'No mires su apariencia o lo alto de su estatura, porque Yo lo he rechazado; porque no es como el hombre ve, porque el hombre mira la apariencia exterior, pero el Señor mira al corazón'".

Nosotros, por lo tanto, vemos que cuando el Creador envió a Samuel a ungir a uno de los hijos de *Ishai*, Samuel entendió a través de lo que vio en sus ojos, que *Eliav* hijo de *Ishai* era adecuado para ser el rey de *Israel* en lugar del Rey Saúl, pero el Creador no estuvo de acuerdo con su percepción. Al final, trajeron a *David*, quien estaba pastoreando el ganado, y David era pelirrojo, de bellos ojos y de hermosa apariencia, "Y el Señor dijo: 'Levántate y úngelo, porque éste es'".

¿Qué nos enseña eso? Aquí vemos dos cosas:

1) Desde la perspectiva de Samuel, él apreció que las virtudes de *Eliav* –de acuerdo a su mente– eran adecuadas para ser el rey de *Israel*. Pero el Creador le dijo: "Ahora, no sigas a tu razón", ya que en lo que se refiere al Creador, la razón no tiene ningún valor. Más bien, como el Creador quiso coronar a un rey, a eso se le llama "entre una persona y el Creador", donde no hay lugar para la razón: "Porque Mis pensamientos no son sus pensamientos, tampoco Mis modos son sus modos". En cambio, ¿qué le dijo el Creador? "Porque no es como el hombre mira, porque el hombre mira la apariencia exterior, y el Señor mira al corazón".

De acuerdo a lo dicho antes, podemos interpretar que "Porque el hombre mira la apariencia exterior", es bueno entre una persona y su amigo. En ese caso, es bueno si uno puede ir dentro de la razón, y que esto está de acuerdo con lo que uno ve. No es así con: "Y el Señor mira al corazón". En otras palabras, con respecto a asuntos del Creador, uno no debe ver según sus propios ojos, sino por encima de la razón. Así pues, aquí se deben hacer dos discernimientos:

1) **Entre una persona y el Creador:** es mejor por encima de la razón.

2) **Entre una persona y su amigo:** es mejor dentro de la razón.

Ese es el motivo por el que el Creador le dijo: "No mires su apariencia", ya que respecto a seguir lo que ven sus ojos, esto es bueno entre una persona y su amigo. Si puedes ver los méritos del amigo desde de la razón, mejor todavía. Pero no es así cuando quiero ungirle como rey. Esa decisión Me pertenece, le quiero como rey. A esto se le llama "Entre una persona y el Creador". Aquí el trabajo correcto es **por encima de la razón**, ya que, precisamente de esa manera, es posible alcanzar el "recibir para otorgar". De otra manera, caerá en "recibir para recibir", lo que causa la separación y el alejamiento de la *Kdushá* (santidad).

Sin embargo, aquí surge una pregunta, después de que uno ha decidido ir por encima de la razón y no mirar a todas las cuestiones que el cuerpo, comienza a preguntar. Cuando empieza a trabajar en el sendero de otorgamiento y de la fe por encima de la razón, y supera todos los obstáculos –las cuestiones que el cuerpo le trae del mundo que le rodea– y cierra sus ojos y no desea ver nada que contradiga la mente y el corazón, sino que ha decidido ir sólo por encima de la razón;

Después de esa decisión, de pronto, algunas veces, aduce grandes excusas con las que el cuerpo debe estar de acuerdo. Así pues, ve que ahora está yendo dentro de la razón. Pero, qué puede hacer, cuando ahora ve, a través de las excusas que recibió desde arriba, que se dice a sí mismo: "¿Qué puedo hacer ahora que no tengo sitio donde poder trabajar por encima de la razón? Ahora veo que todo lo que hago para otorgar es como debe ser".

Así pues, ya no tiene ninguna pregunta sobre servir al Creador, que lo fuerce a trabajar por encima de la razón. Pero, como el trabajo es fundamentalmente por encima de la razón, ¿qué puede hacer cuando se encuentra en tal estado?

Baal HaSulam dijo que cuando una persona es recompensada con alguna revelación desde arriba y ahora siente que conviene ser siervo del Creador, de eso se deduce que hasta ahora había trabajado en la forma de "por encima de la razón": el cuerpo no estaba de acuerdo con ese trabajo y siempre había tenido que sobreponerse, necesitando que el Creador le diera fuerza, para superarse por encima de la razón. Pero ahora ya no necesita la ayuda del Creador, ya que ahora siente que tiene una base en la cual construir su estructura. En otras palabras, ya tiene un apoyo en el cual confiar. Así pues, ahora está dañando la fe que usaba antes, ya que ahora puede decir: "Gracias a Dios, me deshice de la carga de fe, que fue una carga y un lastre para mí". Pero ahora ya tengo una base dentro de la razón, porque ahora he recibido algún despertar desde arriba, con el que el cuerpo está de acuerdo, en que vale la pena observar la *Torá* y las *Mitzvot*. De ahí resulta que, mediante ello, está dañando la fe.

Y *Baal HaSulam* dijo que en ese momento, uno debe decir: "Ahora veo que la manera real es, de hecho, ir por encima de la razón. Y la evidencia de eso es el hecho de que ahora he sido recompensado con alguna iluminación desde arriba, es sólo porque he tomado sobre mí el ir por encima de la razón. Ese es el motivo por el que fui recompensado con que el Creador me acercara un poco más a Él y me diera algún despertar desde arriba".

Y esta iluminación que ha recibido ahora de arriba, le da una respuesta a todas sus preguntas. Resulta que esto da evidencia de "**por encima de la razón**". Así pues, ¿qué debo hacer ahora para continuar con **por encima de la razón**? Sólo hay que reforzar y empezar a buscar maneras de vestir su trabajo, bajo la forma de "**por encima de la razón**".

De ahí se deduce que mediante ello, que no dañó su fe en absoluto, ya que caminaba en ella antes de ser recompensado con alguna iluminación desde arriba. Que incluso ahora no está recibiendo la iluminación como fundamento sobre el que construir la estructura de su trabajo. Más bien, está tomando la iluminación como **testimonio** de que se encuentra en el sendero correcto, que es la fe por encima de la razón. Sólo mediante esa forma de trabajo, el Creador acerca a la persona a Él y le da lugar a acercarse a Él, ya que esa cercanía no le dejará caer en las vasijas de recepción, llamadas "dentro de la razón", ya que el Creador ve que está tratando de ir sólo por encima de la razón.

De todo lo anterior se deduce que en cuanto a "por encima de la razón", hay una diferencia entre una persona y el Creador y entre una persona y su amigo. Entre una persona y su amigo: si puede ver los méritos de los amigos dentro de la razón, es todavía mejor. Pero si desde de la razón sólo ve los defectos de los amigos, no tiene más opción que ir por encima de la razón y decir: "Todo lo que veo, oigo y siento está equivocado y no es cierto. Es imposible que estuviera equivocado sobre los amigos con los que elegí unirme, es decir, que hice un mal cálculo".

"O sea, yo pensaba que habría crecido en riqueza espiritual a través de ellos, ya que ellos tenían posesiones que yo no tenía. Por lo tanto, si fuera a unirme con ellos, podría elevarme a un grado más alto del que pensaba. Pero ahora veo que, de hecho, pienso de otra manera. Y escuché que *Baal HaSulam* dijo que **lo único que puede ayudar a la persona a salir del amor propio y ser recompensado con el amor al Creador es el amor a**

los amigos. Por lo tanto, no tengo opción sino unirme con esos amigos aunque, en mi opinión, sería mejor permanecer lejos de ellos y no unirme a ellos".

Sin embargo, no tengo otra opción y debo creer por encima de la razón que, de hecho, todos los amigos están en un grado elevado, pero yo no puedo ver su virtud con mis ojos". Esa es la razón por la que debo creer por encima de la razón. Pero cuando observa el mérito de sus amigos desde la razón, ciertamente puede derivar grandes beneficios de los amigos. Pero, ¿qué puede hacer? No tiene alternativa.

No obstante, es diferente entre la persona y el Creador. En un lugar en el que puede ir por encima de la razón, es mejor. Por ese motivo, donde uno puede ser asistido desde dentro de la razón, es decir, si es recompensado con alguna iluminación desde arriba, entonces puede decir: "Ahora veo que vale la pena ser un sirviente del Creador porque siento que tiene sentido el trabajo". De eso se deduce que él tomó esta sensación de encontrar significado en el trabajo, como base y fundamento sobre el cual construir su judaísmo. Ahora que entiende con su razón que vale la pena guardar la *Torá* y *Mitzvot*, toda su base está construida sobre esta condición. Eso significa que cuando encuentra significado en el trabajo, le conviene obedecer la voz del Creador. Así pues, si no encuentra significado en el trabajo, no puede guardar las *Mitzvot* del Creador.

Sabe que asumir el Reino de los Cielos debe ser "Con todo tu corazón y con toda tu alma". En otras palabras, incluso si Él toma su alma, es decir, incluso si no tiene ninguna vitalidad, ni siquiera *Néfesh*, aun está obligado a ser siervo del Creador y a no presentar ninguna condición ante el Creador, diciéndole: "Si haces lo que deseo, de acuerdo a lo que entiendo que necesito –es decir, que siento una carencia en esto, y si Tú satisfaces mi necesidad–, prometo ser un siervo del Creador. Pero si Tú no satisfaces todos mis deseos –conforme a lo que yo entiendo que necesito– no puedo asumir todo lo que Tú me ordenas a través de Moisés".

Sin embargo, uno debe asumir la carga del Reino de los Cielos sin ninguna condición, es decir, incluso por encima de la razón. Además, uno debe decir: "El tener que trabajar por encima de la razón no es porque el Creador no pueda darnos razón". Más bien, debemos creer que todo es para nuestro beneficio. Resulta que entre una persona y el Creador debemos tratar de observar por encima de la razón y, si recibe algo de razón, debe hacer según lo mencionado arriba.

La grandeza de la persona depende de la medida de su fe en el futuro
Artículo N° 9, 1986-87

Está escrito en *El Zóhar* (*BeShalaj*, pág. 64, y en el Comentario *Sulam*, Artículo 216): "'Entonces cantará Moisés'. Debió haber dicho: 'Cantó'. Y responde, es porque esta cuestión depende del futuro, que él completó para ese momento, y completó para el futuro, cuando *Israel* alabe con este canto, en el futuro. 'Esta canción' está en forma femenina (en hebreo), pero debería haber dicho: 'Este canto', en forma masculina (en hebreo). Y responde: 'Esta es canción, ya que la Reina (*Matronita* o *Maljut*) alaba al Rey'. *Rabí Yehudá* dijo: 'Por tanto, es la canción de la Reina al Rey, entonces, ¿por qué dice: 'Moisés y los hijos de *Israel*'? Después de todo, la Reina debió haber sido la que estuviera alabando'. Responde, 'Felices son Moisés e *Israel*, porque conocen como alabar apropiadamente al Rey para la Reina'".

Debemos entender la respuesta que da acerca de lo que está escrito en tiempo futuro, que se refiere al porvenir. ¿Qué viene a enseñarnos en el trabajo? Debemos, además, entender la respuesta que está dando acerca de por qué escribe "canción" en forma femenina, que lo interpreta que se refiere a *Maljut*, es decir, que *Maljut* está alabando al Rey, sobre lo cual preguntó *Rabí Yehudá*. Entonces, si su intención es *Maljut*, ¿por qué dice "Moisés y los hijos de *Israel*"? Por esta razón, él debe interpretar que se refería que Moisés y los hijos de *Israel*, saben cómo alabar al Rey para la *Maljut*. También debemos entender el significado de que Moisés e *Israel* deben alabar al Rey para la *Maljut*, y por qué no tienen que alabar al Rey para sí mismos, sino para *Maljut*.

Se sabe que Moisés es llamado "el pastor fiel". *Baal HaSulam* interpretó que Moisés estaba proveyéndole el discernimiento de la fe, al pueblo de *Israel*, y la fe se llama *Maljut* (el reino). En otras palabras, él implantó el temor por los Cielos, también llamado "el reino de los Cielos", en el pueblo de *Israel*. Por esto a Moisés se le llama "el pastor fiel", debido a la fe. Sobre esto está escrito: "Y ellos creyeron en el Señor y en Moisés, Su siervo", es decir, porque Moisés había implantado en ellos la fe en el Creador.

Es sabido que uno no puede vivir de forma negativa, sino solo de forma positiva. Esto es así porque "sustento" se refiere a lo que una persona recibe y **disfruta de recibir**. Esto nos llega del propósito de la creación, llamado "Su deseo de hacer el bien a Sus creaciones". Por lo tanto, una persona debe recibir deleite y placer para tener algo con lo que deleitar a su propio cuerpo. Esto se llama "lo positivo", es decir, un llenado. Y con este llenado, la persona satisface sus carencias.

Pero una persona necesita, además, una carencia. De otra manera, no hay lugar donde la Luz de vida pueda entrar. Una carencia es llamada "un *Kli*" (una vasija). Significa que si uno no tiene *Kelim* (vasijas), no puede recibir nada. Una carencia es llamada "deseo", es decir, que él tiene deseo por algo y siente que esto le hace falta, y desea llenar la carencia. En el grado en que siente su ausencia y en el grado en que necesita satisfacer su carencia, esta es la medida de su carencia. En otras palabras, una carencia grande o pequeña depende de la medida de la urgencia por satisfacer esa necesidad.

Significa que si una persona llega a pensar que carece de algo, y siente esa sensación en todos sus órganos, pero no tiene un deseo fuerte de satisfacer su carencia. Hay muchas causas por las que no tiene este gran deseo de satisfacer su carencia.

1. Dijo a sus amigos lo que le hace falta y siente que le urge conseguirlo. Sin embargo, los amigos le hicieron entender, que su carencia es inalcanzable. Así que sus amigos lo influyeron, mediante sus puntos de vista, que debe aceptar esta situación, en la que se encuentra. Ellos debilitaron su fuerza de superación, para poder prevalecer sobre los obstáculos en su camino y obtener lo que quiere. En consecuencia, la carencia y anhelo también se debilitaron, ya que ve que nunca obtendrá lo que quiere. Por esta razón, es decir, como ve que es absolutamente imposible que alguna vez satisfaga su carencia, esto provoca que no alcance su meta: lo cual debilita su carencia. Resulta que el gran deseo ha disminuido debido al desánimo.

2. A veces, incluso cuando no les dice a sus amigos lo que anhela; él sólo escucha a los amigos que estaban hablando entre sí. Y escuchó que ellos ya están desanimados, y eso también le afecta. En otras palabras, el desánimo de ellos le influye y pierde el entusiasmo que tenía por lograr Adhesión lo más pronto posible. Por lo tanto, el pierde esta fuerza de voluntad.

3. Y, a veces, piensa para sí mismo, sin ninguna calumnia del exterior, que ve que cada vez que desea acercarse a la *Kdushá* (santidad), cuando comienza a evaluarse, se da cuenta de lo opuesto, de que está retrocediendo en lugar de avanzar. Y esto le provoca el perder su fuerza para el trabajo.

Resulta que entonces él colapsa bajo su carga, porque no tiene nada de donde recibir sustento, porque sólo ve negatividad y oscuridad. Por tanto, pierde su espíritu de vida, o sea que aparentemente tenía algún sustento, llamado "revivir su alma". Y ahora se siente espiritualmente muerto, es decir, que no puede hacer un sólo movimiento en el trabajo, exactamente como si, de hecho, estuviera muerto.

Significa que aunque ahora ve la verdad, es decir, que reconoce el mal, esto es negativo, y de ello la persona no puede recibir ninguna vitalidad, ya que **el sustento para el cuerpo se obtiene específicamente de forma positiva.** Por ello, uno debe caminar en la línea derecha. Por dos razones:

1) Para proteger que su deseo no se debilite, cuando escucha calumnias.

2) Para recibir vitalidad, la cual proviene específicamente de forma positiva, es decir, que es un asunto positivo y que aquí hay un asunto de perfección.

Sin embargo, es difícil entender cómo, cuando evalúa su orden de trabajo, y ve la verdad –que está inmerso en el amor propio– y ve que esta es la verdad, ¿cómo decirle que camine en la línea derecha, llamada "perfección"? Y esto es una mentira completa, ya que según lo que sus ojos ven, él hizo una evaluación verdadera.

Se sabe que lo particular y lo general son equivalentes. Significa que el individuo sigue el mismo orden que se aplica al colectivo. Con respecto al colectivo, se nos ha dicho que debemos creer en la venida del Mesías (en la plegaria: "Yo Creo"): "Yo creo en la venida del Mesías. Y aun cuando pueda demorarse, esperaré su llegada".

Entonces, uno nunca debe darse por vencido y decir: "Veo que soy incapaz de obtener Adhesión con el Creador". Esto se considera que él sale del exilio de entre las naciones del mundo, llamado "amor propio", y entra en la *Kdushá* (santidad), y vendrá a corregir la raíz de su alma y aferrarse a la Vida de Vidas.

De esto se deduce que si la persona cree en la redención colectiva, debe creer que la redención le llegará a él, particularmente. Entonces, la persona debe recibir perfección para sí mismo del futuro. De manera que la persona, pueda trazarse para sí misma la medida de bondad, placer y, alegría que recibirá, cuando reciba el llenado para todas sus carencias. Y esto, ciertamente, le da satisfacción emocional y fuerza para trabajar, a fin de obtener esta meta, que espera alcanzar.

Resulta que primero la persona debe describirse a sí misma, qué es lo que espera. Qué eso le otorgará, si es que lo alcanza, felicidad y deleite, con el hecho de obtener su expectativa. Sin embargo, primero uno debe conocer exhaustivamente la meta que quiere obtener. Y si uno no presta mucha atención y examina bien las expectativas de su vida, es decir, diciéndose a sí mismo: "Ahora tengo decidido lo que quiero, después de analizar los deleites de la vida, que pueden obtenerse en el mundo".

Si tiene la oportunidad de alcanzar eso, entonces tendrá la fuerza y sabiduría para decir: "Ahora puedo agradecer al Creador por haber creado Su mundo". Simplemente que ahora él puede decir con todo su corazón: "Bendito sea Él que dijo, 'Hágase el mundo', ya que siento la bondad y el placer, que realmente es conveniente para mí y para todas los creados, el recibir este deleite y placer, que ahora he recibido del propósito de la creación, llamado 'Su deseo de hacer el bien a Sus creaciones'".

Y aun cuando todavía está lejos de alcanzar la meta, no obstante, si sabe con certeza qué es lo que puede darle su futura felicidad, es como está escrito (*Avot*, Capítulo 6): "*Rabí Meir* dice: 'Cualquiera que se ocupe de la *Torá Lishmá* (por Su nombre) es recompensado con un gran número de cosas. Más aun, el mundo entero le resulta conveniente, y se le revelan los secretos de la *Torá* y llega a ser como un manantial abundante'".

Y cuando presta atención a eso –a lo que puede lograr– es decir, cuando siente la importancia de la meta y traza para sí mismo la felicidad y perfección que alcanzará, y con seguridad, la alegría y el regocijo que obtendrá cuando lo alcance, son inimaginables.

Por lo tanto, en el grado que él crea en la importancia de la meta, y en el grado en el que crea que "Y aun cuando pueda demorarse, esperaré su llegada", él puede recibir el llenado de la Luz de vida de la meta futura. Es sabido que hay Luz interna y hay Luz circundante. *Baal HaSulam* interpretó Luz interna, como refiriéndose a lo que uno recibe en el presente, y Luz circundante, como aquello que iluminará en el futuro, pero que aun esa Luz, no ha sido alcanzada. Sin embargo, la Luz circundante ilumina en cierto grado en el presente, según la medida de su seguridad, de su fe de conseguirla.

Él dijo que es como una persona que compró mercancía del mercado. Y como muchas personas trajeron esta mercancía al mercado, perdió su valor y todos los mercaderes querían vender la mercancía a cualquier precio. Pero no había compradores debido a que todos tenían miedo de comprar, tal vez se volvería incluso más barata.

Y un hombre compró toda la mercancía por un precio muy bajo. Cuando llegó a casa y les contó lo sucedido en el mercado, todos se rieron de él: "¿Qué has hecho? Claro que los mercaderes querían vender toda la mercancía que tenían almacenada. Esto sólo hará que toda la mercancía sea más barata y, como resultado, perderás todo tu dinero".

Pero él se dice a sí mismo: "Ahora estoy más feliz que nunca, ya que voy a obtener ganancia de esta mercancía, no como hasta ahora, que podía ganar el veinte por ciento de la mercancía, sino que obtendré una ganancia del quinientos por ciento. Sin embargo, no la venderé la mercancía ahora. Sino que la almacenaré y la llevaré al mercado en tres años, pues para ese entonces ya no habrá esa mercancía aquí en el país, y obtendré el precio que quiera". Resulta que si calcula cuánto ha ganado en el presente, es decir, este año, entonces no ganó nada. Se considera que no tiene nada en el presente con lo que contentarse.

Esta es una alegoría de la Luz interna, que ilumina en el presente. Pero la Luz circundante, llamada "Luz que ilumina específicamente en el futuro", esta lo ilumina en el presente también, en la medida en la que él crea que en el futuro recibirá la recompensa entera que espera. Y entonces su alegría será completa. Y ahora está recibiendo alegría y buen ánimo del hecho de que recibirá en el futuro.

Esto explica la alegoría anterior, que este mercader, a quien todos ridiculizan por comprar la mercancía en el mercado precisamente cuando era irrelevante, cuando nadie quería comprarla. Aun así la compró como algo que otros dejaron porque no tenía valor, y ahora se deleita porque está convencido al cien por cien que dentro de tres años, esta mercancía no será encontrada en ningún lado, y entonces se hará rico. Y disfruta en el presente de lo que le sucederá en el futuro.

Resulta que, en la medida en que él cree, –y no pierde la esperanza en el futuro– que llegará, como está escrito: "Y aun cuando pueda demorarse, esperaré su llegada", puede disfrutar en el presente, por lo que vendrá en el futuro.

Así, cuando se le dice a una persona que, a pesar de que caminó en la línea izquierda –es decir, hizo su crítica, y vio que está en total bajeza–, y ve esta verdad, ya que no desea engañarse y justificar sus pensamientos y acciones, sino que busca la verdad, y no le importa si la verdad es amarga, sino que desea llegar a la meta por la cual nació, pero debido a esta verdad, no puede continuar su existencia, porque es imposible vivir sin placer, llamado "vitalidad" y "vida". Y para vivir, uno necesita Luz, que reviva a una persona. Y, al vivir, es posible trabajar y llegar a la meta; y, por esta razón, debe pasarse a la línea derecha, llamada "integridad" (o perfección, completitud).

Pero esta integridad –de la cual ahora recibe la vitalidad que alimenta su cuerpo– debe construirse sobre una base verdadera. Y esto trae la pregunta: "¿Cómo puede recibir integridad cuando ve la verdad –que está en el estado más bajo, inmerso en el amor propio de pies a cabeza y sin una chispa de otorgamiento?"

Acerca de eso debe decir: "Todo lo que veo es verdad", sin embargo, lo es desde la perspectiva de la Luz interna. Significa que en el presente, él está en bajeza y no tiene nada de que recibir alegría y vida. Pero con respecto a la Luz circundante, que es el futuro, él cree que "aun cuando pueda demorarse, esperaré su llegada".

Resulta que a través de la Luz circundante que brilla bajo el discernimiento del futuro porvenir, él puede atraerla para que ilumine en el presente. Y en la medida de la fe y la confianza que tenga en la venida del Mesías a nivel personal, puede atraer vitalidad y alegría para que ilumine ahora, en el presente.

Resulta que ahora, está caminando en la línea derecha para recibir integridad, es la auténtica verdad, ya que la Luz circundante ilumina en el presente. Y, además de que es un camino auténtico, surge también, que mediante su fe en la venida del Mesías en un nivel personal, es un gran remedio, que a través de los preceptos de la fe, en él, el futuro se acercará al presente. Significa que la Luz circundante será interna, y esto se considera que la Luz, de hecho, se viste en el presente. Lo cual se denomina "El futuro de lo circundante, es volverse interno".

Así pues, de aquí –es decir, partiendo de la fe, de creer que al final, llegará a la meta, aunque la razón le muestre a cada momento se aleja de la meta y no avanza, aun así se supera y va por encima de la razón. Y entonces la propia fe se acumula cada vez en la forma de "cada céntimo se reúne en una gran cantidad", hasta que es merecedor de la fe completa y permanente, que es obtener la Luz de *Jasadim* en la iluminación de *Jojmá*, tal como está escrito en el Comentario *Sulam*.

Ahora podemos entender lo que preguntamos sobre por qué *El Zóhar* explica que es por esto que está escrito, "Cantará..." en tiempo futuro. Por medio de esto, se da a entender que *Israel* en el futuro entonará esta alabanza. ¿Cuál es la enseñanza en el trabajo? En cuestiones de trabajo debemos saber lo que tenemos, en el presente, y saber lo que debemos hacer. Así pues, ¿qué podemos aprender sobre aquello que está en el futuro porvenir?

Como explicamos, debemos andar por la línea derecha, lo cual es la perfección y recibir vitalidad de ella, porque es imposible vivir en la negatividad. Por lo tanto, se aconseja sentir la perfección de lo que sucederá en el futuro. Este es el significado de lo que los justos llaman, "cantar por el futuro porvenir". En otras palabras, ahora – en el presente – cantan sobre lo que recibirán en el futuro. Esto significa que en la medida en que imaginan el deleite y el placer que recibirán en el futuro, pueden sentirlo en el presente, siempre y cuando tengan fe en que existe un futuro, esto es, que en el futuro todos serán corregidos.

Sobre esto, la persona puede dar gracias al Creador en el presente, en la medida en que la persona lo siente, esa es la medida de la alabanza que puede dar en el presente. Y además de recibir vida en el presente debido al positivismo, gana por el hecho de que la meta recibe importancia, porque debe imaginarse el bien y el placer que aguardan ser recibidos por los creados.

Y cada vez que reflexiona en el asunto, gradualmente puede percibir un poco más de lo que recibirá en el futuro. Es decir, lo que ha sido preparado para nosotros a través del propósito de la creación. Y a pesar de que ve que en su estado actual, se encuentra a mucha distancia de la meta, esto depende de la medida de su fe en la meta, como en el ejemplo de la alegoría anterior. Esto sigue la regla, "Todo lo que se está por percibir, se considera como percibido" (*Yevamot*, 38).

A partir de lo anterior, podemos entender lo que *El Zóhar* explica, que la razón por la que escribe "Cantará…", en futuro, es para dar a entender que *Israel* está destinado a alabar con este cántico en el futuro. Esto es así porque debemos saberlo, con el fin de que podamos recibir alegría y vitalidad en el presente de lo que acontecerá en el futuro. Por esto, podemos cantar en el presente como si ahora recibiéramos todo el bien y el placer.

Esto se considera como tener la capacidad de recibir iluminación de lo circundante. En otras palabras, lo circundante ilumina en lo interno desde lejos, es decir que a pesar de que la persona aun se halla lejos de obtener el bien y el placer, aun puede atraer la iluminación de lo circundante en el presente.

Ahora explicaremos lo que preguntamos acerca de la explicación del *Zóhar* cuando él escribe, "Esta canción", en femenino (en hebreo). Es porque *Moisés* e *Israel* saben cómo alabar apropiadamente al Rey para la Reina. Y preguntamos "¿Por qué *Moisés* e *Israel* no alaban al Rey por ellos mismos?"

Primero debemos entender el asunto de alabar al Rey. En la corporalidad, entendemos que un rey de carne y hueso necesita honores, para ser respetado. Él recibe placer por medio de las alabanzas que le confieren. Pero con respecto al Creador, ¿por qué Él necesitaría que nosotros le alabemos y entonemos cánticos y canciones?

Es una regla conocida que **todo lo que decimos en relación al Creador es solamente por medio de "Por Tus acciones te conoceremos". Sin embargo, no existe ningún alcance de Él en absoluto, sino que todo de lo que hablamos se relaciona al alcance de los inferiores.**

Esta es la razón por la cual la persona debe alabar y dar gracias al Creador, pues por medio de esto, puede medir y suponer la grandeza y la importancia de la entrega que el Creador le dio. En esta medida, la persona puede evaluar cuánta es la importancia y la grandeza del Rey que él siente.

Ya que el propósito de la creación es hacer el bien a Sus creaciones, es decir, que los creados disfruten de Él. **Y en la medida de la grandeza del Otorgante, existe significado y placer en la entrega, que se le da a Él para disfrutar.** Y cuando una persona quiere dar las gracias, ya tiene una razón para considerar y escudriñar la entrega: lo que recibió y de quién lo recibió, es decir la grandeza de la entrega y la grandeza de quien da.

Se deduce que la gratitud de la persona no debe derivarse de que el superior lo disfrute, sino de que el inferior lo disfrute. De lo contrario, es similar a la alegoría que *Baal HaSulam* decía acerca del versículo, "El que no ha portado su alma en vano".

Él preguntaba, "¿Qué significa que una persona porte en vano? ¿Significa que desde lo alto se le entregó un alma en vano?" Dijo que es similar a un niño a quien se le entrega una bolsa con monedas de oro y está encantado con las monedas porque son bonitas y es agradable verlas. Pero el niño no es capaz de apreciar el valor de las monedas de oro.

A partir de esto podemos entender que la gratitud y la alabanza que ofrecemos al Creador son únicamente para beneficiar a los creados, es decir, que tenemos algo por lo cual alabar al Rey. Esto quiere decir que cuando una persona intenta alabar al Creador, este es el momento en que es capaz de sentir la importancia del obsequio y la importancia de quien da el obsequio. Y por esta razón, lo que a uno debe importarle más es la alabanza que le da al Rey. Porque esto le permite que se renueve la entrega cada vez. De otra forma, si uno no puede apreciar el obsequio del Rey, no se le puede dar nada porque cae bajo la definición de "¿Quién es un necio? Es aquel que pierde lo que se le ha dado" (*Jaguigá*, 4ª).

¿Y cuál es la razón por la que el necio pierde lo que se le dio? Es sencillo, es un necio. No aprecia la importancia del asunto, por lo que no presta atención en cuidar el obsequio que se le ha dado. Por esta razón, la medida de la importancia del obsequio es la medida en que se le cuida. Por consiguiente, él puede encontrarse en un estado de ascenso constante porque es evidente que no pierde lo que se le ha obsequiado, pues lo aprecia.

De lo anterior se deduce que uno puede tener muchos descensos porque no aprecia el regalo del Rey. En otras palabras, no puede apreciar la medida de la importancia del acercamiento, que es el haberle dado desde lo alto un deseo y un pensamiento de que es valioso ser un siervo del Creador.

Y puesto que no sabe apreciar la importancia del asunto, es decir el llamado que se le hizo para ingresar al servicio del Rey, incluso podría corromper, si sirve al Rey sin saber cómo guardarse de mancillar algo. En ese estado una persona es arrojada de nuevo al lugar de la basura y los desperdicios.

En ese estado, se alimenta con los mismos desperdicios que los perros y los gatos buscan para sustentarse y él también busca las provisiones para su cuerpo en ese lugar. Porque no ve ninguna otra fuente de sustento. Esto es, que durante el descenso aquellas cosas que él decía que eran basura e inadecuadas para consumo humano, sino que son apropiadas como alimento para animales, él mismo ahora busca esa provisión y no quiere alimento para humanos porque encuentra que es completamente insípido.

Por esta razón, la estabilidad de los estados de ascenso depende ante todo de la importancia del asunto. Es debido a esto que depende principalmente de la alabanza y la gratitud que él ofrece por ser aceptado en lo alto. Esto es así porque las alabanzas mismas que él ofrece al Creador enaltecen Su importancia y estima. Es por esto que se nos ordena pensar seriamente acerca de dar alabanza.

Hay tres discernimientos con respecto a dar alabanza:

La medida de la entrega. Esto quiere decir que según la importancia del obsequio, así es la medida de la alabanza y la gratitud que uno ofrece por el obsequio.

La grandeza del otorgante, es decir si el otorgante es una persona importante. Por ejemplo, si el rey da un obsequio a una persona, el regalo puede ser algo insignificante, pero de cualquier forma será muy importante. En otras palabras, la medida de la alabanza y la gratitud no toma en cuenta la grandeza del regalo, sino que más bien mide la grandeza de quien da el regalo. Por lo tanto, la misma persona podría obsequiar a dos personas, pero para una de ellas, el que obsequia es más importante y reconoce la importancia de la grandeza de quien da. Así pues estará más agradecido que el otro, que no reconoce la importancia del que otorga en la misma medida.

La grandeza del que da, sin dar nada. Algunas veces el rey tiene tal importancia a los ojos de la persona, que esta tiene un deseo muy grande de hablar con el rey, pero no porque quiera hablar con el rey para que el rey le conceda algo. No quiere nada, pero todo su placer sería tener el privilegio de hablar con el rey. Sin embargo, no es cortés acercarse al rey sin una petición, por lo que busca alguna petición que el rey podría concederle.

En otras palabras, dice que quiere acercarse al rey para que el rey le de algo, pero en realidad, dice que quiere que el rey le dé algo solamente de la boca para afuera. En su corazón, no quiere nada del Creador. Sólo el poder hablar con el rey es suficiente para él y no le importa si el rey le da algo o no.

Cuando las personas externas ven que no recibió nada del rey, y lo ven cuando sale de la casa del rey encantado y gozoso, se ríen de él. Le dicen, "¡Qué necio eres! ¿Qué tan inconsciente puedes ser? Puedes ver que sales con las manos tan vacías como cuando entraste. Fuiste a ver al rey para pedirle algo, pero sales con las manos vacías. ¿Por qué estás tan alegre?

Podemos entender lo anterior, si cuando la persona le reza al Creador para que le otorgue algo, puede discernir lo siguiente:

1) Que la persona le reza al Creador para que le otorgue lo que le pide al Creador. Si Él acepta su solicitud para que su rezo sea concedido, cuando recibe lo que quiere, está dispuesta a dar gracias al Creador. Y la medida de la salvación que recibió del Creador es la medida de su alegría, de su buen ánimo, su alabanza y gratitud. En otras palabras, **todo se mide por el grado de grandeza de la salvación que recibió del Creador.**

2) La medida de la grandeza del otorgante. En otras palabras, su fe en la grandeza del Creador, es lo que determina para él lo que recibe del Creador. Esto es, a pesar de que a los ojos del receptor sea una pequeña cosa, de cualquier forma recibió algo del Creador. Así, puede sentirse alegre y alabar y agradecer al Creador, pues es el otorgante quien es importante para él, como en la alegoría antes mencionada.

3) La grandeza del otorgante sin otorgar. También tiene gran importancia. En otras palabras, el rey es tan importante a sus ojos que no quiere nada del rey, en cambio considera como una gran fortuna, si pudiese hablar aunque fuese unas cuantas palabras con el rey. Y la razón por la que viene con alguna petición es tan solo superficial, pues no debe presentarse ante el rey sin una petición. Pero él no viene con el rey para que le conceda una petición. La razón por la que dijo que pedía algo fue tan solo para los externos, que no entienden que hablar con el rey es el regalo más precioso, pero los externos no lo entienden.

Y cuando hablamos de un solo cuerpo, deberíamos decir que "los externos" son los pensamientos que vienen hasta la persona desde el mundo exterior, es decir aquellos que no entienden el concepto de la interioridad y no tienen herramientas para entender que la interioridad del Rey es lo importante. Más bien, ellos valoran al Rey sólo por lo que se extiende desde el Rey hasta ellos, que se llama "la exterioridad del Rey". Pero no tienen ninguna comprensión de la interioridad del Rey, es decir, del Rey mismo y no lo que se extiende desde el Rey hacia afuera.

Por consiguiente estos pensamientos se burlan de la persona cuando ella dice, "Puesto que acabo de hablar con el Rey, no tiene importancia si el Rey me concede mi deseo". Más bien su único deseo es la interioridad del Rey, no lo que se extiende de él.

Por lo tanto, si una persona reza al Creador y no ve que el Creador le haya otorgado algo - puesto que lo que le importa es la interioridad del Rey – ella puede alegrarse y regocijarse por haber sido recompensada con hablar con el Rey. Pero, los pensamientos externos dentro de ella quieren anular esa alegría que tiene porque consideran solamente las vasijas de recepción, y lo que recibió del rey en sus vasijas de recepción. Mientras ella les dice, "Estoy gozosa y alegre y alabo y doy gracias al rey, por haberme dado sencillamente la oportunidad de hablar con Él. Esto me alcanza".

Más aun, ella dice a sus externos, "Deben saber que no quiero nada del rey, excepto alabarlo y darle las gracias. Por medio de esto me adhiero al rey porque quiero otorgarle alabándole; y no tengo nada más que darle. Resulta que ahora se considera que soy un 'siervo del Creador' y no un 'siervo de mí mismo'. Por esta razón no puedo escuchar cuando me dicen, "¿Qué es lo que has ganado?"

"Por ejemplo, todo el año te esforzaste en la *Torá* y en la plegaria, observando todas las *Mitzvot* (preceptos), pero aun te encuentras en el mismo grado del año pasado o de hace dos años. Así pues, ¿por qué tienes gozo al alabar al Creador y dices, 'Esta es mi ganancia, haber hablado al Creador muchas veces y ¿qué más necesito?' En otras palabras, si el Rey me hubiera otorgado algo, podría haberlo recibido con el fin de recibir. Pero ahora, que no tengo nada en mi mano, estoy feliz y agradezco al Creador porque mi intención en el trabajo era solamente para otorgar".

Sin embargo, siendo que en ese estado una persona dice la verdad, se enfrenta a una fuerte resistencia por parte de los externos, que no pueden tolerar a aquel que camina en el camino de la verdad, si su único propósito es otorgar. En ese estado, se encuentra en medio de una gran batalla y ellos quieren destrozar su alegría. Le hacen pensar que lo opuesto es lo verdadero, que de lo que le están hablando es del camino de la verdad y que ella se engaña al pensar que está en lo correcto.

En este mundo una mentira generalmente triunfa. Por esta razón, necesita fortificarse mucho para decirles, "Yo estoy marchando por el camino de la verdad y ahora mismo no quiero críticas. Si hay verdad en sus palabras, les pido que vengan a quejarse, para mostrarme la verdad, en el tiempo que *yo* determiné adecuado para la crítica. Solamente entonces estaré dispuesto a escuchar sus opiniones".

Por consiguiente, se deduce que para tener alegría en el trabajo, se necesita solamente fe. En otras palabras, cuando la persona cree en la grandeza del Creador, no necesita que el Rey le conceda nada. Sencillamente poder hablar con el rey es todo su anhelo, es decir, hablar con el rey como lo mencionamos en el tercer discernimiento sobre el ofrecimiento de la alabanza.

Si presta más atención, con ello que alaba al rey, entonces le llegará una gran inspiración Superior, porque ella no quiere nada del rey. Esto es igual a la *Sfirá* de *Bina*. Se sabe que en su extremo final, *Jojmá* no quiere recibir la Luz de *Jojmá,* sino que *Jojmá* quiere otorgar al Creador, ya que el Creador otorga a *Jojmá* y esta quiere la equivalencia de forma.

En ese estado, la abundancia llega de por sí, y se llama "Luz de *Jasadim*", denominada así por el *Kli*. Esto quiere decir que el receptor quiere ocuparse en *Jésed* (gracia) por lo tanto, la abundancia se llama "Luz de *Jasadim" (*pl. de *Jésed).* Es igual aquí. Cuando la persona no quiere nada del Rey salvo otorgar al Rey, y presta atención a lo que piensa, una inspiración le llega desde lo alto por sí misma, cuando se comienza a entonar cánticos y a alabar al rey, en la medida en que se ha preparado.

Ahora podemos entender el asunto de Moisés e *Israel* cantando y alabando al Rey para la Reina, y no por la Reina misma. Se sabe que todo lo que decimos sobre los mundos superiores es solamente en relación a las almas, que se llaman, "el alma colectiva de *Israel*", o "la congregación de *Israel*". Se explica en el *Talmud Eser Sfirot* (Parte 16) que el alma de *Adam HaRishón* surgió del interior de los mundos *Briá, Yetzirá* y *Asiyá*, de los cuales él recibió, *Néfesh, Rúaj, Neshamá*. Y todas emergieron de *Maljut de Atzilut*, llamada "Divinidad". Y *Zeir Anpin* quien le otorga a *Maljut*, se llama "Rey".

Y como *Maljut* es la receptora para las almas, se deduce que cuando *Maljut* no puede recibir la abundancia para el pueblo de *Israel*, porque aun no son aptos de tener vasijas de otorgamiento. De otra forma, todo iría a *Sitra Ajra*, que se llama "muerte", pues allí hay recepción con el fin de recibir para sí mismos, que se llama, "separación y lejanía del Creador", que se llama "la Vida de las Vidas". Es debido a esto que ellos se llaman "muertos".

En *El Zóhar* se considera que una persona debe preocuparse sobre la "aflicción de la Divinidad", es decir la pena de no poder recibir la abundancia para sus hijos, que son el pueblo de *Israel*. Ella se llama "la congregación de *Israel*", porque reúne dentro de sí la abundancia que debe entregar a *Israel*. Por lo tanto, cuando el pueblo de *Israel* se ocupa de la equivalencia de forma, se abre un espacio para que *Maljut* reciba la abundancia superior del Rey, que se llama "el otorgante", *ZA*, para poder otorgar al pueblo de *Israel*.

Esto se llama "*Maljut*, llamada 'la Reina', alaba al Rey por la abundancia que ha recibido de Él". De igual forma, cuando ella no puede recibir del Rey la abundancia para *Israel*, a esto se le llama, "la aflicción de la Divinidad". Y cuando puede recibir la abundancia, se dice que, "la madre de los hijos está feliz", y ella alaba al Rey. Sin embargo, todo el dolor y la alegría se refieren únicamente a lo que percibe *Israel* en su totalidad.

Es debido a esto que *El Zóhar* dice que "Moisés e *Israel* pronuncian la canción, refiriéndose a la alabanza por la Reina". Quiere decir que la razón por la cual Moisés e *Israel* alaban al Rey es para la Reina, lo que significa que ellos se han establecido para alabar al Rey, pues lo que el Rey debía dar a Moisés y a *Israel* no era para ellos, sino para *Maljut*. En otras palabras, ellos no pueden tolerar la aflicción de la Divinidad y es debido a esto que se ocupan de la equivalencia de forma para que *Maljut* pueda otorgar. Es debido a esto que dice, "Felices son Moisés e *Israel*, pues saben cómo alabar apropiadamente al Rey para la Reina".

¿Cuál es la substancia de la difamación y contra quién está dirigida?
Artículo N° 10, 1986-87

Está escrito en *El Zóhar* (*Metzorá*, pág. 2; Comentario *Sulam*, Artículo 4): "Ven y ve, con la calumnia que la serpiente le dijo a la mujer, provocó que la mujer y Adán fueran sentenciados a muerte, ellos y el mundo entero. Está escrito acerca de la difamación: 'Y su lengua, una espada afilada'. Por esta razón, 'Cuídate de la espada', es decir, de la difamación. "La ira atrae el castigo de la espada". ¿A qué se refiere 'La ira atrae el castigo de la espada'? Es la espada del Creador, como aprendimos sobre que el Creador tiene una espada con la cual juzga a los malvados. Acerca de esto, está escrito: 'El Señor tiene una espada llena de sangre": "Y Mi espada devorará carne", lo cual es *Maljut* del lado de *Din* (juicio) en ella. Por lo tanto: 'Cuídate de la espada, pues la ira trae los castigos de la espada, para que sepas que existe el juicio'. "Escribe, *Din*, pero quiere decir: 'Para que sepas que así es como se juzga', que cualquiera con una espada en su lengua, que difama, la espada que lo consume todo está lista para él, la *Maljut* con la forma del *Din* en ella. Acerca de esto, está escrito: 'Esta será la ley del leproso'. *Maljut*, que se denomina 'Esta', sentencia al leproso porque ha difamado, pues las lesiones provienen de la difamación". Hasta aquí sus palabras.

Es necesario entender este asunto, pues *El Zóhar* dice que cualquiera que tiene una espada en su lengua, es decir, que difama, la espada que lo consume todo está lista para él, que es la *Maljut* con la forma del *Din* en ella. Y lo aprendemos de lo que está escrito acerca de la serpiente, que difamó ante la mujer. Sin embargo, allí la difamación era acerca del Creador; ¿cómo constituye esto una prueba entre una persona y su amigo, que sea a la vez, tan grave para provocar la muerte, -como lo explica en el verso: "Y su lengua, una espada afilada"-, acerca de la difamación entre un hombre y su amigo?

En otras palabras, existe la misma medida de severidad de la iniquidad de la difamación entre una persona y su amigo como la hay entre una persona y el Creador. ¿Es posible que uno que difama en contra de su amigo sea similar a uno que difama en contra el Creador? Cuando difama al Creador, podemos entender que cause la muerte, ya que al difamar al

Creador se separa del Creador. Por esta razón, al estar separado de la Vida de Vidas, se considera que está muerto. Pero, ¿por qué causaría la muerte cuando se refiere a la difamación entre una persona y su amigo?

El Zóhar dice que las transgresiones vienen de la difamación. Nuestros sabios dijeron (*Arajin* 15b): "En el Oeste dicen: Hablar de un tercero mata a tres: mata al que habla, al que recibe, y a aquel de quien se dice". *RaShI* interpreta "Hablar de un tercero", como una lengua chismosa, que es la tercera entre una persona y su amigo, revelándole un secreto. También ahí, *Rabí Yojanán*, en nombre de *Rabí Yosi Ben Zimra*: "Cualquiera que difama, es como si cometiese la mayor herejía". Y *Rav Jasda* dijo: "El señor *Ukva* dijo: 'Cualquiera que difama, el Creador dice: 'Él y yo no podemos habitar en el mundo'".

También debemos entender la severidad de la prohibición de difamar, hasta el punto que es como si uno hubiera cometido la mayor herejía, o conforme a lo que el señor *Ukva* dice que el Creador dice: "Él y yo no podemos morar en el mundo". Significa que si decimos, por ejemplo, que si *Reubén* difamó ante *Shimón*, acerca de que *Leví* hizo algo mal, ya con eso "el Creador no puede habitar en el mundo", debido a la difamación que cometió *Reubén*, al hablar mal de *Leví*. Pero con otros pecados que *Reubén* pudo haber cometido, el Creador puede habitar con él en el mundo. Por lo tanto, este es un asunto muy grave. Entonces debemos entender qué es la difamación y que la hace ser tan mala.

Lo interpretaremos en referencia al trabajo. En el libro *La Entrega de la Torá*, él explica la gran importancia del precepto : "ama a tu prójimo como a ti mismo". "*Rabí Akiva* dice, 'Esta es la gran regla de la *Torá*'. Esta aseveración de nuestros sabios exige una explicación. La palabra *Klal* (colectivo, regla, ley) indica una suma de detalles que, al ponerlos juntos, forma el colectivo anterior. Por tanto, cuando él dice sobre el precepto: 'Ama a tu prójimo como a ti mismo', sobre que esa es un gran *Klal* en la *Torá*, debemos entender que el resto de los 612 preceptos en la *Torá*, con todas sus interpretaciones son, ni más ni menos la suma de los detalles insertados y contenidos en ese único precepto, 'ama a tu prójimo como a ti mismo'.

"Esto es bastante confuso, porque puedes decir esto en relación a las *Mitzvot* (preceptos) entre la persona y su amigo, pero, ¿cómo puede esa sola *Mitzvá* (precepto) contener y sustentar todas las *Mitzvot* entre el hombre y Dios, que son la esencia y la vasta mayoría de las leyes de la *Torá*?"

También escribe ahí: "Acerca de un converso que vino ante *Hilel* (*Shabat* 31) y le dijo: 'Enséñame la *Torá* completa mientras me sostengo sobre una pierna'. Y él respondió: 'Lo que odias, no se lo hagas a tu amigo' (la traducción en arameo de 'ama a tu prójimo como a ti mismo'), y el resto, es su comentario; ve a estudiar'.

"Aquí, ante nosotros, hay una ley clara, que en los 612 preceptos y en todos los escritos en la *Torá* no hay nada que se prefiera por encima del precepto, ama a tu prójimo como a ti mismo. Ya que él dice específicamente, 'el resto es su comentario; ve a estudiar'. Significa que el resto de la *Torá* son interpretaciones de ese único precepto, ama a tu prójimo como a ti mismo, no podría ser completado si no fuera por estas interpretaciones".

Debemos entender por qué cuando el converso le dijo en la lengua sagrada (el hebreo): "Enséñame la *Torá* completa mientras me sostengo sobre una pierna", *Hilel* no le respondió en la lengua sagrada, sino en el lenguaje de traducción (el arameo) y le dijo: "Aquello que odies, no se lo hagas a tu amigo".

Debemos entender que en la *Torá* está escrito: "ama a tu prójimo como a ti mismo", que es una *Mitzvá* afirmativa o "hacer", pero *Hilel* habló en términos negativos o "no hacer", ya que dijo: "Aquello que odies, no se lo hagas a tu amigo", que es una frase negativa.

En el libro *La Entrega de la Torá*, él explica la grandeza e importancia de la regla: "ama a tu prójimo como a ti mismo", ya que el propósito de la creación es hacer el bien a Sus creaciones, y que los creados sientan el deleite y placer sin ninguna carencia. Hay una regla que dice que **toda rama desea parecerse a su raíz**. Y como nuestra raíz es el Creador, quien creó a todas los creados, Él no tiene carencia o necesidad de recibir nada.

Por lo tanto, cuando los creados reciben de alguien, también se sienten avergonzados de sus benefactores. Por tanto, para que los creados no se sientan avergonzadas mientras reciben deleite y placer del Creador, se estableció el asunto del *Tzimtzum* (restricción) en los mundos superiores. Esto provoca que la abundancia superior esté oculta a nosotros, por lo que no sentimos el bien que Él ha ocultado, en la *Torá* y las *Mitzvot* que el Creador nos ha entregado.

Y a pesar de que estamos hechos para creer que los placeres corporales que vemos ante nosotros, y de los que el mundo entero siente su virtud y beneficio –es decir, todas los creados en este mundo persiguen devotamente placeres para obtenerlos– y, aun así, no hay sino una diminuta Luz en ellos, una iluminación muy pequeña comparada a la que se puede obtener al observar la *Torá* y las *Mitzvot*. Se escribe sobre ello en *El Zóhar* que la *Kdushá* (santidad) sostiene a las *Klipot* (cáscaras). Significa que si la *Kdushá* no le diera alimento a las *Klipot*, estas no serían capaces de existir.

Y hay una razón por la cual las *Klipot* deben existir ya que, al final, todo será corregido y entrará en la *Kdushá*. Esto le fue entregado a los creados para que lo corrijan, porque al estar bajo la influencia del tiempo, puede haber dos cuestiones dentro del mismo tema, aunque se encuentren opuestos el uno al otro. Sobre ello está escrito (*Introducción al Libro del Zóhar*, Artículo 25): "Por esta razón, existen dos sistemas, la '*Kdushá*', y '*ABYA* impuros', que son opuestos el uno al otro. Por lo tanto, ¿cómo puede la *Kdushá* corregirlos?"

Esto no es así con el hombre, que ha sido creado en este mundo. Como existe una cuestión de tiempo, estos (los dos sistemas) se encuentran en una persona, pero sólo uno a la vez. Y entonces hay una manera de que la *Kdushá* corrija la impureza. Es así porque hasta los trece años, una persona alcanza la voluntad de recibir que está en el sistema de impureza. Más adelante, a través de involucrarse en la *Torá*, comienza a obtener *Néfesh de Kdushá* y entonces es sustentado por el sistema de los mundos de la *Kdushá*.

Aun así, toda la abundancia que tienen las *Klipot*, las cuales reciben de la *Kdushá*, no es sino una Luz diminuta que cayó debido al rompimiento de las vasijas, y a través del pecado del árbol del conocimiento, por el que se crearon los *ABYA* impuros. Y, aun así, debemos creer, imaginar y observar cómo todos los creados persiguen esa diminuta Luz con todas sus fuerzas, y ninguno dice: "Me conformo con lo que he adquirido". Por el contrario, cada uno siempre desea añadir a lo que tiene, como nuestros sabios dijeron: "El que tiene cien, desea doscientos".

Y la razón es que no había perfección en ellos, ya que no había desde un principio perfección en ellos. Pero en la espiritualidad, la Luz Superior está vestida en todo lo espiritual. Entonces, cuando una persona alcanza alguna iluminación de espiritualidad, no puede decir si es en un grado pequeño o grande, ya que en lo espiritual, incluso el grado de *Néfesh de Néfesh*, que es una parte de la *Kdushá* –y, como el resto de la *Kdushá*, es perfección– hay integridad incluso en cada parte de esta. Esto es así porque los discernimientos de "grande" o "pequeño" en la Luz superior lo son de acuerdo al valor del receptor. En otras palabras, depende del nivel al que el receptor es capaz de obtener la grandeza e importancia de la Luz. Pero no hay cambio en la propia Luz en absoluto, como está escrito: "Yo, el Señor (*HaVaYaH*) no cambio" (como se explica en el *Prefacio a la Sabiduría de la Cabalá*, Artículo 63).

En consecuencia, surge allí una pregunta: "¿Por qué el mundo entero persigue esa diminuta Luz que brilla en los placeres corporales, mientras que para los placeres espirituales, que contienen la mayoría del deleite y placer, no vemos a nadie desear hacer esfuerzos tan grandes como los hacen por la corporalidad?" Sin embargo, los placeres corporales están en los *ABYA* impuros. De manera deliberada, no hubo restricción ni ocultación en esto, o el mundo no habría existido, ya que es imposible vivir sin placer.

Además, se extiende desde el propósito de la creación, que es hacer bien a Sus creaciones. Por lo tanto, sin placer no hay existencia en el mundo. Resulta que los placeres *debían* serles develados. Esto no es así con los añadidos es decir, con recibir deleite y placer por algo más que sustentar el cuerpo, que es el verdadero placer. Por ello hubo restricción y ocultación, para que ellos no vieran la Luz de vida que está revestida en la *Torá* y *Mitzvot*, antes de que una persona pudiera acostumbrarse a trabajar para otorgar, lo que se llama "equivalencia de forma". Esto es así porque **si la luz que está revestida en la *Torá* y las *Mitzvot* estuviera revelada, no habría lugar para la elección.**

En otras palabras, donde la Luz es revelada, el placer que uno sentiría al observar la *Torá* y las *Mitzvot* sería en la forma de recibir para uno mismo. Por consiguiente, no podría decir que está observando la *Torá* y las *Mitzvot* por orden del Creador, sino que, más bien, habría observado la *Torá* y las *Mitzvot* por el placer que siente en ellas. Mientras una persona siente placer en alguna trasgresión, puede calcular que ese placer es sólo una diminuta Luz, comparado con el verdadero gusto que hay en la *Torá* y las *Mitzvot*. Y cuán difícil es superar el deseo; y cuanto más grande es el deseo, más difícil es soportar la prueba.

Resulta que mientras se revela la inmensidad del placer en la *Torá* y las *Mitzvot*, una persona no puede decir: "Estoy haciendo esta *Mitzvá* porque es la voluntad del Creador", es decir, que quiere otorgar al Creador al observar Sus *Mitzvot*. Después de todo, sin el mandato del Creador, aun observaría la *Torá* y las *Mitzvot* por amor propio, y no porque quiera otorgarle al Creador.

Esta es la razón por la que se establece la restricción y la ocultación sobre la *Torá* y las *Mitzvot*. Y por esta razón el mundo entero persigue placeres corporales, en tanto que no tiene energía para los placeres en la

Torá y las *Mitzvot*, porque el placer no se revela por la razón antes mencionada.

Se deduce, por lo tanto, que con respecto a la fe, debemos asumir la importancia que hay en la *Torá* y las *Mitzvot* y, en general, creer en el Creador, y en que Él vigila a sus creados. Significa que la persona no puede decir que no está observando la *Torá* y las *Mitzvot* porque no siente la supervisión del Creador, en la que Él otorga abundancia a los creados, ya que aquí también debe creer, incluso si no lo siente.

Esto es así porque si él sintiera que Su supervisión es benevolente, ya no sería una cuestión de fe. Pero, ¿por qué el Creador lo hizo de manera que Le sirviéramos con fe? ¿No hubiera sido mejor si pudiéramos servir en un estado de conocimiento?

La respuesta es, como *Baal HaSulam* dijo, que la persona no debe pensar que el hecho de que el Creador quiere que le sirvamos con fe, es porque Él no puede iluminar sobre nosotros bajo la forma del conocimiento. Por el contrario, el Creador sabe que la fe es la mejor forma para que lleguemos a la meta, que se llama "Adhesión con el Creador", que es la equivalencia de forma. Mediante eso, tendremos el poder de recibir el bien, y a la vez, sin "el pan de la vergüenza", es decir, sin vergüenza. Esto es así porque la única razón por la que quiere recibir deleite y placer del Creador, es porque sabe que el Creador obtendrá placer de ello, y como desea otorgar al Creador, desea recibir deleite y placer de Él.

Así, vemos que el principal trabajo que debemos hacer, es lograr el propósito para el que el mundo fue creado –que es hacer el bien a Sus creaciones– y es **prepararnos para adquirir vasijas de otorgamiento.** Esta es la corrección para hacer que el obsequio del Rey sea completo, de manera que no sientan vergüenza en la recepción de los placeres. Y todo el mal en nosotros, nos aleja del bien que estamos destinados a recibir.

Se nos entregó el remedio de la *Torá* y las *Mitzvot* para adquirir esos *Kelim*. Este es el significado de lo que nuestros sabios dijeron en (*Kidushin*, 30) que el Creador dice: 'Creé la inclinación al mal, le creé la *Torá* como condimento', mediante la cual perderá todas las chispas de amor propio dentro de él y será recompensado con que su deseo sea sólo para otorgar satisfacción a su Hacedor.

En el ensayo *La Entrega de la Torá* (Artículo 13) él dice: "Hay dos partes en la *Torá*: 1) *Mitzvot* entre la persona y Dios, y 2) *Mitzvot* entre una persona y su amigo. Y ambos aspiran a lo mismo: llevar al creado a la meta final de Adhesión con Él".

Además, incluso la parte práctica de ambas partes es realmente la misma, para aquellos que observan la *Torá* y las *Mitzvot en Lishmá*, no hay diferencia entre las dos partes de la *Torá*, incluso en la parte práctica. Esto es porque antes de lograrlo, uno está obligado a sentir cualquier acto de otorgamiento –ya sea hacia otra persona o hacia el Creador– como un vacío incomprensible.

Como es este el caso, es razonable pensar que la parte de la *Torá* que trata de la relación del hombre con su amigo, tenga mayor capacidad de acercarle a uno a la meta deseada. Esto es porque el trabajo en *Mitzvot* entre la persona y Dios es fijo y específico, y no hay quién lo exija, y uno llega a acostumbrarse fácilmente, y todo lo que se hace por hábito ya no le es útil. Pero las *Mitzvot* entre las personas son cambiantes e irregulares, y las exigencias le rodean dondequiera que mire. Entonces, su poder para curar es mucho más cierto y su objetivo es más cercano".

Ahora entendemos por qué *Rabí Akiva* dijo sobre el verso: "Ama a tu prójimo como a ti mismo", que es "la gran regla de la *Torá*". Es porque lo importante es ser merecedor de Adhesión con el Creador, lo que se llama "una vasija de otorgamiento", es decir, equivalencia de forma. Y por ello fue entregado el remedio de la *Torá* y las *Mitzvot*, para que a través de este seamos capaces de salir del amor propio y llegar al amor a los demás, ya que **la fase uno es el amor entre una persona y su amigo, y luego podemos lograr el amor al Creador.**

Ahora podemos entender lo que preguntamos antes, por qué cuando el converso vino a *Hilel* y le dijo: "Enséñame la *Torá* completa mientras me sostengo sobre una pierna", *Hilel* no le respondió en el lenguaje sagrado (hebreo), tal como fue consultado, "Enséñame la *Torá* completa mientras me sostengo sobre una pierna", sino que le respondió en el lenguaje de la traducción (arameo): "Lo que odies, no se lo hagas a tu amigo" (la traducción de "ama a tu prójimo como a ti mismo"). Y hay aun más que entender, pues en la *Torá* está escrito, "Ama a tu prójimo como a ti mismo", que es una *Mitzvá* afirmativa (precepto de llevar a cabo alguna acción), mientras que él le respondió al converso en una lengua negativa: "No hagas", ya que le dijo: "Lo que odies, no se lo hagas a tu amigo".

Según lo que él explica sobre la importancia de la *Mitzvá*: "Ama a tu prójimo como a ti mismo", en su explicación de las palabras de *Rabí Akiva*, que dijo que "Ama a tu prójimo como a ti mismo" es la gran regla de la *Torá*, que específicamente esta *Mitzvá* tiene el poder de traerle a uno el remedio para llegar al amor por el Creador. Y, por esta razón, cuando el converso vino a *Hilel* y le dijo: "enséñame la *Torá* completa mientras me sostengo sobre una pierna", él deseaba decirle la regla: "Ama a tu prójimo como a ti mismo", como está escrito en la *Torá*. Sin embargo, él deseaba explicarle acerca de la grave transgresión llamada "difamación", que es incluso más dura que la *Mitzvá*: "Ama a tu prójimo como a ti mismo". Porque la *Mitzvá* "Ama a tu prójimo como a ti mismo" le da a uno el poder de superar y salir del amor propio, mediante lo cual sale del amor propio y puede lograr el amor por el Creador.

Por lo tanto, si él no se ocupa de la *Mitzvá* "Ama a tu prójimo como a ti mismo", está en un estado de "siéntate y no hagas nada" y no progresa en salir del dominio del amor propio, pero tampoco retrocede. En otras palabras, aunque no dio amor a los demás, tampoco retrocedió y no hizo nada para evocar el odio hacia los otros.

Pero si en cambio, difama a su amigo, al hacer eso, retrocede. No solo no se esfuerza en el amor por los demás, sino que incluso hace lo opuesto –se esfuerza en las acciones que causan odio al prójimo, al difamar a su amigo. Naturalmente, uno no difama a la persona que ama, porque eso separa los corazones. Por lo tanto, no deseamos difamar en contra de aquel a quien amamos, para no echar a perder el amor entre nosotros, ya que la difamación genera odio.

Resulta, por tanto, que la gravedad de la transgresión de la difamación es que **el amor al prójimo produce amor al Creador. Pero el odio al prójimo produce odio al Creador,** y no hay nada peor en el mundo que aquello que produce odio al Creador. Pero cuando una persona peca con otras trasgresiones y no puede superar su voluntad de recibir porque está inmersa en el amor propio, esto aun no le hace odiar al Creador. Por eso está escrito acerca del resto de las trasgresiones: "Yo soy el Señor, que habita con ellos en medio de su impureza". Pero con respecto a la difamación, con esta acción se convierte en aquel que odia al Creador, que es lo opuesto al acto del amor por los demás.

Ahora podemos entender las palabras de *Rabí Yojanán* en el nombre de *Rabí Yosi Ben Zimra*: "Cualquiera que difama, es como si cometiese la mayor herejía". ¿Acaso la difamación le hace a uno cometer la mayor herejía? Sin embargo, como le provoca odiar al Creador, está cometiendo herejía contra lo esencial que es el propósito de la Creación, el cual es hacer el bien. Y vemos que alguien que hace bien a otro y le da cada vez más placer y deleite, ciertamente le ama. Pero cuando una persona difama, esto le conduce a odiar al Creador. Por lo tanto, esta persona niega el mismo propósito de la creación, que es hacer el bien.

Ahora también podemos entender lo que preguntamos sobre lo que *Rav Jasda* dijo en nombre del señor *Ukva*: "Cualquiera que difama, el Creador dice: 'Él y Yo no podemos morar en el mundo'". ¿Es posible que la difamación pueda causar que el Creador no habite en el mundo con él?

Como dijimos antes, el que difama se convierte en alguien que odia al Creador. Como en la corporalidad, una persona puede estar en una casa con muchas personas y aun así ser indiferente hacia si son buenas personas o no. Pero cuando ve al que le odia allí, de inmediato huye de ese sitio, porque no puede estar en una misma habitación con alguien que lo odia. De manera similar, decimos que si uno se convierte en alguien que odia al Creador, el Creador no puede morar con él en el mundo.

Podríamos argumentar: "Pero uno que roba algo a su amigo, también provoca el odio en su amigo, pues cuando aquel que fue robado descubre que el otro le robó, verá que es él quien le odia" O podríamos decir que incluso si no llegara a saber quién le robó, el propio ladrón –en lugar de dedicarse al amor por los demás, se embarca en un acto opuesto, en el odio hacia los otros, con lo cual llega a encontrarse más inmerso en el amor propio. Y, aun así, no dicen que robar sea tan malo como difamar. También significa que hurtar no es tan grave como difamar.

La respuesta debe ser que aquel que se ocupa de hurtar o robar no hurta o roba por odio. La razón es que siente amor por el dinero o por artefactos importantes y que por eso hurta o roba y no por odio, Dios no lo permita. Pero en cuanto a la difamación, no es por alguna pasión, sino sólo por odio.

Es como dijo *Rish Lakish* (*Arajín* 15): "*Rish Lakish* dijo: '¿Por qué está escrito: 'Si la serpiente muerde sin susurrar, no hay ventaja para el de la lengua?' En el futuro, todos los animales irán a la serpiente y le dirán: 'El león caza y come; un lobo caza y come. Pero tú, ¿qué placer obtienes?' Ella les dice: '¿Y cuál es la ventaja del de la lengua?'"

RaShI interpreta: "'Un león caza y come', todo el que daña a las personas obtiene como resultado placer. El león caza y come. Él come de lo que está vivo. Y si un lobo caza, mata primero y luego come. Él obtiene placer, pero tú, ¿cuál es el placer que obtienes al morder a las personas? La serpiente respondió: '¿Y cuál es la ventaja del de la lengua? Uno que difama, ¿qué alegría siente? De manera similar, cuando muerdo, no obtengo ningún placer'".

Con lo dicho antes, podemos ver que hay una diferencia entre dañar personas porque él obtiene placer, como el león y el lobo, que no tienen ningún deseo de dañar porque odien a las personas, sino por deseo, ya que obtienen placer de las personas. Así pues, la razón por la que dañan a otros es sólo por deseo.

Esto no es así con la difamación. Uno no recibe ninguna recompensa por ello, sino que es un acto que causa el odio hacia las personas. Y conforme a la regla "Ama a tu prójimo como a ti mismo", que dice que del amor al hombre se llega al amor al Creador, se deduce que del odio a las personas uno llega al odio al Creador.

De igual forma, encontramos estas palabras (*Brajot* 17ª): "'El temor del Señor es el comienzo de la sabiduría; tienen una buena comprensión todos aquellos que lo hacen'. No dijo 'Que hacen' sino 'Que lo hacen', aquellos que hacen *Lishmá* (en Su beneficio) y no aquellos que hacen *Lo Lishmá* (no en Su beneficio). Y cualquiera que hace *Lo Lishmá*, sería mejor para él que no hubiera nacido. En el *Tosfot*, pregunta: 'Y si citaras a: ´*Rav Yehudá* dijo: '*Rav* dijo: 'Uno debe siempre ocuparse en la *Torá* y las *Mitzvot*, hasta en *Lo Lishmá*, y de *Lo Lishmá* vendrá a *Lishmá*'". Debemos decir: 'Aquí estamos tratando con alguien que estudia solo para molestar[5] a sus amigos, y allí trataba sobre alguien que estudia para ser respetado'".

Debemos entender la respuesta del *Tosfot*, cuando dice que debemos distinguir entre *Lo Lishmá*, para molestar, y *Lo Lishmá*, para ser respetado, es decir, para ser llamado "*Rabí*", etc. Debemos entenderlo conforme a la regla que *Rabí Akiva* dijo: "ama a tu prójimo como a ti mismo es la gran regla de la *Torá*". Por lo que explica en el ensayo, *La Entrega de la Torá*, es porque a través de esta *Mitzvá* adquirirá el amor a los otros, y desde eso después llegará al amor al Creador.

Por lo tanto, resulta que uno debe tratar de salir del amor propio, y entonces será capaz de ocuparse en la *Torá* y las *Mitzvot Lishmá*, es decir, para otorgar y no para su propio beneficio. Y esto se logra por observar la *Torá* y las *Mitzvot*. De esta forma, **mientras no salga del amor propio, no puede ocuparse en Lishmá. Y a pesar de que esté comprometido con el amor propio, existe poder al observar la *Torá* y las *Mitzvot* con el fin de salir del amor propio y de ahí, posteriormente, llegar al amor por el Creador, en cuyo momento hará todo para otorgar.**

---

5. O También burlarse con el fin de irritar

Alcanzar *Lishmá* es posible sólo cuando se dedica a la *Torá* y las *Mitzvot* para ser respetado. Es decir, está estudiando pero aun no puede trabajar en beneficio de los otros, ya que no ha adquirido la cualidad del amor por los demás. Entonces, el dedicarse a la *Torá* y las *Mitzvot* le ayudará a lograr la cualidad del amor a los demás.

Pero cuando estudia para molestar, que es un acto opuesto al amor por los demás, pues observa la *Torá* y las *Mitzvot* debido al odio por los otros, lo cual es "con el fin de molestar", ¿cómo pueden dos opuestos encontrarse en el mismo portador? Esto es, se dice que la *Torá* ayuda a lograr el amor por los demás cuando él lleva a cabo un acto de otorgamiento –aun cuando la intención es recibir un privilegio, la *Torá* también lo asiste con la intención de obtener el deseo de otorgar. Pero aquí él se dedica a lo diametralmente opuesto, a odiar a los demás. ¿Cómo puede eso originar el amor por los otros?

Es como dijimos acerca de la distinción entre un ladrón o timador y un difamador. Los ladrones y timadores aman el dinero, el oro, y otros objetos importantes. No tienen ningún tema personal con el propio individuo. En otras palabras, los ladrones y los timadores no piensan o consideran a la persona misma, sino que enfocan sus pensamientos en cómo pueden obtener más dinero fácilmente, y que la dificultad para que la policía los exponga como el ladrón o el timador sea mayor. Pero nunca piensan en la propia persona.

Con la difamación, sin embargo, él no tiene en consideración el acto mismo cuando difama. Más bien, su única motivación es humillar a su amigo ante los ojos de las personas. Por lo tanto, su única motivación es el odio. Porque es una regla, que uno no difama contra aquel a quien ama. Por lo tanto, es específicamente la difamación lo que causa el odio a los demás, que, en consecuencia, conduce al odio al Creador. Por esta razón, la difamación es una transgresión muy grave, que realmente trae la destrucción al mundo.

Ahora explicaremos la medida de la difamación –cómo y cuánto se considera difamación, si una palabra o frase que se dice sobre el amigo se considera como difamación. Encontramos esta medida en la respuesta de *Hilel* al converso: "Lo que odies, no se lo hagas a tu amigo". Significa que cualquier palabra que quieras decir acerca de tus amigos, observa y considera si odiarías que se dijera esto de ti. En otras palabras, si tú no hallas ningún placer por esas palabras: "No se lo hagas a tu amigo".

Por lo tanto, cuando uno desea decir algo acerca de su amigo, debe pensar inmediatamente: "¿Si se dijera esto de mí, odiaría esas palabras?" "No se lo hagas a tu amigo", como *Hilel* dijo al converso. De aquí debemos aprender la medida de difamación que está prohibido decir.

Y con lo dicho antes podemos entender por qué *Hilel* habló al converso en el lenguaje de traducción y no en la lengua sagrada (el hebreo), lo mismo que el converso, que le dijo (en hebreo): "Enséñame la *Torá* completa mientras me sostengo sobre una pierna". En cambio, él habló en el idioma de traducción, es decir, que lo que le dijo fue: "Lo que odies, no se lo hagas a tu amigo" (en arameo), lo cual es la traducción de "ama a tu prójimo como a ti mismo".

Primero, debemos entender lo que el lenguaje de traducción implica para nosotros. El *ARÍ* dijo (*Talmud Eser Sfirot*, Parte 15, pág. 1765): "'Y el Señor Dios le provocó un sueño profundo', es la traducción en *Guematria* (*Tardemá* [sueño] = *Targum* [traducción]), y es considerado *Ajoraim* (posterior)". Significa que la lengua sagrada (hebreo) se llama *Panim* (anterior) y la traducción (arameo) se llama *Ajoraim*.

Panim significa algo que ilumina o algo completo. *Ajor* (atrás) significa algo que no está iluminando o que es incompleto. En la lengua sagrada, que se llama *Panim*, escribe: "ama a tu prójimo como a ti mismo", que es la perfección o integridad, ya que, a través del amor al prójimo, uno logra el amor al Creador, que es la meta en su totalidad, porque la persona debe lograr Adhesión, como está escrito: "Y apegarse a Él".

Pero de la traducción de "ama a tu prójimo como a ti mismo" que *Hilel* le dijo: "Lo que odies, no lo hagas a tu amigo", debemos decir que se relaciona con la difamación, la cual forma parte de "no hacer" (o *Mitzvot* de "no hacer"), pues la difamación está prohibida porque trae el odio y, a partir de eso, uno puede llegar al odio al Creador. Sin embargo, esto aun no es considerado perfección porque al no difamar, uno aun no logra el amor por los otros, y del amor por los otros llegará a la perfección, llamada Adhesión con el Creador.

Sin embargo, por eso la difamación es peor, porque no sólo no se ocupa del amor por los demás, sino que hace lo opuesto: se dedica al odio por los demás. Por esta razón, cuando se enseña al colectivo a comenzar el trabajo, primero se les enseña a no arruinar y dañar a los demás. Esto se llama "No hacer". De otra manera, estás dañando al colectivo al hacer cosas dañinas.

Por eso *Hilel* sólo le dijo al converso que vino hasta él la traducción de "ama a tu prójimo como a ti mismo":

1) Porque es más dañino cuando difamas, porque causas odio, que es lo opuesto al amor por los demás.

2) Porque es más fácil de cumplir, porque sólo se trata de "sentarse y no hacer". Pero "Ama a tu amigo" es "Levántate y haz", y la persona tiene que emprender acciones para cumplir con el amor por los amigos.

Sin embargo, más adelante hay excepciones: las personas que desean ser siervas del Creador personalmente. A esas personas se le dice el asunto de "Ama a tu prójimo", que es la regla que dijo *Rabí Akiva*, como se mencionó anteriormente, el amor por los otros puede llevarlo a lograr el amor al Creador. Esta es la meta principal –que uno tenga vasijas de otorgamiento y que en esas vasijas sea capaz de recibir el deleite y placer, que es el propósito de la creación, hacer el bien a Sus creados.

Y de ahí surgen dos métodos en la educación:

Enfocar el estudio en no difamar porque es la peor transgresión.

Enfocar la educación en "Ama a tu prójimo", ya que esto llevará a la persona al amor por los demás, y del amor por los demás llegará al amor por el Creador, y del amor al Creador podrá entonces recibir el propósito de la creación –hacer el bien a Sus creaciones. Esto es porque él tendrá ya las vasijas adecuadas para recibir la abundancia superior, ya que tendrá vasijas de otorgamiento, que ha obtenido mediante el amor por los demás. Y entonces no habrá lugar para la difamación.

Con respecto a la difamación, *El Zóhar* dice: que la difamación que dijo la serpiente a la mujer causó la muerte en el mundo. Y dice que la espada que lo consume todo está lista para cualquiera que tenga una espada en su lengua, es decir, para quien difama. Y *El Zóhar* concluye: "Como está escrito: 'Esta será la ley del leproso', porque las lesiones provienen de la difamación". Resulta que él comenzó con muerte y terminó con lesiones, lo que significa que sólo las lesiones llegan y no la muerte. Ciertamente, hay explicaciones en el sentido literal. Pero, en el trabajo, debemos interpretar que las lesiones y la muerte son una y la misma cosa. En otras palabras, el propósito del trabajo es lograr Adhesión con el Creador, adherirse a la Vida de Vidas. Mediante eso, tendremos vasijas adecuadas para la recepción del deleite y del placer, que se encuentra en el propósito de la creación, el hacer bien a Sus creaciones. Y, a través de la difamación, él se convierte en alguien que odia al Creador, y no hay separación más grande que esa. Y ciertamente, por ello se separa de la Vida de Vidas.

De esto se deduce que donde debió recibir deleite y placer del Creador, él recibe lo opuesto. En otras palabras, en lugar de placer, se convierte en lesión (en hebreo, *Oneg* "placer" y *Néga* "lesión" contienen las mismas letras). Este es el significado de que a través de la difamación vienen las lesiones en lugar de los placeres. Y también es el significado de "Los malvados, en sus vidas, son llamados 'muertos'", ya que están separados de la Vida de Vidas. Resulta que en el trabajo, tanto la muerte como las lesiones son la misma cosa. En otras palabras, si uno se adhiere a la Vida de Vidas, recibe la abundancia y placer de Él. Y si es al contrario y llega a separarse de Él, entonces se llena de lesiones, cuando debería estar lleno de placeres.

Con lo dicho anteriormente, podemos interpretar lo que dijeron (*Arajin* 15): "En el Oeste dicen: Hablar de un tercero mata a tres: mata al que habla, al que recibe, y a aquel de quien se dice". Conocemos las palabras de nuestros sabios: "La *Torá*, *Israel*, y el Creador son uno". Significa, como está explicado en el libro *Pri Jajam* (*El fruto del Sabio* Parte Uno pág. 65), que *Israel* es aquel que desea adherirse al Creador. Él logra esto a través de los 613 *Mitzvot* de la *Torá*, momento en el que cual es recompensado con la *Torá*, que son los nombres del Creador. Y entonces todo se vuelve uno. Resulta que uno que difama causa la muerte de tres: 1) el que dice; 2) el que recibe; 3) aquel de quien se dice.

Los tres discernimientos deben hacerse entre una persona y su amigo.

Sin embargo, entre una persona y el Creador también está el asunto de la difamación, como se menciona respecto a "La *Torá*, *Israel*, y el Creador son uno". Cuando una persona viene y lee en la *Torá*, y ve todas esas cosas buenas que el Creador nos prometió al observar la *Torá*. Por ejemplo, está escrito: "Porque esta es tu vida", y también está escrito: "Son más deseables que el oro, y que el oro más fino; también más dulce que la miel y que el goteo del panal", y otros versos semejantes. Si una persona no es merecedora y no lo siente, esto se llama "difamar al Creador".

De esto resulta que aquí se deben hacer tres discernimientos:

1) La persona que difama; 2) la *Torá*; 3) el Creador.

Cuando una persona lee en la *Torá*, y si no fuera merecedora, no ve el deleite y el placer que está revestido en la sagrada *Torá* y deja de estudiar la *Torá* porque dice que no encontró ningún sentido en ello. Por lo tanto, al hablar así de la *Torá*, está difamando al Creador.

Resulta que él mancilla tres cosas: la *Torá*, *Israel*, y el Creador. En donde uno debe esforzarse por hacer la unificación, de "Son uno" –de que todos brillarán, es decir, que el discernimiento de *Israel* obtendrá la unificación de que toda la *Torá* está conformada con los nombres del Creador- él provoca ahí la separación a través de la difamación.

Eso sucede, porque una persona debe creer por encima de la razón que lo que la *Torá* nos promete es verdad, y que la única falla está en nosotros -que aun no somos aptos para recibir el deleite y el placer, llamado "la luz oculta" o "los sabores de la *Torá* y las *Mitzvot*", como está escrito en *El Zóhar* que toda la *Torá* está conformada por los nombres del Creador.

Para obtener eso, necesitamos vasijas de otorgamiento, tener equivalencia de forma entre la Luz y el *Kli* (vasija). Obtener las vasijas de otorgamiento se logra a través del amor por los amigos. Es como dijo *Rabí Akiva*: "ama a tu prójimo como a ti mismo, es la gran regla de la *Torá*", porque a través de ella llegamos al amor por los demás, y a través del amor por los demás llegamos al amor al Creador y al amor por la *Torá*. La *Torá* es llamada "un obsequio", y los obsequios se dan a los seres amados. Lo opuesto de eso es la difamación, que causa odio entre las personas, y odio al Creador, como dijimos antes.

Ahora podemos entender lo que dijeron nuestros sabios sobre la difamación: "Lo que dice un tercero mata a tres: mata al que dice, al que recibe, y a aquel de quien se dice". *RaShI* interpreta que debido al odio, se provocan el uno al otro y se matan entre sí. Podemos entender que esto aplica entre una persona y su amigo, pero, ¿cómo se aplica entre una persona y el Creador?

Cuando una persona lee en la *Torá* y le dice a la *Torá* que no ve ni siente el deleite y el placer, que el Creador dijo que está impartiendo al pueblo de *Israel*, está difamando al Creador. Aquí hay tres temas: La persona que dice, el receptor, es decir, la *Torá*, y aquel de quien se dice, es decir, el Creador. Y como cuando una persona se dedica al amor por los demás, obtiene el amor al Creador y el amor a la *Torá*, en ese estado, el Creador le imprime vida, como está escrito: "Porque contigo está la fuente de vida". Esto es del lado de Adhesión como está escrito: "Y ustedes que se adhieren".

En ese estado, uno es merecedor de la ley de la vida. Pero, a través de la difamación, la vida que proviene del Creador, que debía estar recibiendo, queda restringida. Por lo tanto, 1) Deja de recibir vitalidad de la *Torá* –en donde debió haber sentido la *Torá* de la vida, 2) Él mismo se queda sin vida, y esto se considera como que se le da muerte; y 3) la vida se detiene desde tres lugares. Y, a través del amor por los otros, la vida fluye desde dos lugares y él es el receptor de la vida.

La severidad de la prohibición de enseñar la *Torá* a los idólatras
Artículo N° 17, 1986/87

Nuestros sabios dijeron (*Hagigá* 13): "*Rav Ami* dijo: 'Las palabras de la *Torá* no deben transmitirse a los idólatras, como está escrito: 'Él no lo ha pactado con otras naciones; y estas no deberán conocer Sus decretos'". En el *Sanhedrín* (59), *Rabí Yojanán* dijo: 'Un idólatra que se dedica a la *Torá* debe morir, como está escrito: 'Moisés nos ordenó una ley, como herencia'. Nosotros somos los herederos, y no ellos'".

La *Guemará* pregunta: "*Rabí Meir* dice: '¿Cómo es eso? Después de todo, incluso un idólatra que se dedica a la *Torá* es como el *Cohen Hagadol* (sumo sacerdote), tal como está escrito: 'Los hará el hombre y vivirá en ellos.'. No dijo 'sacerdotes', 'levitas' o 'israelitas', sino 'la persona'. Significa que incluso un idólatra que se dedica a la *Torá* es como el sumo sacerdote'".

Debemos entenderlo en el trabajo, según la regla de que en el trabajo, aprendemos toda la *Torá* dentro de una sola persona. *El Zóhar* dice que cada persona es un pequeño mundo en sí misma. Significa que lo conforman las setenta naciones del mundo. Por lo tanto, ¿a qué se le llama Israel y a qué se le llama "idólatras" dentro de una sola persona?

Otra pregunta acerca de las palabras de Rabí Meir es que él aporta evidencia del verso: "Los hará el hombre y vivirá en ellos.". Después de todo, Rabí *Shimon* dice: "un hombre se refiere a Israel", y aporta como evidencia el verso: "Tú te llamas 'hombre', y no las naciones del mundo". Por lo tanto, ¿cómo aporta Rabí Meir evidencia de la palabra "hombre" en referencia a los idólatras? El Tosfot desea explicar en el Sanedrín que hay una diferencia entre "hombre" y "El Hombre".

Rashi interpreta que no debería haber un mal entendido acerca Rabí Shimon, quien dice: "Hombre significa Israel". Es simple, él no difiere de Rabí *Shimon* que un hombre signifique específicamente Israel. Además, debemos entender la gran disparidad que existe entre Rabí Yojanán y Rabí Meir, pues Rabí Yojanán dice: "Un idólatra que se dedica a la *Torá* debe morir", y según Rabí Meir, él no es como alguien común de Israel, sino como el sumo sacerdote. ¿Acaso puede ser que sea más grande que alguien común de Israel?

El Zóhar dice (*Ajarei*, p. 103; Comentario *Sulam*, Artículo 289): "Rabí Elazar preguntó a Rabí Shimon, su padre. Está escrito: 'Él no ha pactado **con ninguna nación**'. Sin embargo, debemos preguntar sobre ello, puesto que está escrito: 'Él manifiesta Su palabra a *Jacob*', ¿por qué dice: 'Sus leyes y Sus decretos para **Israel**'?" Esto tiene un doble sentido. Y dado a que la *Torá* es La oculta, La elevada, La preciada, y es Su Nombre explícito, por ello la *Torá* es completamente oculta y revelada a la par, es decir, en ella hay ocultismo y revelación relacionado a Su Nombre.

Por lo tanto, Israel está en dos grados, oculto y revelado. Aprendimos que tres son los grados que conectan lo uno a lo otro:

1) el Creador,
2) la *Torá*,
3) Israel.

Por eso está escrito: "Él manifiesta Su palabra a *Jacob*, Sus leyes y Sus decretos a Israel". Hay dos grados. Uno está revelado: el grado de *Jacob*, y uno está oculto, el grado de Israel. ¿Y qué sugiere el texto con eso? Él responde: "Cualquiera que está circuncidado y está inscrito en el sagrado Nombre, es entregado a las cosas reveladas de la *Torá*". Este es el significado de lo que está escrito: "Él manifiesta Su palabra a *Jacob*".

Sin embargo: "**Sus leyes y Sus decretos a Israel**" **está en un grado más elevado. Por lo tanto, "Sus leyes y Sus decretos a Israel", son los secretos de la Torá. Las leyes de la Torá y los secretos de la Torá no deben ser revelados salvo a aquellos que están en un grado elevado más apropiado. Y como Israel lo está, es decir, que ellos revelan la Torá sólo a aquel que está en un grado elevado, entonces con las naciones idólatras es mucho más estricto.**

En el Artículo 303, está escrito: "Ven y ve que lo primero de la *Torá* que se imparte a los infantes es el alfabeto. Esto es algo que las personas en el mundo no pueden llegar a alcanzar en su entendimiento ni evocarlo en su deseo". Para entender lo dicho antes, primero necesitamos saber lo que es Israel, y qué es un idólatra en el trabajo.

Nuestros sabios dijeron acerca del verso (*Shabat* 105b): "No debe haber un dios extraño dentro de ti, ni te postrarás ante un dios extraño". ¿Cuál es el dios extraño en el cuerpo del hombre? Es la inclinación al mal. Significa que a un idólatra se le llama "la inclinación al mal". De esto se deduce que cuando hablamos de un sólo cuerpo, entonces la adoración de ídolos, que se denomina "un dios extranjero" o "un dios extraño", está enteramente dentro del hombre. En consecuencia, debemos discernir la idolatría en la propia persona, que es la inclinación al mal, y el discernimiento de Israel, que es la inclinación al bien.

Sin embargo, debemos entender por qué esta inclinación, que lo tienta a uno a deleitarse y a disfrutar la vida, se llama el "mal". Después de todo, le dice a una persona: "Si me escuchas, disfrutarás de la vida". Por consiguiente, ¿por qué se denomina "inclinación al mal" o "un dios extraño"? Igualmente, ¿cuál es la conexión entre la idolatría y la inclinación al mal, y por qué se le llama "Divinidad" y es alabada y reverenciada como cuando se sirve a la idolatría?

Se sabe que hay dos reyes en el mundo:
1) El Rey de reyes,
2) Un rey anciano y necio, es decir, la inclinación al mal.

También se le llama "dos autoridades":
1) La autoridad del Creador,
2) La autoridad de la persona.

Nuestros sabios dijeron que cuando nace una persona, nace inmediatamente con la inclinación al mal, tal como está escrito: "El pecado acecha a la salida". *El Zóhar* nos dice, que significa que tan pronto como sale del vientre, la inclinación al mal viene a él. En el trabajo, debemos interpretar que, inmediatamente, desde el día que nace, él trabaja y sirve con toda devoción, a la inclinación al mal que se encuentra en él.

Sin embargo, se sabe que la inclinación al mal es sólo el deseo de recibir dentro de la persona, como se explicó en la *Introducción al Libro del Zóhar*. Y en cuanto uno nace, su único propósito es servir al deseo de recibir. Significa que todos sus sentidos se enfocan en cómo servir al rey anciano y necio. Además, se postra ante él, y postrarse significa que subyuga su razón y su mente ante él.

Esto significa, que a pesar de que algunas veces, él escucha que se debe servir al Rey de reyes, y algunas veces, la mente y el corazón le obligan a entender, que la razón por la que nacimos no es para servir al deseo de recibir. Y, aun así, él subyuga ese punto de vista y dice: "Aunque la lógica me muestra que no conviene trabajar y servir al deseo de recibir toda mi vida, sino que lo que conviene es servir al Creador, voy por encima de la razón. En otras palabras, el cuerpo me dice: 'Olvida todo lo que has recibido de los libros y autores, acerca de que debes servir al Creador. Sino que como antes también ahora, no te rebeles contra tu deseo de recibir, sino que sírvelo con tu corazón y alma'".

Resulta que la persona reverencia (o también "se inclina ante") el deseo de recibir, porque subyugar a la razón se denomina "reverencia". Y esto se considera como que la persona está sirviendo a un **dios extraño**, que es extraño a la *Kdushá* (santidad). También es llamado "un dios extranjero", porque él es un extranjero para la *Kdushá*.

En ese momento, la persona que lo sirve es llamada "extranjera" o "idólatra", y este es el dios extraño en el cuerpo de un hombre. En otras palabras, el dios extraño no es algo externo, es decir, que él esté sirviendo a alguien fuera de su propio cuerpo. Existe el pensamiento de que esto es, de hecho, lo que se considera cometer idolatría. Más bien, **al servir y trabajar para su cuerpo, llamado "el deseo de recibir", que se encuentra dentro del cuerpo de la persona, a esto es a lo que se le denomina que él está cometiendo idolatría, y a esa persona se le llama un "extranjero" o un "idólatra"**.

Esto es así porque él no pertenece a la *Kdushá*, ya que *Kadosh* (sagrado) se le llama al Creador, como está escrito: "Tú serás sagrado porque Yo, el Señor, soy sagrado". Esto significa: "Estarán segregados" (como está dicho en el Artículo N° 16, 1986/87), ya que el Creador es el otorgante, y para tener Adhesión con Él, lo que se llama "equivalencia de forma", la persona debe ser también un otorgante, y a *esto* se le llama *Kdushá* (santidad).

Por lo tanto, se deduce que aquel que sirve y trabaja para el deseo de recibir, y lo transforma en lo esencial, es decir, que lo hace su dios. Y solo a él desea servir, con su corazón y su alma, y en todo lo que hace, incluso en un acto de otorgamiento, él ni siquiera considera el acto de otorgamiento, excepto que sea en beneficio placentero para su deseo de recibir. En ese caso, no distrae su enfoque de ello, sino que se aferra a su fe, que lo obliga a servir solo a ese deseo.

Incluso cuando su mente lo obliga a entender que no conviene servirlo, él aun no tiene el fuerza para traicionar a su dios, al que ha estado sirviendo desde el día que nació. Por eso se llama "fe", ya que está sirviendo a su voluntad de recibir por encima de la razón. Y no hay razón en el mundo que pueda apartarlo y separarlo de su Adhesión, a la que está apegado desde el día que nació. **A esto se le llama "un gentil" o "un extranjero".**

Israel significa lo opuesto a un dios extraño, es decir, *Yashar-El* (directo a Dios). Significa que su única intención es que todo sea **directo al Creador**. En otras palabras, su único pensamiento y deseo es llegar directamente a la adhesión con el Creador, y no quiere escuchar la voz de el deseo de recibir. Él dice que el nombre que le fue dado al deseo de recibir, "inclinación al mal", es acertado porque le produce solo daño.

En otras palabras, cuanto más trata de satisfacer su deseo, de manera que no obstruya en su trabajo, ya que él quiere ser un siervo del Creador, es al contrario. Es decir, él se asegura constantemente de darle lo que este le exige, y se lo da porque piensa que mediante eso, dejará de molestarlo. Pero entonces vemos exactamente lo opuesto: en realidad, este receptor se fortalece al satisfacer sus necesidades, es decir, se vuelve incluso más malvado.

Y ahora él ve cuán acertados fueron nuestros sabios cuando dijeron (*Bereshit Rabá* 25, 8): "No hagas el bien al malvado", es decir, no hagas el bien a una mala persona. Es lo mismo para nosotros, que aprendemos todo en una sola persona. El significado será que está prohibido hacer el bien a el deseo de recibir, que es la inclinación al mal, ya que como resultado de cualquier bien que la persona le hace, este tiene más fuerza para dañarlo después. Y esto se llama "devolver un favor con mal". Y son idénticos como dos gotas de agua, es decir, **en el grado en que le sirva, así es su poder para dañarlo**.

Sin embargo, uno debe siempre recordar cuál es el mal que le causa el receptor. Por eso uno siempre debe recordar el propósito de la creación –hacer el bien a Sus creaciones– y creer que el Creador puede impartir deleite y placer ilimitados. Está escrito acerca de eso (*Malaji* 3:10): "'Y ahora ponme a Mí a prueba en esto', dice el Señor de los ejércitos, 'Si no abro para ustedes las chimeneas del cielo y vierto sobre ustedes una bendición hasta que sobreabunde'".

La razón por la que una persona no siente el deleite y el placer que el Creador desea dar, es por la disparidad de forma entre el Creador, que es el otorgante, y el receptor. Esto produce vergüenza en el momento de la recepción del deleite y placer. Para evitar el pan de la vergüenza, hubo una corrección, llamada *Tzimtzum* (restricción) –no recibir a menos que sea para otorgar satisfacción al Hacedor. Esto se llama "equivalencia de forma", como nuestros sabios dijeron: "Así como Él es misericordioso, tú eres misericordioso".

Significa que así como el Creador es el otorgante y no hay ninguna recepción en Él –porque de quién recibiría Él– también el hombre debe esforzarse por llegar al grado de no querer trabajar para sí mismo, sino mantener todos sus pensamientos y deseos en complacer a su Hacedor. Y entonces recibe los *Kelim* (vasijas) adecuados para la recepción de la abundancia superior, que es el nombre general para el deleite y el placer que el Creador deseó dar a los creados.

En general, la abundancia se divide en cinco discernimientos, llamados *NaRaNJaY*. Algunas veces se llaman *NaRaN*. Además, la abundancia superior puede ser simplemente llamada *Neshamá* (alma), y el receptor de la *Neshamá* se llama *Guf* (cuerpo), pero esos no son nombres fijos, sino que dependen del contexto.

Por lo tanto, ¿qué es lo que obstruye la recepción del mencionado deleite y placer? Es sólo el deseo de recibir. Obstruye y no nos deja salir de su autoridad, llamada "recepción con el fin de recibir". Sobre este discernimiento ocurrió el *Tzimtzum* –a fin de corregir las vasijas de recepción para que sean para otorgar, en cuyo momento él será similar al otorgante. Y aquí hay equivalencia de forma, llamada Adhesión. En ese momento, a través de la *Dvekut* con el Creador, una persona se considera "viva", ya que está adherida a la "Vida de Vidas". Y mediante el receptor que hay en él, se separa de la Vida de Vidas. Por eso nuestros sabios dijeron: "Los malvados, durante sus vidas, son llamados ´muertos´".

Por lo tanto, queda claro quién nos está obstruyendo de que se nos dé la vida: es sólo el receptor en nosotros, y debemos determinarlo a través del cálculo antes mencionado. Resulta que esta es la causa de todos los problemas y aflicciones que sufrimos en la vida. Claramente, el apodo "inclinación al mal", le queda bien, ya que es lo que causa todos nuestros males.

Imaginemos a una persona enferma que quiere vivir. Y solo hay una cura que puede salvar su vida, mediante la cual será recompensada con la vida; de lo contrario, tendrá que morir. Y hay una persona que le está impidiendo tener esta medicina. Claramente, a esta persona se le llama "malvada". Es lo mismo para nosotros. Cuando uno aprende, que sólo a través del deseo de otorgar es posible ser recompensado con la vida espiritual, que es allí en donde se encuentran el deleite y el placer verdaderos, y que esta voluntad de recibir es lo que le impide recibirlos, ¿de qué forma debemos verlo? Desde luego, debemos verlo como el ángel de la muerte. Es decir, ¡es el causante de que no se nos conceda la vida!

Cuando una persona llega a darse cuenta de esto –que nuestro receptor es el mal en nosotros –desea ser "Israel". Es decir, no quiere cometer idolatría, que es la inclinación al mal en el cuerpo de la persona, sino que desea arrepentirse de todo el tiempo en que ha cometido idolatría, y desea ser un siervo del Creador. En ese estado, cuando desea salir del dominio de la inclinación al mal, ¿qué debe hacer?

Para eso, existe la respuesta que nuestros sabios dijeron (*Kidushin* 30b): "Así dice el Creador a Israel: 'Hijos míos, creé la inclinación al mal, y creé la Torá como condimento. Si ustedes se dedican a la *Torá*, no serán entregados en su mano', como está escrito: 'Si haces el bien, te elevarás' Y si no se dedican a la *Torá*, serán entregados en su mano, como está escrito: 'El pecado acecha a la puerta'". En otras palabras, sólo por medio de la dedicación a la *Torá*, se obtiene el poder, de salir del dominio de la inclinación al mal y entrar en la *Kdushá*.

Se deduce, por tanto, que uno que se ocupe de la *Torá* –cuando hablamos del trabajo– **el propósito del estudio debe estar claro para una persona, es decir, la razón por la cual se dedica a la *Torá***. Esto es así porque hay dos cosas opuestas en la *Torá*, como dijeron nuestros sabios (*Yoma* 72b): "*Rabí Yehosha Ben Levi* dijo: 'está escrito: 'Y esta es la ley que Moisés estableció' Si es merecedor, se convierte en una poción de vida para él. Si no es merecedor, se convierte en una poción de muerte para él'. Por esta razón, cuando una persona se ocupa en la *Torá*, debe ver que la *Torá* no lo lleve a la muerte".

Sin embargo, es difícil entender cómo puede existir tal distancia entre ser merecedor y no ser merecedor, hasta el punto que dicen que si no es merecedor de dedicarse a la *Torá*, se convierte en una poción de muerte para él. ¿No sería suficiente con que no fuera recompensado? ¿Por qué es incluso peor que aquel que no se dedicó a la *Torá* en absoluto? Es decir, una persona que no se dedicó a la *Torá* no tiene una poción de muerte, y una que se dedicó a la *Torá* obtuvo muerte a cambio de su trabajo. ¿Acaso es posible tal cosa?

Esta cuestión se presenta en la *Introducción al Estudio de las Diez Sfirot* (p. 20, Artículo 39): "Sin embargo, sus palabras requieren una explicación para entender ¿cómo y en qué la Sagrada *Torá* se convierte en una poción de muerte para él? Lo menor sería que su esfuerzo fuera en vano, y él no recibe ninguna utilidad por su labor y esfuerzo. Pero es más, la *Torá* y el trabajo en sí, se convierten en una poción de muerte para él. Esto es realmente confuso".

En la *Introducción al Estudio de las Diez Sfirot* (Artículo 101): "Siendo que el Creador se oculta en la *Torá*. Porque el asunto de los tormentos y dolores que uno experimenta durante la ocultación del rostro, no es similar entre uno que posee algunos pecados y ha hecho muy poca *Torá* y *Mitzvot* y uno que se ha dedicado ampliamente a la *Torá* y a las buenas obras. El primero está bastante calificado para juzgar favorablemente a su Hacedor. O sea, puede pensar que el sufrimiento le llegó por sus pecados y escasez de *Torá*. Para el otro, sin embargo, es mucho más difícil juzgar a su Hacedor favorablemente."

Para nosotros es semejante. Cuando coloca la meta ante sus ojos, es decir, que el superior desea deleitar a Sus creados, pero para evitar la vergüenza, necesitamos vasijas de otorgamiento. Y como nacimos con el deseo de recibir, que es considerada un dios extraño, a quien servimos incluso por encima de la razón, que nos esclaviza, y no podemos salir de su dominio, entonces creemos en nuestros sabios, quienes dijeron: "El Creador dijo: 'Creé la inclinación al mal, creé la Torá como condimento'".

Esta es la razón que lo hace a uno dedicarse a la *Torá*, y entonces la *Torá* le otorga vida. En otras palabras, a través de la *Torá*, sale del dominio de la inclinación al mal y se convierte en un siervo del Creador, es decir, que su intención es sólo dar satisfacción a su Hacedor. Y será recompensado con *Dvekut* con el Creador, es decir, que en ese momento, se adherirá a la Vida de Vidas. Ciertamente, sólo en ese estado, cuando una persona estudia según esa meta, a su estudio de *Torá* se le denomina "poción de vida", ya que a través de la *Torá*, será merecedor de la vida.

Sin embargo, si no se dedica a la *Torá* con ese propósito, a través de la *Torá* que él está estudiando, el deseo de recibir se fortalece y adquiere más fuerza para mantenerlo bajo su dominio. Esto es porque el receptor le deja entender que él no es como otras personas porque, gracias a Dios, es un hombre que ha adquirido buenas obras y *Torá*, y ciertamente, el Creador no debe tratarlo como trata a las personas comunes. Sino que, el Creador seguramente sabe quién es él.

Y si trabaja de forma humilde, seguro que tiene quejas contra el Creador, ya que si él sufre por algo, le dice al Creador: "¿Es esta la recompensa por la *Torá*?" Por lo tanto, él siempre tiene quejas contra el Creador, lo cual se llama "dudar de la Divinidad". Por este motivo, están separados de la Vida de Vidas.

Significa que, en vez de anhelar el anularse ante el Creador, y hacer todo sólo para servir al Creador, trabajan para el receptor, y desean que el Creador los sirva a ellos. Es decir todo lo que al receptor le falte, el Creador debe satisfacerlo. De esto se deduce que están haciendo lo opuesto a aquellos que quieren ser recompensados con la vida por su ocupación en la *Torá*.

Con lo dicho antes, podemos entender lo que preguntamos acerca de por qué *Rabí Ami* dice: "La *Torá* no se entrega a los idólatras". Si nos referimos a esto en el trabajo, es decir, en la propia persona, y la misma está en un estado de idólatría, la razón por la cual está prohibido estudiar es que no sería útil. Esto es así porque **en el trabajo, aprendemos que debemos tratar de estudiar la *Torá* para salir del dominio de la inclinación al mal.** Pero si no desea liberarse de la esclavitud, que la inclinación al mal lo somete, entonces, ¿para qué necesita la *Torá*? Resulta que si se le entregara la *Torá*, eso no sería útil. Es un desperdicio de esfuerzos, para aquel que le instruya.

Sin embargo, *Rabí Yojanán* añade a *Rabí Ami*, diciendo: "Lo menos sería, que no le resulte útil, y a la vez, que un idólatra se dedique a la *Torá*, le dañará". Está comprometiendo su alma, porque los idólatras, es decir, aquellos que estudian la *Torá* sin la meta de salir del dominio de la inclinación al mal, desean quedarse en ella y servirla con devoción, esto se llama **"idolatría"**.

Acerca de eso, está escrito: "Un dios extraño en el cuerpo del hombre". Por lo tanto, él está tomando para sí la poción de muerte. Por eso *Rabí Yojanán* dijo: "Un idólatra que se ocupa en la *Torá* debe morir". Significa que está comprometiendo su alma, porque la *Torá* será una poción de muerte para él. Sin embargo, lo que diría *Rabí Meir*: "¿Cómo es eso? Después de todo, incluso un idólatra que se dedica a la *Torá* es como el sumo sacerdote, tal como está escrito: 'Los hará el hombre y vivirá en ellos.'".

Y preguntamos acerca de ello,

1) ¿Por qué está diciendo que él es como el sumo sacerdote? ¿No es un sacerdote común un grado elevado? Esto está muy alejado de las palabras de *Rabí Yojanán*, quien piensa, que él debe morir. Así que, ¿cuál es el sentido de esta exageración de que es como el sumo sacerdote?

2) Los intérpretes preguntan, la evidencia que aporta Rabí Meir, donde dice: "el hombre", *Rabí Shimon* dice que "el hombre", de hecho, significa Israel y no idólatras. Debemos interpretar lo que Rabí Meir dice: "Un idólatra que se dedica a la *Torá*", al referirse a lo que explicamos antes. La intención de Rabí Meir, es acerca de una persona que ha llegado a darse cuenta que es un idólatra.

Pues ve que desde el día que nació hasta ahora, ha estado sirviendo ídolos, o sea, a un dios extranjero, es decir, se refiere a la inclinación al mal, que está dentro del cuerpo del hombre. Él ve cómo está esclavizado y está bajo su control y no tiene fuerzas para rebelarse ante su palabra. Y aun cuando a menudo entiende con su mente y su razón que no vale la pena servirle, sino por el contrario, la inclinación al mal debe servir a la *Kdushá* (santidad), aun entonces, subyuga su razón y le sirve, como si se entendiese que conviene trabajar para la inclinación.

Cuando la persona llega a darse cuenta, que ve que no hay poder en el mundo que pueda ayudarlo, y ve que está perdida y que será excluida de la vida para siempre, y para liberarse de la muerte –como está escrito "Los malvados en sus vidas son llamados 'muertos'"–, en ese estado llega a creer las palabras de nuestros sabios. Ellos dicen: "Así dice el Creador a Israel: 'Hijos míos, creé la inclinación al mal, y le creé la Torá como condimento. Si ustedes se dedican a la *Torá*, no serán entregados a su mano'".

Es acerca de *este* tipo de idólatra que Rabí Meir dijo, que es como el sumo sacerdote. Y aporta como evidencia lo que está escrito: "Los hará el hombre y vivirá en ellos.". Él interpreta que si uno se ocupa en la *Torá* para "vivirá en ellos", o sea que, si la razón para su dedicación a la *Torá* es que desea ser recompensado con la vida, y no ser un malvado –un idólatra, que es un dios extranjero en un cuerpo de hombre– sino que su único fin es ser recompensado con la vida, este verso: "Los hará el hombre y vivirá en ellos", se refiere a él. Esto es así porque si se ocupa en la *Torá*, será como el sumo sacerdote. Y no sólo un sacerdote común, sino que será un sacerdote, es decir, que obtendrá la cualidad de *Jésed* (gracia), que se denomina "sacerdote", es decir, él será recompensado con las vasijas de otorgamiento y, además, será recompensado con *Gadlut* (grandeza). Por eso dice que es como el sumo sacerdote (*Cohen Hagadol*).

En consecuencia, debemos preguntar por qué Rabí Meir dice: "Incluso un idólatra". Como explicamos, es lo contrario, pues tal idólatra es digno de ser como el sumo sacerdote. Podemos explicar y decir que la palabra "Incluso" significa que incluso si una persona llega a tal bajeza que ve que es realmente una idólatra, que ve que hasta ahora no ha ganado nada en su vida, sólo en lo que sirvió a su inclinación al mal.

En otras palabras, todos sus pensamientos y deseos han sido sólo a favor del receptor y ni siquiera ha tocado el camino de la verdad, es decir, tener la habilidad de tener fe en el Creador por encima de la razón, sino sólo según lo que la razón del receptor le permitió y dejó entender que, específicamente, al trabajar para su deseo, le daría energía para dedicarse a la *Torá* y las *Mitzvot*.

A esa persona, Rabí Meir llega y dice: "No lamentes esta bajeza. En lugar de esto, llegado tan bajo, el Creador todavía puede ayudarte a salir del exilio, de estar bajo su dominio todo el tiempo". La explicación es: por el contrario, lo cual implica: "esto es incluso algo aceptable para todo el mundo".

Sin embargo, en realidad, sólo ahora hay una necesidad de la *Torá*. Sólo ahora tienes los verdaderos *Kelim* (vasijas), la verdadera necesidad de que el Creador te ayude, dado que has llegado al punto de la verdad, como nuestros sabios dijeron: "La inclinación del hombre lo vence cada día. Si no fuera por el Creador, no prevalecería sobre esta". Ahora él ve la verdad, que realmente necesita la ayuda del Creador.

Ahora podemos entender las palabras mencionadas antes de *El Zóhar*, donde él dice que al afrontarlo, parece que debemos hacer tres discernimientos en el trabajo:

1) Idólatras
2) *Jacob*
3) Israel

La diferencia entre ellos es que los idólatras tienen prohibido estudiar incluso la *Torá* literal. Y aprendemos eso de lo que está escrito: "El no lo ha pactado con ninguna nación". Y en general, cuando está permitido enseñarle lo literal, se lo hace específicamente en los asuntos revelados. Concluye esto del verso: "Él manifiesta Su palabra a *Jacob*", que es un grado inferior. Cuando está en un grado superior, está permitido enseñarle los secretos de la *Torá*. Concluye eso del verso "Sus leyes y Sus decretos sobre Israel".

Está escrito en *El Zóhar, Yitro* (Comentario *Sulam*, p. 69 y Artículo 265): "'Así dirás a la casa de *Jacob*', a ese lugar que es adecuado para su grado. 'Y cuéntales a los hijos de Israel', ya que *Jacob* e Israel son dos grados. *Jacob*, es el grado de *VaK*, e Israel es el grado de *GaR*. Sin embargo, Israel se llama 'la perfección de todo', que significa el mostrar *Jojmá* (sabiduría) y hablar en el espíritu de *Jojmá*".

Y está escrito en *El Zóhar, Yitro* (Artículo 260): "'Así dirás a la casa de *Jacob*', es para las mujeres, 'Y cuéntales a los hijos de Israel', es para los varones". Además en *El Zóhar, Yitro* (Artículo 261): "'Así dirás a la casa de *Jacob*', es decir, con un dicho, del lado de *Din* (juicio). 'Y cuéntales a los hijos de Israel', que es como ellos dicen: 'Y él debe contarles su pacto'. *Hagadá* (cuento o narración) es *Rajamim* (misericordia) para los hijos de Israel, es decir, los varones que vienen del lado de *Rajamim*. Por eso establece 'contar' acerca de ellos".

Debemos entender las distinciones en las palabras de *El Zóhar*, el cual dice en la porción, *Ajarei*, que *Jacob* e Israel son dos grados:

1) *Jacob* es abajo, con quien se estudia lo literal.

2) Israel es el grado de arriba, con quien se estudia los secretos de la *Torá*.

Está escrito en *El Zóhar, Yitro* (Artículo 260): "*Jacob* es el aspecto femenino, Israel es el aspecto masculino". Dice (Artículo 261): "*Jacob* es del lado de *Din*, que es por lo que escribe "dirás", e Israel es *Rajamim*, porque *Hagadá* (narración) es *Rajamim*". Dice (Artículo 265): "*Jacob* es considerado *VaK* e Israel es considerado *GaR*. Por eso está escrito: 'Y cuéntales a los hijos de Israel', que eso significa, mostrar *Jojmá* y hablar con el espíritu de *Jojmá*, ya que *Hagadá* implica *Jojmá*".

Primero, explicaremos lo que *El Zóhar* interpreta acerca del discernimiento de *Jacob*. Este dice

1) *VaK*,

2) Femenino,

3) *Din*,

4) El grado revelado, que es el grado inferior, el literal.

El orden del trabajo que una persona debe iniciar para llegar a la meta, es conocer su estado en el trabajo del Creador y cuál es la meta a la que debe llegar. En otras palabras, cuál es la perfección que una persona debe alcanzar.

El primer estado es que la persona sepa que es un adorador de ídolos, llamado "idólatra". Esta es la inclinación al mal que existe en el cuerpo del hombre. Se llama "un dios extraño" o "un dios extranjero". Esto es para aclarar su estado, en dónde se encuentra realmente, ya que realmente está en un estado de adoración de ídolos.

Sin embargo, uno debe hacer grandes esfuerzos para ver la verdad, porque es imposible llegar a la verdad a menos que sea a través de la *Torá* y el trabajo, como dijeron nuestros sabios: "De *Lo Lishmá* (no en Su beneficio), uno llega a *Lishmá* (en Su beneficio)". En un estado de *Lo Lishmá*, cuando una persona se esfuerza en la *Torá* y el trabajo, pertenece a la naturaleza humana el mirar a las personas a su alrededor. Y ve que no hay otras personas como él, que dediquen tantas horas al trabajo del Creador.

En ese estado, él se siente superior a los demás, y esto le causa el olvidar la meta, es decir, que lo importante es lograr *Lishmá*. Esto es porque las personas en el exterior le causaron sentir plenitud, y esa plenitud es la razón por la que no puede sentir que él está vacío de la meta principal: llegar a *Lishmá*.

Es así, especialmente si es respetado por ser un siervo del Creador. Ciertamente, todas las personas que lo honran le influyen sus puntos de vista, para que crea lo que piensan de él, que él es un hombre enormemente virtuoso sin ningún fallo. Así, ¿cómo es posible que una persona diga acerca de sí misma que se encuentra en un estado de idolatría, y que aún no está circuncidado? Resulta que su adhesión a las masas, es decir, la adhesión de estas a su *Torá* y a su trabajo le causó plenitud. En el trabajo, esto se llama **"aferramiento de los externos"**.

¿Y que pierde él, si ellos pueden aferrarse? La respuesta es que el aferramiento es la razón por la cual él no puede ver su verdadero estado y que aún se encuentra en un estado de idolatría, y no puede buscar consejo sobre cómo salir del dominio del mal.

El segundo estado de una persona es cuando se circuncida. "Circuncisión" significa que se corta el prepucio. Y dicho prepucio es llamado las tres *Klipot* (cáscaras) impuras, llamadas "Viento Tormentoso", "Gran nube" y "Fuego ardiente", y el deseo de recibir proviene de ahí.

No obstante, no está en nuestro poder cortar este prepucio. Baal HaSulam dijo acerca de esto que el Creador debe ayudar para que la persona sea capaz de cortar el prepucio. Acerca de esto está escrito: "E hice un pacto con Él". El significado de "Con Él", es que el Creador le ayudó. Pero, a la persona le corresponde comenzar.

Sin embargo, si decimos que no puede circuncidarse por sí mismo, entonces ¿por qué debe una persona comenzar, si decimos que no puede terminar? Pareciera que su trabajo es en vano. Sin embargo, se sabe que no hay Luz sin un *Kli* (vasija), y un *Kli* se denomina "una carencia", ya que donde no hay carencia, no hay llenado.

Por lo tanto, "a la persona le corresponde comenzar" se refiere a la carencia. No significa que una persona deba comenzar con el llenado. Por el contrario, cuando decimos: "Comenzar", se trata de dar la necesidad y la carencia. Más adelante, el Creador viene y da el llenado para la carencia. A esto se le llama "E hizo un pacto con Él", es decir, que el Creador le ayuda.

Esto también se considera como la línea derecha, que es el significado de "El padre da el blanco", como está explicado en el *Talmud Eser Sfirot*. Significa que cuando la luz superior brilla - es decir, *Or Jojmá* (luz de *Jojmá*), llamada *Aba* (padre) – es posible ver la verdad: que el prepucio –el deseo de recibir– es algo malo. Sólo entonces uno comienza a darse cuenta de que debe deshacerse del amor propio. Esta es la ayuda que una persona recibe del Creador –el llegar al reconocimiento del mal.

En otras palabras, antes de que una persona llegue a la resolución de que no vale la pena usar la recepción, no puede usar las vasijas de otorgamiento, ya que una contradice a la otra. Por esta razón, una persona debe circuncidarse y, entonces, puede adquirir para sí misma el deseo de otorgar.

De esto se deduce que quitar el prepucio, que se llama "circuncisión", proviene de la ayuda de arriba. En otras palabras, es precisamente cuando la luz superior brilla, la persona ve su bajeza, que no puede recibir nada a causa de la disparidad de forma. En otras palabras, esto se llama "**El padre da el blanco**".

Y después de llegar conocer el mal, llega una segunda corrección: él comienza a trabajar con el fin de otorgar. Pero esto también requiere de ayuda de arriba. Esto se llama "**Su madre da el rojo**". En *Talmud Eser Sfirot*, él interpreta que esto se relaciona con el deseo de otorgar. De esto se deduce que **tanto la fuerza de anular el deseo de recibir como la fuerza que puede llevar a cabo actos de otorgamiento son dados por el superior**. En otras palabras, la ayuda proviene de arriba.

Esto plantea la pregunta: "¿Qué da el inferior?" Como se ha dicho que el inferior debe comenzar, ¿con qué comienza, de manera que más adelante el Creador le dé la asistencia necesaria?

Como se dijo, todo lo que el inferior puede darle al Creador es la carencia, para que el Creador tenga un lugar que llenar. En otras palabras, quien desea ser un siervo del Creador y no un idólatra debe llegar a sentir su bajeza. En el grado en que lo siente, un dolor se forma gradualmente en él por estar tan inmerso en el amor propio –de hecho, como una bestia– y que no tiene ninguna conexión con el discernimiento de Hombre.

Aun así, algunas veces una persona llega al estado donde él puede ver su bajeza y no le importa estar inmerso en el amor propio, y no siente realmente la bajeza hasta el punto de necesitar al Creador para liberarlo de su bajeza.

En ese estado, una persona debe decirse: "Ahora no estoy conmovido; soy como una bestia, haciendo sólo cosas de bestia, y mi única preocupación en este estado es que le pido al Creador que me deje sentir más deleite en los placeres corporales, y fuera de ellos, no tengo ninguna otra carencia". En ese estado, una persona debe decirse que ahora está en un estado de inconsciencia. Y si no puede rezar para que el Creador le ayude, sólo hay una solución: vincularse con personas con quienes cree que pueden tener la sensación de la carencia, que sí sienten que están en la bajeza y piden al Creador que los acerque, que los conduzca de los problemas al alivio, y de la oscuridad a la luz, incluso cuando no hayan sido liberados aún.

Entonces, él debe decir: "Desde luego, ellos aún no han completado su *Kli* de deficiencia, llamado 'la necesidad de ser liberado de este exilio, en un 100%'. Sin embargo, ellos probablemente han andado la mayor parte del camino para sentir la verdadera necesidad". Así, a través de ellos, él puede recibir también su sensación, es decir, que él también sentirá dolor de estar en bajeza. Sin embargo, **es imposible recibir la influencia del grupo si no está adherido al grupo, es decir,** *si* **él no los aprecia**. En el grado en que los aprecie, puede recibir de ellos la influencia sin ningún trabajo, simplemente mediante la adhesión al grupo.

De esto se deduce que en el segundo estado, es decir, cuando es circuncidado, o sea, cuando ha atravesado los dos discernimientos:

1) Eliminación del mal, que es la anulación de las vasijas de recepción.

2) La obtención de las vasijas de otorgamiento –se considera que ahora recibe el grado de *VAK*. Esto se considera la mitad de un grado, ya que un grado completo significa que también puede usar las vasijas de recepción para otorgar.

Y como él sólo obtuvo las vasijas de otorgamiento después de ser circuncidado, para estar en el otorgamiento, se considera sencillamente como el grado de VAK. Este se llama "el grado de *Jacob*". También se llama "femenino" como en: "Su fuerza es tan débil como la de una mujer", lo que significa que no puede vencer y aspirar hacia el otorgamiento, sino sólo con las vasijas de otorgamiento.

Y también este grado se llama *Din*. Significa que todavía hay *Midat ha Din* (cualidad de juicio) sobre las vasijas de recepción, y que está prohibido usarlas porque no puede dirigirlas hacia el otorgamiento. También se le llama "un grado revelado", saber que hay otro grado, que está oculto de él. También se llama "un grado inferior", para saber que hay otro grado que es superior. Necesitamos saberlo para que seamos conscientes de que hay más trabajo por hacer, es decir, alcanzar un grado todavía más alto.

Este grado también se llama "el literal" (o simple), ya que ahora que se ha circuncidado, se ha convertido en "un simple judío". Es decir, antes de circuncidarse era un idólatra, y ahora se le discierne simplemente como "judío".

Además, ahora se le llama *"Jacob"*, como está escrito: "Así dirás a la casa de *Jacob*", o sea "Dicho", que es una palabra suave, ya que se considera que el grado de *Jacob* trabaja sólo con las vasijas de otorgamiento, que son *Kelim* más puros. Por eso hay un "Dicho" aquí, que es una palabra suave.

Esto no es así con el discernimiento de "Israel". *El Zóhar* interpreta a Israel como

1) El grado de *GAR*, plenitud de todo;
2) El grado masculino;
3) *Rajamim*; (misericordia)
4) Un grado elevado y oculto, que son los secretos de la *Torá*.

Debemos explicarlos uno a uno.

1) **El grado de *GAR*.** Ya que cada grado se compone de diez *Sfirot*, que se dividen en *Rosh* y *Guf* (cabeza y cuerpo, respectivamente), el *Rosh* se llama *GAR*, es decir, *Kéter-Jojmá-Biná*, y el *Guf* se denomina *ZAT*. Son dos mitades del grado. Por eso *VAK* se considera el grado inferior y *GAR* se considera un grado superior. Se sabe que al hablar del grado de *VAK*, se le llama "la mitad de un grado". Esta es una señal de que *GAR* está ausente. Por esta razón, al decir "el grado de *GAR*", significa que aquí hay un grado completo, ya que la regla es que cuando dos grados están juntos, se menciona el más elevado e incluye al inferior. Por eso *El Zóhar* llama "Israel" a la perfección de todo.

2) **El grado masculino.** Cada grado contiene dos tipos de *Kelim*:

Zakim (puros/finos), que son vasijas de otorgamiento, y
Avim (gruesos), que son vasijas de recepción.

Es posible usarlas sólo si se coloca sobre ellas la intención de otorgar. Y como el propósito de otorgar es contrario a la naturaleza, se requiere de un gran esfuerzo y mucha fuerza en contra de la naturaleza. Y cuando puede superar sólo los *Kelim* finos, a eso se le llama "femenino", lo que implica que "su poder es débil como el de una mujer". Pero cuando también puede vencer las vasijas de recepción, se le llama **"hombre"**, "masculino", "fuerte". Y como Israel se considera *GAR*, la perfección de todo, usando también las vasijas de recepción, Israel son considerados "varones".

3) El grado de *Rajamim*. Como había un *Tzimtzum* (restricción) y *Din* (juicio) sobre las vasijas de recepción, y está prohibido usarlas a menos que uno pueda hacerlo para otorgar. Por ello, cuando uno no puede

aspirar al otorgamiento con las vasijas de recepción, hay *Din* sobre ellas y está prohibido usarlas. Por eso **a una mujer se le llama** "*Din*".

Pero un varón significa que puede vencer, para otorgar también en vasijas de recepción y el *Din* se elimina de ellas. De este modo se usan las vasijas de recepción para otorgar, y esto se llama *Rajamim* (misericordia). Se considera que el *Din* anterior ha sido mitigado por la cualidad de *Rajamim*, lo cual se considera que él está recibiendo con el fin de otorgar. Por eso un **varón se llama** *Rajamim*.

Significa que los varones se llaman *Rajamim* y no *Din*, como está escrito en *El Zóhar* (Artículo 261): "Así dirás a la casa de *Jacob*", significa que decir es del lado de *Din*, y "Cuéntales a los hijos de Israel" significa que cuento es del lado de *Rajamim*.

Rashi interpreta el verso: "Así dirás a la casa de *Jacob*": "Esas son las mujeres, diles con palabras suaves, y 'Cuéntales a los hijos de Israel', los varones, las palabras son duras como tendones".(del libro *Mejilta* interpretación sobre el libro Éxodo)

Debemos interpretar las palabras: "A las mujeres con palabras suaves". Ya se mencionó antes que los aspectos femeninos son aquellos que no tienen mucha fuerza para vencer, sino sólo sobre los *Kelim* finos. Esto se llama "suave". Es decir, suave, es que no es tan duro (o difícil) de vencer las vasijas de otorgamiento.

Pero las vasijas de recepción son muy difíciles de superar. Por tanto, a los varones –aquellos que están en un estado masculino, que tienen el poder de superarse– se les dio trabajo en cosas que son tan duras como tendones, refiriéndose a las vasijas de recepción. Pero, ¿por qué *El Zóhar* escribe que los varones son *Rajamim*? Si dice: "Tan duros como tendones", y duro significa *Din*, no *Rajamim*. Por tanto, por una parte, dice que el aspecto masculino significa tan duro como tendones y, por otra parte, dice que ellos son *Rajamim*.

Debemos interpretar que los hombres tienen el poder de superar las vasijas de recepción, las cuales son difíciles de superar. Y al superar las vasijas de recepción, llamadas *Midat ha Din* (cualidad de juicio) que está sobre ellas, hay *Rajamim* en ese lugar, y no *Din*. Pero con las mujeres, que no tienen el poder de superar las vasijas de recepción, hay *Midat ha Din* en ellas y está prohibido usarlas.

4) Un grado alto y oculto, considerado "los secretos de la *Torá*". "Oculto" significa que incluso si ya se ha circuncidado y ha sido recompensado con el significado literal, o sea, con ser un simple judío, es decir, ha llegado a

un estado donde no está cometiendo idolatría sino que sirve al Creador. La luz de *Jojmá* –revelada sobre las vasijas de recepción– aún se le oculta.

Pero uno que ha sido recompensado con el discernimiento más elevado, que es un varón y que también tiene el poder de superar las vasijas de recepción, la luz de *Jojmá*, denominada "los secretos de la *Torá*", aparece en esos *Kelim*. Por eso *El Zóhar* dice (Artículo 265): "Y cuéntales a los hijos de Israel", es decir, muestra *Jojmá* y habla en el espíritu de *Jojmá*, ya que "contar" implica *Jojmá*, como está escrito: "y él les contará su pacto".

De esto se deduce que, decir que **está prohibido enseñar la** *Torá* **a los idólatras** debe ser interpretado en el trabajo como: **"Es imposible enseñar la** *Torá* **a los idólatras"**. Como Baal HaSulam decía cuando hablaba de asuntos del trabajo, donde está escrito **"prohibido"**, significa **"no se puede"**. Pero después de ser circuncidado, hay dos grados: superior e inferior, es decir, literal y secreto.

La necesidad del amor a los amigos
Artículo N° 14, 1987-88

Existen muchas *Segulot* (remedios/poderes) en ello:

1) Tiene el poder de sacar a la persona del amor propio y le conduce a amar a los demás. Es como *Rabí Akiva* dijo: "ama a tu prójimo como a ti mismo, es la gran regla de la *Torá*", ya que mediante eso se puede llegar a amar al Creador.

Sin embargo, debemos saber que amar a los demás o trabajar por el beneficio de otros **no** es el propósito de la creación, como así lo entienden los seculares. El mundo no fue creado para hacerles favores a otros. Más bien, el mundo fue creado para que cada uno recibiera placer para sí mismo. Decir que debemos trabajar para beneficiar a otros, es únicamente **la corrección de la creación**, pero no el propósito de la creación. La corrección es tal, que no habrá de existir el asunto de la vergüenza, de manera que hubo una corrección del asunto del otorgamiento, que es la única manera de que los creados reciban el placer y deleite para sí mismos, de forma completa, sin el defecto de la vergüenza.

En ese sentido, debemos interpretar lo que *El Zóhar* dice al respecto en el versículo: "Y la gracia de los pueblos es pecado. Todo el bien que hacen, lo hacen para sí mismos". Podemos interpretar "Todo el bien" como los actos de gracia que hacen, refiriéndose a sus intenciones, lo que se denomina "para sí mismos", es decir, para ellos. Esto quiere decir que es de acuerdo a su propio entendimiento, y no como a nosotros, que se nos dio el cumplimiento de "ama a tu prójimo como a ti mismo" como un precepto del Creador, quien creó el mundo con el objetivo de hacer el bien a Sus creaciones. Las *Mitzvot* (preceptos) que se nos dieron son sólo para **purificar a los creados**, a través de lo cual alcanzarán Adhesión con el Creador, quien les ayudará a recibir todo el bien y el placer, y se mantendrán en Adhesión con el Creador.

2) Mediante la unión de los amigos en un solo cuerpo, ellos reciben la fuerza para apreciar el propósito de su trabajo –que es el alcanzar *Lishmá* (en Su beneficio). Y siendo que fueron educados bajo la regla que dijo *Maimónides*: "A las Mujeres, niños y gente común se les enseña a trabajar por el temor y a recibir recompensa, hasta que acumulen conocimiento y adquieran mucha sabiduría. Y luego se les enseñara ese secreto poco a poco".

Y siendo que debemos esperar "hasta que adquieran mucha sabiduría" para decirles que necesitan trabajar en Lishmá, y de por sí, la gran mayoría permanece naturalmente en Lo Lishmá (no en Su beneficio), y como los minoría se anula naturalmente ante la opinión de la mayoría, por ello, cuando los amigos desean caminar por el sendero que les conduce a *Lishmá*, para evitar la anulación ante la mayoría, los amigos se unen y cada uno se dedica a los demás. Su intención es **a través del amor a los demás, alcanzar el amor al Creador, que es su meta**, como está escrito: "Y amarás al Señor, tu Dios con todo tu corazón y con toda tu alma". Por consiguiente, al convertirse en una congregación, aunque sea una pequeña congregación, ya son considerados como una mayoría, y esta mayoría no está esclavizada a la mayoría general. Así, ellos pueden trabajar en el amor hacia los amigos con el fin de alcanzar el amor del Creador.

Aunque el precepto de amar a tu prójimo como a ti mismo se aplica a todo *Israel*, pero no todo *Israel* está caminando por la senda de amar a los demás, para llegar hasta el amor al Creador. También hay una regla según la cual, cuando una persona se une con otra absorben los puntos de vista del otro, y como el asunto de *Lishmá* –el propósito esencial de la *Torá* y las *Mitzvot*– aun no ha sido fijado en el corazón del hombre, lo que significa que la intención principal es que a través del estudio de la *Torá* y las *Mitzvot* puedan alcanzar *Lishmá*, de allí que, al vincularse con los demás, las opiniones de los otros debilitan su propia opinión de *Lishmá*. Por esta razón, es mejor servir y unirse con la clase de personas que entienden que el asunto de "ama a tu prójimo como a ti mismo" es solo **un medio para conseguir el amor al Creador**, y no por el amor propio, sino que toda su intención será beneficiar al Creador. Esa es la razón por la cual deberíamos ser cuidadosos con nuestras relaciones y saber con quién nos vinculamos.

Ese es el beneficio del amor a los amigos, en un grupo especial, donde **cada uno tiene un *único* objetivo, el de alcanzar el amor al Creador.** Pero al vincularse con personas corrientes, aunque estén ocupándose de la *Torá* y las *Mitzvot*, pero por no estar en el camino de alcanzar la intención de otorgamiento al Creador, ya que fueron educadas con la intención de recibir, llamada *Lo Lishmá*. En consecuencia, si llegan a unirse con ellas, adoptarán sus puntos de vista y después dirán que es mejor no caminar por el sendero que lleva hacia *Lishmá*, porque *Lishmá* es más difícil que *Lo Lishmá*, ya que *Lishmá* va en contra de la naturaleza. Por esta razón, debemos tener cuidado de no vincularnos con personas que no han adquirido mucha sabiduría y que aun no han llegado a entender que la esencia del trabajo con el Creador es beneficiar al Creador y no beneficiarse a sí mismo.

Pero el asunto de "ama a tu prójimo" se aplica a todo *Israel*. Sin embargo, nos ordenaron cuidarnos, y saber anticipadamente con quién vincularnos. Y la razón es que antes de que una persona sea recompensada con salir del amor propio, siempre siente que es difícil. Esto se debe a que el cuerpo se resiste, y si está en un entorno donde el grupo de personas están unidas bajo una misma idea, que consideran la meta y no el trabajo, entonces su meta no se debilitará en él.

Pero si no se está siempre junto a sus amigos, es muy difícil aferrarse al objetivo de otorgamiento. Y necesita de la misericordia de los Cielos para que su mente no se debilite, ya que anteriormente, se dio cuenta de que era mejor trabajar y caminar por el sendero del trabajo de otorgamiento.

Y de repente, la persona adquiere pensamientos de que es mejor seguir a la multitud, que uno no debe ser una excepción, a pesar que mientras estuvo unido a los amigos, pensó de manera diferente. Es como dijimos antes: Mientras no se está unido con la congregación de su pequeño grupo, inmediatamente se rinde ante la mayoría de las masas y absorbe sus opiniones, en cuanto a que es suficiente con observar la *Torá* y las *Mitzvot* en todos sus detalles y precisiones y enfocarnos en que estamos observando las órdenes del Rey, quien nos lo ordenó a través de Moisés y de los sabios que le siguieron. Nos conformamos con eso, ya que recibiremos recompensa por ello, y creemos en nuestros sabios, quienes nos dijeron: "Y tu fiel patrón, te pagará por tu trabajo". Y, ¿por qué deberíamos pensar en algo más que eso? Y como dicen: "Si observamos eso, es suficiente".

Es como dijo *Rabí Janania Ben Akashia*: "El Creador quiso recompensar a *Israel*, de manera que les concedió la *Torá* y las *Mitzvot* en abundancia". Significa que toda la *Torá* y las *Mitzvot* que se nos entregó, es para que tengamos una gran recompensa.

En consecuencia, ahora que la persona se ha vuelto más inteligente de lo que era, mientras estaba unida al grupo, cuando entendió que uno sencillamente necesita trabajar para el Creador y no para su propio beneficio, y que uno necesita salir del amor propio y ser recompensado con Adhesión con el Creador. Y aun cuando vio que era difícil salir del amor propio, se dio cuenta de que era un camino verdadero, es decir, que una persona debe llegar a trabajar en *Lishmá*.

Pero mientras está separado de ese grupo, inmediatamente cae en el punto de vista de la mayoría quienes son la mayoría del mundo. En otras palabras, la mayoría de *Israel* no ha llegado al discernimiento que *Maimónides* dijo: "Hasta que ellos obtengan mucha sabiduría, entonces se les dirá aquel secreto", que es la necesidad de trabajar en *Lishmá*.

Y cuando esa persona entra en el grupo, cuyo camino es que es necesario alcanzar *Lishmá*, surge la pregunta, ¿cómo acabó esta persona en un lugar así? Debemos creer que eso llega desde arriba.

En consecuencia, debemos entender por qué después, se aleja del grupo. Debemos decir, como dijo *Baal HaSulam*, que cuando una persona comienza a caminar en el sendero de *Lishmá* –y ciertamente este deseo viene a una persona a la que le es dado un despertar hacia el sendero de la verdad– y luego, por alguna razón, es negligente en este trabajo y recae en el camino ordinario de la mayoría, entonces se pregunta: "¿Por qué no se le da otro despertar desde arriba?"

Él nos contó una alegoría al respecto. Es similar a una persona que está nadando en el río. A mitad del río, se siente débil, y otra persona que nada cerca junto a él, le da un empujón de manera que comience a nadar por sí mismo. La otra persona que está tratando de salvarle le da algunos empujones, pero si ve que él no participa, entonces le abandona y se va. Sólo cuando ve que, cuando le empuja, aquel empieza a nadar por sí mismo, entonces sigue empujándole cada vez más hasta que está fuera de peligro. Pero, si no participa, lo deja.

Es lo mismo en el trabajo. Una persona recibe un despertar desde arriba de manera que viene a un lugar donde las personas trabajan a sabiendas con la finalidad, de lograr otorgar satisfacción al Creador. Y a una persona se le dan varios despertares, pero si esa persona no hace un esfuerzo para conseguir aquello, entonces encuentra excusas para justificarse y debe escapar de la misión. Así, una persona permanece justa, es decir, al dejar el grupo, siempre está en lo correcto. Y, al justificarse a sí misma, verdaderamente siente que es justo.

Por lo tanto, **uno debe adherirse al grupo.** Y al estar unidos, también son vistos como una congregación. Sin embargo, ellos son una gran congregación, mientras que su grupo es una pequeña congregación. Y, una congregación no se anula ante otra congregación.

3) Existe un poder especial en la adhesión a los amigos. Como las opiniones y los pensamientos pasan de unos a otros a través de la adhesión entre ellos, por ello cada uno se incluye en la fuerza del otro y, mediante ello, cada persona en el grupo tiene la fuerza de todo el grupo. Por esta razón, **aunque cada persona es un individuo, contiene el poder de todo el grupo.**

¿Cuál es el fundamento sobre el que se edifica la *Kdushá*?
Artículo N° 16, 1987-88

Cuando se construye un edificio en nuestro mundo material, vemos que cualquiera que quiera construirlo, primero debe hacer una excavación para los cimientos, y sobre los mismos, construye el edificio. Al excavar para los cimientos, debemos discernir si él quiere construir un edificio de un piso, es decir, si quiere construir sólo una planta baja, o varios pisos. Por lo tanto, la excavación para los cimientos en el suelo deberá corresponder a la altura del edificio. La excavación no se lleva a cabo de una sola vez, sino que cada día se preparan los cimientos para que sean profundos y para que luego él pueda construir un edificio alto.

El mismo proceso se aplica también en la espiritualidad. Cuando una persona desea edificar una construcción de un sólo piso, no necesita excavar tan profundamente. Sólo excava un poco y ya puede iniciar la edificación para cumplir con la *Torá* y las *Mitzvot* (preceptos). ¿Y qué es excavar en la espiritualidad? Es una carencia, cuando se excava una carencia en el corazón, pues el corazón se llama "deseo" y *Maljut*, y también se denomina "tierra" o "suelo". Tal como en el mundo material, en el que se excava una carencia (o pozo) en el suelo.

En otras palabras, antes de proceder a la construcción de un edificio, primero debemos excavar el terreno, esto es, extraer todo de lo que haya en el sitio de la excavación. Una vez que el terreno en donde queremos construir se encuentra vacío, iniciamos la construcción. Si el sitio está lleno de tierra, no debemos construir allí porque el edificio se desplomaría.

De la misma forma, en la espiritualidad debemos excavar el suelo, es decir, en el corazón y extraer el polvo que se halle ahí, y luego el corazón queda vacío, sin ningún llenado. Entonces, llega el momento de la construcción. Se deduce que cuando el corazón está lleno de asuntos materiales, es imposible construir un edificio en ese terreno, porque todo el edificio se derrumbaría, pues no tiene derecho de existir, aquello que no sea necesario.

En cambio, solamente cuando existe una necesidad y él siente una carencia por no tener aquello que anhela, en el momento que lo obtiene, ese objeto tiene derecho a existir porque hay necesidad del mismo. Y entonces sabe que la medida de la importancia corresponde a la medida de la necesidad, y él sabe cómo cuidar del edificio para que sus enemigos no lo destruyan.

Aquí da comienzo el asunto de la excavación de los cimientos, es decir, la profundidad a la que se excavará en el suelo dependerá de la altura del edificio que la persona tiene la intención de construir. Algunas veces, la persona dice que se contenta con una construcción de un sólo piso al nivel del terreno. En otras palabras, desea observar la *Torá* y las *Mitzvot* para ser recompensada con un edificio que se encuentre al nivel del suelo, es decir, sin alejarse de la tierra.

Esto significa que desea permanecer en lo terrenal, lo cual se considera como vasijas de recepción, es decir, esa es la recompensa en la que desea habitar. Al igual que cuando se construye una edificación en donde vivir, la recompensa se considera la casa en la que vive. En otras palabras, se sabe que una persona sólo desea vivir por las recompensas, y la recompensa quiere decir que recibe deleite y placer a cambio de su trabajo y esta es la vida de la persona –que sólo por ello el hombre quiere vivir, para el deleite y el placer.

Siendo que el orden del trabajo en la *Torá* y las *Mitzvot* comienza con *Lo Lishmá* (no en beneficio de la *Torá*), como está escrito en *El Zóhar*: "Hay algunos que cumplen la *Torá* y las *Mitzvot* para ser recompensados en este mundo, y algunos para conseguir el mundo por venir". Pero su recompensa es tan sólo lo que recibirá en las vasijas de recepción para sí mismo, lo cual se considera que está en el ámbito de lo terrenal. A esta modalidad se le llama "las personas terrenales", es decir, que ellas no se mueven de la tierra, que es "el deseo de recibir".

Es como dijo *Maimónides* (*Hiljot Teshuvá* [*Leyes del Arrepentimiento*], capítulo 10): "Cuando se enseña a los pequeños, a las mujeres y a las personas terrenales, se les enseña sólo para trabajar a través del temor y la recompensa".

Esto no es así con el que quiere ser discípulo sabio, según lo que *Baal HaSulam* dijo, que un discípulo sabio es aquel que estudia las cualidades del Sabio, y el Creador es llamado "Sabio". Por lo tanto, aquel que va por el camino del otorgamiento, se considera que aprende del sabio. Por lo tanto, se le llama "discípulo sabio".

De esto resulta que aquellas personas que se dedican a la *Torá* y las *Mitzvot* para obtener una edificación llamada "recompensa de este mundo o recompensa del mundo por venir para el beneficio propio", se les definen como "personas terrenales". Esto se considera como que él sólo desea construir el primer piso. Por eso es que no necesita excavar cimientos profundos, es decir, cavar cada día para llegar profundo. En lugar de esto, cava una vez y esta excavación es suficiente para él.

En otras palabras, cuando entiende que tiene la carencia y necesidad de observar la *Torá* y las *Mitzvot* para recibir una recompensa, o sea esa razón, ya puede obtener la edificación de la recompensa. Esto es así porque en tanto que una persona no desee salir del amor propio, el cuerpo no se opondrá a la *Torá* y las *Mitzvot*. Por lo tanto, no necesita cavar cada día, es decir, no necesita buscar una carencia y deseo de esforzarse en la *Torá* y las *Mitzvot* porque el cuerpo no se opone a su necesidad, ya que entiende que vale la pena trabajar en beneficio propio.

Esto se denomina, que su excavación no necesita ser tan profunda. En cambio, la necesidad de entender que es bueno ocuparse en la *Torá* y las *Mitzvot* es suficiente motivo para trabajar. De esto resulta que la excavación que hizo alguna vez permanece con él y puede continuar con el trabajo. De aquí se deduce que su excavación no necesita ser profunda.

Sin embargo, si desea construir un edificio de varios pisos, es decir, ser recompensado con un alma que conste de *NaRaNJaY (las 5 luces del alma)*, esto puede ser posible sólo si su intención es para otorgar, pues todos sus pensamientos y deseos deberán ser sólo para el Creador, y no en beneficio propio. De esta manera, cuando desea asentar los cimientos para la construcción de tal edificación, la excavación de los cimientos –es decir, la necesidad de ello– no se lleva a cabo de una sola vez.

Esto es así porque después de que una persona trabaja consigo misma y deja que su cuerpo entienda que vale la pena trabajar para otorgar, esta excavación no se le hace fácil. Durante la excavación, encuentra rocas, que son cosas duras. Es difícil hacer incluso un pequeño orificio en una roca.

En otras palabras, cuando desea entender –y siente una gran carencia y ve que no puede hacer nada para otorgar, desea pedirle al Creador que le dé lo que quiere, es decir, darle la Luz de la *Torá* que lo reforme.

Y en mitad de la excavación encuentra una gran roca. En otras palabras, le llega un pensamiento, en el que desea entender por qué necesita trabajar para el Creador y no para sí mismo. Después de todo, es bien sabido que "Tu vida ante la vida de tus amigos: tu vida va primero". Y él no tiene nada que responder a esa percepción. Entonces, hace una pausa en la excavación porque esa roca es muy dura para poder hacer un agujero en ella.

Por esta razón, necesita un valioso instrumento mediante el cual sea posible romper la roca. Ese instrumento se llama **fe por encima de la razón**, y sólo este instrumento es el que lo puede lograr. A la roca se le llama "razón externa", es decir, que esta razón está fuera de la *Kdushá* (santidad) porque sólo sirve a la *Kdushá* como una cáscara que precede a la fruta.

Por lo tanto, dado que solamente con la fe por encima de la razón es posible romper la piedra, aquí encontramos el asunto de los ascensos y descensos, ya que uno no siempre es capaz de ir por encima de la razón. De ello se deduce que toda su excavación y búsqueda de alguna carencia, para pedir al Creador que le dé fuerza para ir por el camino del otorgamiento, ha sido tapada nuevamente por la roca.

Como resultado, él debe cavar una vez más, y seguir haciéndolo repetidamente. Y cada vez que comienza a extraer la tierra, en medio de la excavación, encuentra una roca de nuevo. Y vuelve a plantear preguntas dentro de la razón. Y lo supera otra vez usando la fe por encima de la razón. Y una vez más, obtiene un lugar de carencia y comienza a rezar al Creador para que lo acerque a Su trabajo, es decir, trabajar por el Creador y no por su propio beneficio.

Y dado que toda su edificación está construida por encima de la razón, la excavación se vuelve a tapar, es decir, que su carencia desaparece otra vez y no tiene nada para pedir, es decir, no tiene necesidad de que el Creador lo acerque. Por lo que debe comenzar a cavar de nuevo, es decir, a trabajar para encontrar una carencia, de manera que tenga una base sobre la cual pedir al Creador, construir su edificio.

En esta excavación, cuando cavamos en el suelo, encontramos polvo y rocas. Al polvo se le llama discernimiento del "corazón", es decir, la voluntad de recibir para uno mismo. Esto no es tan terrible porque con grandes esfuerzos uno puede quitar el polvo de la tierra. Pero cuando encuentra rocas en medio de la excavación, cuando la razón comienza a hacer preguntas, entonces necesita la misericordia de los Cielos para que se le otorgue la fuerza para sobreponerse por encima de la razón.

Por lo tanto, hay un trabajo importante en la cimentación porque la excavación no acaba en un día. Es más, inmediatamente después de la excavación vienen las rocas y caen sobre su cabeza, es decir, él recibe pensamientos extraños. Esto es, después de que ya ha superado por encima de la razón, durante un tiempo, él no puede mantenerse, sino que sufre otro descenso y tiene que comenzar de nuevo. Sin embargo, uno debe creer que ningún trabajo se pierde. Más bien, todo permanece pero existe una corrección de no ver lo que ya ha realizado.

En consecuencia, se considera que cada día que la persona excava los cimientos, lo hace al nivel del suelo, y no vuelve a trabajar en lo que ya hizo ayer. Pero el progreso se realiza al profundizar, y dicha profundidad se mide según la necesidad genuina que tiene, que el Creador le ayude a tener el deseo de trabajar para otorgar. "Y cada céntimo se va acumulando en una gran cuenta". Finalmente, de toda esa excavación, llega a tal profundidad que es posible construir un edificio sobre esto, ser digno de merecer *NaRaNJaY* del alma, con la cual uno debe ser recompensado.

Entendemos la edificación de la *Kdushá* de dos maneras:
1) *Kli* (vasija)
2) Luz.

Un Kli significa que el Creador da un deseo y un anhelo de otorgar Le

La Luz significa que una vez que él tiene un deseo de otorgar, que se denomina Adhesión, recibe un grado de su alma, hasta que es merecedor de *NaRaNJaY*. Está escrito en la *Introducción al Estudio de las Diez Sfirot* (Artículo 133): "Así es también en el trabajo del que es justo por completo, que la elección que se aplica durante la ocultación del rostro ciertamente no se aplica una vez que se abre la puerta para el alcance de la Providencia revelada. A pesar de ello, comienzan con la parte principal de Su trabajo –que es la revelación del rostro. En ese momento, uno comienza a marchar por muchos grados, como está escrito: 'El justo va de victoria en victoria'. Esos trabajos los califican para la voluntad del Creador, para que Su pensamiento de la creación se concrete en ellos: deleitar a Sus creaciones".

Ahora podemos ver que hay un grado de ser recompensado con la adhesión al Creador, es decir, obtener el grado de querer otorgar. Después de eso, existe el orden de ser recompensado con la Luz, que se llama *NaRaNJaY*, que son grados en la revelación de la Luz.

De acuerdo a lo mencionado, podemos interpretar lo que está escrito (Gen 26:15): "Y todos los pozos que los sirvientes de su padre habían cavado en los días de *Abraham*, fueron sellados por los filisteos. Y se asentó *Isaac* y cavó nuevamente los pozos de agua, que habían sido cavados en los días de su padre *Abraham*, y que los filisteos sellaron. Y los sirvientes de *Isaac* cavaron y los pastores de *Grar* se disputaron con los pastores de *Isaac*, diciendo: '¡El agua es nuestra!'... Y ellos cavaron otro pozo, y también se lo disputaron. Y cavó otro pozo, y ellos no se lo disputaron; y lo nombró *Rejovot*, porque 'Al fin el Señor nos ha dado un espacio para nosotros, y dimos fruto en la tierra'. Y él fue desde allí hacia *Beersheva*".

La excavación que hicieron fue para encontrar una carencia y una necesidad de la salvación del Creador; ellos fueron por el *Kli*, es decir, para pedir al Creador que les diera la necesidad de otorgar. Y ellos ven que no pueden porque el cuerpo se resiste a ello por naturaleza, porque nació sólo con un deseo de recibir.

Sin embargo, en eso también hay dos discernimientos que hacer:

1) Cuando él reza al Creador para que le dé fuerzas para superar la voluntad de recibir y trabajar para otorgar. Y desea que el Creador le dé este poder.

2) Algunas veces, uno no puede pedir al Creador que le dé el deseo de otorgar, porque el cuerpo también se opone a la plegaria. El cuerpo está temeroso de que tal vez el Creador pueda ayudarlo y abandonará el deseo de recibir. De ello se deduce que debe rezar para que el Creador le dé fuerzas para superar el cuerpo y que tenga la fuerza para rezar al Creador, que le ayude a superar el deseo de recibir y trabajar con el fin de otorgar.

Se deduce que reza. ¿Y cuál es su petición? Es la de ser capaz de rezar. Esto se llama "una plegaria para una plegaria". A esto se le denomina que el Creador debe ayudarle con *el Kli*, es decir, a entender que es la fuerza para otorgar lo que él necesita. Resulta que el Creador le ayuda y le da un deseo, de querer comprender, que todo lo que el hombre necesita es el deseo de otorgar en su mente y su corazón.

Después, cuando él tiene la necesidad y desea trabajar para otorgar pero no puede, el Creador le entrega la Luz, es decir, la Luz que corrige el *Kli*, para ser capaz de trabajar para otorgar. *Y esa Luz es llamada Kli*, y es sabido que la Luz se denomina por su acción. Y como la Luz le da el deseo que se llama *Kli*, se dice que el Creador le dio la vasija de otorgamiento. A esto se le llama "los cimientos", y sobre tales cimientos es posible construir un edificio de varios pisos. En otras palabras, una vez que ha obtenido los cimientos, que es la vasija de otorgamiento, comienza a ser merecedor de un nivel completo de *NaRaNJaY* en su alma.

Sin embargo, por lo que respecta a los filisteos que sellaron los pozos que los sirvientes de su padre cavaron en los días de *Abraham*, debemos interpretarlo bajo el discernimiento del trabajo espiritual. *Abraham* es el discernimiento de *Jésed* (gracia). Los sirvientes de *Abraham* son aquellos que siguen el camino de *Jésed*, es decir, aquellos que desean ir por el camino del otorgamiento, que se llama *Jésed*. Ellos cavaron esta carencia para sí mismos, es decir, la necesidad de vasijas de otorgamiento. Pero, cuanto más cavaban para hallar carencia, la misma iba siendo sellada, y siempre tenían que empezar a trabajar de nuevo, a cavar otra vez, repetidamente.

Ahora podemos interpretar la disputa entre los pastores de *Grar* y los pastores de *Isaac*, como está escrito: "Y los sirvientes de *Isaac* cavaron... Y los pastores de *Grar* se pelearon con los pastores de *Isaac*... Así que él nombró al pozo *Oshek*, porque ellos *Hitashkú* (lucharon) con él. Y cavaron otro pozo, y también pelearon por este; y lo llamó *Sitná* (enemistad). Y (él) cavó otro pozo, y no pelearon por este; y lo llamó *Rejovot*... Y él ascendió desde allí hasta *Beersheva*".

Debemos entender el significado de "Pastores de" en la espiritualidad, y la diferencia entre "Los pastores de *Guerar*" y "Los pastores de *Isaac*" en el trabajo. Así como también por qué hubo una disputa por la excavación de los dos primeros pozos y ninguna disputa por la excavación del tercero, como está escrito: "Y ellos no pelearon por este".

Se sabe que uno no puede vivir sin provisiones. Provisión se considera lo que abastece a una persona, con lo que él se sustenta en la vida y dice: "Por esto vale la pena vivir". Ciertamente, hay muchos grados en el aprovisionamiento de un hombre. Algunos se contentan con poco, es decir, que si una persona tiene comida, como la comida de un animal, es decir, con lo que los animales se conforman, él dice: "Esto es suficiente para mí y vale la pena vivir por este aprovisionamiento". Comparado con otros, se considera que él se conforma con poco.

Y algunos dicen que se conforman con provisiones que son suficientes para niños pequeños. Esto es un añadido a los animales, ya que ellos tienen intereses: juegan al escondite, con juguetes, etc., y se conforman con eso. Ellos dicen: "Lo que disfrutamos no tiene por qué ser verdad. Incluso si es mentira, de cualquier forma podemos encontrar nuestro aprovisionamiento allí". Por el contrario, son las cosas reales las que encontramos por completo sin sentido.

Como una alegoría: he contado muchas veces que vemos que hay niñas pequeñas, a las que sus padres les compraron muñecas de trapo con las que jugar. Algunas veces, la madre está en la cocina, preparando una comida, y tiene un bebé de un año en casa, y el bebé está llorando. La madre dice a la pequeña: "Ve a jugar con el bebé. Con eso, el bebé disfrutará, y yo disfrutaré porque podré preparar la comida".

Pero vemos que en la realidad, que la niña no irá. Si le preguntáramos a la niña: "¿Por qué no quieres jugar con el bebé? Sólo estás jugando con tu muñeca, besándola, pero, ¿por qué no juegas con un bebé real en lugar de con uno de juguete? Además, puedes ver que tu madre hace lo opuesto. Ella nunca besa a la muñeca, sino al bebé real". La niña probablemente contestaría: "Mi madre no quiere disfrutar de la vida; por eso no puede jugar con una muñeca. Pero yo aun quiero disfrutar de la vida, por eso no puedo jugar con un bebé real".

Del mismo modo, en el trabajo, uno no puede disfrutar de la verdad que hay en el trabajo. Por el contrario, el hombre es impresionado específicamente por la mentira, y obtiene placer y energía de eso. Si se le dice: "Es impropio que disfrutes trabajar con cosas que no son auténticas", él dice: "Todavía quiero disfrutar del mundo; por eso me conformo con poco en mi ocupación en la *Torá* y las *Mitzvot*".

En gran parte, la mayoría de las personas que observan el trabajo sagrado y cumplen la *Torá* y las *Mitzvot*, elige su propia medida de tiempo que debe dedicarle a ello. Cada uno mide para sí mismo lo que entiende como suficiente para él tanto en cantidad como en calidad, y dice que se conforma con poco. Él no tiene que estar entre los ricos, que tienen grandes posesiones. En vez de esto, cada uno entiende su medida en las *Torá* y las *Mitzvot* según el buen sentido común y la razón.

Es como *El Zóhar* dice acerca del verso: "Su esposo es conocido en las puertas", cada uno de acuerdo a lo que mide en su corazón. Significa que de acuerdo a la grandeza del Creador, él sabe cuánto tiempo debe dedicar y cuánto debe esforzarse, si es difícil para él cumplir con la *Torá* y las *Mitzvot*.

Sin embargo, hay algunos pocos elegidos que no se conforman con lo que sustenta a las masas. Según al *ARÍ*, la insatisfacción que sienten es un asunto de la raíz del alma. Ellos necesitan avanzar más que las masas, y comienzan a entender que el trabajo principal debe ser sustentarse con alimento de Hombre, y no con los alimentos de las bestias o con la comida que se les da a los pequeños. Como lo expresó *Maimónides*: "Cuando se enseña a los pequeños, se les enseña a trabajar por una recompensa, y no se les menciona el asunto de *Lishmá* (en beneficio de la *Torá*)".

Sin embargo, aquí comienza el esfuerzo, cuando él desea ir por el camino del otorgamiento al Creador y no por su propio beneficio, y a eso, el cuerpo se resiste. Y entonces él comienza a recibir pensamientos que desean hacerle ver que "Tú no necesitas ser una excepción. Así como los demás se conforman con recibir la recompensa, por la labor en este mundo y en el próximo, esto debe ser suficiente para ti también. ¿Así pues, por qué tanto alboroto por querer trabajar específicamente bajo la forma de otorgamiento? ¿No ves que es difícil? Si no lo fuera, la mayoría trabajaría en otorgamiento". Con esos argumentos y pensamientos se sellan las excavaciones, es decir, tapan la carencia y la necesidad de obtener el deseo de otorgar.

Ahora podemos interpretar a qué se refiere con "los pastores de *Guerar*" y "los pastores de *Isaac*", y cuál es la disputa entre ellos. "Pastores" significa proveedor. "Los pastores de *Guerar*" significa que su aprovisionamiento está en seguir a la multitud. En otras palabras, les vienen pensamientos que no necesitan esforzarse en el trabajo de unos pocos, que desean llegar a la verdad, llamada *Lishmá*. Es decir, para otorgar, sino que, se conforman con ser trabajadores que cumplen la *Torá* y las *Mitzvot* para recibir recompensa en este mundo y en el próximo. Significa que también aquí, al cumplir la *Torá* y las *Mitzvot*, él puede seguir el camino de conformarse con poco.

"Los pastores de *Isaac*", significa lo que sostiene a *Isaac*. A esto se le considera aprovisionar el discernimiento de *Isaac*, que es el discernimiento de otorgar. El tiempo que pueda otorgar al Creador, es su aprovisionamiento y con esto se gana la vida.

Esa fue la disputa entre los pastores de *Guerar*, quienes le decían que cualquier excavación para encontrar carencia y necesidad de ocuparse sólo en el camino del otorgamiento no valía la pena. Sellan la necesidad diciendo: "Debemos seguir a las masas y no ser la excepción".

Los pastores de *Isaac* estaban cavando, buscando carencia y necesidad de encontrar dolor y sufrimiento, por no ser capaces de hacer cosas con el propósito de otorgar. Significa que entendían que lo más importante era trabajar en otorgamiento, pero asimismo no sintieron dolor y sufrimiento por esta carencia. Así que cavaron y buscaron consejo con respecto a cómo sentir sufrimiento, y los pastores de *Grar* vinieron y obstruyeron las carencias que habían encontrado. En otras palabras, ellos dan a entender que no es tan terrible; podemos seguir a las masas y todo lo que ellos digan, ya que nos conformamos con poco.

Esto causó sufrimiento a los pastores de *Isaac*, ya que hicieron grandes esfuerzos para encontrar que sus carencias no podían trabajar en otorgamiento y sentir dolor por ello. Y eran ya capaces de rezar desde el fondo del corazón, y tuvieron un lugar para la bendición, es decir, para dar gracias al Creador por revelar un lugar de carencia en ellos, que es la parte principal del trabajo del Creador. En otras palabras, si ellos no pueden dirigir las acciones en beneficio del Creador, no son considerados sirvientes del Creador, sino sirvientes de ellos mismos. Y los pastores de *Guerar*, de repente vinieron y los tiraron para que fueran a buscar el aprovisionamiento de las masas. Mediante eso, estaban sellando todos los pozos de los pastores de *Isaac*, y este es el asunto de la pelea que tuvieron entre ellos por la excavación de los pozos.

Y ahora explicaremos lo que preguntamos sobre por qué los pastores de *Grar* se pelearon por los primeros dos pozos y no se pelearon por el tercer pozo. Es sabido que el orden del trabajo se efectúa en tres líneas, derecha e izquierda, que se oponen la una a la otra, y luego viene la línea media y se hace la paz.

También es sabido que decimos que las masas pertenecen a una sola línea. Por lo tanto, no hay nadie que se le oponga, que dé argumentos contradictorios, ya que tiene sólo una línea. Por eso el asunto de los ascensos y descensos casi no es relevante para ellos. Pero la línea derecha, tiene a su opuesta, la izquierda, por ello en la derecha existe el asunto de los ascensos y los descensos.

Es sabido que la línea derecha es una línea de verdad. Pero una sola línea, no es tan verdadera. Además, se sabe que cualquier cosa que está lejos de la verdad es más fácil de cumplir. Por eso es por lo que el camino de las masas, a quienes se les enseña a seguir por una sola línea, significa que no han llegado a conocer y entender que hay más aparte de las acciones. Es más, su aspiración es cumplir las 613 *Mitzvot,* ya que el Creador nos ordenó cumplirlas, mediante lo cual recibiremos una recompensa y que con esto se llega a ser un justo completo.

La única distinción entre los trabajadores está en la cantidad, o sea la cantidad de tiempo que cada uno entrega para su dedicación a la *Torá* y las *Mitzvot.* Por lo tanto, puesto que él no está tan cerca de la verdad, para estar en *Lo Lishmá* (no en beneficio de la *Torá*), no hay muchos ascensos y descensos en esos estados, que se llaman "el aprovisionamiento de las masas". Esto es así porque si él sólo cree en la recompensa y el castigo, en el grado de su fe, al cuerpo le conviene trabajar y esforzarse en observar la *Torá* y las *Mitzvot,* ya que la recompensa que espera recibir en sus vasijas de recepción no está en contraste con el cuerpo, que se llama "voluntad de recibir para sí mismo". De esta forma pueden trabajar con gran constancia.

Y hay otra razón por la cual no hay muchos descensos en ellos: encuentran el éxito en el trabajo. En otras palabras, ven que cada día avanzan en la *Torá* y las *Mitzvot* porque es de la naturaleza humana el que cuando vemos que tenemos éxito en algún trabajo, hay motivación para ello. Todo esto se considera una sola línea.

Esto no es así cuando una persona comienza a trabajar para otorgar, es decir, cuando la recompensa que ella espera recibir a cambio de su trabajo es obtener adhesión con el Creador. Su intención al cumplir la *Torá* y las *Mitzvot* es tener sólo el deseo de otorgar al Creador y no para sí misma. Y por mucho que se esfuerza para ser recompensada con vasijas de otorgamiento, no se mueve ni un centímetro. Por el contrario, ve que no tiene éxito en el trabajo. Por consiguiente, ¿de dónde recibirá la vitalidad para poder continuar con el trabajo?

La corrección es conocer la verdad: él está aun inmerso en el amor propio y se encuentra aun lejano del Creador. Pero entonces debe decirse: "A pesar que todavía no veo ningún progreso en el trabajo, tengo el gran privilegio de poder hacer algo con la *Torá* y las *Mitzvot*".

Debe creer por encima de la razón que aun cuando todavía no siente Su grandeza, haciendo cosas pequeñas en Su trabajo –incluso por coacción– le hace feliz el tener algún contacto con la *Torá* y las *Mitzvot*. Y por eso está agradecido con el Creador. Y se considera que esta gratitud es verdadera.

En otras palabras, conoce la verdad –que está alejado del Creador– y aun así es feliz por tener la fuerza de hacer algo en la *Torá* y las *Mitzvot*, a pesar de que no lo hace con todo el corazón. Pero, lo que es importante para él, es que está sirviendo al Creador incluso cuando todavía no siente Su grandeza. Sin embargo, se encuentra agradecido por permitirle hacer algo para Él. Y esto es verdad. No se está engañando a sí mismo pensando que es considerado como un servidor del Creador, porque sabe la verdad, que todo lo que hace es completamente por coacción y no voluntariamente.

Pero aquellos que caminan en una sola línea, que dan gracias al Creador por recompensarlos, con la ocupación en *Torá* y las *Mitzvot*, tienen allí dos inconvenientes:

1) Ellos se consideran sirvientes del Creador, y esto no es verdad, ya que están trabajando para sí mismos.

2) El Creador no es quien es importante a sus ojos, es decir, que valga la pena trabajar para Él. Más bien, toda la importancia del trabajo está en cuánta recompensa recibirá por su labor. En otras palabras, está buscando la recompensa –si recibirá un salario importante– y no si el que da el salario es el importante.

Pero aquellos que van por la línea derecha consideran **cuán importante es Aquel que da el trabajo**. Su deseo constante es que el que otorga el trabajo sea importante para ellos, y esta es su recompensa. Esto se llama que ellos siempre anhelan ver la grandeza del Creador.

De esto resulta que ellos no buscan la recompensa que recibirán por su trabajo. Más bien, cuando cumplen Sus preceptos, siempre buscan ver que el que da las órdenes y los preceptos, sea cada vez más importante ante sus ojos, y esta es la recompensa de sus esfuerzos en la *Torá* y las *Mitzvot*. Por esta razón, ellos dicen que incluso una pequeña cosa que dominan de la *Torá* y las *Mitzvot* es una gran cosa, y se alegran y deleitan, y así reciben sustento.

Ahora podemos explicar la disputa sobre la primera excavación, ya que el asunto de las tres excavaciones que hubo ahí, contiene el orden de todo el trabajo. En otras palabras, hay muchas excavaciones que pertenecen a la línea derecha, muchas que pertenecen a la línea izquierda y otras muchas que pertenecen a la línea media. La razón para ello es que no todas las excavaciones pueden ser hechas de una vez. Es más, en cada línea hay mucho que cavar hasta que las líneas se adquieren por completo.

Con respecto al primer pozo que cavaron, está escrito: "Y él nombró al pozo *Oshek*, porque ellos *Hitashkú* (pelearon) con él". Debemos explicar

Oshek. Significa que con el primer pozo, que implica a la línea derecha, ellos se ocuparon en la *Torá* y las *Mitzvot* en esas excavaciones. Esto es así porque la línea derecha se llama "perfección", y la línea izquierda se llama "carencia". "Perfección" quiere decir, que en la derecha, tienen la fuerza para ocuparse en la *Torá* y las *Mitzvot* con alegría por la razón mencionada arriba, que cualquier aferramiento que tienen en ellas, creen que les vino desde arriba, que el Creador les dio el deseo y el anhelo de ser capaces de ocuparse un poco en la *Torá* y las *Mitzvot*. Por eso los pastores de *Isaac* argumentaron: "Cualquier comprensión que tengamos es importante para nosotros y Le agradecemos por ello".

A la inversa, los pastores de *Grar* estaban siguiendo a las masas, es decir, lo que dicen las masas: "Observamos la *Torá* y las *Mitzvot* por nuestra propia fuerza, y por esta razón exigimos del Creador el pago por nuestra labor". Con ello, sellan el pozo que los sirvientes de *Isaac* han cavado, quienes dijeron: "Podemos recibir energía de aquí porque incluso una pequeña cosa es importante para nosotros, es decir, que el Creador nos dio el deseo y el anhelo de hacer cualquier cosa en Su servicio. Pero vemos que hay personas que no tienen el deseo y el anhelo de hacer cualquier cosa en el trabajo, ya que el Creador no les dio este deseo".

Por eso los pastores de *Isaac* estaban recibiendo vida de este pozo. Los pastores de *Grar* vinieron y sellaron ese pozo para que no fueran capaces de recibir vida de ahí. Les decían: "Tu insistencia en este trabajo interior no vale la pena. No recibirás ninguna recompensa por ello porque no tiene ninguna importancia, ya que la mayoría de las personas lo consideran como inferior".

Por eso, en el primer pozo, que ellos llamaron "*Oshek*" (contienda), dijeron: "No es una contienda de la que valga la pena regocijarse con este pequeño trabajo, por el cual estás armando alboroto. Después de todo, no hay nada que ver en ello, pues vosotros mismos estáis diciendo que sólo es un trabajo muy pequeño. Y tu atención en el Otorgante, no la comprendemos".

Más adelante, los pastores de los sirvientes de *Isaac* se pasaron a trabajar en la línea izquierda, es decir, a criticar la situación en la que se encuentran, en la que están inmersos en el amor propio. Ven que son incapaces de trabajar para el Creador por sí mismos, así que cavan en el fondo de sus corazones para encontrar carencias y dolor. En otras palabras, buscan consejo de como sentir el tormento por estar alejados del camino del otorgamiento. Y ciertamente, cuando tengan sufrimiento, recibirán ayuda del Creador como fue durante el éxodo de Egipto, como está escrito: "Y los hijos de *Israel* suspiraron a causa su trabajo... y Dios escuchó su queja".

Así, al cavar en el fondo de sus corazones encontraron un pozo, es decir, un lugar donde podían rezar. "Y ellos se pelearon por esto también, y él lo llamó *Sitná* (calumnia)". Significa que los pastores de *Grar* se volvieron sus calumniadores, no dejándolos rezar para que el Creador realizara su deseo, es decir, que Él les concediera la fuerza para superar las vasijas de recepción de manera que pudiesen trabajar para Su beneficio y no para sí mismos.

De esto sigue que a través de su pelea, ellos sellaron las excavaciones que habían hecho en la línea izquierda para que tuvieran una necesidad de que el Creador realizara sus deseos para bien. "Bien" significa para otorgar, como está escrito: "Mi corazón se desborda con algo bueno. Yo digo: 'Mis actos son para el Rey'". El significado de "Mis actos son para el Rey" es que todo lo que haga será para el Rey, que su intención es otorgar al Rey.

Y los pastores de *Grar* eran sus calumniadores para que no fueran capaces de rezar porque estaban siguiendo a la mayoría diciendo: "El acto es lo importante y la intención de hacerlo en *Lishmá* no es asunto nuestro. Más bien, es para personas que son puras de corazón y dotadas de nacimiento. Y el trabajo en otorgamiento no es para nosotros". Por lo tanto, ellos sellaron la necesidad de una plegaria. Y por eso llamaron al segundo pozo *Sitná*, de la palabra *Satán* (que también significa "calumniar").

Y también en esa línea, no hicieron el segundo pozo de una sola vez. Es más, cavaron muchas veces en cada línea. Sin embargo, todos ellos, es decir, todas las excavaciones se supeditan al nombre de "Los tres pozos".

Pero más tarde, una vez que completaron el proceso de trabajo en las dos líneas, fueron recompensados con la línea media. Es como dijimos en un artículo previo, que la línea de la derecha es llamada "su padre", la izquierda es "su madre", y la línea media es llamada "el Creador", como está escrito: "Tres toman parte en el hombre: su padre, su madre, y el Creador".

"Su padre imparte el blanco". Significa que allí no hay carencia. Al contrario, todo es blanco, es decir, que está contento con su porción, con el pequeño puñado de espiritualidad que tiene.

"Su madre imparte el rojo". Esto quiere decir que él no se encuentra en una buena situación, sino lleno de carencias y que entonces él tiene lugar para la plegaria.

Más adelante, "El Creador da el alma". Cuando el Creador le ayuda, dándole el alma, entonces *Satán* ya no tiene lugar, es decir, no tiene sobre qué calumniar. Este es el significado de las palabras: "Y (él) cavó otro pozo, y no pelearon por ello; y lo llamó *Rejovot*, porque 'Al fin el Señor ha hecho espacio (*Herjiv*) para nosotros...' Y él ascendió desde allí hasta *Beersheva*".

Preguntamos: "¿Cuál es la razón de que los pastores de *Grar* no se pelearon por el tercer pozo?" El asunto es que donde hay una carencia en la *Kdushá*, hay espacio para que se aferre la *Sitra Ajra*. Por lo tanto, cuando una persona va por la línea derecha, sabe que está inmersa en amor propio y que todas sus acciones no son para el Creador, sino que desea ser un siervo del Creador y mientras tanto se sirve a sí mismo. Y a pesar de toda la corrupción en la que está, él desea agradecer al Creador por darle algún contacto con Su trabajo, incluso si es en *Lo Lishmá*.

Y él cree por encima de la razón que el Creador le dio el pensamiento y el deseo de involucrarse un poco en el trabajo. Y como él cree tanto como puede en la grandeza e importancia del Creador, por encima de la razón, aun cuando no ha sido recompensado con la sensación de la importancia dentro de la razón, tiene el privilegio de hacer cosas simples. Él está agradecido, alaba al Creador, y se encuentra complacido, y desea dar las gracias al Creador al igual que aquellas personas que están bajo la forma de una sola línea.

Es decir, aquellas que sienten que el trabajo que hacen es de verdad en plenitud y todo lo que necesitan añadir es en cuanto a la cantidad. En calidad, sin embargo, sienten que están tan completos. Tanto es así que necesitan trabajar en la humildad, como nuestros sabios dijeron: "Sé muy, muy humilde". Invierten mucho esfuerzo en eso, en encontrar alguna bajeza en ellos, y esto es porque no saben que están en una sola línea. Este es el trabajo de la mayoría.

Pero aquel que desea ir por la línea derecha, es decir, que sabe que hay una línea izquierda también, que debilita a la derecha, debe ejercer grandes esfuerzos para creer por encima de la razón, que incluso un pequeño trabajo en la espiritualidad –incluso si es incompleto, como sienten por sí mismos– es importante. Y además, dar gracias al Creador y ser feliz, y sentir que ahora él tiene una vida y que una vida así vale la pena vivirla.

Significa que al creer por encima de la razón que la grandeza del Creador no tiene fin, y que es muy importante que él pueda servir al Rey, esto se llama "línea derecha". Y esto representa mucho trabajo. Pero una persona debe sentir que el trabajo en la línea derecha es importante; debe esforzarse para tener por lo menos el mismo grado de vitalidad como cuando estaba trabajando antes, en una sola línea, previo a empezar a trabajar en la línea derecha.

Sin embargo, aquí en la línea derecha, hay mucho trabajo, y no es tan fácil como cuando trabajaba en una sola línea. Esto es porque allí sabía que los actos que estaba haciendo eran grandes e importantes, así que era más fácil para él trabajar. Pero en la línea derecha, ve por sí mismo que sus actos no tienen valor por sí mismos, porque no está trabajado con toda su voluntad. Por lo tanto, no puede decir que está haciendo grandes cosas y que el Creador ciertamente le entregará gran recompensa a cambio de su trabajo.

Sin embargo, en una sola línea, no hay resistencia por parte del cuerpo, así que él puede trabajar fácilmente, sin obstrucciones. Pero en la línea derecha, tiene mucho trabajo, porque dice que quiere trabajar para el Creador y no para el cuerpo, así que el cuerpo naturalmente se opone y debe constantemente luchar con él. Por lo tanto, siempre debe trabajar con su cuerpo y vencerlo.

Y hay otro asunto. Si desea caminar continuamente en la línea derecha y tiene fuerza para el trabajo, debe hacer que el Creador sea constantemente más grande y hacer grandes esfuerzos buscando ideas, sobre cómo obtener la grandeza e importancia del Creador. Si él aprecia sus acciones, es decir, que dice: "Mis acciones son muy importantes en lo alto", si él dice eso, será ciertamente una mentira porque no están en *Lishmá*, ya que en todo lo que hace está involucrado el amor propio, en lugar del amor al Creador.

Sin embargo, en la línea única, ellos sí aprecian los actos porque en aquella línea hablan **sólo** de acciones y no acerca de la intención, esto es, si su intención es para otorgar o no. Allí, el orden del trabajo es no ser meticuloso con respecto a las acciones. Pero al comenzar a trabajar con el propósito de otorgar, que se llama la "línea derecha", no puede decirse que las acciones están bien, que se siente feliz con el trabajo que hace.

Pero, si él ensalza al Creador tanto como puede, por encima de la razón, él nunca enfatizará de más su fe en la grandeza del Creador, ya que debemos decir con certeza, que el Creador es más grande de lo que el hombre lo pueda ensalzar. Por tanto, decir que el Creador es importante resulta ser cierto y, de este modo, va por el camino de la verdad.

Y entonces una persona puede decir, como en nuestro mundo, que vemos que con respecto a una persona importante, incluso si uno puede hacerle un pequeño servicio, esto le hace feliz y le da buen ánimo. Significa que no es el acto lo más importante, es decir, el servicio que da, sino aquel al que sirve. Así, cuando una persona camina en la línea derecha, es por una línea verdadera.

Sin embargo, como la línea derecha es una línea verdadera, hay gran resistencia por parte de la *Sitra Ajra,* que no permite caminar sobre el sendero de la verdad, el cual lleva a la corrección del mundo. Esto es porque la edificación de las *Klipot* viene del mundo de la fragmentación y la corrupción. Por eso todas las cosas en el mundo que pertenecen a la destrucción y corrupción tienen la fuerza para cometer sus actos. Lo vemos claramente con los niños pequeños, que pueden trabajar en romper y corromper, pero no pueden trabajar en cosas que aporten corrección, como en la alegoría de la niña pequeña.

Esto es así por el rompimiento que ocurrió en los mundos superiores. Por tanto, las ramas corporales siguen las mismas rutas. Por eso hay energía para trabajar en corrupción y rompimiento, pero es difícil trabajar en cosas que aporten corrección del mundo en las ramas corporales porque la corrección de arriba no ha sido completada.

Por ese motivo es muy difícil caminar por la línea derecha. En otras palabras, uno debe ver cómo las personas se esfuerzan en el camino de una línea. Y esa misma fuerza y ánimo deberían tener cuando caminan en la línea derecha.

Y cuando una persona desea apreciar la línea derecha, los pastores de *Grar* vienen y pelean. En otras palabras, le hacen entender que "Esta es la manera equivocada. ¿Cómo quieres agradecer al Creador por un trabajo tan mínimo? Le estás dando las gracias por algo sin valor. A la inversa, aquellos que caminan en una sola línea saben que lo que hacen es importante, y que pueden dar las gracias al Creador por ello. Pero, ¿por algo insignificante? Después de todo, tú mismo estás diciendo que tus acciones no tienen valor, porque no son del corazón, ya que estás diciendo que no estás trabajando para el Creador. Entonces, tu gratitud es como adulación, ¿y cómo obtienes alegría y buen ánimo de una mentira?"

Los pastores de *Grar* le arrastran (*Gorerim*) a la opinión de la mayoría, quienes dicen que se pueden dar las gracias al Creador sólo por cosas importantes. Y esto es cierto: Se está caminando por una vía falsa.

Esta *Klipá* (cáscara) es muy grande, y no le permite a una persona ser feliz y recibir vitalidad de la verdad. En cambio, desea llevar al hombre a la tristeza y depresión. Algunas veces lo conduce hasta un punto en el que su vida se vuelve sin sentido, y lo único que le da alegría a la persona es dormir, ya que cuando está dormido disfruta de no estar en un estado de desesperación y sin sentido en la vida.

Esto es similar a una persona que debe someterse a cirugía en un hospital. Hay un doctor especialista que es llamado "anestesiólogo". Este es el doctor que uno desea ver para que le dé un consejo sobre cómo puede dormir durante al menos tres meses. Esta *Klipá* arruina completamente la *Kdushá* porque es imposible para uno ser capaz de decir que el Creador es benevolente. Una persona define ese estado como un descenso, pero ahí queda una cuestión: "¿Hacia dónde está descendiendo?"

La respuesta es que está descendiendo al inframundo. Si una persona se vuelve más fuerte en ese estado, dice (en una canción de *Januká*): "Señor, Tú has elevado mi alma desde el inframundo". Por lo tanto, este es el deber de uno, cuando los pastores de *Grar* vienen a una persona y desean arrastrarlo al dominio de la mayoría, es decir, cómo se refieren a una persona que está haciendo algo pequeño, cuando saben que es pequeño y no aprecian tal acto.

"Así que, ¿cómo haces dos cosas opuestas? Por una parte, tú admites que al hacer tal acto, mientras eres consciente al hacerlo, que está lleno de fallas", ya que durante la acción hay muchos pensamientos extraños, cada uno de acuerdo a su grado.

Por ejemplo, en una bendición se dice: "... quien nos santificó con Sus preceptos". Pero cuando dice la misma, se sabe que no están sintiendo nada durante la realización del precepto, y le dan muchas gracias al Creador por ello. Por tanto, él dice que la bendición y la gratitud que da por ello no son porque esté haciendo algo importante.

Y más adelante, dices que uno debe recibir energía y alegría de ser recompensado con hacer una *Mitzvá* (buena obra, precepto), incluso si es trivial, y dar gracias al Creador por recompensarte, y dices: "Quién nos ha elegido". Más aun, tú dices: "Un amor eterno, Tu pueblo, la casa de *Israel*, el amor a la *Torá* y las *Mitzvot*".

Esto trae la pregunta: "¿Si no puedes ver nada en la *Mitzvá* que estás cumpliendo, por qué estás diciendo que el Creador nos dio cosas buenas porque nos ama? ¿Cuál es el sentido de esta *Mitzvá* que tú dices que Él te dio por amor? La mayoría de nosotros decimos que Él nos dio la *Torá* y las *Mitzvot* porque Él nos ama. Es como *Rabí Janania Ben Akashia*, dice: "El Creador deseaba recompensar a *Israel*; por lo tanto, Él les dio la *Torá* y las *Mitzvot* en abundancia".

En otras palabras, como Él deseaba recompensarnos con tener este mundo y el mundo por venir, o sea recibir una gran recompensa sin sentir vergüenza. Porque es sabido que cuando uno come el pan de gracia (o de balde), se siente avergonzado, Él, por lo tanto, nos dio la *Torá* y las *Mitzvot* en abundancia. Así, seremos capaces de recibir una gran recompensa. Pero sabemos que con una obra pequeña e incompleta, esto sería el discernimiento del pan de la vergüenza.

Por lo tanto, cuando una persona camina sobre la línea derecha y desea recibir vida y buen ánimo, por haber hecho algo pequeño, le da gracias al Creador por haberle recompensado con hacer algo por Él. Y cree por encima de la razón que el Rey es grande, llamado "El Dios Grande, Poderoso y Temible".

Y se dice, que según la importancia del Rey, incluso si le fuera permitido sólo un pequeño servicio al Él, un servicio que no es importante y con muchas fallas, con tal de que tenga algún contacto con el Rey. Esto es así porque no está buscando una recompensa.

La regla es que si uno trae algo a alguien y quiere una recompensa por ello, entonces lo normal es que el asunto sea inspeccionado para ver si la recompensa que se exige por el objeto lo vale o no. Pero, aquellos que caminan en la línea derecha no desean ninguna recompensa. En cambio, lo hacen porque el Rey *es* toda su recompensa. Entonces, creen por encima de la razón que están haciendo algún servicio para el Rey, y esto les da energía, alegría, y buen ánimo pues ellos fueron recompensados con hacer algún servicio a Él.

Y es verdad que el Creador es muy importante pero no tenemos el poder de apreciar Su grandeza, y viceversa, que desde la perspectiva del acto, no puede haber un acto más pequeño y trivial que lo que están haciendo. Así pues, de esto se deduce que es verdad por las dos partes, y todo está construido sobre la base de la fe por encima de la razón. *Baal HaSulam* dijo: "Todo lo que está construido por encima de la razón entra a la *Kdushá* y es considerado interioridad, y aquello que se encuentra dentro de la razón es considerado exterioridad".

Por lo tanto, como la derecha está construida sobre la base de la verdad, los pastores de *Grar* inmediatamente se despiertan y desean arrastrar a una persona hacia la opinión de la mayoría. Entonces esta *Klipá* comienza a atacar a la persona y a hacerla entender el punto de vista de la mayoría, y que lo que dicen las masas, es verdad. En ese momento, una persona comienza a creerle a esta *Klipá*, a pesar de que esta desea matarla y extraer toda la energía de *Kdushá* de ella y arrojarla al inframundo. Esta *Klipá* se viste con ropas falsas y dice que todo lo que ella está diciéndote ahora, es solo para que no te engañes a ti mismo en un camino de falsedad.

Entonces, todo lo que uno puede hacer es permanecer en guardia, mientras los pensamientos de los pastores de *Grar* vienen a su mente, como flechas dentadas empapadas en veneno, matando a la persona inmediatamente, dejándola sin el espíritu de vida de la *Kdushá*.

Esta *Klipá* llega a una persona y le envía sus pensamientos e ideas, y no vienen, "Dios lo prohíba", para que la persona no sea un siervo del Creador. Por el contrario, le hacen entender a la persona que: "Como ahora sabes claramente cuál es el trabajo de verdad, que la intención debe de ser para el Creador, y sabes por ti mismo que no puedes aspirar al Creador, por lo tanto, tu plegaria es ciertamente inútil, así como lo es la *Torá* que estás aprendiendo. Estás desperdiciando tus esfuerzos en vano.

Por lo tanto, es mejor para ti trabajar en la intención que debes tener. En consecuencia, es mejor, en lugar de rezar o estudiar y hacer cosas triviales, hacer todo *Lishmá*".

Y como él está bajo la autoridad de ella (de la cáscara), ciertamente no tiene la fuerza de hacer nada en *Lishmá*. Así es como ella lo mata. "Es mejor para ti pensar acerca del propósito del trabajo y no actuar. Por eso es mejor que te dediques al trabajo de las intenciones, que debes hacer todo en *Lishmá*".

Y como él está bajo dominio de ella, y ciertamente no tiene fuerza para hacer nada en *Lishmá*, por eso, ella lo mata. "Por lo tanto, cuando rezas, no necesitas sobreponerte. Si deseas hablar a alguien durante la plegaria hazlo, ya que tu oración y tu *Torá* no tienen ningún valor. Así, cuando estás estudiando o durante la oración, si tienes a alguien a quien hablarle, es un desperdicio tratar de contenerse de hablar, ya que no estás perdiendo nada, porque tanto tu plegaria como tu *Torá* no tienen valor.

"Esto es así porque en la plegaria, ves que no tienes conexión con las palabras que estás expresando. Y en la *Torá*, ¿qué estás perdiendo al detenerte a mitad del estudio? Tú mismo estás diciendo que lo importante es aspirar al Creador. Entonces, ¿qué estás ganando si conoces algunas páginas de la *Guemará* u otras palabras de la *Torá*?

"Y de la misma manera en acciones; ¿por qué necesitas ser tan meticuloso acerca de las acciones? No estoy diciéndote que debas comer cosas prohibidas; más bien, estoy hablando del rigor de las costumbres, que tú quieres seguir este camino. Después de todo, sabes que lo más importante es aspirar al Creador. Entonces, deja esas acciones y haz lo que entiendas que debes hacer. Y el cumplimiento de las costumbres rigurosamente: esto no es para ti. Más bien, esas obras son para la gente sencilla, que no piensa y no sabe lo que es el verdadero trabajo. Por lo tanto, es mejor para ti concentrarte en el pensamiento de cómo otorgar al Creador".

Y cuando una persona obedece a esta *Klipá*, llamada "los pastores de *Guerar*", como hablan a favor del trabajo de la verdad, entonces una persona cree lo que dicen y comienza a dejar de lado la agenda de la oración y los estudios de la *Torá*, y comienza a escuchar la voz de esa *Klipá*. Y como ahora una persona no tiene ninguna vitalidad, ya que no tiene acción mediante la cual recibir una vida de *Kdushá*, cuando ella comienza a contemplar hacer algo por el Creador, el cuerpo se ríe de ella y le muestra sólo imágenes oscuras del trabajo del Creador.

Entonces, una persona se queda sin vida, y ya no tiene la fuerza para decir por encima de la razón que el Creador es benevolente, y cae bajo el dominio de la herejía. En ese momento, no tiene ninguna fuerza para contemplar la espiritualidad, y llega a un estado en el que el mundo se oscurece para ella. Este es el significado de lo que está escrito, que los pastores de *Grar* se pelearon con los pastores de *Isaac*. En otras palabras, ellos estaban proporcionando a los sirvientes de *Isaac* sus puntos de vista hasta que los arrastraran a su propia autoridad, en cuyo momento los matarían y les quitarían toda su vitalidad.

En otras palabras succionarían lo poco de fe que tenían, y así se quedarían desnudos y vacíos. Esto es llamado "la *Klipá* de la derecha", que no les deja seguir el camino de la verdad, es decir, proclamar que aun cuando sus acciones son incompletas, creen por encima de la razón que el Creador es tan importante, que hacer incluso el servicio más pequeño al Rey es considerado una gran cosa.

Y como ese pequeño acto es verdadero, y su creencia por encima de la razón de que el Creador es un Rey grande e importante también es cierta, se deduce que ellos en ese momento están apegados a la cualidad de la verdad. Y pueden regocijarse en hacer la voluntad de su Amo aunque sea un poco, dado que la verdad es algo grande por sí misma.

Por eso debemos tener cuidado con esta *Klipá*, cuando comenzamos a caminar en la línea derecha. Sólo cuando una persona es fuerte en superar la *Klipá* de la derecha, comienza el trabajo de la línea izquierda. Esto es considerado que la propia persona evoca su crítica sobre sí, y no la *Klipá*.

Entonces, cuando una persona no tiene vitalidad para tomar la línea derecha, no debe caminar en la línea derecha. Más bien, es específicamente una vez que está lleno de vida y alegría del trabajo de la derecha, es cuando llega el momento de que se ocupe en la línea izquierda, es decir, de ver la bajeza de su estado y por qué aun no ha sido recompensado con que el Creador lo admita en el palacio del Rey.

Baal HaSulam una vez dijo sobre lo que está escrito (Salmo 57): "Despierta, mi gloria... Despertaré al alba". Nuestros sabios dijeron: "Yo despierto al alba, y el alba no me despierta a mí". Él dijo: "El significado literal es que el Rey *David* dijo que no acepta el *Shajar* (alba) –de la palabra *Shajor* (negro), y oscuridad, que viene a él– y para así despertarse de la oscuridad. Más bien, 'Yo despierto al alba', es decir, cuando él siente que está bien, entonces él mismo evoca la oscuridad".

Debemos interpretar en sus palabras que una persona no acepta la crítica de que sus acciones no están en orden y que todo lo que hace es inútil, que sucede cuando la *Klipá* llega a él. La cual se enmascara bajo una cubierta de justicia, y aparentemente desea que una persona no se engañe a sí misma en el trabajo, sino trabajar para el Creador.

Pero cuando tales pensamientos vienen y ella no los evoca, debe saber que no vienen del lado de la *Kdushá*. Más bien, que la *Klipá* de *Grar* ve que una persona recibe vitalidad de cosas pequeñas, que se conforma con poco y dice que ella cree por encima de la razón que no hay límite para la importancia del Creador, también dice que considera un gran privilegio haber sido recompensada con que se le haya dado incluso un pequeño deseo y pensamiento de servirle a Él, y ve que hay muchas personas en el mundo que no tienen este privilegio. Por lo tanto, está muy agradecida y alaba al Rey. Y recibe un gran ánimo de ese estado.

En ese momento, esa *Klipá* llega y desea matarla, extraer todo el aire de *Kdushá* que hay en ella. No le deja alabar al Creador, sino que la arroja al inframundo y le quita cualquier cantidad de fe que tenga. Y entonces la persona es considerada muerta porque no tiene vida de *Kdushá*. ¿Y quién fue la causa de eso? Sólo la *Klipá*, que llega a una persona con falsa apariencia y habla sólo a favor de la *Kdushá*. Esto es llamado "El alba no me despierta", es decir, que no deseaba recibir oscuridad y negrura de las *Klipot*.

Más bien: "Yo despierto el alba" significa: "Cuando lo desee, yo despierto al alba". En otras palabras, yo mismo despierto la oscuridad y la negrura dentro de mí, pues aun estoy inmerso en el amor propio, y aun no siento amor por el Creador, y todavía estoy sin la gloria e importancia de la *Torá*: que es saber que vale la pena hacer todo para obtener la luz de la *Torá, así* como apreciar la importancia de cumplir las *Mitzvot* que el Creador ordenó para nosotros.

Y cuando necesita llevar a cabo una *Mitzvá* e intentar que sea para otorgar, la resistencia en el cuerpo muy pronto se despierta con toda su fuerza. Y el cuerpo se opone con una gran lucha para realizar cualquier acción, y ve los ascensos y descensos cada vez. Y entonces él tiene lugar para elevar una plegaria. Esto es así porque una persona se despierta en el momento correcto, es decir, que siente que será capaz de rezar instantáneamente, y no que el negro le traerá tristeza y depresión, por lo que no tendrá la habilidad de rezar debido a la oscuridad.

Uno puede ver por sí mismo si le viene del lado de la *Klipá* o no. La señal que algo que llega desde la *Kdushá,* es que siempre tiene la forma de "incrementar la santidad y no reducir". En otras palabras, en ese momento uno siempre pide al Creador que lo eleve a un nivel más alto del que está. Pero cuando la negrura viene del lado de la *Klipá,* una persona es incapaz de pedir al Creador que lo eleve por encima de su estado.

"Más bien, ellas descienden", es decir, la descienden hasta el inframundo, y pierde la pequeña parte de fe que tenía y permanece aparentemente muerta, sin el espíritu de vida. Entonces, sólo tiene energía si puede dormir, es decir, escapar y olvidar su estado de depresión.

De acuerdo a lo anterior, debemos interpretar las palabras de *El Zóhar* cuando dice: "Está prohibido elevar las manos sin plegaria o pedido". Debemos entender lo que significa que nuestros sabios prohibieran levantar las manos en vano, y que sólo si puedes rezar y hacer una petición no hay prohibición.

De acuerdo a lo dicho antes, debemos interpretar que "manos" se deriva de las palabras "Si una mano alcanza". Significa que cuando una persona levanta sus manos para ver lo que ha obtenido en el trabajo del Creador, si tiene *Torá* y temor del Cielo y buenas obras, y si cree con fe completa que el Creador es benevolente. Si está listo y tiene la fuerza para superarse, entonces si ve que no tiene ninguna de las cosas que pensó que obtendría a través de su labor en la *Torá* y las *Mitzvot,* no se desesperará. Por el contrario, tendrá la fuerza para rezar para que el Creador la ayude.

Y él tendrá la fuerza para decirse: "Mi visión de que no tengo nada bueno en mis manos es porque el Creador me ha permitido ahora ver la verdad, que verdaderamente soy una vasija vacía, y que no hay en mí ni

Torá ni temor del Cielo ni he hecho ninguna buena obra. Es más, todo lo que hago es sólo para mi propio beneficio, y ahora tengo un *Kli* (vasija) y una necesidad real, desde el fondo del corazón, de que el Creador conceda mi deseo, ya que la ayuda que preciso –Su ayuda– es por necesidad y no por lujo.

Hasta ahora, pensé que necesitaba la ayuda del Creador por lujo, no por necesidad, porque sabía que no soy como otras personas, que no tienen aferramiento en la espiritualidad; pero ahora veo desde dentro de la razón que mi situación es peor que la del resto de las personas porque **siento** que no tengo nada. Por lo tanto, estoy sufriendo y siento dolor por mi situación. Pero para las masas, esto no es tan malo porque no sienten lo que siento yo. Por lo tanto, no puedo obtener satisfacción del hecho de que ellos tampoco tienen nada, esto es lo que pienso y es lo que mi razón me hace entender acerca del estado de los demás".

Significa que es posible que ellos tengan buenos estados, ya que uno no sabe lo que está en el corazón de su amigo. Pero una persona determina el estado de su amigo de acuerdo a lo que ve con sus ojos y, de eso, deduce cómo comportarse. Por ejemplo, si su amigo es un justo oculto, le es importante observar que el amigo no es tan ortodoxo.

¿Y qué puede aprender uno del justo oculto? Sólo frivolidad. Por lo tanto, cuando una persona está observando a las masas, sin importar el grado real de las mismas, lo importante es lo que una persona piensa acerca de ellas. Por lo tanto, en ese momento, ve que su estado es peor que el de los demás; entonces, dice que el Creador debe ayudarla porque está sufriendo más que la mayoría.

De esto se deduce que si la persona puede asumir que mientras eleva sus manos verá lo que tiene en sus manos y será capaz de rezar, entonces sabrá que su cálculo vino del lado de la *Kdushá*. Y entonces se le permite pasar de la línea derecha a la línea izquierda. De otra manera, si no sabe en su corazón que tiene la fuerza para rezar, no debe pasar a la línea izquierda, ya que entonces se enfrentará a la *Klipá* llamada "los pastores de *Guerar*".

Está escrito en *El Zóhar* (*VaIkrá* [El Señor Llamó], pág. 131: Comentario *Sulam*, pág. 401): "*Rabí Yehuda* comenzó y dijo:"Si el pecado que él ha cometido se le revela". Él pregunta: '¿En nombre de quién? ¿Quién lo dio a conocer? Debió haber dicho: 'O conoció su pecado'. ¿A qué se refiere con que se le revela su pecado? Él responde que el Creador mandó a la asamblea de *Israel* anunciarle al hombre el pecado que cometió".

Está escrito en *El Zóhar (Vaikrá* [El Señor Llamó]; Comentario *Sulam*, Punto 404): "Aquí, también dijo el Creador: 'Hazle conocer su pecado, en qué ha pecado'. Aquel que se levanta durante la noche para dedicarse a la *Torá*, la *Torá* hace que su pecado se le dé a conocer. Y no a modo de *Din* (juicio), sino más bien como una madre que se lo dice a su hijo con palabras suaves, y él se arrepiente ante su Señor".

Debemos entender por qué cuando el Creador le advierte específicamente que ha pecado, se considera que ahora es consciente del pecado, pero si su amigo ve que él ha pecado y también ve que aun no se arrepintió y le advierte de su pecado, esto no se considera que sabe. ¿Y cuál es la razón de que si el Creador le avisa específicamente sobre que ha pecado, él sabe que ha pecado y este es el momento de arrepentirse, pero que si el Creador no le avisa, aun no es el momento de arrepentirse por su pecado?

Y debemos además entender lo que *El Zóhar* dice, que uno que se levanta por la noche para dedicarse a la *Torá*, la *Torá* le avisa, y uno que estudia todo el día, la *Torá* no le da a conocer que ha pecado. Pero cuando estudia de noche, incluso cuando no estudia durante el día, la *Torá* se lo hace saber. Así, debemos entender la ventaja de estudiar de noche a hacerlo de día, y además debemos entender lo que está escrito, que la *Torá* le da a conocer su pecado: "No a modo de *Din*, sino más bien como una madre que se lo dice a su hijo con palabras suaves".

RaShI interpreta el verso: "Si el pecado que él ha cometido se le revela". "Cuando él pecó, pensó que estaba permitido. Más adelante, fue informado de que estaba prohibido". Debemos entenderlo en el trabajo. ¿Qué es este pecado? Es sabido que todo el trabajo que fue entregado a los inferiores es en la forma de "Lo que Dios ha creado para hacer".

Es sabido que la creación se llama así porque Él creó la existencia a partir de la ausencia, lo cual se llama "voluntad de recibir" y "anhelo de recibir placer". Y a causa de la equivalencia de forma, llamada Adhesión, debe formarse otro *Kli*, de manera que podamos recibir la Luz del placer. En otras palabras, debemos añadirle la intención de otorgar, de otro modo, está prohibido recibir la abundancia.

E incluso si queremos, aun así no es entregada. Cuando deseamos recibir con el fin de recibir, esto ya se llama un "pecado" en el trabajo. Esto es así porque a través de ese deseo, una persona se aleja del Creador, y se vuelve más difícil para ella ser capaz de arrepentirse, lo cual es llamado "regreso a la raíz", es decir, al Otorgante.

Así, uno debe regresar a su fuente, ya que la disparidad de forma lo alejó de la raíz, cuya función es la de otorgar. Por lo tanto, cuando una persona actúa pero no intenta que sea para otorgar sino que, en lugar de esto, su intención es sólo para recibir para sí misma, se encuentra más alejada, y este es su pecado.

Pero en el orden del trabajo, cuando comenzamos en la labor, lo hacemos en *Lo Lishmá*. Por eso en ese momento lo entendemos de manera diferente, es decir, que lo que se manifiesta para un hombre en el orden de trabajo son sólo dos cosas:

1) Hacer, que son las 248 *Mitzvot* positivas (preceptos para llevar a cabo ciertas acciones);

2) No hacer, que son las 365 *Mitzvot* negativas (preceptos para evitar ciertas acciones).

En otras palabras, existe el discernimiento del pecado y de la una *Mitzvá*. Entonces, cuando una persona cree en el Creador y en Su ley, sabe muy bien qué es un pecado y qué no. Y si olvida o se equivoca en alguna acción, porque no sabía que estaba prohibida, si su amigo lo ve, puede advertirle que ha pecado. Así, ella misma no lo sabía, pero su amigo, que la vio, puede decírselo, y entonces la persona se arrepiente del pecado que ha cometido.

Pero al hablar del trabajo en el camino de la verdad, que es con la intención de otorgar, la cual es sólo una intención, esto está oculto de él, ya que uno no puede saber lo que está en el corazón del otro. Por esta razón, su amigo no puede advertirle que ha pecado al no tener la intención de otorgar.

Ahora podemos interpretar lo que preguntamos, que esto implica que es específicamente el Creador quien puede advertirle que ha pecado, y su amigo no puede hacerlo, ya que no puede ver la intención. Así, sólo el Creador conoce cuál es la intención que tiene al ocuparse de la *Torá* y las *Mitzvot*.

Sin embargo, aquí hay verdaderamente un asunto profundo, en la explicación de *El Zóhar*, de que el Creador le advierte que ha pecado. Y como la persona ve en la *Torá* que lo que necesita observar son las *Mitzvot* positivas y negativas, y así sabrá qué es un pecado y qué no lo es. Esto sucede al principio de sus estudios. Es cómo *Maimónides* dice: "Cuando se le enseña a las mujeres y a los pequeños, se lo hace para que reciban una recompensa". Sólo más adelante: "Cuando adquieren más conocimiento, se les dice", que deben estudiar *Lishmá*, es decir, para otorgar.

De esto se deduce que uno no puede entender que si no se tiene la intención de otorgar, esto es considerado un pecado en el trabajo en el camino de la verdad. Siendo que la mayoría está aun en *Lo Lishmá*, y él desea ir a *Lishmá*. Por ejemplo, si no aspira a otorgar, esto se considera un pecado, pero una persona no puede sentirlo por sí misma. Como en el caso de una persona que realiza un acto que está prohibido en la *Torá*, tal como desacralizar el *Shabat* o comer comida prohibida, etc., es decir, no tendrá la misma sensación al realizar alguna *Mitzvá* sin tener la intención de otorgar, como al cometer un grave pecado.

Esto plantea la pregunta: "¿Quién puede advertir a la persona que si no actúa para otorgar esto se considera un pecado y debe arrepentirse de ello, es decir, pedirle al Creador no volver a pecar nuevamente?" En otras palabras, aquí debemos entender:

a) Que si no hay intención de otorgar, es un pecado.

b) Que debe tener el deseo de arrepentirse para no volver a pecar, como nuestros sabios dijeron: "El arrepentimiento se llama remordimiento por el pasado y aceptación del futuro".

Este asunto de que una persona sienta que esto es un pecado –que sienta que esto es un pecado general, y es todo el mal que existe en el hombre– es algo que sólo el Creador puede hacerle entender. La *Torá* y las *Mitzvot* que nos fueron entregadas son para corregir ese mal, el cual se llama "deseo de recibir para uno mismo", y no está dentro del poder de una persona entender que ese es todo el mal que separa a los creados del Creador.

Y esto es lo que *El Zóhar* dice acerca del verso: "Si el pecado que él ha cometido se le revela". En otras palabras, si el Creador le revela su pecado significa que le advierte sobre el pecado que ha cometido, porque para la propia persona es difícil aceptar y decir que trabajar para su propio beneficio, cuando trabaja en el camino de la verdad, se considera un pecado.

Sólo cuando el Creador le da esta conciencia puede sentir que es un pecado. Por ejemplo, cuando una persona mata a otra persona, por supuesto que siente que ha cometido un grave pecado. Por ejemplo, si una persona tiene un chofer, y ese chofer golpea a alguien con su coche y lo mata. Sin embargo, era de noche y nadie lo sabe. No es necesariamente el chofer el que siente que ha matado a un hombre, sino hasta el dueño, que viajaba con él, siente también ese pecado.

En la espiritualidad, es el Creador quien le advierte de que ha pecado y que cada día está matando el aspecto de hombre con su deseo de recibir.

Sólo Él puede dar tal sensación espiritual. Pero la persona misma no puede saberlo y entenderlo.

Ahora podemos entender lo que *RaShI* explica sobre el verso: "Si el pecado que él ha cometido se le revela". Esas son sus palabras: "Cuando él pecó, pensó que estaba permitido. Más adelante, descubrió que estaba prohibido".

Para entender sus palabras en el trabajo, debemos interpretar "Cuando él pecó" como "Cuando estaba ocupándose de la *Torá* y las *Mitzvot* para recibir" todavía no sabía que estaba prohibido. Es más, si observaba la *Torá* y las *Mitzvot*, sólo con acciones, sentía que estaba permitido. Sólo más tarde supo que hay aquí una prohibición y que su aspiración era recibir una recompensa. Pero, ¿quién le informó que estaba prohibido, que usar las vasijas de recepción está prohibido? *El Zóhar* interpreta que es el Creador quien le advirtió, porque sin la ayuda del Creador es imposible sentirlo.

Por lo tanto, resulta que en el trabajo, el mal y el pecado principal es la voluntad de recibir, que es la única causa que evita que recibamos todo el bien, que el Creador desea dar a los creados, y es también la razón del por qué no podemos ser recompensados con la adhesión. Nos damos cuenta de que la luz de *Neshamá* se divide en cinco discernimientos, llamados *NaRaNJaY*, que se visten sólo en las vasijas de otorgamiento.

Por lo tanto, para que una persona tenga la sensación del mal y de oscuridad, de que todo proviene de este malhechor llamado "la voluntad de recibir para sí mismo", sólo el Creador puede darle dicha sensación, es decir, le advierte que es un pecado. Esto es así por la razón de que una persona está acostumbrada a usar la voluntad de recibir incluso cuando comienza con el trabajo del Creador.

Es como nuestros sabios dijeron: "Uno debe estudiar siempre en *Lo Lishmá*". De esta manera, él tiene ya permiso de nuestros sabios de que está permitido estudiar a fin de recibir recompensa, ya que mediante eso, llegará a *Lishmá*. Por lo tanto, como existe ese permiso de nuestros sabios, es difícil acercarse a una persona y decirle que está en pecado porque dirán que está permitido estudiar en *Lo Lishmá*. Por consiguiente, no hay razón para creer que este sea, realmente, el pecado más grande porque esto es todo lo que obstruye conseguir adhesión con el Creador.

Con lo dicho anteriormente, podemos interpretar lo que preguntamos acerca de las palabras de *El Zóhar*, que escribe que a uno que se levanta de noche para dedicarse a la *Torá*, la *Torá* le anuncia su pecado. Preguntamos por qué específicamente aquellos que estudian por la noche, y que deba ser particularmente la *Torá* la que le avise de su pecado.

La respuesta, como se dijo antes, es que específicamente a través de la *Torá*, uno puede llegar a sentir que recibir para sí mismo se denomina "un pecado", es decir, que la voluntad de recibir para sí mismo se llama "un pecado". Pero las personas ordinarias no pueden saber, como *Maimónides* dice, que el asunto de *Lishmá* no es revelado a mujeres o a pequeños, y a la población. Y el significado de "no revelarlo" es porque no pueden comprender. Sin embargo, específicamente a través de la *Torá*, significa que la *Torá* puede aportar tal sensación a una persona que lo hará ver que la recepción para sí misma se considera un pecado.

Pero, ¿por qué es específicamente la *Torá* la que se estudia de noche la que tiene la fuerza para advertirle de su pecado? En otras palabras, ¿cuál es la ventaja de la noche sobre el día?, ¿que implica que específicamente de noche, como está escrito que a uno que se levanta de noche para ocuparse en la *Torá*, la *Torá* le revela su pecado? Para entenderlo, primero debemos entender el significado de "día" y de "noche" en el trabajo.

"Noche" es como nuestros sabios dijeron (*Pesajim* 2b) sobre el verso: "El asesino se levanta al alba... y de noche es como un ladrón". "¿Significa que la luz es día? El significado ahí es éste: Si el asunto está tan claro para ti como la luz, que llega a tomar vida, él es un asesino. Pero si tienes dudas sobre ello, como la noche, debes considerarlo como un ladrón". Por lo tanto, vemos que nuestros sabios usan "día" y "noche" para "certeza" y para "duda".

Podemos interpretar que "día", en el trabajo, significa cuando una persona se ocupa de la *Torá* y las *Mitzvot*, y tiene la certeza que recibirá recompensa por su labor. Entonces está conforme y no hay lugar para rezar para que el Creador lo ayude, ya que, ¿de qué carece? Sin embargo, es posible que uno vea que "Debo hacer más", pero probablemente se pone excusas por no tener tiempo suficiente por alguna razón o por problemas de salud pero, en general, está bien porque cree que recibirá recompensa. Él cree en la recompensa y el castigo en este mundo y en el mundo por venir, y a esto se le llama "estudiar la *Torá* de día".

"Estudiar *Torá* de noche" significa que tiene dudas, porque a la duda se le llama "noche". Esto ocurre cuando una persona desea recorrer el camino de la verdad, es decir, con el fin de otorgar. Esto es que él desea trabajar en la *Torá* y las *Mitzvot* en un nivel de calidad diferente a la manera en que trabajó en el camino de la mayoría, (con la intención de recibir recompensa en este mundo y en el próximo). En cambio ahora, desea ocuparse de la *Torá* y las *Mitzvot*, no para recibir recompensa. Pero el cuerpo se resiste a ese camino. Entonces, siempre le vienen pensamientos extraños, trayéndole dudas constantes en su trabajo.

¿Y qué son las dudas? Algunas veces piensa que debe recorrer el camino del otorgamiento, y entonces el cuerpo comienza a resistirse. Entonces le vienen pensamientos de que tal vez la mayoría tiene razón, es decir, que no tiene que trabajar bajo la forma de otorgamiento porque es difícil pelear contra el cuerpo. Por lo tanto, es mejor seguir la visión de la mayoría, ya que la mayoría es ciertamente más agradable a la vista y recibe un lugar más importante en el mundo. Y ellos eligen andar en el camino de dirigir sólo sus acciones para que sean para el Creador, y no sus intenciones. Significa que observan la *Torá* y las *Mitzvot* porque el Creador nos ordenó cumplir Sus preceptos y observar Su ley, y no, Dios lo prohíba, por dinero u honor, es decir, que al ocuparse en la *Torá* y las *Mitzvot* él será respetado o será llamado "*Rabí*" (rabino). En cambio, ellos observan la *Torá* y las *Mitzvot* por el Creador, porque Él nos lo ordenó y, a cambio, recibiremos recompensa. Esta debe ser la mejor manera.

Y como esto no contradice al amor propio, no es tan difícil caminar por esta vía. Pero en el camino del otorgamiento uno siempre tiene dudas porque este modo no es aceptado por la mayoría y el cuerpo tiene inclinación natural hacia el punto de vista de las *Klipot*, que solo saben de recepción. Por eso él tiene trabajo constante de pelear contra esos pensamientos.

E incluso cuando una persona supera al cuerpo y lo hace entender: "Pero ves que, por naturaleza, uno desea servir al grande sin recompensa, sino sólo en puro otorgamiento". Entonces el cuerpo se le enfrenta y plantea un argumento verdadero: "En la corporalidad, ves a alguien 'grande', y ves que todos la respetan. Entonces, puedes ser influida por la mayoría, ya que todos la aprecian como grande. Por lo tanto, vale la pena trabajar en otorgamiento. Pero aquí, estás en ocultación porque la grandeza e importancia del Creador no está revelada y sólo quieres creer que es así, que el Creador es importante y vale la pena servir sin ninguna recompensa".

Entonces, en ese momento una persona se vuelve débil contra el cuerpo y no tiene como responderle, porque en ese momento, solo hay una cosa que decir: que ella está yendo por encima de la razón. En consecuencia, no puede imponerse con su mente sobre el argumento del cuerpo, y entonces necesita de la misericordia del cielo para evitar escaparse de la campaña.

Esto se llama "noche", cuando una persona tiene dudas por el argumento de cuerpo. Y entonces esta *Torá* le revela su pecado, es decir, que su pecado es primordial y de raíces profundas, ya que ve que le falta fe en el Creador. En otras palabras, no puede creer que el Creador es grande y gobernante y que vale la pena darle y servirle, y que Él tendrá satisfacción con ello.

En otras palabras, no hay satisfacción para una persona en servir a un gran rey. Como dice El *Zóhar* (*Introducción al Libro del Zóhar*, pág. 185; Comentario *Sulam,* Punto 195): "El temor es lo más importante, es decir, que temerá al Creador porque Él es grande y gobierna sobre todas las cosas, ya que Él es la raíz de la cual todos los mundos se expanden, y Su grandeza aparece en Sus obras".

Sin la *Torá*, el individuo no puede sentir de lo que carece porque hay una regla que dice que la ausencia debe preceder a la existencia , y es imposible sentir ausencia, es decir, que uno sienta que carece de algo, a menos que sienta que hay algo bueno en el mundo, y que a ese bien no lo posee. Entonces puedes hablar de ausencia. En otras palabras, cuando hay alguien que siente la ausencia, puedes decir que debe tratar de saciar lo que le falta.

¿Quién creó la primera ausencia? El Creador lo hizo, en el mundo de *Ein Sof* (infinito). Aprendemos que Él es uno y Su nombre es Uno. La primera ausencia es el *Tzimtzum* (restricción), cuando la luz salió y dejó una carencia. La Luz de la línea es con lo que debes llenar el déficit hecho por el Creador, quien es existencia, y Él creó algo nuevo –Él creó ausencia.

Entonces, cuando uno estudia la *Torá*, a través de la Ella, llega a sentir que hay un Creador y un líder, porque al estudiar la *Torá* él recibe la Luz de la *Torá* que lo reforma. Entonces comienza a sentir a través de la Ella que hay un dador de la *Torá*, y aquí es donde comienza a entender que es un gran privilegio servirle a Él.

Y cuando comienza a conversar con el cuerpo con respecto a ello, la pequeña sensación que empieza a sentir –que vale la pena servir al Creador– se encuentra con la resistencia del cuerpo, que se opone vehementemente a la sensación de recibir de arriba de "La luz en ella lo reforma". En otras palabras, uno no recibe enseguida la Luz de la *Torá* lo suficiente para reformar el cuerpo. Más bien, llega poco a poco. Por eso hay subidas y bajadas, y por cada ascenso que él recibe y comienza a comprender que debe trabajar en el camino del otorgamiento, la naturaleza del cuerpo inmediatamente se resiste.

Sin embargo, esto fue hecho deliberadamente por parte del Creador. La razón para esto es que "No hay luz sin un *Kli*". Lo que viene de arriba se llama "despertar desde arriba". En otras palabras, la necesidad y la satisfacción vienen unidas como una sola. En ese momento, él no tiene un motivo para despertar el deseo que evoca, que conviene servir al Creador. Por eso, cuando la sensación que proviene de arriba se va, gradualmente se construye en su corazón una pequeña necesidad de trabajar en otorgamiento, y aquí es cuando comienza a pedir al Creador que le dé la fuerza para ello. Entonces este estado es llamado "Luz y *Kli*".

Y hay otra razón por la cual uno necesita el despertar desde abajo: cuando el superior da sin preparación por parte del inferior, el receptor no puede sentir aquello como importante. Y de acuerdo a la regla de que cualquier cosa que una persona desea disfrutar depende de la importancia de ese asunto. Antes que el superior le deje sentir algo, no puede decirse que él desea algo.

Más bien, después de que uno experimenta algún despertar por el trabajo del Creador, uno debe creer que el hecho de que una persona ha despertado a la necesidad de dedicarse al dicho trabajo es porque el Creador le envió esos pensamientos, sin ningún mensajero. En otras palabras, cuando nadie le dice que debe ocuparse del trabajo, una persona dice ciertamente que le vino desde arriba.

Sin embargo, incluso si alguna persona viene y le hace comprender, y le explica que vale la pena comenzar con la servidumbre al Creador y él se despierta mediante esto, aun así no debe decir que tal o cual le mostró el mérito del trabajo del Creador. En cambio, esa persona, también era un mensajero del Creador para despertarle. Así, algunas veces uno debe decir que el Creador le dio el deseo sin mensajeros, y otras veces debe decir que ese deseo llegó del Creador a través de un emisario.

Y como el deseo le llegó sin ninguna preparación propia, no puede apreciar la importancia del asunto. Así, una persona no está tan impresionada y no puede disfrutar de ello porque no conoce su valor. Es como si una persona enviara un regalo a su amigo, pero su amigo no sabe apreciarlo.

Digamos, por ejemplo, que el receptor del obsequio pensó que valía 100 dólares, pero el que compró el regalo pagó 10.000 dólares por éste. Además, el dador sabe que el receptor aprecia el valor del obsequio sólo según su propio entendimiento. Así, entendemos que el otorgador del obsequio busca consejo y tácticas para hacer que el receptor entienda el valor del presente, de manera que sea capaz de disfrutarlo tanto como el otorgador quiere.

Esta es la causa para los ascensos y descensos en el trabajo, que son llamados "día" y "noche". Cuando estudiamos la *Torá* durante la "noche", en esa superación, uno ve cuán alejado se encuentra del Creador al no ser capaz de salir del amor propio, y es la *Torá* la que le aporta la sensación de importancia. Y cuando está en un ascenso, debe decir que el Creador lo está acercando, es decir, que no se está ocultando de él, y por eso siente que vale la pena tener adhesión con el Creador.

Es como aprendimos en *El Estudio de las Diez Sfirot*, donde se da una explicación acerca de las cuatro fases de la Luz directa y dice: "¿Cuál es la diferencia entre *Jojmá* de Luz directa y *Maljut* de Luz directa? Si existe la misma Luz en las *Sfirot Jojmá* y *Maljut*, entonces, ¿por qué una se llama *Jojmá* y la otra se llama *Maljut*?

La respuesta es que en la *Sfirá* de *Jojmá* aun no había preparación por parte del inferior, ya que el inferior todavía no existía, es decir, no se sentía a sí mismo como inferior, con la necesidad de algo y teniendo que recibir del superior, de manera que llenara su carencia. Por lo tanto, el inferior no sentía ningún placer por recibir la abundancia del superior, y tener placer sería cumplir el deseo del superior, que es el disfrute del inferior.

El deseo del superior es hacer el bien a Sus creaciones, es decir, que el inferior tenga placer. Pero debido a la falta de preparación por parte del inferior, ya que cuando el inferior nació, fue en conjunto con la abundancia, y no había tiempo para equiparse con una carencia, es decir, anhelar la abundancia.

Pero *Maljut* llega después de que la abundancia se ha apartado de las *Sfirot* que hay por encima de ella. Así, ella ya tenía la preparación, es decir, la necesidad de la Luz que iluminó en la *Sfirá* de *Jojmá*. De este modo, sólo la *Maljut* puede recibir placer de la abundancia, que el Creador desea otorgar para que el inferior disfrute.

Con todo lo anterior, discernimos dos cosas con respecto al regalo del otorgador:

1) Uno debe saber qué anhelar, es decir, qué es lo que necesita.

2) Él debe querer llenar esa carencia, es decir, hacer todas las preparaciones para ser capaz de recibir el regalo.

Así, ¿cómo puede uno comenzar a sentir una necesidad por el trabajo del Creador cuando él no conoce ese trabajo en absoluto, es decir, que existe tal cosa? En otras palabras, si no conoce la labor, ¿cómo puede desear que se despierte en él?

La respuesta es que, tal como aprendimos acerca de la *Sfirá* de *Jojmá*, que el Creador, que es llamado "deseo de hacer bien", creó la Luz y el *Kli* juntos, y la sensación de lo espiritual llega a una persona desde arriba. Él recibe la Luz y el deseo por la Luz simultáneamente. Esto se considera que, o bien el despertar le llega directamente del Creador, o le llega a través de un mensajero que el Creador envió, para hacer comprender e influir sobre una persona, que vale la pena ser un sirviente de Él. Sin embargo, todo viene a él del lado del despertar, sin ninguna preparación por parte del inferior. Y como se mencionó aquí, es imposible para el inferior disfrutar verdaderamente del trabajo del Creador debido a la falta de preparación.

Sin embargo, sobre la *Sfirá* de *Maljut* dijimos, que ella anhela la abundancia que estaba en la *Sfirá* de *Jojmá*. Entonces, cuando hay preparación por parte del inferior, ella recibe el placer que el Otorgador desea dar. De manera similar, aquí, en el trabajo del hombre, le llega un descenso del despertar que tuvo y comienza a querer lo que tenía antes. Es entonces cuando el inferior puede llevar a cabo la preparación para recibir la abundancia.

Sin embargo, el deseo y el anhelo por la verdadera adhesión, de ser realmente capaz de recibir, y considerarlo como importante, tal como lo desea el Creador, no ocurre enseguida. Por eso hay muchas subidas y bajadas. Sin embargo, sin el primer despertar por parte del superior, nunca hubiera sido posible para el inferior querer algo, que no sabía ni qué era.

Ahora explicaremos lo que preguntamos acerca del significado de la *Torá* revelándole a él su pecado, y no a manera de *Din* (juicio), sino como una madre que informa a su hijo con palabras suaves. Además, ¿qué significa *Din* y palabras suaves?

Como explicamos con respecto a la pelea entre los pastores de *Grar* y los pastores de *Isaac*, aquello que provee sustento es llamado "pastores". Los pastores de *Isaac* estaban diciendo: "Podemos recibir sustento sólo de la verdad, y no de la mentira". Entonces, cuando deseaban trabajar sobre la línea derecha, ellos decían: "Estamos contentos con poco, aunque en verdad, las obras que hacemos no tienen valor porque no son hechas con la intención real. Aun así, si consideramos a quién deseamos otorgar –a un Rey grande y poderoso– cualquier trabajo es suficiente para nosotros y lo consideramos un gran privilegio porque estamos sirviendo a tan grande e importante Rey. En consecuencia, en la medida en que se nos permite servir al Rey, Le damos las gracias y Le alabamos incluso si se trata de un pequeño servicio".

Esto se llama "Los pastores de *Isaac*", que desean servir al Creador con la misma devoción de *Isaac*, pero el cuerpo no está de acuerdo. Pero ya el hecho de saber que deben servir como *Isaac*, los conforma y bendicen al Creador por ello.

Y cuando llega la *Klipá* de los pastores de *Guerar*, y ve que son felices con el Creador, inmediatamente comienzan a pelearse con los pastores de *Isaac* diciendo: "¿Por qué están tan felices con el Creador? Ustedes mismos dicen que el servicio que están haciendo no es como debe ser. Cuando se sirve a un Rey, lo apropiado es hacer lo máximo y de forma perfecta".

"Por lo tanto", preguntan: "¿Por qué esta alegría? Nosotros, que seguimos a la mayoría, tenemos algo de que regocijarnos, ya que decimos que nos conformamos con cumplir la parte práctica porque el Creador nos lo ordenó. Y creemos que recibiremos recompensa por cumplir la *Torá* y las *Mitzvot*, y con eso somos felices. Pero ustedes, que dicen que lo importante es *Lishmá*, y pueden ver por sí mismos que no logran otorgar, o sea que ven que no están haciendo nada. Observen cuánto esfuerzo han hecho ya, y aun así no han avanzado ni un centímetro. ¿Por qué están trabajando por nada? No son dignos de acercarse al Creador porque están demasiado inmersos en el amor propio, así que es un desperdicio todo el tiempo que están gastando de forma gratuita".

Así pues, ¿qué hizo esta *Klipá*? Ella extendió *Midat HaDin* (cualidad de Juicio) sobre esa persona y la mató. A esto se llama que la *Klipá* informa del pecado con *Midat HaDin*, y entonces no hay nada que él pueda hacer, cae en desesperación, y deja la campaña. Y tenga la fe que tenga, ella se la quita y se queda sin vida espiritual. Pero es además incapaz de recibir satisfacción corporal como antes de que entrara al trabajo. Así, permanece melancólico y triste, y todo porque esta *Klipá* llegó a él disfrazada de justicia y de preocupación por su bienestar.

Este es el significado de lo que está escrito, que la *Klipá* le revela su pecado a manera de *Din*. Pero uno que se levanta para dedicarse a la *Torá* durante la noche, la *Torá* le revela su pecado como una madre que informa a su hijo con suaves palabras, y él se arrepiente ante su Señor.

Debemos entender el significado de "con suaves palabras". El final del ensayo se refiere a ello e interpreta: "él se arrepiente ante su Señor". En otras palabras, la *Torá* le informa del pecado no porque ella desee eliminarlo del trabajo del Creador, tal como lo hace la *Klipá* de *Guerar*, que le informa del pecado con *Midat HaDin*. O sea que es imposible arrepentirse y trabajar para otorgar y, de ese modo, ella lo aleja.

En cambio, ella le informa como una "madre a su hijo", que le hace entender con suaves palabras que no debe pensar que no puede arrepentirse y trabajar para otorgar. "Con suaves palabras" significa que no es tan duro como piensas, ya que el Creador desea ayudar a una persona cuando siente que es difícil para ella.

Sin embargo, debemos entenderlo, ya que el propio Creador lo hace difícil, como está escrito: "Ven hacia Faraón, porque *Yo* he endurecido su corazón...para que Yo pueda mostrar esas, Mis señales". En otras palabras, la *Torá* le permite a uno entender que el hecho de que está sintiendo que es difícil trabajar en el camino del otorgamiento no es porque sea incompetente, sino porque "Yo he endurecido su corazón". ¿Y por qué? "Para que Yo pueda mostrar esas, Mis señales".

Y *Baal HaSulam* interpretó que eso es para tener una necesidad de las letras de la *Torá*; en consecuencia, el Creador hizo el endurecimiento del corazón, así que mediante eso, uno estará necesitado de la *Torá*. De otra manera, no tendría necesidad por Ella. Pero como una persona desea ir por la vía del otorgamiento y la *Torá* le alerta de que la voluntad de recibir para sí misma es un pecado, que esta es la verdadera inclinación al mal, y aquel que desea caminar en el sendero del otorgamiento, como está escrito (Salmos 1): "Feliz es el hombre que no ha caminado en el consejo del malvado, ni ha permanecido en el camino de los pecadores".

Debemos interpretar "Quien no ha transitado el consejo del malvado", es decir, los pastores de *Grar* —quienes desean que los siga— ya que le hicieron entender que no vale la pena seguir el camino del otorgamiento. En cambio, desean escuchar a los pastores de *Isaac*, quienes dicen: "Transita por el sendero de recibir recompensa, es llamado 'un pecado'". Y cuando entienden que esto es un pecado, inmediatamente lloran porque el Creador los saque de ese estado y desean cumplir lo que está escrito: "Ni ha permanecido en el camino de los pecadores".

En otras palabras, ellos no desean permanecer en el estado de pecadores y piden la ayuda del Creador, que Él les dé la Luz de la *Torá* porque "La Luz en esta lo reforma". Y también, él quiere servir al Rey y ser un verdadero sirviente del Creador.

El Zóhar dice que uno debe conocer las vías de la *Torá* porque: "Uno que no conoce el mandamiento del superior, ¿cómo Le servirá?" —de esto se deduce que al no ser capaz de salir de su voluntad de recibir para sí mismo, y sentir que precisa la ayuda del Creador, hace que aparezca en el individuo necesidad de ayuda del Supremo.

Su ayuda es a través de la *Torá*, en la cual hay dos discernimientos:

1) "La Luz en esta lo reforma", es decir, él recibe vasijas de otorgamiento.

2) Cuando él tiene vasijas de otorgamiento y desea otorgar al Creador pero no sabe lo que el Creador precisa de él. En *El Zóhar* esto se llama: "Uno que no conoce el mandamiento del superior, ¿cómo Le servirá?"

Y aquí debemos discernir entre:

a) La *Klipá* alertándolo de que es un pecador, en *Midat HaDin*, cuyo objetivo es sacar a una persona del trabajo.

b) La *Torá*, que alerta a una persona de que ha pecado: "Como una madre que le informa a su hijo con palabras suaves, y él se arrepiente ante su Señor.

La *Torá* advierte que él puede corregir este pecado a través de la *Torá* de las dos formas mencionadas antes:

1) a través de la Luz en ella, que lo reforma;

2) al ser recompensado con los sabores[6] de la *Torá* y los sabores de las *Mitzvot*, porque: "Uno que no conoce el mandamiento del superior, ¿cómo Le servirá?"

Por eso *El Zóhar* concluye: "Y se arrepiente ante su Señor". Pero cuando la *Klipá* lo alerta de su pecado, él es incapaz de arrepentirse. En cambio, cae en la desesperación y el completo abandono del trabajo del Creador.

De esto se deduce que cuando una persona está caminando por la línea derecha, no debe escuchar los pensamientos de la *Klipá* de los pastores de *Guerar*, como nuestros sabios se pronunciaron sobre lo que *David* dijo: "El alba no me despierta". En cambio, uno debe pasarse a la línea izquierda, y esto se llama: "Yo despierto el alba".

El significado de que él despierte el alba es que una persona tiene una preparación especial, y que él desea despertar la negrura. Significa que él la convoca, y no que los pensamientos de negrura que la *Klipá* le alertan de que está en lo equivocado. De esto se deduce que él convoca a la izquierda y examina cómo corregir sus actos - para ver la medida de su lejanía con la equivalencia de forma, y la medida del dolor y del sufrimiento -él siente todo eso cuando ve la bajeza de su estado. Él ve que en ocasiones no le importa estar lejos de la adhesión con el Creador. Este

---

6. (N. del T.): o sentidos

es el momento de hacer una petición al Creador para que lo libere del exilio en el que se encuentra.

1) Él no siente que está en el exilio. En otras palabras, no siente ningún deseo de escapar del amor propio. Por el contrario, se encuentra en un estado que *El Zóhar* llama *Hav, Hav* ("dame, dame", y también el sonido del ladrido de un perro), como un perro, refiriéndose a las palabras: "La sanguijuela tiene dos hijas que ladran como perros, *Hav, Hav*". Interpreta "*Hav* (da)nos la riqueza de este mundo, y *Hav* (da)nos la riqueza del mundo por venir".

Significa que desean cumplir la *Torá* y las *Mitzvot*, pero para recibir todo en la voluntad de recibir para sí mismos. Esto es considerado como que no siente ningún exilio, como para que desee ser redimido.

Siente todo eso porque entró a la línea izquierda. Pero cuando camina en la línea derecha, no debe analizar si su trabajo es completo o no. En cambio, se siente agradecido por tener aunque sea un mínimo contacto con el Creador.

Este estado se llama "ocultación dentro de la ocultación", como está escrito (Deuteronomio 31:18): "Y yo ciertamente esconderé Mi rostro en ese día". Debemos interpretar que cuando él está en ocultación, no siente que está en el exilio. ¿Y qué es el exilio? Es como está escrito: "Es por nuestros pecados por lo que hemos sido exiliados de nuestra tierra y fuimos enviados lejos de ella".

Fue escrito: "Es por nuestros pecados". Pecado se refiere a usar la voluntad de recibir para uno mismo. Esto es lo que causó la lejanía de "Nuestra tierra". Es sabido que "deseo" y "tierra" son denominados *Maljut* (reino), es decir, el reino de los Cielos. El reino de los Cielos significa que esa persona toma sobre sí misma esclavizarse a los Cielos, es decir, al Creador, quien es llamado "Cielos", como está escrito: "Eleva tus ojos hacia lo alto, y ve: ¿quién creó estos?"

Este es el significado de: "Hemos sido exiliados de nuestra tierra", es decir, de nuestra tierra, que es llamada "el reino de los Cielos", para servir y trabajar duro por la gloria del Cielo; hemos sido exiliados de esta voluntad. Pero, ¿en qué deseo entramos? En el deseo de "las naciones del mundo", llamado "recibir con el fin de recibir".

Está escrito: "(Nosotros) fuimos enviados lejos de nuestra tierra". *Adamá* (tierra) se deriva de las palabras *Adamé LaElión* (Yo seré como el Supremo), lo que es llamado equivalencia de forma. Y como nos dedicamos a nuestra propia voluntad de recibir, hemos terminado lejos de nuestra propia tierra, de estar en equivalencia de forma con el Creador. Y cuando una persona no siente el exilio, que es el discernimiento de ocultación. El "exilio", que es llamado ocultación, está oculto de ella. Así, ella está en un estado de ocultación dentro de la ocultación.

Sin embargo, ocultación dentro de la ocultación también significa una cierta medida de revelación. Cuando esto ocurre, debemos preguntar: "¿De dónde viene esta consciencia de que se está en ocultación?" Debemos decir que también ésta consciencia llegó del Creador, ya sea directamente o a través de un mensajero.

Por eso, debemos interpretar el verso: "Hacedor de Luz y creador de oscuridad". Esta oscuridad se refiere a la sensación de una persona que está en ocultación, de que no siente que el Creador está oculto de ella, y no tiene ningún deseo de buscar al Creador –saber dónde está Él– de manera que desde este lugar se rendirá ante Él y tendrá la gran recompensa de servirle.

Además, tampoco siente la ocultación en el sentido de que la *Torá* es la vestimenta del Creador, o que se lamente por ello. En cambio, ella se encuentra en un mundo completamente diferente, es decir, el hecho de que hay un Creador y de que Él desea dar deleite y placer a las criaturas no le interesa para nada. Esta sensación, llamada "ocultación dentro de la ocultación", es llamada "oscuridad", y fue el Creador el que la creó y se la dio a dicha oscuridad.

Pero vemos que, por sí misma, una persona usualmente no ve lo negativo en su persona. Siempre sabe que está bien, ya sea religioso o no religioso. Es como está escrito: "Porque un soborno ciega a aquellos que ven". Y dado que una persona está cerca de sí misma, nunca puede ver la verdad. Así, una persona que ve que no se encuentra bien debe decir que fue notificado desde arriba.

2) Él está en una ocultación simple. En otras palabras, siente que está bajo ocultación. Significa que le duele estar alejado del Creador, es decir, que el Creador esté oculto de él y que él no Lo sienta hasta el grado de desear anularse ante Él. Pero al mismo tiempo, le duele estar alejado. En ese momento, no tiene otro camino que el Creador le ayude, que le haga capaz de aproximarse a Él, lo que se llama "Adhesión y equivalencia de forma".

Y todo este escrutinio que hace, el cual se llama "línea izquierda", debe ser en un cierto momento. En otras palabras, particularmente después de haber caminado en la línea derecha ese día, y de que alabó ampliamente al Creador por darle incluso un pequeño servicio, y él se regocijó en ello. Como dijimos antes, este es el camino de la verdad.

Más adelante, él puede pasar a la línea izquierda durante un plazo corto de tiempo, y no extenderse. En otras palabras, cuando se dedica a la *Torá* y a la oración, debe ser cuidadoso con no salir hacia la línea izquierda, sino estar específicamente en la derecha, porque esto se llama: "El bendito se adhiere al bendito".

Y este es el momento en el que uno puede ser recompensado con un nivel más alto, como está escrito: "La Divinidad está presente sólo desde la alegría". Pero cuando está en la línea izquierda, que es un momento de crítica, ese momento es el lugar de ver sólo faltas. Pero el trabajo de la izquierda debe darle la necesidad de rezar. La oración se relaciona específicamente con un lugar donde hay carencia, y un lugar de así se llama "maldito", pero entonces "El maldito no se adhiere al bendito". Por esta razón, no hay lugar para elevarse a un nivel más alto. Por el contrario, la línea derecha es el lugar para el ascenso, ya que entonces él se encuentra en un estado de plenitud.

¿Qué significa que uno comienza en *Lo Lishmá* en el trabajo?
Artículo N° 23, 1987-88

Está escrito en *Pesajim* (pág. 50): "*Rabí Yehuda* dijo: '*Rav* dijo: 'Uno debe siempre ocuparse de la *Torá* y las *Mitzvot*, incluso si es en *Lo Lishmá* (no en beneficio/nombre de la *Torá*), ya que de *Lo Lishmá* llega a *Lishmá* (en beneficio/nombre de la *Torá*)'".

Maimónides dijo (*Hiljot Teshuvá* Capítulo 10, 5): "Los sabios dijeron: 'Uno debe ocuparse en la *Torá*, incluso si es en *Lo Lishmá*, ya que de *Lo Lishmá* se llega a *Lishmá*'. Por lo tanto, cuando se les enseña a los pequeños, a las mujeres, y a las personas comunes, se lo hace sólo para trabajar por temor y para recibir una recompensa. Hasta que incrementen su conocimiento y obtengan mucha sabiduría, se les dirá ese secreto de a poco, hasta que suavemente lo alcancen y lo conozcan a Él y Lo sirvan por amor".

Y en *Pesajim* (pág. 50) está escrito, en el *Tosfot*: "En el Capítulo dos de *Brajot*, se dice: 'Todo el que se dedica a la *Torá* en *Lo Lishmá*, es mejor para él no haber nacido'. Y *Rabí Yehuda* dice: 'Ahí trata acerca de uno que está estudiando para alardear y burlarse'". Y en *Brajot*, el *Tosfot* explica: "Debemos preguntar, ya que aquí trata de uno que estudia sólo para molestar a sus amigos, y allí trata sobre alguien que estudia para ser respetado".

Con lo antes dicho, podemos ver que, en general, debemos hacer dos discernimientos en el trabajo del Creador:

1) *Lishmá* (en beneficio/nombre de la *Torá*),

2) *Lo Lishmá* (no en beneficio/nombre de la *Torá*).

Debemos saber qué es exactamente *Lishmá* y qué es exactamente *Lo Lishmá*.

En *Lo Lishmá*, vemos que tenemos cinco discernimientos que hacer:

1) Como dijo *Maimónides*, él se ocupa de la *Torá* y las *Mitzvot* (preceptos), porque el Creador nos lo ordenó, y él desea observar Sus preceptos y por eso lo hace. Pero debemos discernir cuál es la razón que lo compromete a observar los preceptos del Creador. *Maimónides* dice que debemos decirle: "Por recompensa y castigo". En otras palabras, si cumple los preceptos del Creador, Él lo recompensará: Tendrá una larga vida, riqueza y el mundo por venir. Y si no los cumple, será castigado por no querer cumplir esos preceptos.

Sin embargo, debemos hacer dos discernimientos en cuanto a la recompensa y el castigo:

Como *Maimónides* dice (placeres materiales);

Hay recompensa y castigo de los placeres de la *Torá* y las *Mitzvot*. Este asunto, no puede ser revelado a estudiantes que comienzan en el trabajo, ni a pequeños ni a mujeres.

2) El segundo discernimiento en *Lo Lishmá*, como dice el *Tosfot*, es que está estudiando la *Torá* para ser respetado. Esto es peor que el primer discernimiento que *Maimónides* menciona, ya que no exige del Creador que pague su recompensa. Más bien, quiere que las personas le respeten –ya sea con riqueza o con honores– y esta es la razón que lo obliga a ocuparse de la *Torá* y las *Mitzvot*. Podríamos decir que parece que observa la *Torá* y las *Mitzvot* porque las personas le comprometen, porque de otra manera las personas no lo recompensarán, y no porque el Creador le ordenó observar la *Torá* y las *Mitzvot*. Sin embargo, esto también ingresa bajo el discernimiento "de *Lo Lishmá* se llega a *Lishmá*".

3) El tercer discernimiento es como el *Tosfot* dice: "Uno que estudia la *Torá* con el fin de burlarse y molestar a sus amigos". Esto es peor que los discernimientos previos de *Lo Lishmá*. Sobre eso, está dicho, "Todo el que se ocupa de la *Torá* en *Lo Lishmá* es mejor para él no haber nacido".

Explicaremos a continuación qué es *Lishmá*, y los cinco discernimientos en *Lo Lishmá*, Comenzaremos de abajo hacia arriba.

Lo Lishmá con el fin de burlarse es el peor. Lo es tanto, que los sabios dijeron que uno que va por este camino "es mejor no haber nacido". Debemos entender por qué "con el fin de burlarse" es peor que uno que estudia "para ser respetado". Después de todo, está estudiando en ambos casos para los creados y no para el Creador.

Debemos explicar la diferencia entre ambos. Se sabe que se nos ha dado el precepto "ama a tu prójimo como a ti mismo". *Rabí Akiva* dijo acerca de esto que es la gran regla de la *Torá*. Se presenta en el libro *La Entrega de la Torá*, que esta es la transición para salir del amor propio y entrar en el amor a los demás, que es el amor a los amigos, y luego ingresar en el amor al Creador. Significa que es imposible trabajar en *Lishmá* antes de que uno salga del amor propio.

Por eso debemos hacer dos distinciones con respecto al amor al prójimo:

1) Cuando se tiene amor al prójimo;
2) Cuando no se tiene amor al prójimo.

Pero hay una tercera distinción, que es el odio al prójimo. En otras palabras, hace cosas para herir al otro. Esto se denomina "Aquel que tiene honor en la desgracia de su amigo". En otras palabras, disfruta que su amigo se encuentre en desgracia y esté atormentado, y aquello le aporta placer. Esa persona es considerada como una dedicada al odio de las personas.

Por eso podemos distinguir entre uno que está estudiando para ser respetado y uno que estudia para molestar. El propósito es llegar a *Lishmá*, y se nos dio el consejo mediante el cual podemos llegar a *Lishmá* – que es a través del amor a los demás. En consecuencia, aun cuando uno que estudia para ser respetado, no se está ocupando del amor al prójimo, pero todavía no hace cosas con odio hacia las personas, ya que aquellos que le respetan disfrutan de él y por eso le dan honor. A pesar de esto, él todavía tiene una oportunidad de llegar a *Lishmá*, simplemente por el hecho de que se dedica a la *Torá* y las *Mitzvot*, ya que por sí mismas le aportan un espíritu purificador con el que será capaz de ascender en los grados y llegar al amor al prójimo y al amor al Creador.

Por eso dijeron al respecto: "De *Lo Lishmá* se llega a *Lishmá*". Pero uno que estudia para molestar, que es un acto que le conduce al odio del prójimo, desea ser honrado con la desgracia de su amigo, y por cierto nunca será capaz de llegar al amor al Creador, ya que sus acciones detienen su salida del amor propio. Así, ¿cómo saldrá del amor propio y llegará al amor al Creador?

Y todavía hay un discernimiento más que hacer en *Lo Lishmá*: mediante coacción, como está escrito en el Artículo N° 19, año 1986-87. Por ejemplo, si una persona trabaja para una otra persona ortodoxa y recibe un buen salario por su labor, y el patrón le dice: "Quiero que observes la *Torá* y las *Mitzvot*. Caso contrario, no quiero que trabajes para mí".

Él llega a casa y le dice a su esposa que el empleador quiere despedirlo. La esposa dice, "¿Por qué observar la *Torá* y las *Mitzvot*? ¿Acaso porque tienes un empleador ortodoxo? Nosotros no creemos en eso. ¿Vamos a vender nuestra consciencia por dinero?" Pero cuando le dice a su esposa: "He estado en muchos otros lugares y es muy difícil encontrar un trabajo en estos días, así que si no aceptamos la condición del empleador, pasaremos hambre".

"Por lo tanto", dice el esposo, "No debemos sacrificarnos por nuestra consciencia, sino que sabemos la verdad, que no creemos en la *Torá* y las *Mitzvot*. En cambio, observaremos la *Torá* y las *Mitzvot* no porque el Creador nos lo dijo, sino porque el dueño de la fábrica nos ordenó, y por eso lo hacemos. Y no tenemos que creer en el empleador. Así que, ¿qué pasará si observamos la *Torá* y las *Mitzvot*? El acto no mancilla nuestra consciencia, y no nos hace creyentes súbitamente. Porque permanecemos como no creyentes en el Creador incluso cuando hacemos esos actos".

Ante esto: ¿qué clase de importancia hay para tal *Torá* y *Mitzvot*, cuando explícitamente dice que en sus puntos de vista, permanece como el resto de los seculares? ¿Cuál es el valor de tales actos de acuerdo a nuestro entendimiento?

Sin embargo, desde la perspectiva de la ley halájica (ley religiosa), debemos forzarle incluso si dice que no quiere. Significa que mediante eso, él todavía observa los preceptos del Creador, pero se denomina *Lo Lishmá*. Es como escribió *Maimónides* (*Hiljot Deot*, Capítulo Seis): "Pero en cuestiones de santidad, si no se arrepiente en secreto, es avergonzado en público y es desagraciado y maldecido hasta que se corrija y vuelva al bien".

Esto significa que incluso esta forma se llama *Lo Lishmá*, pues desde ese *Lo Lishmá*, la persona llega a *Lishmá*, más que aquel que estudia para molestar, de quien nuestros sabios dijeron, "es mejor no haber nacido". Y aquí debemos interpretar que al cumplir con la *Torá* y las *Mitzvot* en *Lo*

Lishmá, no está haciendo nada en contra del amor a los demás. Más bien, esto proporciona placer a los otros. Esto es, al ortodoxo, quien ve que ahora él se ha convertido en respetuoso de la *Torá* y las *Mitzvot*, porque no le importa el motivo, sino la acción. Por consiguiente, lo disfruta. Pero aquel que estudia para burlarse va en contra de lo que una persona debe hacer.

Con lo anterior, hemos explicado la diferencia que hay entre la persona que estudia para molestar, que es el peor, y aquel que trabaja por coacción, que se ve forzado a trabajar por los demás, lo cual es *Lo Lishmá* y que se ubica por encima del que estudia para molestar. Y a pesar de que es difícil decirlo, está cumpliendo con la *Torá* y las *Mitzvot* por su propia voluntad y no por coacción, pero lo hace para burlarse, que es tan sólo un pensamiento y no una acción. Pero, ¿por qué el que observa por coacción la *Torá* y *Mitzvot*, que está bajo la presión de las personas, es mejor que uno que estudia para molestar, si aquel no actúa por su propia voluntad?

Tal vez deberíamos decir que, a pesar de todo, a través de esta obra que realiza, aunque sea por coacción, el acto en sí tiene el poder de llevarle a una buena voluntad y pensamiento, como nuestros sabios dijeron sobre el versículo, "Se sacrificarán por su voluntad ante el Señor". Y ellos dijeron (*Arajin* 21), "Se sacrificarán" alude a que él se ve forzado y tú puedes decir que es contra su voluntad. El *Talmud* dice que es su voluntad. ¿Cómo se le fuerza? Hasta que él dice, 'Yo quiero'. Por esta razón, podemos decir que es más importante que aquel que estudia para molestar.

Sin embargo, debemos preguntar, "Al final de cuentas, él realiza el acto de forma íntegra, pero piensa que a través de esto recibirá honores cuando demuestre que sabe y el otro no. ¿Por qué es tan difícil lograr la meta que se llama *Lishmá* con *Lo Lishmá* que es para molestar, hasta el grado en que los sabios dijeron que es mejor no haber nacido?

Podríamos decir que la persona que está estudiando para molestar debe hallarse completamente inmersa en la *Torá* y probablemente se considera a sí misma como un hombre íntegro en la *Torá*. De ser así, nunca pensará sobre el asunto de *Lishmá* porque ve que investiga la *Torá* más que sus compañeros, que no dedican tantas horas ni calidad en el esfuerzo. Y él ve que hace mayores esfuerzos en la *Torá* que sus compañeros pues la examina para conocer el significado correcto que debe desprenderse de la *Torá*, y no estudia superficialmente como los otros, sino que se esfuerza mentalmente. Por consiguiente, ¿cómo puede considerar que él tiene una carencia? Nunca podrá llegar al reconocimiento del mal para saber que debe lograr *Lishmá*. Por esta razón está perdido. Por eso es que ellos dijeron sobre él, "es mejor no haber nacido".

Y lo más importante en *Lo Lishmá* que lleva a *Lishmá*. Es como dijo *Maimónides*, "Para recibir recompensa y no ser castigado". Porque el *Lo Lishmá* al que se refieren en el *Tosfot* (por respeto), él realiza acciones para que las personas lo vean y lo aprecien. Por lo tanto, parece que está cumpliendo con los preceptos de la gente, que trabaja para ellos y que son ellos los que le pagarán su recompensa.

Pero aquel que trabaja con la intención de la recompensa y el castigo trabaja para el Creador, porque quiere que el Creador le pague su recompensa por su labor en la *Torá* y las *Mitzvot*. No quiere que la gente le pague su recompensa porque no está trabajando para ellos. Más bien, trabaja y observa la *Torá* y las *Mitzvot* porque el Creador nos las ha entregado para que se cumplan. Y con esto, recibiremos recompensa por nuestra labor. Por lo tanto, este es ciertamente un grado más elevado que aquel al que se refiere el *Tosfot*, esto es, *Lo Lishmá* para recibir respeto.

Esto es porque allí él trabaja para que la gente le respete, pero con la recompensa y el castigo, trabaja para el Creador, lo cual se llama *Lishmá*, es decir para el Creador, salvo que aun quiere recompensa por su trabajo y es debido a esto que no se considera todavía como "*Lishmá* verdadero".

Pero, debemos tomar en cuenta otro discernimiento que se llama *Lo Lishmá* como *Maimónides* dijo. La cual se refiere a la recompensa y el castigo que son de un carácter diferente. Normalmente, entendemos que la recompensa y el castigo se revisten en ropajes corporales, como comer, beber, etc. *El Zóhar* dice que nuestra capacidad de disfrutar los deseos corporales se componen de una luz tenue, que cayó del mundo de la rotura, que son la fragmentación de las chispas sagradas en las *Klipot* (cáscaras) y este es todo el placer que mora en ellos. Todo el mundo persigue estos placeres. Cuando se escribe que la mayor parte de la Luz está vestida en la *Torá* y las *Mitzvot*, esta es la clase de recompensa y castigo que él quiere.

Y siempre debemos tener cuidado, cuando hablamos con alguien que empieza a observar la *Torá* y las *Mitzvot*, pues debemos pensar primero en cuál sería el motivo adecuado para esa persona. Cada quien tiene una cuestión que le interesa, una razón por la cual ve que valdría la pena observar la *Torá* y las *Mitzvot*, pues por medio de esto recibirá algo que merezca hacer un gran esfuerzo y un arduo trabajo. Y estará dispuesto a darlo todo para obtener aquello que él piensa que vale la pena para él.

Por esta razón, debemos siempre hablar con una persona sobre aquello que sea tan importante que valga la pena para que entregue todo lo que se le pide. De otra forma, si no se le da una razón que le haga ver la ganancia, no escuchará lo que se le dice. Siendo que el individuo se conforma con lo que tiene y es difícil que cambie sus costumbres, a menos que obtenga un beneficio por ello, algo que tenga la importancia suficiente que le dé la energía para cambiar sus hábitos y comience a trabajar en forma distinta a la que está acostumbrada.

Por lo tanto, frente a nosotros hay cinco discernimientos en *Lo Lishmá*:
1. Por coacción;
2. El que estudia para molestar;
3. El que estudia para ser respetado, como se refiere en *Tosfot;*
4. Por recompensa y castigo material, como dice *Maimónides*.
5. Recompensa y castigo espiritual. Lo material es algo que todos entienden. Sino que él quiere recompensa y castigo de placeres espirituales, como está escrito en la *Introducción al Libro del Zóhar* (Ítem 31) "Y el grado final en esta división, en *Lo Lishmá*, 'Es que se enamora apasionadamente del Creador, como el que se enamora apasionadamente de un amor corporal, hasta que el objeto de su pasión se halla delante de sus ojos todo el día y toda la noche, como dice el poeta, 'Cuando pienso en Él, Él no me deja dormir'".

Pero con respecto al quinto discernimiento en *Lo Lishmá*, no podemos decirle a una persona que comience con este *Lo Lishmá*, pues no todas las personas pueden comprenderlo, es decir, creer que existe en la Luz que se viste en la *Torá* y las *Mitzvot* un placer mayor, del que uno puede disfrutar en el goce que se viste en los placeres corporales.

Esto es que si la Luz del placer que se viste en la *Torá* y las *Mitzvot* fuese evidente de inmediato, se llamaría "la Providencia Revelada". En ese estado sería imposible que una persona pudiese trabajar en *Lishmá*, porque el placer que experimentaría por la *Torá* y las *Mitzvot* le forzaría a hacer todo, y no porque el Creador ha mandado que se cumpla.

Es como está escrito en la *Introducción al Estudio de las Diez Sfirot* (Ítem 43), "Si, por ejemplo, permítanos suponer que el Creador realizara providencia revelada con Sus creaciones de esta manera: Quienquiera coma algo prohibido se asfixia inmediatamente y todo el que realiza un *Mitzvá* encuentra inmediatamente en esto un placer tan maravilloso como los deleites más finos de este mundo material. ¿Qué necio consideraría todavía probar una cosa prohibida, sabiendo que debido a ello perderá su vida?... Del mismo modo, ¿qué necio dejaría *Mitzvá* sin realizar tan rápidamente como fuera posible, y se retiraría o demoraría (en recibir) tan gran placer corporal que llega a su mano en forma tan inmediata como pueda?"

De esto se desprende que no cabría posibilidad de elección, pues los grandes placeres que se visten en la *Torá* y las *Mitzvot* son inmensas Luces. Es debido a esto que el placer está oculto. En forma inversa, en la corporalidad, el placer en cada acción está revelado, lo cual hace que anhelemos cualquier lugar en donde vemos que existe algo de placer. Y el cuerpo no dice si está prohibido o está permitido. Debido a esto, se desprende el asunto de la elección y el asunto de la recompensa y el castigo.

Se deduce de esto que al platicar con alguien sobre tomar sobre sí la carga de la *Torá* y las *Mitzvot*, uno debe considerar seriamente qué tipo de *Lo Lishmá* presentarle, pues como se dijo antes, a cada quien se le debe entregar el *Lo Lishmá* adecuado a su carácter, para que vea que *Lo Lishmá* vale la pena tomar sobre sí mismo en la *Torá* y las *Mitzvot*.

Por ejemplo, el primer discernimiento (por coacción) es adecuado para todos. En otras palabras, si uno puede forzar a otra persona, con coacción, no importa si el otro entiende o no entiende. En cualquier caso, se llama "coacción" es decir, que uno puede realizarlo, incluso si él entiende totalmente que está en lo correcto pero no tiene elección. A esto se le dice "coacción". Pero, con las otras formas de *Lo Lishmá*, cada persona tiene un carácter distinto y es importante presentar lo que sea aceptable para la persona.

Podemos entender las otras tres formas de *Lo Lishmá*: 1) Para molestar; 2) Para ser respetado; y 3) Para recibir una recompensa o castigo material. Sin embargo, cada persona tiene una naturaleza distinta, por lo que se debe tener mucho cuidado en conocer qué tipo de *Lo Lishmá* debe presentarse, es decir qué *Lo Lishmá* la persona encontrará que vale la pena trabajar por ello.

Pero con la quinta forma de *Lo Lishmá*, anhelar el amor del Creador porque siente placer con la *Torá* y las *Mitzvot*, esto no podemos comprenderlo porque depende de los sentimientos. Y antes de que la persona empiece a probar esa sensación no tiene caso hablarle de ello. Es debido a esto que se llama "la forma final de *Lo Lishmá*", es decir, que luego uno ingresa al grado de *Lishmá*.

Sin embargo, debemos entender que si una persona llega al grado en que anhela la *Torá* y *Mitzvot* en la medida que se menciona anteriormente, "Cuando pienso en Él, Él no me deja dormir", ¿por qué a esto se le considera *Lo Lishmá*? Ciertamente es porque el placer en la *Torá* y las *Mitzvot* es lo que le obliga a observar la ley y los preceptos. *Lishmá* quiere decir que la grandeza del Creador, "porque Él es grande y poderoso", es la causa que le obliga a observar la *Torá* y las *Mitzvot*. Por lo tanto, no es el placer la razón que le obliga, sino el Creador.

Este discernimiento de *Lishmá* está descrito en la *Introducción al libro del Zóhar*, (Ítem 32), "El trabajo con la *Torá* y *Mitzvot Lishmá*, para otorgar y no recibir recompensa lo hace digno de recibir las cinco partes del alma que se llaman *NaRaNJaY*.

Sin embargo, conforme a la regla de que el hombre es un mundo pequeño, que se compone de setenta naciones, también se compone de *Israel*. Por lo tanto, dijimos que hay cinco discernimientos en *Lo Lishmá*, pues hay personas que pertenecen a un determinado tipo de *Lo Lishmá*, pero debemos también apuntar que todos estos tipos de *Lo Lishmá* existen dentro de la persona, pero surgen en un determinado momento. Algunas veces trabaja con *Lo Lishmá* para ser respetado, y algunas veces, usa *Lo Lishmá* por coacción, como dijo *Maimónides*, "Es avergonzado en público y es desagraciado y maldecido hasta que se corrige y vuelve al bien".

En otras palabras, cuando una persona viene a rezar en la sinagoga, o a estudiar la *Torá* para que sus amigos no le desprecien, pues todos lo despreciarán en sus corazones a pesar de que nadie se lo informe. Dirán "¿Por qué no vienes a las lecciones de *Torá* en la sinagoga?" Pero, él se dará cuenta que ciertamente todos le consideran como inferior. Por lo tanto, la desgracia que siente le obliga a ir a la sinagoga. De esto se desprende que la causa de *Lo Lishmá* que le fuerza es la coacción, como dijo *Maimónides*.

Es más sencillo emplear este *Lo Lishmá* porque es efectivo, pues *Lo Lishmá* que está conectado al sufrimiento –la desgracia– proporciona más energía para vencer los obstáculos que él enfrenta. Por lo tanto, en los momentos en que una persona se encuentra en un descenso pronunciado, *Lo Lishmá* de la vergüenza todavía puede tener efecto en él. Se considera coacción por la vergüenza, es decir la vergüenza -que es el sufrimiento– le obliga a hacer cosas a pesar de que el cuerpo no esté de acuerdo.

Y algunas veces la persona se fortalece con *Lo Lishmá* de recompensa y castigo, como dijo *Maimónides*. Y algunas veces él tiene recompensa y castigo al descubrir un sentido en el trabajo, mientras que si no observara la *Torá* y las *Mitzvot* carecería de sentido y este es el último *Lo Lishmá*.

¿Qué buscar en la reunión de los amigos?
Artículo N° 30, 1987-88

Nuestros sabios dijeron (*Avot*, Capítulo 1, 6): "Hazte de un *Rav* (maestro), cómprate un amigo, y juzga a toda persona bajo la balanza de mérito (favorablemente)".

Debemos entender el vínculo entre "Juzga a cada persona favorablemente" y "Cómprate un amigo". Asimismo, en *Matán Torá* (La entrega de la *Torá* en el Punto 30) está escrito que la *Mitzvá* (precepto) "ama a tu prójimo como a ti mismo", es para lograr el amor al Creador, lo cual es Adhesión con Él. Allí está escrito: "Es razonable pensar que la parte de la *Torá* que se ocupa de las relaciones del individuo con su amigo es la más indicada para conducir al hombre a la meta deseada. Esto se debe a que el trabajo con las *Mitzvot* (preceptos) entre el hombre y el Creador es fijo y específico y no hay quién las exija, y a la vez, uno se acostumbra fácilmente a ello, y se sabe que todo lo que se hace por costumbre no es útil. Pero las *Mitzvot* entre una persona y otra son cambiantes e irregulares, y las exigencias le rodean por todos lados. Por lo tanto, su efecto es mucho más seguro y su meta es más cercana". Hasta aquí sus palabras.

Significa que el hombre debe llegar a ser recompensado con la equivalencia de forma, esto es, que todos sus pensamientos y deseos sean únicamente en beneficio del Creador y no para su propio beneficio. Esto se origina en la corrección del *Tzimtzum* (la restricción). Significa que desde la perspectiva del Creador, Él creó los mundos con la intención de querer hacer el bien a Sus creaciones, como explican nuestros sabios, que el Creador dijo a los ángeles a Su servicio, que la creación del mundo es como un rey que tiene sobre abundancia pero no tiene huéspedes.

En otras palabras, Él siente placer cuando el huésped come en Su casa, pero para evitar la vergüenza se hizo la corrección de que ellos deben recibir satisfacción y placer con la intención de deleitar al Creador. Pero el primer grado es otorgar con el propósito de otorgar. Uno debe disfrutar cuando otorga, al igual que el Creador lo hace. Es como nuestros sabios dijeron (*El Zóhar*, Parte 1; *Bereshit*, pág. 115): "No había alegría tal ante el Creador desde el día en que el mundo fue creado, como la alegría con la que Él está destinado a regocijarse con los justos en el futuro".

Vemos que en el día en que el mundo fue creado, hubo gran alegría ante del Creador. En otras palabras, Él sintió una gran alegría al querer otorgar. De esto se deduce que si una persona quiere llevar a cabo actos de otorgamiento pero si no siente alegría, no hay aquí equivalencia de forma. Aun cuando está otorgando y ocupándose en el amor a los demás, el acto debe ser con alegría, la misma como la que el Creador tiene. De este modo, aquí falta la equivalencia en la alegría.

Por lo tanto, hay dos cosas que la persona debe hacer.

1. A pesar de que el cuerpo no desee trabajar bajo el régimen del otorgamiento, se le debe obligar. Pero es una norma que cuando una persona hace algo por la fuerza, no puede ser feliz, pues sería más feliz si no tuviera que realizar esas acciones. De cualquier forma, el hombre debe trabajar bajo coacción. A esto se le llama "ejercer coacción y subyugar al mal dentro de él".

Sin embargo, como hemos dicho anteriormente, la alegría que debe provenir de cada acto de otorgamiento, aquí se encuentra ausente, y uno no se puede forzar a sentirse feliz en una circunstancia en donde existe un acto de coacción. La alegría es el resultado del deleite de la persona y cuando existe el placer, no corresponde la "coacción". Por lo tanto, ni la alegría ni el placer surgen de la coacción.

2. Decimos que necesitamos alegría para servir al Creador, y a la vez que la alegría es sólo el resultado de algo que la persona disfruta. Por lo tanto, puesto que el hombre sólo puede realizar actos forzados, y a esto se le denomina "una acción". "Una acción" es algo con lo que la mente no está de acuerdo. Se considera que cuando uno comienza a ejercer coacción sobre sí mismo, llega a un estado de "El que viene a purificarse".

Así que, ¿qué más falta? Sólo algo que despierte su alegría. Debemos interpretar acerca de eso que la alegría se le entrega desde arriba. A esto se le denomina: "Él es asistido". ¿En qué es asistido? El sagrado *Zóhar* dice: "Con un alma sagrada". Cuando la persona es recompensada con eso, entonces está alegre. La consecuencia es que cuando decimos que uno debe trabajar con alegría significa que, a través de las acciones de uno, se debe evocar el despertar desde arriba, porque sólo mediante la ayuda de arriba se puede llegar al regocijo por estar ocupándose de actos de otorgamiento.

De hecho, surge una pregunta aquí. ¿Por qué es necesario llevar a cabo actos de otorgamiento con alegría? La razón es simple: no hay aquí equivalencia de forma, porque cuando el Creador da, Él siente alegría.

Pero cuando el hombre da y no siente alegría, la equivalencia de forma está ausente.

Sin embargo, hay un asunto aun más grave que la equivalencia de forma. Cuando una persona se encuentra en un estado de tristeza, cuando ve que su vida no tiene sentido, porque adondequiera que mira, lo ve todo negro –en la corporalidad así como en la espiritualidad– es como una persona que usa gafas oscuras de manera que dondequiera que mira, sólo ve negro. En ese estado, una persona es considerada en herejía con respecto a la supervisión del Creador, dado que ella no puede decir que el Creador dirige Su mundo con benevolencia.

En ese estado, es considerada falta de fe. Entonces, aquí el asunto ya no es la equivalencia de forma, sino la falta de fe, dado que ella se encuentra en un estado de herejía. De esto se deduce que el hombre siempre debe estar en el regocijo y creer por encima de la razón que todo lo que el Creador hace es sólo con benevolencia. Pero también debemos creer, que lo que necesitamos es la fe por encima de la razón.

Según nuestra razón, parece que sería mejor si el Creador nos tratara con una supervisión revelada. Pero hemos debatido acerca de ello varias veces, que *Baal HaSulam* dijo que no debemos afirmar que el Creador no puede dar todo dentro de las vasijas de recepción, llamadas "dentro de la razón", es decir, que también el cuerpo material entienda que el Creador trata al mundo entero sólo con benevolencia.

Así pues, ¿por qué Él elige específicamente los *Kelim* (vasijas) de "por encima de la razón"? El Creador eligió esos *Kelim* porque son, de hecho, los mejores. Ya que mediante ellos logramos la perfección verdadera, y entonces el verso: "Y amarás al Señor tu Dios con todo tu corazón", se volverá una realidad. Nuestros sabios dijeron: "Con tus dos inclinaciones: la inclinación al bien y la inclinación al mal".

En ese momento, también el cuerpo siente el deleite y el placer que el Creador da a los creados y entonces no hay necesidad de creer por encima de la razón. De esto se deduce que el principal requerimiento es que el hombre sienta regocijo mientras hace el trabajo de otorgamiento, cuando no ve lo que la recepción para sí mismo – llamada "dentro de la razón" – recibiría por ello, dado que de otra manera estaría en estado de herejía.

Resulta que uno debe llevar a cabo el trabajo sagrado por encima de la razón, porque esos son los *Kelim* que son adecuados para llevar al hombre a su perfección. Y como fue dicho arriba que sólo por encima de la razón él puede recibir el placer de la conducción del Creador, la cual está bajo la forma de benevolencia. Y a esto se le llama "derecha".

Como *Baal HaSulam* dijo, uno debe tratar de caminar sobre la línea derecha, llamada "fe por encima de la razón", e imaginar que él ya ha sido recompensado con fe completa en el Creador, y que sus órganos ya sienten que el Creador conduce al mundo entero con benevolencia.

Por tanto, debemos preguntar: "¿Por qué debemos caminar sobre la línea izquierda también, si la línea derecha es la más importante? ¿Cuál es el propósito de la línea izquierda?" La respuesta es, que necesitamos conocer nuestro estado dentro de la razón –la medida de nuestra fe– cuánta *Torá* hemos adquirido, y cómo sentimos al Creador durante la plegaria, etc.

Y entonces llegamos a sentir que estamos en la absoluta bajeza, en lo más hondo de ella. Esta es la razón por la que, cuando más tarde cambiamos a la línea derecha, tenemos el trabajo por encima de la razón. En otras palabras, al mostrarnos la línea izquierda nuestro estado dentro de la razón, hay aquí lugar para ir por encima de la razón. Pero si estuviéramos siempre en la línea derecha, no sería considerada como derecha, sino como una sola línea.

En otras palabras, pensaríamos que esto es realmente donde estamos, como si nos encontráramos, de verdad dentro de la razón, en la perfecta *Gadlut* (grandeza). Pero la verdad es que sólo por encima de la razón estamos en integridad, por lo tanto, cuando tenemos las dos líneas, podemos decir que existe la cuestión de "por encima de la razón", lo cual es la línea derecha.

De esto se deduce que la línea derecha ayuda a la línea izquierda porque una vez que la persona se imagina a sí misma con regocijo, disfrutando de la perfección de su trabajo, cuando cambia a la línea izquierda, ve que está en un mundo de total oscuridad. Es decir, observa y siente que todavía está inmerso en el amor propio y que no tiene esperanza de salir del amor propio.

Entonces hay lugar para la plegaria desde el fondo del corazón. El estado de la derecha fue cuando se imaginó en un estado que ideó para sí misma acerca de lo que es la perfección del trabajo. En otras palabras, creyó por encima de la razón en el precepto de fe en su maestro, que le dijo que entrara en ese estado aun cuando su razón le dijera: "¿Por qué comparas tu situación con la de una persona que ya ha sido recompensada con la fe completa, cuando sabes que estás en la mayor bajeza que pueda existir?" Ella siente que está en un estado humillante que es impropio de una persona que quiera ser, algún día, un sirviente del Creador.

Y más adelante él pasa a la línea derecha, y la izquierda le da lugar para trabajar en la línea derecha. Sin embargo, debemos recordar que cualquier cosa que sea en el camino de la verdad, es difícil de realizar sin esfuerzo. Por lo tanto, después de esas dos líneas, llega a la línea media, la cual es llamada "el Creador le otorga el alma". Y entonces llega a la fe completa, específicamente a través de la salvación de Dios. Pero, el hombre no lo puede lograrlo por sí sólo, de forma natural.

Con todo lo mencionado arriba podemos entender el asunto de la reunión de los amigos. Cuando se reúnen, ¿qué deben discutir? Primero, la meta debe estar clara para todos: esta reunión debe dar como resultado el amor a los amigos, que cada uno de los amigos será despertado para amar al otro, lo que se llama "amor a los demás". Sin embargo, esto es sólo un resultado. Para que nazca este adorable "hijo", se deben tomar acciones para producir el amor.

Y con respecto al amor, hay dos formas:

Amor natural, por el que uno no tiene que esforzarse. Solo se debe tener cuidado de no estropear la naturaleza.

El amor que proviene de hacer cosas buenas por el otro. Hay una naturaleza en ello también, dado que alguien que da un obsequio a otro suscita que el receptor lo ame. Por lo tanto, cuando un grupo de personas se reúnen y desean trabajar juntos en el amor de los amigos, deben ayudarse una a la otra tanto como puedan.

Y hay muchos discernimientos acerca de eso, dado que no todos son iguales, es decir, lo que uno necesita, el otro no. Sin embargo, hay una cosa en la que todos son iguales: todos y cada uno de los amigos necesita de buen ánimo. Esto es, cuando los amigos no tienen buen humor, no son todos iguales en sus necesidades. Es más, cada uno tiene su propia razón para ser infeliz.

Por lo tanto, cada uno debe pensar cómo puede lograr el buen estado de ánimo del otro. Entonces, deben ser cuidadosos y evitar discutir sobre cosas que puedan acarrear tristeza al grupo, porque con esto él provoca que todos se sientan mal. Y entonces, al ir a casa, se preguntará: "¿Qué he ganado con ir al grupo? ¿Saber que estoy en un estado de bajeza y que debo arrepentirme? Es como si hubiera ido al grupo para que me condujeran a un estado de tristeza. En ese caso, es una pérdida de tiempo. Probablemente hubiera sido mejor que no fuera". Entonces, seguramente dirá: "La próxima vez que tenga que ir al grupo inventaré excusas para evitarlos".

De esto se deduce que cada uno debe tratar de llevar al grupo un espíritu de vida y esperanza, e infundir entusiasmo al grupo. Así, cada uno de los amigos será capaz de decirse: "Ahora puedo hacer borrón y cuenta nueva en el trabajo". En otras palabras, antes de venir al grupo, se encontraba decepcionado con el progreso en el trabajo del Creador, pero ahora el grupo le ha llenado de vida y esperanza.

Así, a través del grupo obtuvo confianza y fuerza para superarse, porque ahora siente que puede lograr la plenitud. Y todos sus pensamientos –que se estaba enfrentando a una gran montaña que no podía ser conquistada, y que esas son en verdad obstrucciones potentes– ahora siente que no son nada. Y él recibe todo del poder del grupo, porque todos trataron de infundir buen ánimo y la presencia de una nueva atmósfera en el grupo.

¿Pero qué puede uno hacer cuando siente que está en un estado de tristeza –tanto en término material como en el estado espiritual– y ha llegado el momento en que debe acudir al grupo? Y aun así, nuestros sabios dijeron: "¿Una preocupación en el corazón del hombre? Que lo hable con los demás". En otras palabras, él debe contárselo a sus amigos, tal vez ellos puedan ser capaces de ofrecer ayuda.

Pero, si es así, ¿por qué decimos que todos deben traer un buen ánimo a grupo si él no lo tiene? Y más aun, hay una regla según la cual uno no puede dar aquello que no tiene. Por lo tanto, ¿qué debe hacer él para aportar algo que le infunda ánimo al mismo?

De hecho, no existe otro camino para el hombre que caminar sobre la línea derecha. Por eso, antes de que vaya hacia el amor de los amigos, debe leer el ensayo de *Baal HaSulam* (de 1943) donde clarifica qué es la línea derecha, que este es el significado de "por encima de la razón". Y él debe extraer la fuerza de allí, de manera que cuando vaya al grupo, todos y cada uno serán más o menos capaces de infundir un espíritu de vida, y mediante eso, la sociedad entera sentirá alegría y una confianza más grande.

Durante la reunión de los amigos está prohibido evocar la línea izquierda. Sólo cuando uno está sólo le está permitido usar la línea izquierda, pero no más de media hora al día. Pero la esencia del trabajo del hombre es ir específicamente por la línea derecha, como está escrito (en el ensayo de 1943). Pero dos personas juntas no deben hablar de la izquierda, y sólo así pueden recibir asistencia del grupo.

Pero lo peor es cuando una persona llega al grupo y ve que este grupo está en un estado de descenso, entonces, ¿cómo puede ser fortalecido por ellos? En ese momento, él debe juzgar a todos según la balanza del mérito (favorablemente).

Ahora podemos entender lo que preguntamos acerca de la proximidad de "Cómprate un amigo" y "Y juzga a cada persona favorablemente". Con lo escrito arriba, podemos entender que cuando uno desea adquirir algo del grupo, debe juzgar a todos favorablemente. Entonces él puede adquirir de los amigos, la ayuda en el trabajo, dado que ahora tiene de quien recibir. Pero cuando ve que está muy por encima de todo el grupo, ¿de quién va a recibir? Nuestros sabios vinieron y dijeron acerca de eso: "Juzga a cada persona favorablemente".

De esto se deduce que la razón principal por la que una persona necesita comprar un amigo y trabajar en el amor de los demás, es que mediante eso puede ser recompensado con el amor al Creador. Pero los amigos deben, principalmente, hablar juntos acerca de la grandeza del Creador, porque según la grandeza del Creador que él asume, en esa medida él se anula naturalmente ante Él. Es como vemos en la naturaleza, que el pequeño se anula frente el grande, y esto no tiene nada que ver con la espiritualidad. Es más, esta conducta se aplica incluso entre personas seculares.

En otras palabras, el Creador hizo la naturaleza de esta manera. Así, la discusión de los amigos respecto a la grandeza del Creador despierta un deseo y un anhelo de anularse ante el Creador porque él comienza a sentir añoranza y deseo de unirse con el Creador. Y también debemos recordar que en la medida que los amigos pueden apreciar la importancia y la grandeza del Creador, aun así debemos ir por encima de la razón, es decir, que el Creador es más elevado que cualquier grandeza de Él, que un hombre pueda imaginar dentro de su mente.

Debemos decir que creemos, por encima de la razón, que Él conduce al mundo con una guía benevolente, y si uno cree que el Creador desea sólo lo mejor para el hombre, esto hace que una persona ame al Creador hasta que sea recompensado con "Y amarás al señor tu Dios con todo tu corazón y con toda tu alma". Y esto es lo que una persona necesita recibir de los amigos.

Y sobre el asunto de obtener la grandeza, esta debe obtenerse específicamente a través del grupo. Es como está escrito en *Matán Torá* (La entrega de la *Torá*, pág. 141), donde él habla con respecto al *Rav* y los estudiantes. Es lo mismo, principalmente en relación a la grandeza del Creador. Él escribe: "Obtener la grandeza depende enteramente del entorno, y una persona por sí sola no puede hacer absolutamente nada al respecto".

Aun así, hay dos condiciones para obtener la grandeza:

Siempre escuchar y asumir la apreciación del entorno en la medida de su grandeza.

El entorno debe ser grande, como está escrito: "En la multitud del pueblo está la gloria del rey".

Para recibir la primera condición, cada estudiante debe sentir que él es el más pequeño entre los amigos. En ese estado, uno puede recibir la apreciación de la grandeza de todos, dado que el grande no puede recibir del más pequeño, mucho menos ser impresionado por sus palabras. Es más, sólo el pequeño es impresionado por la apreciación del grande.

"Y para la segunda condición, cada estudiante debe elogiar las virtudes de cada amigo y celebrarlo como el más grande en la generación. Entonces, el ambiente lo afectará como un ambiente suficientemente grande, dado que la calidad es más importante que la cantidad".

Sin embargo, ¿qué debe hacer un amigo si necesita ayuda de los amigos? Hemos dicho arriba que está prohibido hablar de cosas malas que traigan tristeza en la reunión de amigos. La respuesta a eso es que uno debe decirlo a un amigo cercano, y ese amigo hablará con el grupo, pero no en el momento de la reunión de los amigos. En otras palabras, el amigo que ayuda, puede hablar a todo el grupo reunido, pero no durante la reunión regular de amigos. En cambio, puede organizar una reunión especial a favor del amigo que necesita ayuda.

Y con respecto a "Cómprate un amigo", debemos interpretar que "comprar" significa que él debe pagar y a través del pago, él lo compra. ¿Qué le paga? Podemos decir que el pago es recibido a cambio del esfuerzo. En otras palabras, a veces una persona desea comprar, por ejemplo, un armario nuevo, que cuesta cerca de 2.000 dólares. Él le dice al vendedor: "Como no tengo dinero para pagar, pero escuché que estás buscando un empleado para dos semanas, trabajaré por la cantidad que tengo que pagar a cambio del dinero del armario", y el vendedor seguramente estará de acuerdo. Así, vemos que el pago puede ser por intercambio. Es lo mismo con al amor de los amigos. Supone un gran esfuerzo el que uno deba juzgar a los amigos favorablemente, y no todo el mundo está preparado para ello.

En ocasiones es incluso peor. A veces, una persona ve que su amigo es irrespetuoso hacia ella. Incluso peor, escucha un rumor difamatorio, es decir, escuchó de un amigo que ese amigo, llamado fulano de tal, dijo acerca de ella cosas que no son agradables que un amigo diga de otro. Ahora tiene que someterse a sí misma y juzgarlo favorablemente. Esto, de hecho, es un gran esfuerzo. De esto se deduce que mediante el esfuerzo, ella da el pago, que es incluso más importante que un pago de dinero.

Sin embargo, si esa persona lo calumnia, ¿dónde va a reunir su amigo la fuerza para amarle? Él sabe que él ciertamente le odia, o no lo estaría calumniando, ¿entonces cuál es el motivo de someterse a sí misma y juzgarlo favorablemente?

La respuesta es que el amor a los amigos que se construye sobre la base del amor a otros, mediante el cual ellos pueden lograr el amor al Creador, es lo opuesto a lo que se considera normalmente amor entre amigos. En otras palabras, el amor a los otros no significa que los amigos me amarán. Más bien, soy yo quien debe amar a los amigos. Por esta razón, no importa si el amigo está calumniándole y ciertamente lo odia. En cambio, una persona que desea adquirir amor de otros, esa persona necesita la corrección de amar al otro.

Por lo tanto, cuando una persona hace el esfuerzo y lo juzga favorablemente, es una *Segulá* (remedio, poder, virtud), donde mediante la ardua tarea que una persona hace, la cual se llama "un despertar desde abajo", se le da fortaleza desde arriba para ser capaz de amar a todos los amigos sin excepción.

A esto se le denomina "cómprate un amigo", pues una persona debe hacer un esfuerzo para obtener el amor al prójimo. Y esto se llama "esfuerzo", ya que debe esforzarse por encima de la razón. Pensando racionalmente, ¿cómo es posible juzgar a otro favorablemente cuando su razón le muestra la verdadera cara de su amigo, que este le odia? ¿Qué le puede decir al cuerpo acerca de eso? ¿Por qué debe someterse ante su amigo?

La respuesta es que él desea lograr Adhesión con el Creador, llamada "equivalencia de forma", es decir, no pensar en su propio beneficio. Así que, ¿por qué el sometimiento es algo difícil? La razón es que él debe anular su propio valor, y la totalidad de la vida que él desea vivir, será sólo bajo la consideración de su capacidad para trabajar para el beneficio de otros, comenzando con el amor a los otros, entre persona y persona, hasta llegar al amor al Creador.

De esta forma, además, aquí hay un espacio donde él puede decir que cada cosa que hace, no tiene ningún interés propio, dado que mediante la razón, los amigos son quienes deben amarle, pero él supera su razón, va por encima de la razón, y dice: "No tiene ningún valor vivir para mí mismo". Y aun cuando uno no está siempre en un grado donde es capaz de decir eso, ese es sin embargo el propósito del trabajo. Por lo tanto, ya tiene algo qué contestarle al cuerpo.

De esto se deduce que antes de que cada amigo venga a la reunión de los amigos, debe contemplar qué le puede dar al grupo para así elevar el espíritu de vida en este. En eso, no hay diferencia entre alguien con vastos conocimientos o alguien ignorante, ya que el pensamiento que él piensa, aunque puede no saber nada, igualmente debe rezar al Creador por Su ayuda y tener fe que el Creador escucha las plegarias.

¿Por qué se hacen específicamente cuatro preguntas en la noche de *Pésaj*?
Artículo N° 22, 1988-89

Tal como vemos, ¿cuándo hace uno preguntas? Cuando se tiene una carencia. Y se pregunta: "¿Por qué necesito sufrir por no tener lo que entiendo que necesito?" Llega al Creador con quejas y exigencias y dice: "¿Por qué hace falta que sufra?" Pero cuando la persona tiene abundancia, ¿qué preguntas hay para hacer si siente que es libre?, que no está esclavizada por nada, ¿cómo sentirá que esta carencia le provoca dolor, dándole pie a que pregunte, "por qué"?

Por consiguiente, debemos comprender ¿por qué hacemos preguntas específicamente en la noche de *Pésaj*, que es la fiesta de la libertad? Además, se les denomina "cuatro preguntas", es decir, cuatro veces "¿Por qué?" precisamente cuando a la persona no le hace falta nada.

Según lo que dice el *ARÍ*, la noche de *Pésaj* es más completa que la víspera de *Shabat*. Dice que en la víspera de *Shabat* hay un ascenso de *Maljut* a *Mojin de Neshamá*, pero en la noche de *Pésaj* hay ascenso de *Maljut* a *Mojin de Jayá*, como en el día de *Shabat* (ver *Shaar HaKavanot*). Por lo tanto, debemos comprender por qué hacemos preguntas específicamente en el momento de plenitud. Ciertamente, hay muchas respuestas a eso, y lo interpretaremos bajo el discernimiento del trabajo espiritual.

Es sabido que el trabajo que se nos entregó con la *Torá* y las *Mitzvot* es tal que a través de ellas nos corrijamos y seamos dignos de recibir deleite y placer, ya que esta es la razón por la que el hombre fue creado, pues es sabido que el propósito de la creación es hacer el bien a Sus creaciones. Sin embargo, para evitar la vergüenza de la recepción de los placeres, ya que cada rama desea parecerse a su raíz, y puesto que la raíz le otorga a las criaturas, existe una disparidad de forma entre el que da y el que recibe. Y esto nos provoca la vergüenza.

Por lo tanto, para corregirlo, dispusieron un *Tzimtzum* (una restricción) y una ocultación en la Providencia y supervisión Superior. Por eso, a través del *Tzimtzum* y la ocultación se creó un espacio, dentro del cual nos encontramos tan alejados del Creador que nos provoca que tengamos muy poca comprensión de Su supervisión sobre Sus creaciones. Se escribe acerca de ello en la *Introducción al Estudio de las Diez Sfirot* (Puntos 42-43), en donde dice que si la Providencia se revelara y, por ejemplo, uno que comiera algo prohibido se asfixiara instantáneamente, y uno que realizara una *Mitzvá* (precepto) de inmediato descubriera en ello un deleite maravilloso, parecido a los grandes placeres de nuestro mundo corporal, ¿quién sería el necio que pensaría siquiera en probar de algo prohibido sabiendo que de inmediato perdería su vida, o dudaría en recibir de inmediato un gran placer corporal? Por lo tanto, el *Tzimtzum* y la ocultación que se hicieron para corregir la vergüenza nos genera todo el esfuerzo del trabajo y la lejanía del Creador.

De esto se deduce que el *Tzimtzum* y la ocultación se hicieron para beneficiar a los inferiores. Por lo tanto, no tiene sentido preguntar a la Providencia; "¿Por qué el Creador nos trata como nos parece que lo hace?, pues no vemos el bien y sufrimos en el exilio, en la pobreza y demás". En otras palabras, todos se quejan del Creador, sobre por qué se comporta con una supervisión oculta para nosotros, lo cual es de este modo solamente porque es lo mejor.

Por esta razón, está prohibido difamar Su supervisión –el modo en que Él se comporta con sus creaciones. En lugar de eso, debemos creer con fe por encima de la razón que lo que sucede debe ser precisamente como lo vemos. Y con respecto a lo que sentimos, debemos seguir los caminos de la *Torá*, tal como los sabios nos han instruido sobre como tenemos que tratar con todos esos sentimientos que tenemos, y hablar acerca de ellos, con fe por encima de la razón: "Tienen ojos y no ven", como está escrito en el artículo del año 1943.

Se sabe que existe prohibición de difamar. Sin embargo, comúnmente se piensa que la difamación, que es tan nociva, se halla entre una persona y su amigo. Pero en verdad, la difamación sucede principalmente entre el hombre y el Creador, tal como está escrito (*Shemot, Rabá,* Capítulo 3, 12): "Moisés entendió el acto de la serpiente quien difamó a su Creador, como se ha dicho: "Porque Dios sabe que el día en que comas de él se abrirán tus ojos y serás como Dios, conocedor del bien y el mal".

Por lo dicho anteriormente, podemos ver por qué la difamación es peor que otras cosas. Es porque la difamación proviene principalmente de la serpiente, quien difamó al Creador y le dijo: "Lo que el Creador te ordenó –que no comieras del árbol del conocimiento sino que lo mantuvieras en la ocultación y escondido". La serpiente le dijo acerca de ello: "No debes obedecer lo que Él te dijo, que el árbol del conocimiento debe permanecer oculto de los inferiores". En lugar de eso, su argumento fue que todo debe estar revelado.

Esa fue la difamación de la serpiente. Se deduce que habló acerca de la Providencia, que la conducta del Creador con los creados de no revelar su supervisión es errónea. Pero en realidad, la ocultación es sólo para que ellos puedan recibir el deleite y el placer sin vergüenza. Y esto sólo puede suceder cuando reciban todo para el Creador, es decir, que toda la recepción sólo se hará para otorgar.

Se deduce de esto que la difamación de la serpiente no es un detalle menor. Más bien, se trata acerca de toda la corrección de *Maljut*, para que los inferiores, quienes se extienden de ella, pudieran lograr Adhesión, llamada "igualdad de forma", mediante la cual habría una corrección que les permita recibir el deleite y el placer sin ninguna sensación desagradable, llamada "vergüenza".

Debido a esta corrección, se nos entregó la *Torá* y las *Mitzvot*, con las cuales poder salir del amor propio, que es la separación del Creador y poder lograr la igualdad de forma. Es como nuestros sabios dijeron: "Yo he creado la inclinación al mal, Yo he creado el condimento de la *Torá*". Y según la difamación de la serpiente, para que haya una Providencia revelada, es decir, que todo será revelado, aunque el Creador le dijo explícitamente a Adán, "Pero del árbol del conocimiento no comerás". En cambio, este discernimiento debe ser ocultado y sólo al final de la corrección será posible iluminar este discernimiento.

Y acerca de eso, la serpiente también le dijo que no obedeciera al Creador. En otras palabras, que el Creador no lo hizo en favor de Adán, que Su supervisión sobre las creaciones –el Bien que hace el bien– fuera revelada, sino por otras razones. Resulta que la difamación de la serpiente fue de forma general, es decir, dijo que todas las correcciones que debemos hacer mediante el poder de la *Torá* y las *Mitzvot* no son para el propósito del hombre.

Por esta razón la difamación es la más severa de todas las prohibiciones, ya que esta abarca toda la *Torá*. En otras palabras, con esta difamación, todas las correcciones que se hicieron, no debieron ser hechas. Así, tal como la difamación es muy grave entre el hombre y el Creador, la prohibición entre una persona y su amigo también lo es, como dijimos acerca de "ama a tu prójimo como a ti mismo", de lo que *Rabí Akiva* dijo que era la gran regla de la *Torá*.

De esto se deduce que uno que difama actúa en oposición a la regla "ama a tu prójimo como a ti mismo". Entonces, la difamación entre una persona y su amigo es también una regla y una prohibición tan grave.

Con lo anterior podemos interpretar lo que nuestros sabios dijeron (*Sanhedrín* 38): "*Rav Yehuda* dijo: '*Rav* dijo: '*Adam HaRishón* era un hereje'. Y *RaShI* explica: "Era hereje' significa que se inclinó hacia la idolatría'".

Esto es muy difícil de entender. *Adam HaRishón* (Adán) habló con el Creador. ¿Cómo puede ser un hereje alguien que habla con el Creador, y que su corazón se incline hacia la idolatría? Después de todo, *el Creador* le habló, así que, ¿cómo puede estar equivocado hasta el punto de que su corazón se inclinara hacia la idolatría?

Y dijimos acerca de esto, el Creador le dijo que el árbol del conocimiento debe estar en ocultación y no debe ser revelado antes del fin de la corrección. Cuando la serpiente vino a él y le dijo que no obedeciera al Creador, que este gran placer se encuentra en el árbol del conocimiento, que el Creador le oculta, él llevó esa calumnia de la serpiente a su corazón y tomó en serio la calumnia de la serpiente. Esto se llama que él "Fue un hereje".

RaShI interpretó que su corazón se inclinó hacia la idolatría, es decir, que su corazón se inclinó hacia lo que la serpiente le estaba diciendo, que sería mejor si hubiera Providencia revelada en el mundo, como la serpiente le aconsejó. Esto se llama "hereje", uno al que no le agrada Su gobierno. Significa que estaba pensando de acuerdo al consejo de la serpiente, que si el árbol del conocimiento fuera revelado y hubiera Providencia revelada, muchos se ocuparían del trabajo sagrado, por la razón anterior de que todos observarían la *Torá* y las *Mitzvot* porque estarían vestidas en la razón, dentro de la misma, y no que todo debe ser por encima de la razón.

En otras palabras, el árbol del conocimiento significa que todo es revelado dentro de la razón, y con respecto a eso se le dio la orden de abstenerse de comer. Es decir, nuestro trabajo hacia el Creador debe ser por encima de la razón y no dentro de la razón, aun cuando es razonable pensar que si todo estuviera vestido dentro de la razón, los sirvientes del Creador proliferarían.

Este es el significado de la calumnia de la serpiente, quien habló de mala manera acerca de la Providencia. Que el Creador haya hecho que el trabajo del Creador sea por encima de la razón, no significa que Él no pudo haber hecho todo dentro de la razón. Sino que debemos creer, aun cuando no lo entendemos, que esta forma es la mejor.

Y así lo dijo *Baal HaSulam* –que el Creador eligió el camino de la fe por encima de la razón porque Él sabe que es el camino más exitoso para que los inferiores lleguen a la meta llamada "Adhesión con el Creador", que es la igualdad de forma, llamada "recibir con el fin de otorgar".

Y aunque el pecado del árbol del conocimiento se refiere a grados altos –la luz del fin de la corrección– como se explica en "Introducción al Árbol de la Vida", respecto a nuestro trabajo debemos interpretar que uno que calumnia en contra de la Providencia, diciendo que no quiere creer que Su guía sobre los creados es benevolente, y eso es creer por encima de la razón.

Sin embargo, cuando una persona dice: "Si hubiera Providencia revelada y pudiera ver con mi mente que el Creador otorga de manera benevolente a todas sus creaciones, dentro de la razón, sólo así sería capaz de cumplir la *Torá* y las *Mitzvot*". Esto llegó a causa del pecado del árbol del conocimiento –la cuestión de que un hombre quiere ir específicamente dentro de la razón y no quiere creer por encima de la razón. En consecuencia, cuando no cree que esto sea por benevolencia, está difamando en contra del Creador. Esto tiene su raíz en el momento en que la serpiente habló a *Adam HaRishón* en contra del Creador.

Y que **una persona quiera ir dentro de la razón es llamado "el pecado del árbol del conocimiento"**. Este pecado aparece de dos maneras, o sea que dos preguntas se extienden de éste:

la pregunta del Faraón, que preguntó: "¿Quién es el Señor a quien debo obedecer Su voz?" Es decir, que es difícil para él creer nada que contradiga la razón. "¿Por qué debe uno trabajar para beneficiar al Creador y no a sí mismo?" En otras palabras, está preguntando: "¿Qué ganaré al trabajar para el Creador y no para mí?"

Con lo dicho antes podemos entender lo que vemos, que incluso después de que un hombre ha vencido y ha dicho que va a tomar sobre sí el caminar por la vía de la verdad y comienza a creer en la fe en los sabios, y la razón le dicta que cada día debe avanzar y moverse hacia adelante. Aun así, uno ve que en realidad es completamente lo contrario –cada día está retrocediendo. Así pues, la razón le hace decir: "Este trabajo de ir por el otorgamiento no es para mí. En cambio, es trabajo para unos pocos elegidos". Él entiende que estaría mejor escapando de la campaña.

¿Y qué se le dice? Que debe ir, una vez más, con fe por encima de la razón y descartar lo que la razón le obliga a hacer. Y como está escrito en el ensayo "Fe en su *Rav*" (1943), uno no puede ver su verdadero estado. En cambio, él debe ir por encima de la razón, y sólo de esta manera puede llegar a la meta y ser recompensado con Adhesión con el Creador.

Sin embargo, debemos entender lo que nos da el sentir dentro de la razón que estamos retrocediendo en lugar de progresar. En otras palabras, ¿para qué propósito necesita uno sentir que está en declive? ¿Cuál es el beneficio en ello? Vemos que en un estado de ascenso, cuando uno siente un deseo por la espiritualidad y observa a los placeres mundanos – que todo el mundo persigue para obtenerlos- le parecen como si hubieran sido creados innecesariamente, es decir, que hubiera sido mejor si el Creador hubiera hecho a todas las creaciones disfrutando de las cosas espirituales.

Entonces le llegan pensamientos sobre el declive, ¿qué gana uno del hecho de que después de cada ascenso, llega a un descenso? Como resultado, una persona siempre pregunta: "¿Cuántos son los ascensos y descensos y por qué se necesitan, de todas maneras? Sería mejor si pudiera quedarme en el estado de ascenso".

Pero la respuesta es que es imposible apreciar nada sin conocer su importancia. En otras palabras, hay una regla que dice que la alegría que una persona obtiene de algo depende de la importancia del asunto. Algunas veces, a una persona se le da algo importante, y si lo pudiera apreciar, podría recibir gran placer de ello. Pero como no conoce su valor, esa persona no puede disfrutarlo, excepto en el grado en que entienda su importancia.

Por ejemplo, si una persona compra un objeto, un libro, que no es demasiado hermoso por fuera, y más tarde, ese libro se reimprime y cuesta más. Pero como no tenía mucho dinero, compró este libro. Y el vendedor tampoco era consciente de la importancia del libro y se lo vendió a un bajo precio. Pero algún tiempo después, un hombre llega a su casa, ve el libro, y le dice: "Como el libro se imprimió hace 300 años, vale una fortuna, ya que sólo hay tres ejemplares en el mundo". Ahora que se entera del gran valor del libro, comienza a disfrutar del mismo.

La alegoría es que no tenemos el conocimiento para apreciar el ascenso. Es decir, no tenemos la capacidad de saber cuánto vale un sólo minuto de poder de creer en el Creador y tener alguna sensación de la grandeza del Creador, ya que en un estado de ascenso tenemos el deseo de anularnos ante Él totalmente, como una vela ante una antorcha. Naturalmente, no podemos disfrutar del hecho de que el Creador nos ha atraído y nos ha dado alguna cercanía, de la cual debemos obtener la alegría y júbilo que ello debe aportarnos. Sin embargo, como no tenemos la importancia como para apreciarlo, sólo disfrutamos de acuerdo a la importancia que tenemos, como se explicó en la alegoría.

Por eso se nos dieron los descensos, para ser capaces de aprender la importancia de los ascensos, como está escrito: "La ventaja de la Luz ante la oscuridad". Específicamente, a través de los descensos, uno puede llegar a conocer y apreciar los ascensos, y entonces puede disfrutar estos últimos y llegar a sentir que "Ellos son nuestra vida y la extensión de nuestros días". Pero cuando uno no conoce la necesidad de la fe porque piensa que ocuparse en la *Torá* y observar las *Mitzvot* es suficiente para estar entre los sirvientes del Creador, no se le dan descensos desde arriba para así apreciar los ascensos.

En este caso el trabajo es exterior. No existe la intención de ingresar en el interior. En otras palabras, el objetivo no es ser completamente anulados ante la *Kdushá* (santidad) –donde santo significa retirado y separado de sí mismo, como está escrito: "Serán santos porque yo soy santo"–, en cuyo momento solo existirá la autoridad del Creador porque el inferior desea anularse ante la raíz, y todo lo que ve es que es vale la pena vivir sólo para beneficiar al Creador.

Para que una persona esté en un estado en el que quiera vivir sólo para darle satisfacción al Creador, debe proveerse con una gran fe en la grandeza del Creador, para hacer que valga la pena anularse por el beneficio de Él. Y la fe que ha adquirido durante su educación (religiosa) no es suficiente para él. Aunque con ella puede observar la *Torá* y las *Mitzvot* en todos sus detalles y precisiones. Y esto es porque no tiene que anularse ante el Creador. En cambio, como la persona está observando la *Torá* y las *Mitzvot* que el Creador nos mandó a través de Moisés, le pide que Él le conceda todos sus deseos.

La persona cree en la recompensa y el castigo y, ciertamente, como nuestros sabios dijeron (*Avot*, Capítulo 2,21): "Si estudiaste mucha *Torá*, confía en que tu amo te pague la recompensa por tu trabajo". En consecuencia, como la base que lo obliga a observar la *Torá* y las *Mitzvot* depende de la recompensa, no del que da la recompensa, no tiene que dedicarse a la grandeza de la fe en el Creador, sino en la grandeza o pequeñez de la recompensa. Por tanto, no es una cuestión de ascensos y descensos, ni creer en la grandeza e importancia del Creador. En cambio, lo relevante para él es dedicarse a la *Torá* y las *Mitzvot* o debilitarse en su observancia porque no siempre cree en la recompensa.

Esto provoca a aquellos que se dedican a la *Torá* y las *Mitzvot* para recibir recompensa –que algunas veces se encuentran entre personas que no creen en la recompensa y el castigo– que pueden influir a una persona con sus pensamientos, lo que le provoca incluso alejarse completamente del Judaísmo. Entonces, no deben entrar en contacto con personas que son libres en sus puntos de vista, ya que ellos les traen pensamientos extraños acerca de la fe en la recompensa y el castigo. Pero en general, aquellos que se comprometen en *Lo Lishmá* no experimentan subidas y bajadas, es decir, que no hay necesidad de la presencia de los descensos.

Pero aquellos que desean trabajar por la importancia del Creador, siempre necesitan superarse con fe en la importancia y grandeza del Él, y esto es lo único que los obliga a observar la *Torá* y las *Mitzvot,* lo cual hacen para lograr Adhesión con el Creador. Esas personas siempre deben asumir y valorar Su grandeza.

Siempre deben evaluar que si tienen alguna comprensión de la espiritualidad, es porque el Creador les está acercando a Él, mientras que ellos son completamente impotentes, a menos que vean que obtendrán de ello algún beneficio para sí mismos. De esto concluimos que el trabajo principal es anularse a sí mismo. Pero esto está en contra de la naturaleza; sólo pueden llegar a ello mediante Su salvación.

Así, durante el ascenso, una persona piensa que ya es algo natural, y que no necesita para nada la ayuda del Creador. Entonces, se hizo una corrección llamada "descensos", en la que a uno siempre se le muestra la medida de su fuerza –lo que puede hacer por sí mismo y cómo ve todo bajo esta situación. Pero cuando es arrojado de su estado, donde pensaba que ya era un humano y no como las bestias que trabajan para sí mismas, de repente ni siquiera puede sentir que deseen echarlo hacia este estado de bajeza, con lo que después descubre que se encuentra en este estado de bajeza.

Y entonces, durante el declive, no ve que está comenzando a decaer. Es más, mientras desciende permanece inconsciente. Y tras estar abajo durante algún tiempo, también recibe ayuda de arriba y se le dice: "Debes saber que ahora estás en declive". Y antes de que se le diga que está inconsciente, no sabe nada. Sin embargo, uno debe creer que esto también es así, ya que saberlo no le llega por sí mismo. En cambio, uno debe saber que esos descensos se le dieron para así aprender de ahí cómo poder valorar el estado de ascenso. Pero durante la bajada, uno no puede enterarse de nada de eso.

Pero durante el descenso, puede hacer un cálculo verdadero y decir: "Ahora estoy en un estado de fe, y este vino a mí por el Creador. De otra manera caería inmediatamente en un estado de amor propio". Si no hace este cálculo y agradece al Creador por acercarle a Él, inmediatamente es arrojado. Resulta que es imposible obtener placer real de acercarse al Creador a menos que él pueda apreciarlo, como se dijo antes: "Como la ventaja de la Luz ante la oscuridad".

De esto se deduce que para que los creados reciban deleite y placer, y lo sientan, todos esos descensos fueron necesarios. Se llaman "exilio", y esto se llama "Divinidad en el exilio" o "Divinidad en el polvo". Y sólo por esa razón uno tendrá los *Kelim* para sentir el deleite y el placer.

Con lo dicho anteriormente, podemos entender por qué específicamente en el momento de libertad, que es la noche de *Pésaj*, la plenitud completa, como dice el *ARÍ*, que *Maljut* tiene la misma *Gadlut*, que tiene *Maljut* de *Mojin de Jayá*, y así ocurre en la noche de *Pésaj*.

La respuesta es que precisamente durante el ascenso, cuando uno piensa en los descensos que tuvo, los mismos tienen el poder de resaltar la importancia de los ascensos. De otra manera, esto es parecido a una persona a la que se le dio algo que vale una fortuna y esta lo usa y disfruta como si valiera unos cuantos céntimos.

Así pues, específicamente en el momento de libertad, es posible hacer preguntas. O sea, no se trata de preguntar, sino que necesitamos las preguntas para entender las respuestas, como *Baal HaSulam* dijo sobre lo que está escrito: "Hablad ahora a los oídos de las personas y dejad que pregunte cada hombre sobre su prójimo". *RaShI* interpreta que él les advirtió que ese justo dirá: "Y ellos les servirán, y ellos les afligirán", y se hará realidad en ellos, y "Después emergerán con grandes posesiones" no se hará realidad en ellos. Y hay una pregunta: "Si el Creador deseó dar grandes posesiones al pueblo de *Israel*, ¿no podría el Creador habérselas dado? ¿Tuvo que decir al pueblo de *Israel* que fuera fraudulento y que tomara vasijas de plata y vasijas de oro de los Egipcios?"

La respuesta es que cuando el Creador dijo a *Abraham*: "Darte esta tierra a ti como herencia", *Abraham* preguntó: "¿Mediante qué sabré que la heredaré?" "Y él dijo a *Abraham*: 'Sábelo con seguridad que tu semilla será una extraña en una tierra que no es suya... y más tarde emergerán con grandes posesiones.'" Y preguntó: "¿Qué vemos en la respuesta del Creador a la pregunta de *Abraham*: 'Mediante qué sabré', que al estar en una tierra que no es de ellos, es decir, en el exilio, *Abraham* podía estar seguro de que heredarían la tierra?

Él dijo que como no hay Luz sin un *Kli* (vasija), es decir, que no hay llenado sin una carencia, y *Abraham* dijo al Creador que él no vio que ellos necesitaran luces tan grandes, llamadas "la tierra de *Israel*". Por esta razón, el Creador le dijo que al estar en el exilio y al pedir del Creador que lo libere del exilio, ¿cómo los liberará? Sólo con grandes luces, ya que "La Luz en esta le reforma". Sólo así necesitarán las grandes luces.

Y explicó sobre ello que por eso el Creador dijo que tomarían prestadas *Kelim* de los Egipcios, es decir, asumir la dureza de los egipcios como un préstamo para recibir las luces, y entonces devolverles los *Kelim*. En otras palabras, ellos asumieron la dureza para entender las respuestas. Es como se dijo arriba, que es imposible entender la Luz si no es desde la oscuridad. Por eso todas las preguntas se hacen específicamente en el momento de la libertad.

¿Qué significa que las velas de *Jánuka* estén colocadas sobre la izquierda, en el Trabajo?
Artículo N° 11 1989-90

Nuestros sabios dijeron (*Shabat*, pág. 22): "Las velas de *Januká* están sobre la izquierda, para que, las velas de *Januká* estén a la izquierda y la *Mezuzá* (un pergamino enrollado y dentro de un estuche, que tiene escrito un verso específico de la *Torá*) a la derecha". RaShI interpreta: "La *Mezuzá* está a la derecha, como está escrito: '*Beiteja* (tu casa) –*Dérej Bi'atja* (el camino por donde viniste), cuando una persona comienza a caminar, comienza a caminar con la pierna derecha'".

En el libro *Shaar HaKavanot* (pág. 326), dice: "Pero el asunto de *Januká* y *Púrim* es diferente, pues ambos están en *Hod*, aunque con referencia al rezo de la mañana, nosotros explicamos que *Jacob* está en *Nétzaj* y *Maljut* está en *Hod*. De acuerdo con esto, un día corriente es más sagrado que *Januká* y *Púrim*, ya que ambos están en *Hod*.

Pero el asunto es que en ese momento, ella recibe sus iluminaciones por sí misma, y no a través de su esposo; pues en un día corriente, *Jacob* absorbe su iluminación y la parte de la iluminación de ella de *Nétzaj* y de *Hod*. Después, él le da a ella su iluminación y se extiende desde *Hod* a través de él. Pero ahora, en *Januká* y *Púrim*, ella absorbe la parte de sus iluminaciones de *Hod* por sí misma y no a través de su marido.

Debemos entender que esto, en el trabajo, significa que la *Mezuzá* está a la derecha y las velas de *Januká* a la izquierda. ¿Qué nos viene a enseñar esto? También debemos entender que, según lo que está escrito en *Shaar HaKavanot*, *Januká* y *Púrim* ambos son un solo discernimiento que se extiende desde *Hod*.

¿Por qué los dos absorben desde la misma raíz si en *Púrim* hay felicidad, una fiesta, y uno debe comer la cena de *Púrim*; mientras que en *Januká* nuestros sabios dijeron: "Estas velas son sagradas, no tenemos permiso para usarlas"? En el trabajo, aprendemos que **una persona contiene dentro de sí a todo el mundo**. Significa que **Israel y las setenta naciones están en una persona**. En otras palabras, una persona contiene todas las malas cualidades que existen en las setenta naciones. Es sabido que las setenta naciones se extienden desde lo opuesto a las siete cualidades de la *Kdushá* (santidad), como en "Dios las ha hecho la una opuesta a la otra", y cada cualidad consta de diez.

Este es el significado de las setenta naciones, es decir, que cuando las setenta naciones gobiernan al *Israel* en una persona, esto se considera como que el pueblo de *Israel* está en el exilio bajo el gobierno de las naciones. Significa que los deseos y ansias controlan al *Israel* en él, y la parte de *Israel* no puede trabajar para beneficio del Creador, sino sólo por su propio beneficio. Según el razonamiento le es completamente imposible entender cómo, alguna vez, será posible librarse del dominio de las naciones del mundo de su interior. Esto se debe a que el esfuerzo que tanto ha hecho para salir de su dominio, fue inútil. Y, por el contrario, cada vez uno podría ver más claramente que es imposible salir de su exilio. Por esto siempre debemos recordar la salida de Egipto, como está escrito: "que debes recordar el día en que saliste de la tierra de Egipto", es decir, creer en lo que está escrito: "Yo soy el Señor, tu Dios, el que los sacó de la tierra de Egipto... para ser un Dios para ustedes".

Significa que como el Creador sacó al pueblo de *Israel* de Egipto, y fueron recompensados con: "Para ser un Dios para ustedes", Él también puede liberarnos del dominio de las setenta naciones, para ser recompensados con eso mismo.

Uno no debe decir que él es peor que la gente que estaba en Egipto. Que el Creador sólo tuvo el poder de liberarles a ellos de su gobierno. Pero cuando una persona ve su propia bajeza, se desespera y dice que debe ser peor que aquellos que estaban en Egipto.

Aquí debemos creer las palabras del *ARÍ*, quien dice que el pueblo de *Israel*, antes de la salida de Egipto, ya estaba en las cuarenta y nueve puertas de impureza, hasta que el Creador se les reveló y los redimió. De esto se deduce que aun cuando uno ve que está en la bajeza absoluta, no debe escapar de la campaña, y debe creer que el Creador lo liberará del exilio de estar entre las naciones del mundo.

Así, podemos ver que toda la base está construida totalmente sobre la fe, que sólo por la fe es posible salir del exilio. No debemos hacerle caso a nuestra razón, aunque una persona es juzgada según su razón. Pero cuando la persona tiene intelecto para ver su verdadero estado, esto le da la posibilidad de ir por encima de la razón. En otras palabras, uno no puede ir por encima de su razón sin la ayuda del Creador. Pero si ve que con su razón que puede seguir adelante, entonces no necesita Su ayuda.

Y lo principal que se requiere de una persona es alcanzar su propia plenitud, es decir, ser recompensada con *NaRaNJaY de Neshamá*. Y esto viene, específicamente, por necesitar al Creador. Nuestros sabios dijeron sobre esto: "El que viene a purificarse, es ayudado". Y *El Zóhar* dice: "¿Cómo es ayudado? Con un alma sagrada. Cuando uno nace, se le da un alma (*Néfesh*) al lado de una bestia pura. Si es recompensado más aun, se le da *Rúaj*", etc.

Por eso es algo grande el que la persona necesite que el Creador le ayude, pues la salvación de uno está en que se le otorguen grandes fuerzas desde lo alto. Y al recibir nuevas fuerzas poderes cada vez, es decir, una nueva alma, al final recibirá toda la *NaRaNJaY* que pertenecen a la raíz de su alma. De esto se deduce que un milagro implica algo que la persona no puede obtener. Es decir, es imposible para uno el obtenerlo, a menos que sea a través de un milagro desde lo alto. Sólo de esa manera se llama "un milagro".

Por esta razón, cuando una persona llega a un estado donde ya tiene el reconocimiento del mal, que le es imposible salir del dominio de las naciones del mundo en él, e *Israel* en su interior está en exilio bajo las naciones, y no ve el camino por el cual poder salir de su dominio. Entonces el Creador lo ayuda, y le saca de entre las naciones del mundo, y todo se da vuelta de modo que es el pueblo de *Israel* quien los gobierna, esto es llamado "un milagro".

Esto se considera como que fue en la tierra de Egipto, que el Creador los liberó de esa tierra, es decir, que Él los sacó de la opresión de las aflicciones de Egipto. Cada persona que transite en el trabajo del Creador, debe creer que al igual que el milagro que sucedió en aquella ocasión, el Creador lo liberará también; pues es verdaderamente un milagro el que uno salga del dominio del amor propio, y se preocupe solamente de aquello que pertenece al beneficio del Creador.

Y cuando una persona llega a eso, se considera que ha alcanzado *Lishmá* (en beneficio de la *Torá*). Significa que ya ha sido recompensada con fe en el Creador, y que tiene el poder para trabajar en favor del Creador, y esto se denomina "*Lishmá*". También se llama "derecha" cuando uno se compromete en el camino del otorgamiento al Creador, es decir, que todo lo que hace es para beneficiar al Creador. Esto es, la personal desea hacer *Jésed* (gracia/misericordia) en favor de Él, es decir, satisfacer al Creador.

Sin embargo, deberíamos saber que una persona que quiera hacer todo por el Creador, es sólo la corrección de la creación y no es el propósito de la creación. Porque el propósito es que el hombre reciba deleite y placer en las vasijas de recepción. Sin embargo, debe existir una corrección en esas vasijas, lo que se llama "con el fin de otorgar".

La abundancia del propósito de la creación se llama *Jojmá* (sabiduría), que es la Luz de la vida, como en "La Sabiduría le dará la vida a aquel que la tiene". Además, la Luz de *Jojmá* es llamada "izquierda", pues todo lo que requiere corrección se llama "izquierda", tal como está escrito "la mano débil, cuya fuerza se ha debilitado como la de una hembra" Esto se llama "izquierda".

Y, ¿cuál es la corrección que debe hacerse en la Luz de *Jojmá*? Es la derecha, que se llama *Jasadim*. En otras palabras, una vez que él ya ha sido recompensado con el propósito de la creación, que es el deleite y el placer llamado *Jojmá*, la Luz de *Jasadim* debe atraerse una vez más –o sea la abundancia que llega a las vasijas de otorgamiento–, ya que dijimos que se nos dio el trabajo en la *Torá* y las *Mitzvot* en la forma de: "Haremos y escucharemos". Significa que al hacer y cumplir la *Torá* y las *Mitzvot* con hechos, también seremos recompensados con el estado de 'escucharemos'.

En otras palabras, uno debe cumplir la *Torá* y las *Mitzvot*, incluso mediante coacción. No hay necesidad de esperar el momento en que se tenga el deseo de cumplir la *Torá* y las *Mitzvot*, para luego cumplirla. Por el contrario, uno debe sobreponerse y cumplirla sólo en la acción, puesto que la acción traerá más tarde el 'escuchar', lo que significa que después la persona oirá la importancia de la *Torá* y las *Mitzvot*. En otras palabras, será recompensado con el deleite y el placer que se encuentra en la *Torá* y las *Mitzvot*. Este es el significado de lo dicho por *Israel*: "Haremos y escucharemos". Así, en la derecha, lo que se llama involucrarse en *Jésed*, en las vasijas de otorgamiento; se trata de "cumplir" con que uno puede hacer todo por el beneficio del Creador y no en su propio beneficio.

De esto se deduce que, según la regla "Haremos y escucharemos", el acto afecta a la intención. Esto significa, necesariamente, que cuando uno recibe *Jojmá* desde lo alto, el acto debe ser hecho, de tal forma, que la intención sea como el acto. De esto resulta que el acto de recepción afecta a la intención, lo que lo convierte, también, en "con el fin de recibir". Por lo tanto, incluso durante el acto, cuando él atrae la Luz de *Jojmá* con el fin de otorgar, por la regla "Haremos y escucharemos", todavía debe recibir la influencia del acto.

Por ello, es necesario tener cuidado y extender las vestimentas, es decir, para vestir la Luz de *Jojmá*, donde haya el discernimiento de 'Haremos'. 'Haremos' es el acto de otorgamiento, y también seremos recompensados con la intención de estar con el fin otorgar. Y también "Escucharemos" que el fin también será el de otorgar, al igual que el acto. Esto conservará la vasija de recepción, la cual recibe la Luz de *Jojmá*, para que pueda mantener la intención de otorgar sobre la de recibir en el momento del deleite y placer, y llegar a por ello estar en la forma de recibir con el fin de otorgar.

Con lo antes dicho, deberíamos interpretar el significado de la *Mezuzá*, la cual debe estar a la derecha. Como la *Mezuzá* está manteniendo y cuidando a una persona, por eso existe un indicio de que la *Mezuzá* esté a la derecha. En otras palabras, cuidar pertenece a la derecha, que se considera *Jésed*, y los *Kelim de Jésed* son considerados la derecha, es decir, que no requieren corrección. Pero *Jojmá* es considerado izquierda porque se revela en vasijas de recepción y estas vasijas requieren cuidado.

Por eso *RaShI* interpreta: "*Beiteja* (tu casa) – *Dérej Bi'atja* (el camino por donde viniste)", es decir, que una persona comienza a caminar sobre la derecha. Esto debe ser interpretado como que el principio del trabajo espiritual es con la derecha, es decir, que las vasijas de otorgamiento serán con el fin de otorgar. Más tarde, uno comienza a trabajar en la izquierda, es decir, que corrige las vasijas de recepción para que sean con el fin de otorgar.

Por eso está escrito que cuando uno comienza a caminar en la corporalidad, comienza con la pierna derecha. Y esto apunta a la forma espiritual, es decir, que al comienzo del trabajo del Creador, se debería empezar con la derecha, en integridad. En otras palabras, por todo lo que hace en el trabajo, debe dar gracias al Creador de haberle dado algún pensamiento y deseo de trabajar en la labor sagrada, de que, a pesar de todo, tiene alguna adhesión en la parte práctica de la *Torá* y las *Mitzvot*.

En ese momento, no debe pensar aun en la intención, pues también existen dos maneras de discernimiento en la intención:

1) La intención, es decir, quién es el que obliga al compromiso con la *Torá* y las *Mitzvot*. El entorno en el que se encuentra, pues todos los amigos están comprometidos con la *Torá* y las *Mitzvot*, todos rezan, y observan las lecciones de *Torá* en el templo, etc. O está cumpliendo la *Torá* y las *Mitzvot* sólo porque el Creador nos ordenó cumplirlas, y él cree en todo lo que dijeron los sabios y, en base a eso, cumple con la ley y los preceptos.

2) La intención se dirige por la recompensa que ha de recibir por observar la *Torá* y las *Mitzvot*. Algunos esperan recibir recompensa por su trabajo, como está escrito en *El Zóhar*, que existen tres razones para comprometerse en la *Torá* y las *Mitzvot*: a) para ser recompensado en este mundo, b) para ser recompensado en el mundo por venir, c) para no ser recompensado, sino sólo por la grandeza del Creador, pues Él es grande y gobernante.

Así, el comienzo del trabajo de uno en la *Torá* y las *Mitzvot* es con el fin de ser recompensado. Y en eso, también decimos que existen dos discernimientos que hacer:

1) Algunas veces la persona aun no es sólida en su fe, en ser capaz de trabajar para el Creador, así que Él le recompensará, ya que de forma inconsciente carece de la fe para ser capaz de hacer buenos actos. Sin embargo, trabaja por sus amigos, ya que no desea ser despreciado por

ellos. No es el Creador quien lo obliga hacer buenos actos, sino la vergüenza ante sus amigos si no lo hace.

Obviamente la persona piensa que uno debe pensar que la bajeza más grande, es que los amigos le obliguen y no el Creador. Sin embargo, esto tampoco debería ser menospreciado. Por tales actos, también una persona debe estar agradecida al Creador –pues el Creador dio a los amigos el poder de hacerle actuar como ellos desean. Esto se considera como que el Creador está supervisándolo en ocultación. En otras palabras, el Creador se esconde en las vestimentas de los amigos, quienes lo obligan a hacer buenas acciones.

Aquí deberíamos interpretar lo dicho por nuestros sabios (*Avot*, capítulo 3,20): "Y ellos recogen de una persona de manera consciente e inconsciente". "Conscientemente" significa que una persona, de manera consciente, desea cumplir la *Torá* y las *Mitzvot*. En otras palabras, dice que el hecho de que haga buenos actos, es porque eso va de acuerdo al punto de vista del Creador. En otras palabras, el Creador es quien le obliga. "Y ellos recogen de él de manera inconsciente" significa que una persona hace buenos actos sin saber que está cumpliendo la *Torá* y las *Mitzvot* del Creador, ya que piensa que está cumpliendo la *Torá* y las *Mitzvot* por los amigos, es decir, que son ellos quienes le hacen comprometerse.

Esto es considerado que sin el conocimiento de uno, se está cumpliendo la voluntad del Creador, aunque piensa que está cumpliendo la voluntad de los amigos. Y si él así lo cree –que inconscientemente está haciendo la voluntad del Creador– es decir, que si él sabría que no puede realizar Su voluntad porque piensa que está cumpliendo sólo la voluntad de los amigos, esto se llama "ocultación del Rostro". En otras palabras, el Creador se oculta a Sí mismo en la vestimenta de los amigos, y de esta forma, él hace la voluntad del Creador.

2) Si él da las gracias al Creador por ayudarle a través de la ocultación –es decir, que ahora tiene la elección de decir que está trabajando a causa de los amigos y no tiene contacto con el Creador, o que cree que el Creador se escondió a Sí mismo en la vestimenta de los amigos, y mediante ello cumple la *Torá* y las *Mitzvot*. Si elige y dice que sólo el Creador lo ayudó a ser capaz de hacer buenos actos al vestirse Él en una vestimenta de amigos, y da las gracias al Creador por eso– esto le aporta un gran ascenso: **ser recompensado con la revelación del Rostro del Creador.** En otras palabras, el Creador le da un pensamiento y un deseo de hacer la voluntad del Creador, pues ahora tiene alguna

iluminación desde lo alto para ir por encima de la razón. Por eso el Creador le ayudó, para que a través del *Ajoraim* (posterior), más tarde sea recompensado con el *Panim* (anterior/rostro) del Creador. Significa que ha sido recompensado con ser recogidos sus actos conscientemente.

Por tanto, resulta que la *Mezuzá* es cumplir, lo cual es la derecha, llamada *Jasadim* (misericordia/gracia), en el momento en el que uno está en un estado de otorgamiento con el fin de otorgar. Esto se considera la "corrección de la creación". Pero *Januká* y *Púrim*, dice el *ARÍ*, son considerados *Hod*, lo cual es la izquierda. Esto implica al propósito de la creación, que requiere de la corrección para ser capaz de recibir deleite y placer de una manera corregida, implicada en la abundancia llamada *Jojmá*. Por eso *Januká* está a la izquierda, para indicar a la Luz de *Jojmá*.

Sin embargo, en *Januká* hubo el estado de *Janu Ko* (estacionado hasta ahora) que significa, como *Baal HaSulam* explicó, que allí hubo solo una pausa, y no el final de la guerra. En otras palabras, la luz del sol, llamada "izquierda", estaba brillando, pero carecían de la vestimenta para conservar la *Jojmá* que viene en vasijas de la recepción, puesto que hay una adherencia al *Sitra Ajra* en las vasijas de recepción y allí había Luz de *Jasadim*, llamada "derecha".

Por eso el milagro se hizo sólo sobre la espiritualidad. Significa que la Luz del propósito de la creación estaba brillando, pero no la pudieron usar por falta de vestimenta de *Jasadim*, ya que está prohibido usarla. Este discernimiento es llamado "espiritualidad", cuando aun no se ha materializado y entonces puede ser usada. Por eso está escrito que está prohibido usar las velas de *Januká* sino sólo verlas, por falta de las vestimentas.

Pero en *Púrim*, tenían la vestimenta llamada *Jasadim*, como está escrito (*Talmud Eser Sfirot*, al final de la parte 15): "En consecuencia, como eso fue materializándola materia ya ha sido materializada, es decir, que podían usar la Luz de *Jojmá* con el fin de otorgar, en *Púrim* hay una fiesta y alegría"

¿Qué significa que la *Torá* se llame "línea media", en el trabajo?
Artículo N° 19, 1989-90

Está escrito en *El Zóhar* (*Yitró*, 76; Comentario *Sulam*, Punto 293): "El *Taná Rabí Yehuda* dice: 'La *Torá* fue entregada en el lado de *Gvurá*. *Rabí Yosi* dice: 'Entonces, la *Torá* está en la izquierda'. Él le dijo: 'Ella regresó a la derecha, como está escrito: 'En su mano derecha, una ley de fuego sobre ellos'. Y está escrito: 'Tu mano derecha, Oh Señor, gloriosa en poder'". Así, encontramos que la izquierda está incluida en la derecha, como está escrito: 'Sobre su mano derecha fuego', y la derecha en la izquierda, como está escrito: 'Tu mano derecha, Oh Señor, gloriosa en poder'. Así pues, *Gvurá*, que es la izquierda, está incluida en la derecha". Resulta que la *Torá* es la línea media, es decir, que incluye ambas líneas –derecha e izquierda.

También está escrito (Comentario *Sulam*, pág. 62, Punto 235): "En el tercer mes, en este mes, el ángel *Uriel* gobierna, ya que *Nissan*, *Iyar*, *Siván* corresponde a *JaGaT* –*Mijael* gobierna *Jésed*, *Gabriel* en *Gvurá*, y *Uriel* en *Tiféret*. Y este es el significado de "Un hombre completo (o inocente)", quien es llamado *Jacob*, quien es *Tiféret*. Además, "Completo" se deriva de la palabra "perfección".

Y está escrito (Punto 242): "Y fue entregado en el tercer mes, a la tercera persona, que estaba incluida en tres grados, es decir, los tres patriarcas, la triple *Torá*, que es la *Torá* (Pentateuco), Profetas, y los escritos y todo es uno". Así, la *Torá* es considerada la línea media.

También está escrito (Comentario *Sulam*, pág. 76, Punto 296): "'Y el pueblo entero vio las voces'. Pregunta, la escritura dice 'Vio', pero debió haber dicho 'Escuchó'. Él responde: 'Así aprendimos. Esas voces fueron grabadas en la oscuridad, en la nube, y en la niebla, y aparecen en ellos como aparece el cuerpo'".

Debemos entender qué significa para nosotros en el trabajo que la *Torá* consiste en derecha e izquierda. Además, ¿qué significa que la *Torá* fue entregada al tercero, que es *Jacob*, un hombre perfecto, quien es llamado "Perfección"? Además, ¿qué significa que fueron grabadas en la oscuridad, la nube, y la niebla, lo cual es el cuerpo, donde las voces están grabadas?

Se sabe que en el orden del trabajo, primero uno debe tomar sobre sí mismo el yugo del reino de los cielos, y luego se debe estudiar la *Torá*.

Esto es así porque si no se tiene el ese yugo, debemos preguntar: "¿De quién es la *Torá* que él está estudiando?" porque primero, **uno debe creer en el otorgador de la Torá, y entonces puede observar la** *Torá*. Así, el reino de los cielos es llamado *Asiyá* (acción), que él acepta ir por encima de la razón.

En otras palabras, aunque la razón de uno puede cuestionar con muchas preguntas, él las responde: "Tú me estás haciendo preguntas desde la razón, y yo estoy yendo por encima de la razón, desde un lugar donde la razón no puede llegar, alcanzar, o entender, lo que se llama 'fe'. Así, no hay lugar para todas las preguntas que me estás haciendo".

Esto se llama "derecha", que él cree que el Creador vigila el mundo con benevolencia. Y aunque cuando mira el mundo tiene muchas preguntas, él va por encima de la razón y dice: "Ellos tienen ojos y no ven". En cambio, él da las gracias y alaba al Rey por dar a todos sólo el bien. Esto se llama "derecha", *Jésed*, es decir, que la guía del mundo está en *Jésed* (gracia/misericordia). Es decir, el Creador conduce al mundo sólo con *Jasadim*. Y él dice acerca de ello: "Yo Te bendeciré cada día".

Sin embargo, si hay una inclinación (*Yétzer*) al mal en una persona, *Baal HaSulam* lo interpretó como que venía de la palabra dibujo (*Tziur*). En otras palabras, muestra a una persona malas imágenes de la guía del Creador, de cómo el Creador se está comportando con el mundo. También proporciona una imagen de inferioridad del trabajo en general, lo que se llama "Divinidad en el polvo". Así, ¿cómo puede uno superarlo y caminar sobre la derecha, llamada "perfección", y ser capaz de decir: "Sólo bondad y misericordia me perseguirán todos los días de mi vida"?

Nuestros sabios dijeron acerca de eso: "El Creador dijo: 'Yo he creado la inclinación al mal, Yo he creado el condimento de la *Torá*'". De esto se deduce que la *Torá* de la cual ahora se ocupa es para que sea un condimento (un agregado), es decir, que **a través de la** *Torá*, **será capaz de superar el mal y caminar por el camino de Jésed, llamado "derecha"**. A ese respecto, puede decirse que la *Torá* fue entregada en la derecha, llamada como la acción. En otras palabras, califica a una persona para caminar en el camino de la derecha. Esto se denomina "el primer discernimiento de la *Torá*", donde la derecha se llama "perfección", cuando no siente ninguna carencia en absoluto.

El "segundo discernimiento" en la *Torá* es la izquierda, llamada *Jojmá* (sabiduría). Este se considera la sabiduría de la *Torá*. En otras palabras, una vez que ya tiene la derecha, la cual es *Jésed,* es decir, fe por encima de la razón, y él cree en el Creador –que el Creador dirige al mundo con benevolencia– es recompensado con *el otorgante de la Torá*, llamado "la sabiduría de la *Torá*", como está escrito: "La *Torá* emerge de la sabiduría".

En otras palabras, una vez que él cree que hay un otorgante de la *Torá*, este es el momento de ser recompensado con la *Torá*. Se sabe que la *Torá* sale de *Jojmá*, y este discernimiento puede ser llamado "izquierda", es decir, que viene después de que una persona ha sido recompensada con la derecha, que es la fe por encima de la razón, lo que se llama "*Jasadim* encubiertos".

Sin embargo, al hablar de un momento en donde hay ya una *Jojmá* revelada, llamado "izquierda", hay otra cuestión, llamada "línea media", que significa que *Jojmá* debe ser vestida en *Jasadim*. Antes de eso, hay una gran distancia entre *Jasadim*, que son llamados "derecha", y *Jojmá*, considerada como "izquierda".

Es como nuestros sabios dijeron: "Uno que estudia *Torá Lishmá* (en beneficio de *la Torá*)", significa que está estudiando la *Torá* con el objetivo de ser recompensado con *Lishmá* a través de la *Torá*, que su intención en la *Torá* que está estudiando es lograr el grado de *Jésed*, es decir, tener el poder de hacer todo con el fin de otorgar, lo cual es llamado *Jésed*. Es como nuestros sabios dijeron: "¿Quién es un *Jasid* (persona llena de gracia)? Aquel que dice: 'Lo que es mío es tuyo y lo que es tuyo es tuyo', quien no quiere nada para sí mismo". Más adelante, cuando es recompensado con *Jésed* a través de la *Torá*, "Se le revelan los secretos de la *Torá*" (*Avot*, capítulo 6,1).

Esto ya se llama "izquierda". En ese momento, esta izquierda debe ser incluida en la derecha. Significa que la Luz de *Jojmá*, que es la izquierda, está vestida en *Jasadim*, que es derecha, y esto se llama *Torá*, la línea media, entre la derecha y la izquierda. Por eso se considera que la *Torá* consta de *Jésed* y *Gvurá*.

Se deduce que el primer estado es cuando él quiere alcanzar el grado de *Lishmá*, es decir, con el fin de otorgar. Esto se considera que una persona está en el exilio, gobernada por la inclinación al mal. En ese momento necesita la *Torá*. Esto se denomina "estudiar la *Torá* para lograr *Lishmá*", es decir, que él cree en lo que nuestros sabios dijeron: "Yo he creado la inclinación al mal, Yo he creado el condimento de la *Torá*". Se llama "*Torá* en la forma de la derecha", es decir, *Jésed*, con el fin de otorgar.

Y cuando ya ha alcanzado el grado de *Lishmá*, llega un segundo estado en el cual él es recompensado con la revelación de los secretos de la *Torá*.

Así, después de haber sido recompensado con el otorgante, es decir, que hay un otorgante en el mundo, llega un estado donde el otorgante entrega la *Torá* a la persona.

Pero hay más. Él necesita un tercer estado, llamado "*Jojmá* teniendo que ser incluido en la derecha", que es llamado *Jasadim*. Esto es así porque la *Torá* emerge de *Jojmá*, lo cual significa que la *Torá* se extiende de *Jojmá* y debe vestirse en la Luz de *Jasadim*. Además, *Jasadim* son llamadas "acción", y la *Torá* es llamada "*Jojmá*". La *Torá* de uno no debe ser más que las acciones de uno. Nuestros sabios dijeron acerca de ello (*Avot*, Capítulo 3,12): "Cualquiera cuya *Jojmá* (sabiduría) es mayor que sus acciones, su *Jojmá* no persiste". Además se concluye que la *Torá*, que es llamada *Jojmá*, brilla en la línea media. Esto se considera que la *Torá* consta de *Jésed* y *Gvurá*, o sea que ella contiene a ambas.

Hay dos discernimientos que hacer con respecto a uno que está estudiando *Torá Lishmá*:

1) Él ve que no puede hacer cosas por el bien del Creador. En cambio, ve que está bajo el gobierno de la inclinación al mal, la cual afirma: "Ella es toda mía". No le permite hacer nada con el fin de otorgar. Por el contrario, sólo puede trabajar donde ve que habrá satisfacción para uno mismo. Pero si no ve ningún beneficio para su voluntad de recibir, no tiene energía para trabajar. Expresado de manera diferente, el mide todo según lo que su voluntad de recibir obtendrá.

Y cuando una persona intenta salir del dominio de su deseo de recibir, como está escrito en el ensayo "¿Qué significa que hablar del *Shabat* no será como hablar de un día corriente, en el trabajo?" (*BeShalaj*, Artículo Nº 18, 1989-90): "En el grado en el que uno intenta salir de su esclavitud y exilio, ve que está situado en la oscuridad, en la nube, y en la niebla".

En ese estado, ve lo opuesto de lo que nuestros sabios dijeron: "Yo he creado la inclinación al mal, y He creado el condimento de la *Torá*". En otras palabras, el mal en él se ha hecho demasiado fuerte; es decir, él nunca soñó que si comenzaba a trabajar, a esforzarse, y a hacer buenas obras con el objetivo de lograr *Lishmá*, ahora vería lo opuesto; nunca pensó que iba a caer en tal estado de bajeza.

Realmente, esto le llegó desde el discernimiento: "Porque he endurecido su corazón". Y aunque la razón de que ahora esté en ese estado de bajeza viene desde arriba, en la sensación del inferior, quien se siente en la oscuridad, donde nada brilla para él, está probando el sabor del exilio, incluso cuando este proviene de arriba.

Con lo dicho antes, podemos interpretar lo que preguntamos: ¿Qué significa lo que *El Zóhar* dice: "Esas voces fueron grabadas en la oscuridad, en la nube, y en la niebla, y aparecen en ellos"? Debemos interpretar que "Esas voces" son la voz de la *Torá*, que viene para dar fuerza de manera que uno pueda actuar con el fin de otorgar. Esto se llama "el segundo discernimiento de *Lishmá*", es decir, "oscuridad, nube y niebla", que es la necesidad y el *Kli* (vasija) para obtener la voz de la *Torá*.

De arriba llegan dos discernimientos que se llaman *Lishmá*:

1) el *Kli*, es decir, la oscuridad. Esta es la necesidad –cuando ya no puede tolerar la oscuridad.

2) La Luz, es decir, la fuerza. Esta es la voz de la *Torá*, que le da la fortaleza para obtener la intención de otorgar, la cual es la Luz que lo reforma. Esto es "Yo he creado la inclinación al mal, Yo he creado el condimento de la *Torá*". En otras palabras, la voz de la *Torá* "condimenta" la inclinación al mal con la habilidad de poder tener la intención de *Lishmá*.

Por eso está escrito: "Esas voces fueron grabadas en la oscuridad, en la nube, y en la niebla, y aparecen en ellas como aparecen en un cuerpo". Significa que si ellos previamente tenían *Kelim en todo*, que son denominados "oscuridad" y "un lugar de carencia", entonces la voz de la *Torá* puede entrar en la oscuridad e iluminarla.

Pero cuando no hay ningún lugar oscuro, es decir, cuando aun no siente la carencia de no ser capaz de hacer nada con el fin de otorgar, no puede decirse que la Luz viene e ilumina, ya que la Luz no tiene por dónde ingresar. Esto pertenece al discernimiento de la derecha, a *Jésed*. Es decir, él ya ha obtenido las vasijas de otorgamiento, ya que *Jésed* se llama "otorgamiento", cuando actúa con gracia hacia otros. En cuanto a eso, él ya ha completado los *Kelim*. (vasijas)

Más adelante comienza el tercer discernimiento, cuando él es recompensado con los secretos de la *Torá*, llamado "izquierda". Como esta Luz viene en vasijas de recepción, debe ser ciertamente con el fin de otorgar. Pero aun cuando ya ha sido recompensado con ser un receptor con el fin de otorgar, todavía se considera izquierda, ya que aquí falta la corrección de vestir *Jojmá* en *Jasadim*. De otra manera, sería: "Su *Jojmá* es más grande que sus acciones".

Aquí comienza el asunto de la línea media, donde *Jojmá* está vestida en *Jasadim*. Es decir, la izquierda, llamada "vasijas de recepción que reciben *Jojmá*", serán vestidas en *Jasadim*. Este es el significado de lo que está escrito: "La *Torá* viene de la derecha, que es *Jésed*, y se dirige a la izquierda, que es *Gvurá*. Esto se llama 'revelación de *Jojmá*'".

Sin embargo, la derecha debe estar incluida con la izquierda, y la izquierda con la derecha. Esto se considera que la *Torá* se llama "media", es decir, que consiste en *Jojmá* y acciones, como dijimos que su *Jojmá* no debe ser más que sus obras.

Baal HaSulam explicó el verso: "Y todo el pueblo vio las voces". Se sabe que "voz" significa *Jésed*, que se deriva de "escuchar", que es llamado *Biná*. "Ver" es llamado *Jojmá*, como está escrito: "Los ojos de la congregación son los sabios de la congregación". Además, la *Jojmá* que brilla en las vasijas de recepción precisa de cuidados para no recibirla con la intención de recibir. Entonces, la vestimenta de *Jasadim* debe ser extendida hacia esta, llamada "voz" y "escuchar".

Por lo tanto, las palabras: "Y el pueblo entero vio las voces" significa que vieron que recibieron la Luz de *Jojmá* cuando está vestida en una voz, en *Jésed*. Por eso está escrito que vieron la *Jojmá* cuando estaba vestida en voces, es decir, en *Jasadim*. Esto se llama "línea media", que incluye *Jojmá* y *Jasadim*.

Con lo dicho antes entenderemos lo que preguntamos: "¿Qué significa lo que dice sobre que la *Torá* fue entregada al tercero, que es *Tiféret*, que es el significado de 'Un hombre completo (o inocente)'?", *Jacob*, que es *Tiféret*, y completo significa perfección. Preguntamos: "¿Qué es perfección, para que *Jacob* se llame 'Un hombre perfecto'?"

La respuesta es que la *Torá* es la línea media, y *Jacob* es la línea media, incluyendo derecha e izquierda; así pues, hay perfección. En otras palabras, incluye *Jojmá* y *Jasadim*. En el trabajo, significa que una persona debe contar con acciones –llamadas *Jasadim*– y con *Jojmá*, ya que está prohibido para su *Jojmá* ser mayor que sus obras.

Sin embargo, uno debe creer que "no existe nadie más aparte de Él", que el Creador lo hace todo. En otras palabras, como dijo *Baal HaSulam*, ante cada acto, uno debe decir que al hombre se le dio sólo la elección, ya que: "Si no soy yo por mí, ¿quién está por mí?" Así pues, todo depende de la propia elección. Sin embargo, después del acto, uno debe decir que todo es Providencia privada, y que uno no hace nada por sí mismo.

Acerca de eso debemos interpretar, como escribe el *ARÍ* (*Talmud Eser HaSfirot*, Parte 13, pág. 1367, punto 152): "Existe el asunto de *Searot* (cabellos), que cubren la Luz, de manera que no disfruten de la Luz mientras sean indignos, ya que pueden dañarla". El asunto es que debemos creer que el Creador nos dio un deseo y anhelo por hacer buenas obras. Y mientras uno sea indigno, no debe sentir que el Creador lo obliga a hacer buenas obras. Por esta razón, el Creador se oculta tras vestimentas, las cuales se llaman *Lo Lishmá* (no en nombre de la *Torá*). En otras palabras, a veces el Creador se oculta en una vestimenta de amigos.

Por ejemplo, hay una situación donde una persona no quiere levantarse y estudiar antes del alba. Así que el Creador se oculta en una vestimenta de amigos y así él sale de la cama, incluso si está cansado, ya que un pensamiento vino a su mente sobre que no es agradable para los amigos que ellos vayan a estudiar y él no.

Esto es porque entonces todos verán su bajeza. Entonces, se levanta y va al seminario y estudia. Se concluye que no tiene la fuerza para salir de la cama por el mandamiento del Creador, así que el Creador no lo fuerza a ir a estudiar, ya que si esta fuera la razón, estaría acostado en la cama. Pero los amigos sí lo obligan.

Y semejante a este ejemplo son todo el resto de cosas, cuando una persona actúa en *Lo Lishmá*, aun cuando hay muchos grados en *Lo Lishmá*. Pero hablaremos de este ejemplo. Aquí debemos ver a una persona que está yendo a estudiar y a observar las *Mitzvot* (preceptos) no porque el Creador lo compromete. En otras palabras, si fuera por orden del Creador, no tendría la fuerza para superar al cuerpo y obligarlo a hacer buenas obras. Sin embargo, a causa de las personas, él sí tiene la fuerza para hacer buenas obras. Así pues, vemos qué importancia puede haber para este *Lo Lishmá* en particular.

Y aun así, uno debe creer lo que se dijo arriba, que "no existe nadie más aparte de Él", es decir, que es el Creador quien le obliga a hacer buenas obras, pero como él aun es indigno de saber que es el Creador el que le obliga, el Creador se viste a Sí mismo en ropas de carne y hueso. A través de ellas, el Creador lleva a cabo esas acciones. Así, el Creador actúa en la forma de *Ajoraim* (posterior).

En otras palabras, la persona ve los rostros de la gente pero debe creer que detrás de los rostros está el Creador, quien lleva a cabo esas acciones. En otras palabras, detrás del hombre está el Creador y lo obliga a hacer las obras que el Creador desea. De esto se deduce que el Creador lo hace todo, pero la persona considera lo que ve, y no lo que debe creer. Por esta razón, una persona dice que está haciendo las obras en *Lo Lishmá*, como en el ejemplo de los amigos que lo comprometen.

Además, no tienen por qué ser los amigos. Es más, cada uno tiene una apariencia externa propia, adecuada a esa persona. En consecuencia, después del hecho, por ejemplo, cuando uno viene a estudiar, que fue porque los amigos lo comprometieron a venir, dice: "El Creador fue la razón por la que fue a estudiar, pero sólo Se vistió en un ropaje de amigos". Así pues, ahora él le da las gracias al Creador por ser la razón.

De esto se deduce que una persona hizo la obra en *Lo Lishmá*, cuando el Creador no era la razón que lo obligaba a llevar a cabo la *Mitzvá* (mandamiento), sino que actuó porque, por ejemplo, los amigos se lo ordenaron y tuvo que obedecer. Uno debe creer que hizo esto porque el Creador le ordenó observar la *Mitzvá* y tuvo que cumplir lo que se le ordenó hacer. Sin embargo, el Creador se ocultó en una vestimenta de *Lo Lishmá*, como la de los amigos, de manera que a través de esta vestimenta pensara que debe obedecer la voz de dicho *Lo Lishmá*.

Pero en verdad, uno debe creer que todo fue obra del Creador. Así, tras llevar a cabo la *Mitzvá*, él debe decir que fue el Creador que actuó detrás de una vestimenta de *Lo Lishmá*. Se concluye que entonces uno debe dar gracias al Creador por darle el deseo de observar Sus mandamientos a través de esta vestimenta.

Con lo antes dicho podemos entender la gran importancia de *Lo Lishmá*. Es decir, no es como uno piensa –que él lo hace todo por *Lo Lishmá*. Sino que, él lo está haciendo todo porque el Creador se lo ordenó, excepto que aun **no fue recompensado con la sensación de que el Creador es, en realidad, el que lo ordena**. Por esta razón, una persona piensa que *Lo Lishmá* es la que manda, y entonces el acto no es tan importante ante sus ojos.

Sin embargo, si él creería que "no existe nadie más aparte de Él", como se escribió en artículos previos de esta porción, entonces, en realidad, estaría observando los mandamientos del Creador y debe apreciar sus acciones en *Lo Lishmá*. Y lo que una persona imagina, que sólo está observando un acto en *Lo Lishmá*, es sólo porque aun no ha sido recompensado con la sensación de que está cumpliendo el mandamiento del Rey y que está sirviendo al Rey.

Entonces, si él cree que *Lo Lishmá* es en realidad el Creador comprometiéndolo a dedicarse a la *Torá* y las *Mitzvot*, entonces puede dar muchas gracias al Creador por vestirse en un ropaje de *Lo Lishmá*. Y a partir de ahí, uno puede llegar a apreciar la importancia de la *Torá* y las *Mitzvot* incluso en *Lo Lishmá*. Nuestros sabios dijeron acerca de ello: "Y ellos recogen de una persona de manera consciente", es decir, *Lishmá*, y "De manera inconsciente", o sea, *Lo Lishmá*.

Este es el significado de lo que está escrito, que las *Searot* (cabellos), es decir, *Lo Lishmá,* cubren la Luz, para que ellos no sean alimentados con la Luz mientras no sean adecuados para esta. En otras palabras, las *Searot* son una vestimenta, y bajo esa vestimenta, la Luz permanece e ilumina. Pero mientras tanto, la Luz está cubierta.

¿Qué significa que no hay bendición sobre aquello que se cuenta, en el trabajo?
Artículo N° 31, 1989-90

Está escrito en *El Zóhar* (*BaMidbar*, pág. 4; Cometario *Sulam*, Punto 13): "Ven y ve, ellos dijeron que no hay bendición de arriba sobre algo que se cuenta. Pero deberías decir: '¿Cómo fue contado *Israel*? ¿Cómo les quitaron el rescate?' Primero, bendecirían a *Israel*, luego cuentan el rescate, y entonces bendicen a *Israel* otra vez. Así, *Israel* fue bendecido al principio y al final, y no había muerte entre ellos. Él pregunta: '¿Por qué hay muerte ahí a causa del recuento?' Él responde: 'Es porque no hay bendición en el recuento, y cuando la bendición se va, la *Sitra Ajra* está sobre él'". Hasta aquí sus palabras.

RaShI aporta la razón por la que Él cuenta a *Israel*. Dice: "Por su apego a ellos, Él los cuenta cada hora". Significa que *RaShI* desea explicar que si ellos dicen que hay peligro en algo que es contado, o sea que puede haber muerte ahí, ¿por qué el Creador contó a *Israel* y los situó en un lugar de peligro? Por eso *RaShI* explica: "Por apego a ellos, Él los cuenta cada hora, a pesar del peligro en ello. Pero por el amor que Él le tiene a *Israel*, y por Su deseo de conocer su número, Él dijo que contaría a *Israel*".

Aparentemente, es difícil entender el significado, lo que quiere decir que como el Creador quiere conocer su número, Él dijo que necesitaban ser contados a través de una corrección de manera que no haya desperfectos entre ellos, así que Él los contará a través de un rescate. Debemos entender cómo es posible decir que porque el Creador desea conocer su número, necesitan ser contados y dar la cantidad a *Israel*, sólo entonces el Creador lo sabe, porque de otra manera Él no conoce el número de los hijos de *Israel* por adelantado sino que necesita que los creados Le informen. ¿Puede ser esto posible? Además, debemos entender qué es una bendición en el trabajo, qué es un conteo en el trabajo, y por qué cuando no hay bendición en el recuento eso causa la muerte. Y también debemos entender por qué no puede haber bendición en algo que es contado.

Se sabe que hay dos asuntos en el trabajo del Creador:

1) el propósito de la creación;

2) la corrección de la creación.

El propósito de la creación significa que los creados reciban deleite y placer, como está escrito: "Su voluntad de hacer bien a Sus creaciones". La corrección de la creación es para que las criaturas anden por el camino del Creador, es decir, igualdad de forma –así como el Creador otorga a Sus creaciones, los creados también deben otorgarle al Creador. De otra manera, hay disparidad de forma, y en la espiritualidad, la disparidad de forma causa separación, es decir, separación de la Vida de Vidas.

Está escrito acerca de ello en *El Zóhar* (presentado en el *Talmud Eser Sfirot*, pág. 19, Punto 17): "Por lo tanto, los malvados, en sus vidas son llamados 'muertos', ya que por la disparidad de forma –estar completamente en el polo opuesto a su raíz, donde no tienen nada bajo la forma de otorgamiento– están separados de Él y, de hecho, mueren". Sin embargo, ya se dijo sobre ellos en *El Zóhar*: "'Toda la gracia que hacen, la hacen para sí mismos', es decir, que su objetivo es principalmente para su propio beneficio y gloria".

En otras palabras, lo que atribuimos al Creador, es decir, todo lo que el Creador hace, es en un estado de perfección. Significa que el Creador desea que los creados reciban deleite y placer, entonces Él creó en ellos un deseo de recibir y un gran anhelo por los placeres. Mediante eso, Él se aseguró de que querrán recibir placer. Pero la corrección de la creación, el *Kli* y el deseo que los creados deben obtener –que es el deseo con el cual serán capaces de recibir deleite y placer– este se llama "la voluntad de otorgar". La obtención del mismo sucede gradualmente porque el inferior no tiene la fuerza para ir en contra de la voluntad del superior –la voluntad de recibir para uno mismo, la cual creó el Creador.

Así, vemos que hay dos tipos de *Kelim* (vasijas):

1) Vasijas de recepción. Sin embargo, una corrección se hace sobre ellos, es decir, que sobre las vasijas de recepción existe la intención opuesta a la del *Kli*. En otras palabras, una persona en realidad está recibiendo, pero en la intención, él ahora está otorgando. De esto se deduce que **la intención es diametralmente opuesta al acto**, y la Luz que

es recibida en esos *Kelim* ahora es llamada "recibir con el fin de otorgar".

El nombre de esta Luz es *Jojmá* (sabiduría), y es la Luz del propósito de la creación. Algunas veces también es referido como "mitigación de los *Dinim* (juicios)". Es decir, había *Dinim* en la vasija de recepción, es decir, que había un *Din* (juicio) que está prohibido usar este *Kli* porque crea disparidad de forma y separación, y ahora ha sido mitigado. ¿Y qué es la mitigación? Es colocar en el *Kli* la intención llamada "con el fin de otorgar".

Significa que antes de que uno tenga la intención de otorgar por sobre la voluntad de recibir, ese deseo le causó amargura. Cualquier cosa espiritual que quería tocar sabía amarga porque había ocultación y restricción sobre la voluntad de recibir para sí mismo, así que era imposible probar un buen sabor en la espiritualidad. En otras palabras, cualquier cosa sagrada se sentía remota, inaccesible e imposible de disfrutar para la voluntad de recibir. Esto se llama "amargo".

Sin embargo, si coloca la intención de otorgar por sobre este deseo, él ve y siente que hay dulzura en todo lo que sea santidad. Pero en asuntos que no pertenecen a la santidad, debe alejarse de éstos, es decir, que no puede tolerarlos.

De esto se deduce que después de corregirse a sí mismo de manera que ahora puede aspirar a "con el fin de otorgar", debemos distinguir aquí una Luz y un *Kli*, que consta de *Aviut* (grosor) y *Masaj* (pantalla). El grosor es llamado juicios, donde hay restricción y ocultación, y la Luz no brilla ahí. Por eso el grosor se llama "oscuridad".

En otras palabras, querer recibir para sí mismo se llama *Av* (grueso), y querer otorgar se llama *Zaj* (puro, limpio, inmaculado). Más adelante, cuando sitúa la voluntad de otorgar sobre este grosor, el juicio es mitigado y lo que previamente era oscuro se convierte en un lugar donde la Luz brilla en el *Kli*. Esto se llama "mitigación de los Juicios".

2) También debemos observar que hay vasijas de otorgamiento en una persona, cosas que una persona da a su amigo para que este disfrute. El dar, en sí mismo, es llamado "otorgamiento". Un hombre que es puro, es uno que trata de hacer felices a las personas, hacerlas sentir bien. Sobre esos *Kelim*, no puede decirse que hay Juicio en esas acciones, es decir, que hay un juicio que prohíba usar *Kelim* que desean otorgar.

Sin embargo, aquí también hay una cuestión de intención, o sea, si él es sincero. Es decir, cuando da, ¿es su objetivo que otros lo disfruten sin una preocupación por sí mismo, porque sólo se preocupa por los demás?

Este discernimiento se llama "otorgar con el fin de otorgar", cuando tanto el acto como la intención son con el fin de otorgar.

Algunas veces, todo lo que hace es por el bien de otros, pero el objetivo es obtener respeto u otras cosas similares. Es como *El Zóhar* escribe acerca de los malvados: "Todo el bien que hacen, lo hacen para sí mismos". Y aquí no hay Juicio por parte del *Kli*, es decir, ninguna deficiencia. En otras palabras, en términos del acto, no hay nada que corregir.

Sin embargo, en la intención necesita haber una corrección. Es decir, desde esta perspectiva, no hay diferencia si el acto es de otorgamiento o de es recepción. Ambas acciones necesitan correcciones –que la intención, también sea con el fin de otorgar.

Esto es así porque el trabajo es principalmente en el corazón. Es decir, una persona debe llegar al grado del amor al Creador, como está escrito: "Y amarás al Señor tu Dios con todo tu corazón y con toda tu alma". **Todo lo que hacemos en la *Torá* y las *Mitzvot* (preceptos) es para corregir el corazón**. Está escrito acerca de eso (*Introducción al libro Panim Meirot*, Punto 10): "Ven y ve las palabras del sabio, *Rabí Even Ezra*... 'Sabed que todas las *Mitzvot* que están escritas en la *Torá* o las convenciones que los patriarcas han establecido... son todas para corregir el corazón: 'Porque el Señor demanda todos los corazones'".

Con lo dicho arriba, podemos discernir de forma general que los dos asuntos son el propósito de la creación, hacer el bien a Sus creaciones, esta Luz es llamada *Jojmá*. Y "ver" significa que él ve lo que tiene en su mano, es decir, que ya puede contar cuánto ha obtenido, ya que el propósito de la creación es hacer el bien, y entonces uno debe sentir y alcanzar lo que tiene en su mano.

Por ejemplo, digamos que hay dos hermanos, uno de los cuales, es rico, y vive en los Estados Unidos, y el otro es pobre y vive en Israel. El hermano rico deposita un millón de dólares en el banco a nombre del hermano más pobre. Sin embargo, no se lo hizo saber al hermano más pobre, y el banco no le informó al hermano más pobre que tiene dinero a su nombre. Así que este hermano permanece pobre porque no lo sabe.

Es lo mismo aquí, con el propósito de la creación de hacer el bien a Sus creaciones. Si no conocen y no sienten el deleite y el placer, ¿qué clase de beneficio es éste? Por eso esta Luz es llamada *Jojmá* (sabiduría) y "ver", y es llamada "Luz de *Panim*" (rostro, anterior), como en "La sabiduría de un hombre iluminará su rostro".

En el trabajo, esto se llama "algo que es contado", es decir, algo que es recibido en las vasijas de recepción. Significa que si lo recibe, verá lo que ha recibido y contará lo que tiene.

También es llamado "un obsequio". Habitualmente, cuando alguien le da un regalo a su amigo, quiere que su amigo cuente y aprecie el valor del presente, por la simple razón de que da el presente a su amigo porque quiere mostrar su amor por él. De acuerdo al valor del obsequio, una persona puede apreciar la medida del amor. De esto se deduce que si uno no observa el regalo, para ver su importancia, está dañando la medida del amor.

De esto se deduce que cuando una persona recibe un regalo, si no ve o no trata de ver la importancia del regalo, está dañando la medida del amor que el que da, quiere mostrar mediante el presente. Por ejemplo, nuestros sabios dijeron: "Cómprate un amigo". Y esa persona quiere comprar a su amigo al enviarle regalos. Si el receptor no ve y aprecia la grandeza e importancia del regalo, ¿cómo puede llegar a un estado de "cómprate un amigo"? Por consiguiente, en el obsequio, uno debe contar y medir lo que ha recibido de su amigo.

Por lo tanto, si las criaturas no pueden contar y medir lo que el Creador les dio, entonces el propósito que las criaturas alcancen que "Él hizo la creación con el fin de hacer el bien a Sus creados" no se concretará.

Esto es llamado "Luz de *Jojmá*", y esta Luz es recibida en las vasijas de recepción. Sin embargo, uno también debe usarla con la corrección que fue colocada en las vasijas de recepción, llamado "recibir con el fin de otorgar" Significa que uno debe poner la intención de otorgar por sobre las vasijas de recepción. Y si él no coloca la intención de otorgar, queda separado de la Vida de Vidas, ya que la disparidad de forma causa separación. Así, al llegar a ser un receptor, esto le causa la muerte espiritual, como ya se dijo: "Los malvados, en sus vidas son llamados 'muertos'".

Sin embargo, la Luz que es recibida en las vasijas de otorgamiento se llama "Luz de *Jasadim* (gracia)". *Jésed* (misericordia/gracia) significa que está dando, como una persona que lleva a cabo un acto caridad hacia su amigo. Esto se llama "*Jasadim* encubiertos", es decir, que en *Jasadim* –lo que él recibe en vasijas de otorgamiento, es decir, lo que da– la Luz tiene el mismo valor que el *Kli*.

En otras palabras, se sabe que hay dos discernimientos, la caridad y el regalo. Con un regalo, explicamos anteriormente que una persona debe ver lo que recibió y no simplemente que recibió un regalo de su amigo. Si una persona dice: "No importa lo que me dio", está dañando el regalo.

De este modo, el propósito por el cual le envió el presente no se lleva a cabo. El mismo tenía como propósito comprar un amigo, como dijimos anteriormente: "Cómprate un amigo", pero si él no ve la importancia del regalo, entonces no puede comprarle como amigo. Entonces, él debe valuar y medir el regalo.

Pero cuando una persona envía caridad a su amigo, el dador debe tratar –si realmente quiere dar caridad– que el receptor de la caridad no sepa quién envió la caridad. Y el receptor de la caridad también será muy feliz si sabe que el dador de la caridad no sabe a quién se la dio.

De manera similar, a veces las personas colectan donaciones para una persona importante, y no quieren que el receptor de la caridad se avergüence. Aquellos quienes colectan el dinero dicen: "Estamos colectando para alguien anónimo". De este modo, con la caridad, cuando ninguno de ellos sabe –el que da y el que recibe– es considerado verdadera caridad, y no hay incomodidad por parte del que recibe.

De esto se deduce que en *Jésed* hablamos desde la perspectiva del que da, es decir, del inferior, y la persona está en un estado donde actúa por encima de la razón. En otras palabras, él da, pero no sabe a quién, sino que cree que todo lo que está dando llega a su propósito. Esto se llama "*Jasadim* en ocultación".

La caridad es considerada *Jasadim*, que él da. Es decir, hablamos de un momento en el que una persona está trabajando con las vasijas de otorgamiento, es decir, sólo estamos hablando de una persona que está otorgando al Creador. Esto se llama "una bendición", como una persona bendiciendo a otra, hablándole de manera favorable, es decir, lo bendice. Él realmente no le da, pero aun así se considera que lo bendice verbalmente, y esto ya es considerado como un otorgamiento en el corazón. En otras palabras, lo que no puede dar en hechos reales, lo da con el corazón, y le muestra verbalmente lo que tiene en su corazón.

De esto se deduce que **bendición significa dar, otorgamiento.** Es decir, en ese momento, se ocupa de las vasijas de otorgamiento. Significa que una bendición es cuando quiere que su amigo tenga más de lo que él realmente puede dar. Entonces, cuando una persona se dedica al otorgamiento, que quiere satisfacer al Creador, así que le dice al Creador, "Más que las buenas obras que puedo darte, te bendigo para ser capaz de darte más que buenas obras". En otras palabras, uno debe siempre bendecir al Creador, que significa que quiere ser capaz de satisfacer al Creador más de lo que él realmente le está dando.

Por eso no tiene sentido contar en una bendición, ya que las vasijas de otorgamiento son llamadas "caridad", y la caridad debe ser dada en ocultación, es decir, que el que da no sabe a quién está dando y el que recibe no sabe de quién está recibiendo. Así que no tiene sentido contar aquí, porque el contar trae la emoción y el vínculo del amor, como se dijo con respecto a un regalo.

En el regalo, nuestros sabios dijeron que es completamente lo contrario: "Aquel que da un presente a su amigo se lo debe hacer saber". Es así porque el resultado del obsequio debe ser el amor, el cual les conecta a los dos, a diferencia de la caridad, donde el resultado debe ser completamente otorgamiento. Significa que en la caridad, es mejor si uno no conoce al otro, para evitar cualquier recuento.

Por lo tanto, hablando en cuanto al trabajo, caridad significa vasijas de otorgamiento, cuando el *Kli* desea hacer *Jésed*, y la Luz que es vertida en el *Kli* es llamada "Luz de *Jasadim*". Esto se llama "corrección de la creación", cuando todo es con el fin de otorgar.

Pero el propósito de la creación es que los *Kelim* reciban deleite y placer, y aquí deben ciertamente ver lo que están recibiendo porque uno habla acerca del propósito de la creación, que es benevolencia, de acuerdo a lo que él recibe. Si no puede contar lo que recibió, significa que aun no recibió de una manera en que el deleite y el placer sean sentidos en él. De este modo, él aun no puede decir que ahora ve que sólo recibió deleite y placer del Creador. Por eso la Luz de *Jojmá* –que recibirla es el propósito de la creación– también se llama "ver", ya que el propósito de la creación es considerado ver.

Pero sucede lo contrario con la corrección de la creación. Se llama "*Jasadim* encubiertos", es decir, que él aun no ve todo lo que está recibiendo y está aun encubierto para él. En el trabajo, se llama "desear *Jésed* (gracia)", es decir, sólo otorgar. No tiene ningún interés para él, si está recibiendo algo de arriba. Se considera que está contento con su parte, es decir, que es feliz por poder hacer algo en el trabajo del Creador.

En otras palabras, está contento con ser capaz de decir, que está haciendo algo que no es para las necesidades de su cuerpo material, tal como nuestros sabios dijeron, "Aquel que camina y no hace, la recompensa por caminar está en su mano" (*Avot*, capítulo 5,14).

Los intérpretes explican "La recompensa por caminar está en su mano". Incluso si no está haciendo, aun tiene la recompensa por caminar, porque incluso el ir a estudiar es una *Mitzvá* (precepto) en sí misma, porque ahí está en una atmósfera de *Torá*. De esto se deduce que debe observarse si una persona se dedica a las vasijas de otorgamiento, llamadas *Jésed*, donde la cuestión no es contabilizar ya que quiere trabajar en modo de caridad, lo que se considera como "corrección de la creación".

Con lo antes dicho, entenderemos la pregunta inicial, por qué dijeron: "Por su cariño a ellos, Él los cuenta cada hora". Preguntamos: "Si el Creador quiere conocer el número de *Israel*, ¿tiene Él que esperar hasta que *Israel* se enumere y luego envíe la suma al Creador, y sólo entonces Él conocerá el número de *Israel*? En realidad: "Por cariño a ellos" significa que él ve que están haciendo todo con el fin de otorgar. Significa que ya han hecho la corrección de la creación, y por eso Él quiere darles el propósito de la creación, que es la Luz de *Jojmá*, llamada "Luz de ver". En otras palabras, ya deberían estar contando lo que tienen porque esta Luz se recibe en las vasijas de recepción.

Sin embargo, ellos deben recibir para otorgar, y de acuerdo a la regla de que el acto influye a la intención, mientras uno está ocupado en actos de recepción de placer, el acto de recepción puede causar que la intención no sea con el fin de otorgar sino con el fin de recibir. Y la recepción para uno mismo causa separación de la Vida de Vidas, lo que es considerado muerte, como está escrito: "Los malvados, en sus vidas son llamados 'muertos'".

Fue escrito: "¿Por qué la muerte aumenta por el recuento?" La respuesta es que como algo que es contado se llama "Luz de *Jojmá*", que es recibida en vasijas de recepción, el acto podría gobernar la intención y no podrá aspirar a realizarlo "con el fin de otorgar". Así, por cierto, estaría muerto.

Y fue escrito: "Él responde: 'Es porque no hay bendición en el momento de contar, y cuando la bendición se va, la *Sitra Ajra* está sobre él'". En otras palabras, se refiere a que existe el asunto de la línea media, cuando *Jojmá* brilla en las vasijas de recepción, lo que se llama "izquierda". Necesitan corrección para que uno no sea atraído por el acto de recepción. En ese estado, la Luz de *Jasadim* —que trabaja con las vasijas de otorgamiento— debe ser atraída, y hemos dicho antes que los actos de otorgamiento afectan al pensamiento para ser como el acto.

Esta es la conservación de la Luz de *Jojmá* que es recibida en los *Kelim* de la línea izquierda, los cuales requieren corrección. Sin embargo, uno no puede ser recompensado con la luz de *Jojmá* antes de ser recompensado con el grado de *Lishmá* (en nombre de la *Torá*), es decir, que todo lo que uno haga sea *Lishmá*. En otras palabras, el orden del trabajo es que primero, uno es recompensado con *Katnut* (pequeñez), lo que se considera que él sólo puede aspirar a las vasijas de otorgamiento con el fin de otorgar. Más adelante, uno es recompensado con *Gadlut* (grandeza), que significa que también puede aspirar al propósito de otorgar en las vasijas de recepción, donde brilla la Luz de *Jojmá* –la Luz del propósito de la creación.

De esto se deduce que antes de que uno sea recompensado con la Luz en el recuento, uno debe ser recompensado con la Luz de *Jasadim*, llamada "bendición", es decir, que él bendice al Creador y no quiere recibir nada de Él. O sea, él es todo otorgamiento y no quiere recibir nada para sí mismo. Más adelante, se le recompensa con la Luz de *Jojmá*, que es una Luz del recuento. Significa que esta Luz viene en vasijas de recepción, y en el momento del recuento se requiere conservarla para que no sea con intención de recibir para sí mismo. Como es un acto de recepción, una luz de bendición debe ser atraída una vez más, es decir, la Luz de *Jasadim*, que es la conservación el cumplimiento.

Ahora podemos interpretar lo que preguntamos:

1) Si el Creador quería conocer el número de los hijos de *Israel*, y por eso Él deseaba contarlos, para que las personas de *Israel* Le dijeran el número. ¿Acaso el Creador no lo sabía por Sí mismo? La respuesta es que, como Él los ama, quería que el pueblo de *Israel* conociera su propio número. En otras palabras, el Creador quería que obtuvieran la Luz de *Jojmá*. De esto se deduce que Él quiere saber que ellos conozcan y que alcancen la Luz que hay en el recuento, es decir, que ellos mismos contarán y verán lo que han alcanzado, porque esto se llama "la Luz del ver", que llega a las vasijas de recepción. Él no necesita saberlo para Sí mismo, sino para que el pueblo de *Israel* lo sepa.

2) ¿Por qué hay muerte donde no hay bendición? La respuesta es que algo que es contado es Luz de *Jojmá*, que llega a las vasijas de recepción. Y al usar vasijas de recepción, uno podría ser atraído por el acto de recepción y así ser separado de la Vida de Vidas. Esto se llama "muerte", y por eso se requiere el cuidar. El cuidar es la bendición, es decir, la extensión de la Luz de *Jasadim*, que es un acto de otorgamiento que impide a la acción de recepción de desviarse del fin de otorgar.

3) ¿Por qué hay necesidad de una bendición antes y después? Eso es porque el orden del trabajo comienza con la necesidad de lograr *Lishmá* (en beneficio de la *Torá*). Nuestros sabios dijeron acerca de esto: "Aquel que estudia *Torá Lishmá*, los secretos de la *Torá* le son revelados". *Lishmá*

también significa que todas sus acciones son con el fin de otorgar, lo que es llamado "bendición". Cuando él da, es el significado de bendición, o sea, bendición oral. Es decir, como no puede añadir en acción, trata de dar una bendición con la boca, que indica que está dando con todo su corazón. Esto se llama "Luz de *Jasadim*".

Así, el orden es como sigue:

1) Una bendición antes, la cual se llama "línea derecha", *Jésed*

2) Él es recompensado con los secretos de la *Torá*, lo que se llama *Jojmá* (sabiduría), que es un regalo, como es sabido que la *Torá* se llama "un regalo" que es recibido en vasijas de recepción. Por esta razón, se llama "un recuento". En otras palabras, él busca ver lo que recibió para saber cómo dar las gracias a Él.

Esto se llama "línea izquierda", porque aquí hay un lugar donde puede llegar a morir, llamada "separación", tal como sucedió en la muerte de los siete reyes en el mundo de *Nekudim*. Por esta razón, hay una necesidad de extender *Jasadim*, y esas *Jasadim* son el observar de manera que no haya muerte en ellas, es decir, separación de la Vida de Vidas.

Por eso está escrito que hay una necesidad de una bendición al final. De esto se deduce que *Israel* fue bendecido al principio y al final, y no había muerte en ellos.

En general, se la llama "corrección de líneas", o también "corrección del mundo", ya que mediante eso el mundo existe.

4) ¿Qué es una bendición en el trabajo? Es la Luz de *Jasadim*, cuando una persona está en un estado de dar.

5) ¿Qué es contar en el trabajo? Es la Luz que viene en vasijas de recepción. En ese momento, uno necesita ver lo que ha recibido y contarlo. Esto es considerado "un regalo".

6) ¿Por qué no hay bendición en algo que es contado? Algo que es contado significa la Luz y la abundancia que entra en las vasijas de recepción, y bendición es la abundancia que entra en las vasijas de otorgamiento y son opuestas. En *El Zóhar*, se considera que las dos líneas están en disputa, ya que la línea derecha, llamada *Jésed*, es sólo para otorgar y no desea usar las vasijas de recepción; pero la línea izquierda es lo opuesto –desea usar específicamente las vasijas de recepción, ya que dice: "¡Pero el propósito de la creación es recibir!" Sin embargo, debe haber una corrección para que sea con el fin de otorgar. Por esta razón, más adelante llega la línea media, que hace paz entre ellas. Y por esta razón, se necesita una bendición al principio y una bendición al final.

¿Qué significa que el Señor permanece en Su campo cuando la cosecha está madura, en el trabajo?
Artículo N° 10, 1990/91

Nuestros sabios dijeron acerca del verso "El Señor permaneció sobre él" (presentado en *"La opinión de los Ancianos"*, de los autores de *Tosafot, VaYetzé)*: "No encontramos esto en el resto de los patriarcas. *Rabí Shimon* dijo: 'El rey no permanece en Su campo ni cuando se está arando ni cuando se está sembrado, sino cuando la cosecha está madura'. Así es como *Abraham* lo aró, como está dicho, 'Levántate, camina a través de la tierra'. *Itzjak* (*Isaac*) lo sembró, como está dicho: 'E *Itzjak* sembró', *Iaakov* (*Jacob*) llegó y él es la madurez de la cosecha, como está dicho: 'La santidad de *Israel* es para el Señor, sus primeros frutos, sobre aquellos permaneció".

Debemos entender qué viene a enseñarnos en cuanto al trabajo: qué es "un campo", qué es "Cuando la cosecha está madura", y cuál es la alegoría del Rey que permaneció sobre Su campo. Es sabido que nuestro trabajo es esencialmente sólo sobre el reino de los cielos, lo cual se llama "fe". Nuestros sabios dijeron acerca de ello: "*Javakuk* llegó y los fundó en uno: 'Un justo vive por su fe'". Fe significa la necesidad de creer en el Creador, que Él conduce al mundo como un guía benevolente.

Y aunque uno aun no tiene esa sensación, debe creer y decir que el hecho de que no esté viendo como el bien es revelado en el mundo, aun así debe creer, por encima de la razón, que no ve el bien revelado ante sus ojos porque mientras no se encuentre fuera del dominio del amor propio, no tiene las fuerzas para ver. Eso es porque hubo un *Tzimtzum* (restricción) sobre las vasijas de recepción para que la Luz no pudiera brillar ahí, debido a la desigualdad de forma, como está escrito en el Comentario *HaSulam* (*Introducción al Libro del Zóhar*, punto 138).

Por esta razón, uno no puede ver la verdad. En cambio, debe creer que eso es así. Y en el trabajo colectivo, los estados de guía de recompensa y castigo no son muy evidentes. Pero en el trabajo individual, es decir, cuando una persona desea tratar de lograr el grado donde todas sus acciones son para otorgar, cuando comienza a esforzarse para lograr el grado de un otorgante en favor del Reino de los Cielos, entonces, toda su base debe ser construida en la grandeza del Creador. Se habla de ello en *El Zóhar*: "Uno debe temerle a Él porque Él es grande y soberano", y entonces empieza el trabajo fundamentalmente sobre esa fe –que el Creador conduce al mundo de manera benevolente.

Y entonces le llegan estados de ascensos y descensos. En otras palabras, a veces, tiene recompensa y puede creer en el Creador, que Él es benevolente, y puede amar al Creador por Su grandeza. Eso le llega a la persona a través de grandes esfuerzos en la fe en la recompensa y el castigo. Esto significa que si uno trabaja con fe por encima de la razón, es recompensado, y su recompensa es que llega a sentir el amor del Creador por él. Y el castigo es que si quiere ir específicamente dentro de la razón, entonces se aleja del amor al Creador.

Peor aun, algunas veces se convierte en lo opuesto, es decir, odia al Creador, ya que tiene muchas quejas en Su contra porque ya ha rezado muchas veces y ve que el Creador no escucha su rezo. Y de ahí, una persona llega al estado de ascensos y descensos. Sin embargo, si uno se sobrepone, va por encima de la razón, y dice: "Tienen ojos y no ven", temporalmente es recompensado y se siente cerca del Creador.

Se escribe acerca de ello en la *Introducción al Estudio de las Diez Sfirot* (punto 132): 'Debemos saber que el atributo mencionado, denominado intermedio se aplica incluso cuando uno está bajo la Providencia de la ocultación del Rostro. A través de un gran esfuerzo en la fe de la recompensa y el castigo, una Luz de gran confianza en el Creador aparece en ellos. Durante un tiempo, les es otorgado un grado de revelación de Su Rostro en la medida del intermedio. Pero la desventaja es que no pueden establecerse de manera permanente en sus grados ya que, esto es sólo posible a través del arrepentimiento desde el temor".

De eso se deduce que el orden de nuestro trabajo comprende tres períodos, antes de llegar a la salida del trabajo, que es el discernimiento de *Adam* (humano). Nuestros sabios dijeron acerca de ello (*Nidá* 31): "Hay tres asociados en la persona: el Creador, su padre y su madre. Su padre da el blanco; su madre da el rojo; y el Creador pone un espíritu y un alma (*Rúaj* y *Neshamá*, respectivamente) dentro de él". Eso se explica en el trabajo, donde aprendimos que hay tres líneas: *Jésed* (gracia), *Din* (juicio) y *Rajamim* (compasión/misericordia).

Es como dijimos en los ensayos previos, que para que una persona tenga la posibilidad de caminar, necesita dos piernas, derecha e izquierda. Estos son como los dos versos, que se rebaten el uno al otro hasta que el tercer verso llega y sentencia entre ellos. Así, las dos líneas han dado nacimiento a la línea decisiva.

Con ello, podemos interpretar el significado de arar, sembrar y la cosecha madura en el trabajo. La línea derecha es **"arar"**. Este es el trabajo del hombre que quiere ser admitido en el trabajo de otorgamiento. El hombre es creado para preocuparse sólo de sí mismo. Y puesto que hubo una corrección sobre el deseo de recibir para sí mismo, para evitar el asunto de la vergüenza debida a la diferencia de forma con el Creador – ya que lo que vemos de Él es sólo cómo otorga a los creados, y no hay recepción para Sí mismo en absoluto– por lo tanto, un *Tzimtzum* (restricción) y ocultación fueron hechos sobre el deseo de recibir para uno mismo, de forma que las criaturas no pueden recibir el gozo y el placer que Él desea impartir sobre ellas.

Esto fue para permitirle al hombre corregir las vasijas de recepción, de forma que sean sólo para otorgar. En otras palabras, el hombre debe cambiar el deseo de recibir en él, y recibir en su lugar un deseo de otorgar. Es decir, lo que antes fue de gran importancia para él –el deseo de recibir– ahora será inferior en importancia. No deseará usarlo sino que, por el contrario, el deseo de otorgar, que fue de poca importancia para él y que no quería usar, ahora será de gran interés. Eso significa que ahora ese deseo de otorgar es importante para él y quiere usar sólo el deseo de otorgar.

Eso es llamado 'arar', cuando la tierra es volteada y lo que estuvo arriba ahora pasa a estar abajo, y lo que estuvo abajo, pasa a estar arriba. Eso es llamado **"la línea derecha"**, **Abraham**, *Jésed*. En otras palabras, ahora desea comprometerse sólo en *Jésed*, llamada "la voluntad de otorgar", y la línea derecha es llamada "perfección". Así, aunque uno ve que aun no puede llevar a cabo *Jésed*, debe imaginarse que ya ha sido retribuido con otorgamiento, llamado *Jésed*, y dar gracias al Creador por recompensarlo con realizar acciones con el fin de otorgar.

Todo eso es sólo por encima de la razón. Y, aunque considere la situación en la que se encuentra, verá, por otro lado, que eso es un asunto de "por encima de la razón", es decir, que debe imaginar que ya ha sido recompensado con un deseo de otorgar, o arar.

Uno también debe humillarse y decir: "Estoy contento y agradecido por cualquier pensamiento y deseo de hacer algo en la espiritualidad, que el Creador me da, por recompensarme con hacer un pequeño servicio al Creador, es decir, que puedo hacer algo por Él". Y está contento con ello porque ve que el Creador no le dio al resto de la gente la oportunidad de servirlo a Él. Esa es la razón por la que es feliz con ello. Eso es considerado como "perfección", ya que ahora cree, por encima de la razón, que el Creador conduce al mundo de manera benevolente y, de este modo, ahora puede mostrar el amor por el Creador y ser siempre feliz.

Sin embargo, al mismo tiempo, uno necesita caminar con la otra pierna, la izquierda, es decir, necesita criticar sus acciones. Debe tener un deseo de ver la verdad, cuánto esfuerzo tiene que hacer para otorgar, y cuánta importancia tiene la espiritualidad. ¿Realmente entiende que es mejor trabajar sólo para el Creador y no para sí mismo? En ese estado, ve de manera muy diferente: Todas sus acciones mientras caminaba en la línea de la derecha, cuando pensó que de verdad era un hombre íntegro, ahora que ha cambiado a la línea de la izquierda, ve que él no tiene nada que sea auténticamente con el fin de otorgar.

Eso se llama "**sembrar**". Por ejemplo, cuando se toman buenas semillas de trigo y se siembran en el campo, si hay una persona que no sabe acerca del trabajo del campo, ve a la persona que tomó el trigo y lo sembró en la tierra, como si este estuviera loco. De manera similar, aquí, cuando uno adquiere buenos estados, que contienen integridad, por los que ha dado las gracias al Creador, ahora los cancela. Eso es como el hombre que tomó buenas semillas de trigo y las sembró en el campo.

Pero en realidad, uno no puede caminar con una sola pierna. Esas dos piernas son consideradas dos versos que se contraponen el uno al otro. Esa es la razón por la que *Isaac* es considerado como que siembra su campo, que es la izquierda. Nuestros sabios dijeron acerca de ello: "Uno siempre debe rechazar con la izquierda y atraer con la derecha" (*Sotá* 47). Debemos interpretar que cuando uno siente que está cerca del Creador, eso se llama "atraer con la derecha". "Rechazar con la izquierda" significa que cuando critica, ve que ha sido rechazado del trabajo de otorgamiento. Esto significa lo que nuestros sabios vinieron a decirnos: que el hombre necesita dos cosas, derecha e izquierda, ya que no puede caminar con una sola pierna. Eso es considerado *Isaac*, que se llama "sembrar".

Abraham, quien es llamado "derecha", es decir, *Jésed*, perfección, es llamado "blancura", como fue dicho arriba, que ahí los tres asociados son su padre, su madre y el Creador. Su padre es el primer discernimiento – la primera línea, que es *Jésed*– mostrando integridad. La integridad se llama "blanco", como está escrito: "Aunque tus pecados sean como escarlata, serán blanqueados como la nieve". Eso se llama 'La derecha atrae', cuando él siente que se ha acercado al Creador.

"Y su madre da el rojo". El rojo señala una deficiencia, *Nukva* (o femenino), donde él ve que está siendo completamente rechazado del trabajo de otorgamiento. De este modo, está en un estado de ascensos y descensos. Eso se considera como que tiene sólo fe parcial, como él dice (*Introducción al Estudio de las Diez Sfirot,* Punto 14) que eso es porque tiene muchos descensos y, durante el descenso, está sin fe.

Sin embargo, uno no debe pasar mucho tiempo en la línea izquierda, llamada "la segunda línea", ya que durante ese tiempo uno está en estado de separación. Así, la mayor parte del tiempo, el trabajo de uno debe ser en un estado de integridad. Eso se llama "la renovación de la luna". Eso significa que uno debe renovar constantemente el blanco en él, la línea derecha, que es blancura.

Pero durante el descenso, la fe se aleja de él y algunas veces permanece inconsciente, como una persona que cae debajo de un carro y está herida, pero que no sabe que ha caído. La lección es que la persona yace bajo su carga, como está escrito: "Si ves al burro del que te odia yacer bajo su carga" porque el burro no puede ir por encima de la razón, porque el trabajo de ir por encima de la razón es para él una carga y un lastre que no puede tolerar. Por lo tanto, si se distrae, inmediatamente cae bajo el carro/carga. Esto se llama ser lastimado en un accidente de tránsito. Por lo tanto, uno debe siempre ser cuidadoso y permanecer en la derecha.

De eso se deduce que la corrección de una persona que camina en la línea izquierda, es porque no espera tener un descenso y una caída y, entonces, esperará hasta que un despertar le llegue desde arriba. Por el contrario, atrae la izquierda sobre él, y entonces ve que está en un estado de descenso, es decir, que no tiene una sola chispa de deseo de trabajar para otorgar y no para su propio beneficio. Y entonces puede rezar.

Es como *Baal HaSulam* mencionó acerca de lo que nuestros sabios dijeron de *David*, quien dijo: "Despierto al amanecer, y el amanecer no me despierta a mí". Esto es, el *Rey David* no esperó al amanecer (*Shajar*), que es llamado "negro" (*Shajor*), que es oscuridad, es decir, que la oscuridad le despierte a él. En cambio, él despierta a la oscuridad. Él reza para que el Creador ilumine su rostro para así ganar tiempo al tener la preparación para la oscuridad, y entonces es más fácil corregirla.

Y las dos líneas mencionadas arriba –derecha e izquierda– engendran una tercera línea, la central. Es como nuestros sabios dijeron: "Y el Creador pone el espíritu y el alma dentro de este". De este modo, después de que una persona ha completado el trabajo en dos líneas, todo el mal es revelado en él, el cual llega a él porque esas dos líneas son como dos versos que se rebaten el uno al otro. Y uno ve que los ascensos y descensos no tienen fin, y entonces hace una súplica sincera al Creador para que le ayude a recibir el deseo de otorgar.

Cuando el Creador lo ayuda, es recompensado con fe completa y permanente, puesto que ya tiene las vasijas de otorgamiento. Antes de que uno obtenga las vasijas de otorgamiento, le es imposible tener fe permanente, ya que durante el descenso pierde su fe y no puede, de manera permanente, creer en el Creador.

Eso se explica (*Introducción al Libro del Zóhar*, punto 138): "Puesto que usamos las vasijas de recepción de manera opuesta a como fueron creadas, necesariamente sentimos los actos de la Providencia como mal, en contra nuestra. Por lo tanto, cuando una persona siente mal es, por consiguiente, una herejía contra Su Providencia, y el Creador se oculta de él".

Así, vemos que antes de que uno sea recompensado con vasijas de otorgamiento, no puede tener fe permanente. De eso se deduce que, a través de ser recompensado con el deseo de otorgar –que se extiende desde el trabajo en las dos líneas, a través de lo cual todo el mal aparece completamente– uno llega a la resolución de que sólo el Creador puede ayudarle. Entonces se esfuerza en ese trabajo y no se escapa de la campaña, y es recompensado con la línea media, llamada "el Creador da el espíritu y el alma". Eso se llama "**revelación del Rostro**". Es considerado como lo que está escrito: "Hay arrepentimiento, cuando Aquel que conoce todos los misterios testifica que la persona no volverá a pecar".

Con ello, podemos interpretar lo que preguntamos: "Qué significa, en el trabajo, que está escrito: '*Jacob* llegó y él es la madurez de la cosecha', tal como está dicho: 'La santidad de *Israel* es para el Señor, sus primeras frutas', él permaneció en ello. Nuestros sabios dieron una alegoría acerca de ello: "El Rey no permanece en Su campo, a menos que la cosecha esté madura".

Debemos interpretar que el Rey que permanece en su campo, se refiere a permanecer sobre el hombre. El hombre se extiende desde *Maljut*, la cual es llamada "un campo". Y el hombre debe llegar a un estado de "Un campo que el Señor ha bendecido". Eso se hace a través de esfuerzo en las dos líneas arriba mencionadas –el arar de *Abraham* y la semilla de *Isaac*.

Y después llega el discernimiento de "**Cuando la cosecha está madura**", cuando ya puedes ver la recompensa del trabajo –la cosecha– que es *Jacob*. Es como dijimos arriba –después de ser recompensado con ayuda del Creador, cuando el Creador le haya dado un alma, llamada "revelación del Rostro", eso se considera que el Creador se posa sobre él de manera permanente, es decir, que entonces es recompensado con fe permanente. Ese es el significado de lo que está escrito: "Y el Señor permaneció sobre él". En otras palabras, una vez que la persona ha alcanzado el grado de la línea central, que es considerado *Jacob*, el Creador está sobre él, como se mencionó en la alegoría de arriba, donde el rey permanece en su campo cuando la cosecha está madura.

Está escrito (*Introducción al Estudio de las Diez Sfirot*, Punto 54): "Cuando el Creador ve que uno ha completado la medida del esfuerzo de uno y ha terminado todo lo que tenía que hacer en fortalecer su elección en la fe en el Creador, el Creador le ayuda. Entonces, uno alcanza la Providencia de forma revelada, es decir, la revelación del Rostro. Entonces, es recompensado con el arrepentimiento completo".

Él dice (*Introducción al Estudio de las Diez Sfirot*, Punto 56): "En verdad, uno no está absolutamente seguro de que no pecará otra vez antes de ser recompensado con el alcance mencionado de recompensa y castigo, es decir, la revelación del Rostro. Y esa revelación del Rostro, desde la perspectiva de la salvación del Creador, se llama '**testimonio**'... eso garantiza que no volverá a pecar otra vez". Eso significa que en ese momento es recompensado con fe permanente.

Ahora podemos interpretar lo que está escrito: "El Señor vive, y bendita sea mi Roca". "Mi alma será glorificada en el Señor". Debemos entender el significado de "El Señor vive", con respecto al Creador. ¿Qué tipo de alabanza al Creador es esa? En el trabajo, debemos interpretar "Vive". ¿Quién es Él, que es llamado "El Señor vive"? Es quien cree en el Creador, en que Él cuida del mundo de manera benevolente. Esa persona es llamada "Vive".

"Bendita sea mi Roca" es uno que recibe del Creador la forma de su fe, donde el Creador es Su deseo de hacer el bien a Sus creaciones. Ese hombre bendice al Creador por darle fe, ya que él solo no tendría la posibilidad de asumir la fe por encima de la razón, porque ese es el regalo de Dios.

También debemos interpretar: "Mi alma será glorificada en el Señor". "En el Señor" significa en el Creador acercándole a Él. Por ello, su alma es glorificada, es decir, que el alma del hombre está profundamente agradecida al Creador por acercarlo. Eso se llama "El Creador da el espíritu y el alma". Con su propia fuerza, una persona no podría lograrlo. Por eso, alaba al Creador –porque ahora tiene fe. Bendice al Creador sólo por lo que le ha dado. El Creador también es llamado "la línea media", como fue dicho anteriormente, que sólo a través de trabajar en las dos líneas previas, uno es, luego, recompensado con que el Creador le dé el espíritu y el alma.

Así, sólo el Creador puede ayudarle a uno a salir del dominio de las vasijas de recepción. Por lo tanto, durante el descenso, uno no debe negociar con su deseo de recibir, suplicándole ser mejor para él que el deseo de recibir deje los argumentos y haga sitio al deseo de otorgar, y él quiere hacerlo entrar en razón para que se rinda ante él. Uno debe saber que el cuerpo nunca estará de acuerdo con ello; eso es un desperdicio de palabras.

En cambio, debe pedirle al Creador, para que sólo Él tenga la fuerza para anularlo, y no otro. En otras palabras, el cuerpo nunca estará de acuerdo con ello, por lo tanto, es inútil discutir con el cuerpo. Pero cuando desea hacer algo por el Creador, debe pedirle al Creador que le dé la fuerza para sobreponerse al deseo de recibir para sí mismo.

Con lo dicho antes, debemos interpretar lo que ellos dicen (*Avot* 1,5): "No te extiendas en conversaciones con la mujer. Eso se dijo acerca de su mujer. Es tanto más, sobre la mujer de su amigo". Aunque el significado literal es el principal, en el trabajo; podemos interpretar que la mujer y el hombre están en un cuerpo. La mujer del hombre es llamada "el deseo de recibir", lo que se llama "femenino", y que siempre quiere sólo recibir.

Por lo tanto, algunas veces, cuando uno desea hacer algo para otorgar, lo cual es llamado "masculino", un hombre, y el deseo de recibir resiste, y el hombre desea extenderse en discusión con su deseo de recibir para hacerle entender que es mejor para este dejarlo trabajar para otorgar, nuestros sabios dijeron que eso es un desperdicio de palabras. Ellos dijeron: "Esto se dice sobre su propia mujer", es decir, el deseo de recibir en sí mismo. "Tanto más con la mujer de su amigo", es decir, discutir con el deseo de recibir de su amigo –que argumentará con ellos y les hará ver que es mejor hacer todo para otorgar– ya que sólo el Creador puede ayudarlos a salir del dominio del deseo de recibir para uno mismo.

Por lo tanto, tales personas –quienes desean caminar en el sendero de llegar a un estado donde todas sus acciones sean para otorgar– no deben reprochar a sus amigos acerca de la razón de no dedicarse al trabajo de otorgamiento. Eso es porque si él quiere corregir el deseo de recibir de su amigo, es como si ese hombre tuviera poder. Pero en realidad, lo que la persona hace para otorgar es sólo a través de la fuerza del Creador. Por esa razón está prohibido reprender moralmente a su amigo.

¿Qué es "La entrega de los fuertes en mano de los débiles", en el trabajo?
Artículo N° 13, 1991

Aquí se encuentra el orden del trabajo. Cuando una persona desea hacer todo por el Creador, es decir, que sus actos sean con el propósito de otorgar y no recibir recompensa, eso va en contra de la naturaleza, porque el hombre fue creado con el deseo de recibir para su propio beneficio. Por eso se nos dio el trabajo de salir del amor propio y trabajar sólo para otorgar en beneficio del Creador.

Para poder llevar a cabo este trabajo, es decir, para salir del dominio del amor propio, se nos dio el mandamiento "Amarás a tu prójimo como a ti mismo", el cual, como dijo *Rabí Akiva*: "Es una gran regla en la *Torá*". Tal como está expresado en el Libro *La Entrega de la Torá*, con este remedio saldremos del dominio del deseo de recibir para uno mismo y podremos trabajar en beneficio del Creador.

Y en cuanto a "Amarás a tu prójimo como a ti mismo" debemos hacer dos interpretaciones:

Literalmente entre un hombre y su amigo.

Entre un hombre y el Creador, como nuestros sabios dijeron (*Midrash Rabá, Itró*, 27, 1): "No abandonarás a tu amigo ni al amigo de tu padre". "Tu amigo" se refiere al Creador, como está escrito: "Para beneficio de mis hermanos y amigos", lo que se interpreta como el Creador, quien les llamó "hermanos" y "amigos". Se deduce que el asunto de "ama a tu prójimo como a ti mismo" se refiere a alcanzar **ama al Creador como a ti mismo**.

Por lo tanto hay dos discernimientos en "amarás a tu prójimo como a ti mismo":

1) Debemos considerarlo como una cura. En otras palabras, la razón por la que uno debe amar a su amigo es que sólo mediante ello también podremos llegar al amor al Creador, tal como se presenta en el Libro *La*

Entrega de la Torá. Por eso, en el amor de los amigos, cuando una persona quiere adherirse a los amigos, decide con quién unirse. En otras palabras, cuando una persona escoge amigos para sí mismo, busca que tengan buenas cualidades.

De la misma manera, cuando uno desea amar al Creador, debería intentar ver la grandeza e importancia del Creador. Esto despierta el amor al Creador en una persona. Si no puede ver la grandeza e importancia del Creador porque el mal en el hombre indica difamar contra el Creador, entonces uno debe rezar por la ayuda del Creador, para obtener la fuerza para superarse y decir por encima de la razón: "Quiero creer en la grandeza e importancia del Creador, a fin de poder amarle", tal como está escrito: "Y amarás al Señor tu Dios con todo tu corazón y con toda tu alma". En otras palabras, **el amor de los amigos es un medio a través del cual alcanzar la meta, que es el amor del Creador.**

Con ello, hay que interpretar lo que dijeron nuestros sabios: "Es bueno observar la *Torá* con la conducta correcta, ya que el esfuerzo en ambas revoca la transgresión". Significa que esforzarse en la conducta correcta, que es el trabajo entre un hombre y su amigo, es un remedio mediante el que puede llegar a amar al Creador, el cual es llamado la "*Torá*". La esencia de la enseñanza es que, mediante la *Torá*, puedes unirte al que entrega la *Torá*. Nuestros sabios dijeron acerca de ello: "El Creador dijo: 'Yo he creado la inclinación al mal, Yo he creado el condimento de la *Torá*'. En otras palabras, mediante la *Torá*, que es el condimento, uno es recompensado con la adhesión al Creador, lo que considera como que "lo reforma".

Este es el significado de, "El esfuerzo de ambos hace que se olvide la transgresión". En otras palabras, por medio del trabajo entre un hombre y su amigo y entre un hombre y el Creador, es decir, mediante el esfuerzo en la *Torá*, esto hace que se olvide la transgresión. En otras palabras, el pecado del árbol del conocimiento, del que se extienden las transgresiones, es corregido por ambos.

Las escrituras dicen (Salmos 33, "Regocijaos vosotros los Justos"): "He aquí el ojo del Señor que se dirige hacia quienes Le temen, hacia aquellos quienes esperan Su misericordia para rescatar sus almas de la muerte y para mantenerlos vivos durante la hambruna". Debemos entender qué significa "El ojo del Señor se dirige (específicamente) hacia quienes Le temen". Después de todo, los ojos del Creador deambulan por todas partes. Y debemos creer que el Creador supervisa a todo el mundo en modo de Providencia privada, desde la benevolencia, y no necesariamente hacia los que Le temen.

Debemos interpretar que hablamos del Creador sólo desde la perspectiva de "Por tus actos Te conocemos". Significa que es específicamente aquellos que Le temen quienes sienten que el ojo del Creador está cuidando de todo el mundo. En otras palabras, sólo aquellos que temen al Creador alcanzan que Él cuide del mundo en Providencia privada, desde la benevolencia. Pero, en cuanto al resto del mundo, para ellos, hay ocultación del Rostro, ya que no pueden alcanzar Su Providencia, que es benevolente.

Está escrito en la *Introducción al Libro del Zóhar* (pág. 138): "Mientras los receptores no lleguen a la integridad, pudiendo recibir Su benevolencia completa, la cual planeó para nosotros en el pensamiento de la Creación, la guía debe ser por medio del bien y del mal".

En otras palabras, mientras nuestras vasijas de recepción estén llenas de recepción para sí mismas, es imposible ver la Providencia como benevolente. Más bien, aquellos que pueden ver el ojo del Creador, que Su guía es benevolente, son solo aquellos que "Esperan Su misericordia". Porque "Su misericordia" significa que están ansiando recibir la cualidad de *Jésed* (misericordia/gracia) del Creador, es decir, esperan recibir del Creador la cualidad del otorgamiento, llamada "igualdad de forma", conocida como "Adhesión" con el Creador".

Por eso, cuando el hombre es recompensado con la cualidad del otorgamiento, sus vasijas de recepción ya no se encuentran impuras. En ese momento, son recompensados con "El ojo del Señor" para sentir que Su Providencia es benevolente. Pero aquellos que no desean obtener la cualidad de *Jésed*, es decir, las vasijas de otorgamiento, se encuentran bajo el dominio del bien y el mal.

No obstante, ¿a quién da *Jésed* el Creador, llamadas "vasijas de otorgamiento", que es la segunda naturaleza? No a todos. O sea que hay muchas personas que esperan Su misericordia, que el Creador les dé la cualidad de *Jésed*. Sin embargo, el Creador no da *Jésed*, llamado "vasijas de otorgamiento" a aquellas personas que piensan que la cuestión de *Jésed* es solamente una añadidura, es decir, aquellos que se consideran íntegros, y necesitan que el Creador les dé la cualidad de *Jésed* como un suplemento justo.

Esto es así porque sólo aquellos que tienen *Kelim* (vasijas) para el llenado se les puede otorgar desde arriba. En otras palabras, si no hay una carencia real, no hay posibilidad de llenarla. Entonces, precisamente ¿cuándo es posible saciar una necesidad? Cuando una persona no pide ningún lujo, sino que pide por necesidad. Entonces recibe porque los lujos no se consideran una carencia.

Cuando está escrito, "El ojo del Señor se dirige hacia quienes Le temen, hacia aquellos que esperan Su misericordia", ¿quiénes son estas personas, antes mencionadas, quienes esperan Su misericordia? Es decir, ¿con qué propósito ansían que el Creador les dé la cualidad de *Jésed*? Son precisamente tales personas quienes necesitan la cualidad de *Jésed*, "Para librar sus almas de la muerte".

En otras palabras, es precisamente en aquellas personas que desean alcanzar Adhesión con el Creador, para adherirse a la Vida de Vidas. De otra manera, si no tienen Adhesión, sienten que se encuentran en equivalencia con la muerte, tal como dijeron nuestros sabios: "Los malvados, en sus vidas, son llamados 'muertos'". Por esta razón, piden al Creador que los libere de la muerte, porque la desigualdad de forma los separa de la Vida de Vidas.

Adhesión con el Creador se considera vida, como está escrito: "Pero vosotros, los que os adheristeis al Señor vuestro Dios, en este día cada uno de vosotros está vivo". Se deduce que lo que la razón por la que piden la cualidad de *Jésed* es porque no desean ser como "Los malvados, en sus vidas, son llamados 'muertos'", y, el Creador les da la cualidad de *Jésed*, es decir, las vasijas de otorgamiento.

Cuando está escrito: "Para liberar de la muerte sus almas", es decir, su petición al Creador para que le dé la cualidad de *Jésed*, es para "Liberar de la muerte sus almas", lo cual se llama "una carencia", que es el *Kli* que puede recibir el llenado. Pero aquellas personas que necesitan de la ayuda del Creador como quien necesita de un lujo, no tienen verdaderos *Kelim*, no tienen verdadera necesidad de que el Creador les dé los *Kelim* "Para liberar sus almas de la muerte", sino como un mero lujo.

Por lo tanto, permanecen con las vasijas de recepción, preocupándose sólo por su propio beneficio. No sienten que poseen *Kelim* impuros, y que es imposible introducir la *Kdushá* (santidad) dentro de estos *Kelim*, ya que la *Kdushá* y el beneficio propio son dos cosas contrapuestas.

Por lo tanto se deduce que solamente aquellas personas que comprenden que si no son capaces de realizar actos de otorgamiento, serán separados de la Vida de Vidas, piden del Creador que les dé la fuerza para otorgar, lo cual es una segunda naturaleza; como dijo *Baal HaSulam* que así como el Creador dio la primera naturaleza, el deseo de recibir, es imposible cambiar la primera naturaleza por la segunda. Es más, sólo el Creador puede hacerlo.

Tal como ocurrió en la salida de Egipto, el Propio Creador los sacó del dominio del Faraón, Rey de Egipto, como dijeron nuestros sabios en la *Agadá Shel Pésaj* (el relato de *Pésaj*): "El Señor nos sacó de Egipto, no por medio de un ángel, ni mediante un serafín, ni tampoco por medio de un mensajero, sino el Propio Creador".

No obstante, ¿cuándo recibe uno ayuda para que el Creador lo saque del dominio de Egipto, que es el deseo de recibir para sí mismo? Es, precisamente, cuando una persona tiene una necesidad real, y no superflua. Por eso, si uno desea alcanzar Adhesión con el Creador, uno recibe ayuda por esa necesidad. En otras palabras, él sentirá que se encuentra en carencia, es decir, que no es que le falte perfección, sino que le falta vida, ya que el mal que hay en él es muy extenso. Por eso, desde Arriba se le informa de que es un pecador, como está escrito en el *Zóhar* acerca de lo que está dicho: "Se le informó su pecado". Y pregunta: "¿Quién le informó?". Y responde: "El Creador le informó que ha pecado".

Esto significa que el Creador le muestra la verdad de cuan alejado está del Creador, y que tiene una verdadera necesidad de una vida de *Kdushá*. Así pues, uno pide del Creador que le ayude y que le provea del deseo de otorgar porque le falta vida. Y, entonces, como ya tiene una verdadera necesidad, el Creador le da el deseo de otorgar, que es la segunda naturaleza.

Según lo anterior, debemos interpretar lo que está escrito (en "Y acerca de los milagros"): "Y Tú, en Tu gran misericordia, has puesto a los fuertes en manos de los débiles, los muchos en manos de los pocos, y a los impuros en manos de los puros". Esto viene a decirnos que antes de que una persona llegue a un estado en el cual ve cuan débil es, hasta qué punto el mal se encuentra en tal abundancia en él que no puede superarlo, y cuan impuro es él, hasta entonces es imposible recibir el llenado desde Arriba. Esto es porque aun no tiene un *Kli* completo que pueda recibir el llenado, lo que está relacionado con la deficiencia del *Kli*.

Por eso está escrito: "Porque vosotros erais unos pocos de entre todos los pueblos". En otras palabras: "El Señor no estableció Su amor en vosotros ni os eligió por estar en mayor número que ningún pueblo, ya que vosotros erais unos pocos de entre todos los pueblos". Así pues, cuando una persona ve que él es peor que el resto del mundo, precisamente en el estado de bajeza, el Señor te escoge y te libera del dominio de Egipto, como está escrito: "Yo soy el Señor vuestro Dios, quien os sacó de la tierra de Egipto, para ser vuestro Dios".

Está escrito (en el Salmo: Canción de *Januká*) "Te alabaré, oh Señor, porque me has elevado, y no has permitido que mis enemigos se burlen de mí". Debemos entender quiénes son los enemigos de *David*, de quienes él dijo: "Y no has permitido que mis enemigos se burlen de mí". Debemos interpretar que se sabe que *David* es considerado *Maljut*, es decir, el reino de los cielos, esto es, que las criaturas deben asumir sobre sí mismas la carga del reino de los cielos con el objetivo de no recibir recompensa, porque "Él es Grande y Soberano", y no para el propio beneficio.

Pero todo el mundo se opone a esto y odian hacerlo todo por el Creador y no para su propio beneficio. Así pues, la *Kdushá* es completamente otorgar, es decir, beneficiar al Creador, tal como está escrito: "Sagrados seréis, porque Yo, el Señor, soy Sagrado". O sea, como el Creador sólo otorga a los creados, los creados deben otorgarle al Creador, pues esto se llama "igualdad de forma", lo que se considera Adhesión con el Creador.

De esto se deduce que todos aquellos que desean trabajar solamente para ellos mismos y no para el Creador, son llamados "los enemigos del Creador", es decir, los enemigos del reino de los cielos. Por esa razón, son llamados "enemigos de *David*", y este es el significado de las palabras de *David*: "Y no permitiste que mis enemigos se burlaran de mí".

En general, solo hay dos aspectos a los que referirse:

1) El Creador
2) Los creados

En otras palabras, el Creador hizo a los creados para darles deleite y placer, como está escrito: "Su deseo es hacer el bien a Sus creados". Antes del pecado, *Adam HaRishón* tuvo la perfección de su *Neshamá*, ya que en ese momento, tuvo el aspecto de *NaRaN* de *BYA*, y *NaRaN* de *Atzilut*. Sólo después del pecado se produjo la salida de su *NaRaN*, y se quedó solamente con *Néfesh*.

Entonces tuvo que arrepentirse, elevar sus *Kelim*, los cuales cayeron a las *Klipot*, y reunirlos con la *Kdushá*, es decir, adherirse a Él una vez más con el fin de otorgar, y a esto se le llama "arrepentimiento" ("volver"), como está escrito en *El Zóhar*: "La *Hei* volverá a la *Vav*"

Hei significa *Maljut*, quien recibe con objeto de recibir, y todas las almas se extienden de ella. Por eso *Maljut* se llama "la congregación de *Israel*", quien contiene todas las almas. Una corrección tuvo lugar sobre esta *Maljut*, para que fuera con el fin de otorgar, y se dio este trabajo a los creados, en el que, comprometiéndose en la *Torá* y las *Mitzvot* (preceptos) con el fin de otorgar, inspiran a cada una para tener el objetivo de otorgar en la raíz de su alma, en *Maljut* de *Atzilut*. Haciendo esto, dan lugar a la unificación Arriba, llamada "la unificación del Creador y Su Divinidad", es decir, *Maljut*, quien es llamada "Divinidad" con *Zeir Anpin*, quien es llamado "*Vav* de *HaVaYaH*". Este es el significado de "arrepentimiento" cuando *El Zóhar* dice: "La *Hei* volverá a la *Vav*".

En general, debemos hacer tres distinciones: *Ejad* (Uno), *Yajid* (Único), y *Meyujad* (unificado/especial). Está escrito en *El Estudio de las Diez Sfirot* (Parte 1, Punto 1): "*Uno* indica que Él está en equivalencia uniforme. Único indica lo que se extiende desde Él, que en Él, todas aquellas multiplicidades son uniformes, como Su esencia. Y *Unificado* indica que, aunque Él ejecuta las múltiples acciones, una única fuerza opera sobre todas ellas y todas ellas vuelven y se reúnen en la forma de único".

El significado de *Uno* es que Él se encuentra en equivalencia uniforme, es decir, que Él creó toda la creación con un solo deseo: hacer el bien a Sus creaciones. Único significa que aunque vemos que hay multiplicidad de acciones, es decir, buenas y malas, esto es, que Él parece que supuestamente hace bien y mal, Él es llamado "Único" porque Sus diferentes acciones tienen un único resultado: hacer el bien. Se deduce que Él es único en cada acción y que no cambia en el transcurso de todas Sus diferentes acciones. Por encima de cada acción, se encamina una sola forma: hacer el bien.

Uno debe creer en ello. En otras palabras, a pesar de que una persona sienta que esta acción viene del Creador y no es una acción favorable, uno todavía debe pensar que su acción le permitirá alcanzar el bien. Este es el trabajo del hombre, creer que esto es así, aunque no lo entienda, y dar gracias al Creador por ello.

Nuestros sabios dijeron: "Uno debe bendecir el mal, así como uno bendice el bien". En otras palabras, una persona debe creer que esto es para su propio bien, o el Creador, no le hubiese hecho sentir aquellos estados, ya que Su deseo es hacer el bien a los creados, porque ese fue el pensamiento de la Creación.

Unificado significa que una persona ya ha sido recompensada con ver cómo toda la multiplicidad de sucesos recibió ya la forma de Único, es decir, que fue recompensado con ver cómo, para cada mal, hay un bien correspondiente. Uno es recompensado con estar Unificado sólo después de haber corregido sus *Kelim* para que sean con el fin de otorgar. En ese momento, se recompensa a la persona con el propósito de la creación, que es el bien completo.

Este es el significado de lo que está escrito en el Salmo, *La apertura de la Casa de David*. La apertura de la casa se refiere al Templo Sagrado que, en el trabajo: **el corazón de un hombre debe ser un Templo para el Creador**, tal como está escrito: "Y que Me hagan un Templo, y Habitaré entre ellos". Uno debe ser recompensado con la presencia de la Divinidad, como nuestros sabios dijeron: "El Misericordioso necesita el corazón", es decir, que todo lo que el Creador necesita es el corazón del hombre, para así darle lo que Él desea darle.

Y cuando una persona es recompensada con ser Unificada, esto significa que ha sido recompensada con la construcción del Templo. *David* dijo acerca de esto: "Te alabaré, Oh Señor, porque Tú me has elevado y no has permitido que mis enemigos se burlen de mí". Significa que todos los enemigos –que son los deseos de recepción para sí mismo– quienes estaban obstruyendo la *Kdushá*; el Creador le salvó de todos los enemigos y fue recompensado con su admisión en la *Kdushá*. Este es el significado de las palabras: "Oh Señor, Tú has elevado mi alma desde el mundo de las tinieblas; Tú me has mantenido vivo, para que no descienda al pozo".

Decimos (en, *La ayuda de nuestros padres*): "Tú eres el primero; Tú eres el último, y aparte Ti no tenemos un Rey que redima y libere". También decimos: "Tú estás antes de que el mundo fuera creado; Tú estás después de que el mundo fuera creado; Tú estás en este mundo, y Tú estás en el mundo por venir". Entendemos que se refiere, literalmente, a la grandeza del Creador. Sin embargo, ¿qué es lo que esto viene a decirnos en cuanto al trabajo?

Se sabe que el orden del trabajo es que el hombre debe corregir sus vasijas de recepción, para así tener la fuerza para realizar todo con el fin de otorgar. Uno debe esforzarse y hacer todo lo que pueda. En ese momento, llega a la resolución de que sin la ayuda del Creador no hay manera de salir del dominio del deseo de recibir para sí mismo. A esto se le llama "redención", cuando se sale del exilio de Egipto, esto es, del dominio del deseo de recibir.

Todos entienden que la redención es una cuestión del Creador, ya que una persona ve que no hay ninguna posibilidad de salir del exilio por sí misma. Y, no obstante, debemos preguntarnos: ¿Cómo sabe uno que salir del exilio del deseo de recibir depende solamente del Creador y que esto se encuentra más allá de las capacidades del hombre?

La respuesta es que, desde su punto de vista, ya ha hecho lo que podía, pero no se movió ni una pulgada de su deseo de recibir. Por el contrario, él ve que desde que comenzó con el trabajo, con el fin de alcanzar el grado de que todas sus acciones sean "por el bien del Creador", ahora lo observa todo de manera muy diferente: ¡está yendo hacia atrás!

En otras palabras, ve que ahora está inmerso en el amor propio más que nunca. Por esta razón, cuando una persona es recompensada con la redención, con salir del exilio, él dice que solamente el Creador puede liberar al pueblo de *Israel* de Egipto, es decir, que la redención le corresponde al Creador.

Sin embargo, ingresar en el exilio, es decir, rendirse al dominio del deseo de recibir, ciertamente esto le corresponde al hombre. En otras palabras, que el hombre tiene la culpa de no poder superar el deseo de recibir para sí mismo. Así pues, una persona va al exilio por sí misma.

Acerca de esto, los escritos nos dicen que esto no es como lo entendemos. Y aunque uno debe decir: "¿Si no soy yo, quién estará por mí?", es decir, que todo depende de la decisión del hombre, aun así uno debe creer que todo está bajo su Providencia, es decir, que todo depende del Creador. Acerca de esto, se dice: "Tú estás antes de que el mundo fuera creado". Se sabe que "*Olam*" (mundo) se deriva de la palabra *He'elem* (desaparición) y ocultación. Y debemos saber que en cuanto al exilio hay que realizar dos discernimientos:

no siente que haya desaparición y ocultación.

siente que se encuentra en un estado de encubrimiento y ocultación.

Este es el significado de las palabras: "Tú estás antes de que el mundo fuera creado". En otras palabras, el hecho de que una persona no sienta que se encuentra en un estado de ocultación, es obra del Creador. Pero esto ocurre por el bien del hombre, ya que antes de que una persona pueda corregir el mal que se encuentra en sí mismo, existe una corrección en la que no ve el mal. Así pues, el Creador creó la situación que precede la entrada del hombre al encubrimiento y la ocultación.

Este es el significado de: "Tú estás antes de que el mundo fuera creado", es decir, antes de que la ocultación fuera creada. Después de eso, una persona llega a un estado de encubrimiento y ocultación. Uno llega a ese estado precisamente de acuerdo a su esfuerzo en la *Torá* y las *Mitzvot*, a fin de alcanzar el grado en el que todas sus acciones sean con el fin de otorgar.

Ese es el significado de las palabras: "Tú estás después de que el mundo fuera creado". Así pues, el hecho de que uno entre en el encubrimiento y la ocultación vino de Él. Y después de estar ya en el exilio, entonces llega la redención, y esto es: "Tú eres el primero. Tú eres el último".

Carta N° 5
24 de febrero de 1955

A mi amigo,

He leído tu carta de después del *Shabat* de esta semana y me complace tu necesidad de ir revelando los estados que se van sucediendo de una carta a otra. Ciertamente, el Creador iluminará nuestros ojos en Su ley.

Mi opinión sobre ello es que deberían abundar más en el amor por los amigos. **Es imposible lograr el amor eterno si no es a través de la Adhesión, lo que significa que se unan con un nudo valeroso.** Y esto sólo puede realizarse si intentas "desvestirte" del ropaje en que se encuentra revestida el alma interior –la prenda llamada "amor propio"– pues sólo ella separa los dos puntos.

Pero, si caminamos por el sendero recto, los dos puntos que se disciernen como "dos líneas que se oponen la una a la otra", se convierten en una línea media, que contiene ambas líneas unidas.

Y cuando tengas la sensación de estar en guerra, cada uno de vosotros sabrá y sentirá que necesita la ayuda de su amigo y que, sin él, su propia fortaleza también se debilitará. Entonces, cuando entiendan que deben salvar sus vidas, cada uno de vosotros olvidará que tiene un cuerpo que debe conservar y ambos os hallaréis unidos por el pensamiento de cómo utilizar al enemigo. Por consiguiente, apresúrate y la verdad mostrará tu camino y seguro que triunfarás.

Y te ruego que continúes escribiendo.

Baruj Shalom HaLevi Ashlag

Carta N° 8
26 de mayo de 1955, Tel Aviv, en el día 48 de la cuenta de Ómer, un día antes de Shavuot

Saludos, amigos míos, mis mejores deseos,

En respuesta a su carta, debo decirles que, por ahora, no tengo nada que añadir por este medio. Más bien, tal como está escrito: "Habla a los hijos de *Israel* y ellos viajarán". En relación a los viajes, sabes que se refieren a ir del estado A al estado B. Ese es el significado de cambiar de lugar, como dijo *Baal HaSulam* en una interpretación del verso: "Día a día expresa un discurso". Él escribió allí que es imposible tener otro día, sin tener un estado de noche de por medio, es decir, con una interrupción en la mitad. De otra manera, se llama "un largo día" y no "día tras día". Pero el orden del trabajo es precisamente día tras día. "Y noche tras noche experimentará el conocimiento" significa que hay un día en el medio, hasta aquí sus palabras.

Este es el orden de los viajes: Por lo tanto, no le teman a cualquier estado, sino solo, como ya dijimos: "Viajen", vayan hacia adelante. Cada vez, debe fluir una nueva corriente, tal como (...) me escribió en su última carta, el verso: "Ellos son nuevos cada mañana; grande es Tu fe".

Por cierto, te voy a revelar en la presente carta mis pensamientos y voluntad aun cuando no acostumbro hacerlo habitualmente. Y aun así, deseo revelar ante ti lo que pensé acerca de las personas de Tiberíades y saber cómo nos consideran, amigablemente o de manera hostil. En esta carta, te escribiré cómo y que veo de las personas de Tiberíades. Y aun cuando no describí la esencia de Tiberíades, aun así, te escribiré mis pensamientos. Estos días, me he liberado un poco de mis problemas personales y generales, y estoy tomándome un tiempo para levantar la cabeza y observar lo que se está desarrollando allí. Es como si viera tres tipos de personas, tres imágenes y formas vestidas en tres diferentes tipos de cuerpos.

1) Una gran parte, la vasta mayoría, a pesar que pienso que nos consideran de forma tanto favorable como desfavorable, y que nos respetan o desprecian. Con toda honestidad, pienso que no somos dignos de atención a sus ojos. En otras palabras, ni piensan en nosotros, ni nos

critican e incluso no nos sienten. Es como si no existiéramos junto a ellos en el mundo. Es más, si sucede que escuchan que existe tal cosa como los *Jasidim* (practicantes) del *Rav Ashlag*, no es de interés para ellos. Están preocupados en conseguir sustento todo el día –en sus pasiones, en su búsqueda de respeto, o en su espiritualidad. Ellos no tienen la necesidad de considerar algo tan trivial como nosotros –este pequeño grupo de personas– y, especialmente, desde que escucharon que hay una pelea dentro de nuestro diminuto grupo.

"Las sobras no satisfacen al león". Es decir, el diminuto grupo, es muy pequeño e insignificante ante sus ojos, para saciarlos o proporcionar alguna satisfacción mental, tanto es así, que evalúan si nos dejan entrar en sus pensamientos para decidir si somos buenos o malos. Así de inferiores somos ante sus ojos, completamente indignos de escrutinio, e indignos de una atención momentánea. E incluso cuando pienso que este león tiene todo tipo de planes en relación a nosotros, en realidad no hay nada por el estilo.

2) El segundo tipo de personas, son aquellos que nos respetan y para los cuales ya existimos y ocupamos espacio en su mundo. Nos consideran personas de valor, respetables, y de cierta talla. Nos hacen el gran favor de destinar tiempo para nosotros en su mente y en sus pensamientos durante su tiempo libre. Se interesan por nosotros y observan nuestras actitudes y actividades para ver si somos realmente virtuosos y con integridad, y para opinar con criticismo si encuentran algo en nosotros.

Cuando piensan en ello, ven que al final del día, es un grupo de personas que se han reunido en un cierto lugar, bajo la supervisión de un cierto líder, para estar juntos. Con un coraje sobrehumano afrontan a todos aquellos que se levantan en su contra. De hecho, son hombres valerosos con un fuerte espíritu, están determinados a no retroceder ni un centímetro. Son luchadores de primera clase, peleando en su guerra contra la inclinación hasta su última gota de sangre, y su único deseo es ganar la batalla por la gloria de Su nombre.

Sin embargo, junto a todas esas reflexiones, cuando comienzan a analizarse a sí mismos –de acuerdo a sus prejuicios y a sus intereses propios con respecto a deseos y persecución de honores– se ven obligados a acordar de manera unánime, unirse contra nosotros.

Así, inequívocamente y de todo corazón, resuelven que es mejor para ellos no vincularse con nosotros. Esto es así aun cuando entre ellos, están muy lejanos y son tan diferentes el uno del otro, que nunca pueden estar de acuerdo en nada. Pueden odiarse los unos a los otros hasta tal punto que no pueden soportar estar en la misma habitación y hasta desean matarse entre sí. Aun así, todos ellos se unen en nuestra contra.

Y como no son imparciales debido a la voluntad de recibir en ellos, y "El soborno ciega los ojos del sabio", inmediatamente ven lo opuesto de lo que pensaron de nosotros. Y después de todas las alabanzas y virtudes que encuentran en nosotros –que es conveniente y bien visto respetarnos– pero una vez que han tomado una determinación, ejecutan rápidamente el veredicto con pasión y devoción, ya que arruinamos su reputación con nuestros puntos de vista. Así, por una parte, ellos ven que la verdad está de nuestro lado; y al mismo tiempo, nuestro camino les irrita.

Para librarse a sí mismos, no tienen opción sino destruirnos y borrar nuestro nombre de la faz de la tierra. Ellos se aplican y esfuerzan en ello, para dispersarnos en todas direcciones. Planean y conspiran sobre cómo hacernos fallar y colocan obstáculos en nuestro camino, usando todo tipo de medios –tanto legítimos como ilegítimos, incluso si esto significa contradecir el espíritu humano y el espíritu de la *Torá*. No les importa, porque ven que no habrá permanencia de su voluntad si tenemos algún dominio o expansión de nuestra meta, hacia las personas honestas y de corazón, porque entonces tendremos el poder de mostrarles la verdad.

Y esto es malo para ellos, porque es más conveniente hacer lo que sus corazones desean, y al mismo tiempo ser "el rostro de la generación"– líderes influyentes y espirituales. Por eso, ellos conspiran con planes de ruina y destrucción para nuestro futuro y dicen: "Cuanto más pronto, mejor; es mejor degradarlos mientras aun son pequeños, de manera que no quede ninguna traza de ellos".

Aun así, debemos estar muy agradecidos con ellos por respetarnos y dar importancia a nuestro punto de vista., al menos, admiten que hay algo para revocar. En otras palabras, no nos ignoran como si fuéramos polvo, sino que al menos somos reales para ellos. Esto no es como con el primer tipo de personas, que no piensan en nosotros y creen que lo que sucede a nuestro alrededor no merece ninguna atención.

Además, tampoco están impresionados por nuestra debilidad. Que nosotros al pensar que están siguiendo nuestro accionar, evitamos hacer ciertas cosas, no sea que las encuentren irritantes, y que esto a menudo nos provoca escapar de la campaña, por miedo al primer tipo de personas.

Para ser honesto, ninguno de ellos nos presta atención o piensa en nosotros. Tal vez es como está escrito: "Huyeron cuando nadie los persiguió". Por lo tanto, debemos estar contentos por personas como las del segundo tipo, ya que al menos hacen bromas, se burlan, nos desprecian y calumnian. En otras palabras, al menos somos una realidad en su mundo y no fue tan fácil para ellos pensar y decidirse en borrar nuestro nombre de la faz de la tierra, Dios nos libre.

3) El tercer tipo de personas nos desean bienestar y nos favorecen. Sin embargo, son muy pocas, como en "Dos son multitud (o plural)". Y las llamo por sus iniciales, *BShMA*, es decir, B..., Sh..., M..., y A... En la lengua sagrada (hebreo), se llaman *Bosem* (perfume), y en arameo, *BoSMA*, porque el arameo se considera *Ajoraim* (posterior). En otras palabras, deben llegar a ser recompensados con la Luz de *Panim* (Luz anterior), y que todas sus acciones ingresen en la *Kdushá* (santidad), la cual se llama "la lengua sagrada".

¿Y qué debo hacer cuando veo que deseo describir e ilustrarte a nuestros amados que están en Tiberíades? En ese momento, siento que Tiberíades es una ciudad bulliciosa, y los del tercer tipo anteriormente mencionado, están vestidos en dos cuerpos, mezclados en un torbellino, deambulando entre todos los deseos e ideas que visten otros cuerpos, es decir, el primer y segundo tipo de personas. Y entonces es difícil para mí encontrarlos porque es como si estuvieran en un gran saco de paja y heno, ¿y cómo puede uno encontrar dos perlas preciosas, dos espigas de trigo, que se desvanecen en la vasta mayoría? Y aun cuando la regla es que incluso una persona entre mil cuenta, ellos aun deben soportar y clamar como una grulla, que son seres verdaderamente llenos de vitalidad.

De esto podemos entender la alegoría que nuestros sabios presentan, que la paja, el heno y el trigo deliberan para quién fue plantado el campo. El argumento de la paja y el heno parecen tan correctos que no pueden ser persuadidos, y en ocasiones hay miedo de que el trigo se rinda bajo el gobierno de ellos. Su argumento es: "Somos la mayoría, y tú, trigo, eres nada comparado con nuestro número. Tenemos un estatus más alto y nacimos antes de que vinieras al mundo. En otras palabras, mientras aun eras inexistente, nosotros ya éramos adultos y bien parecidos, y nuestra grandeza podría ser vista por todos. Desde lejos, deslumbramos el ojo con la belleza que le damos al campo entero. Pero ustedes, los granos de trigo, son tan diminutos e indistinguibles que sólo a través de una atención especial puede uno verlos, sólo cuando uno se acerca. Esto seguramente se debe a su incompetencia. Pero nosotros damos un lugar y refugio a personas que están cansadas y perdidas en el camino, que no tienen lugar para reposar sus cabezas. Las tomamos entre nosotros y las cubrimos de los vientos y de las bestias salvajes para que no se les vea. Pero, ¿quién puede disfrutar de ustedes?".

Pero cuando fue tiempo de cosechar, todos sabían para quién fue plantado el campo, ya que la paja y el heno, sólo son adecuados para ser comida de animales; no tienen la esperanza de ser más grandes que su actual medida de grandeza. El trigo, sin embargo, tras unas cuantas correcciones, cuando es quebrado, cernido, mezclado con vino y aceite, y puesto en el horno, es colocado sobre la mesa de reyes y es digno de servirse como una ofrenda al Señor. Y todo el mérito que puede ser atribuido a la paja y el heno es su servicio al trigo, al que sustentaron y alimentaron.

En otras palabras, ellos tomaron alimento de la tierra y se lo transfirieron al trigo. Fue una carga y un peso para ellos que el trigo estuviera cabalgando sobre sus espaldas, y el valor de la paja y el heno es el mismo que el de un esclavo que sirve al rey o una criada que sirve a su señora.

Pero antes del momento de la cosecha, o sea de la conclusión, era imposible aclarar la veracidad y sinceridad de la realidad misma. Por el contrario, cada uno estaba por sí mismo, discutiendo de acuerdo a su propia sensación. Y considerar la verdad sin observar si esta puede causar alguna humillación e incomodidad no es una tarea fácil, solamente aquel que puede analizar cada elemento en muchos detalles hasta que la veracidad y la justicia del asunto salen a la luz. Y para esto se requiere ser recompensado desde arriba, con no ser atrapado en la red del amor propio, y ser arrastrado en el flujo de la mayoría.

De lo dicho arriba, resulta que es difícil para mí encontrarlos cuando están solos, sin ninguna mezcla de deseos e ideas extrañas, ya que todos los están ocultando, como se describía en la alegoría del trigo.

Sin embargo, he encontrado una táctica, similar a la del tiempo de cosecha mencionada antes. Sólo de noche, después de la medianoche, cuando la brisa nocturna sopla y dispersa las pilas de paja y heno, y todos yacen postrados en el campo como cadáveres, es decir, durmiendo en sus camas, las dos espigas se liberan y vierten sus corazones ante su Padre en el cielo. Ellos entran a la llama del fuego de la *Torá* hasta la luz de la mañana, cuando es el momento de la plegaria. En ese momento, sus almas salen diciendo las palabras del Dios viviente. Creo que este es el momento justo para entretenerse con las perlas preciosas que brillan como llamas de fuego, para ser unidas con todo *Israel*, con la ayuda de la Roca de su Redención, y que el Creador así lo permita.

Y escribiré unas cuantas palabras más con respecto al amor. Es sabido que no hay Luz sin un *Kli* (vasija), es decir, que cada placer debe tener un atuendo, en el cual la Luz del placer pueda vestirse. Por ejemplo, cuando una persona desea ganar algún respeto, ser honrado ante los ojos de las personas, su primera acción es con sus ropas. En otras palabras, él debe vestirse con un atuendo honorable, como nuestros sabios dijeron: "*Rabí Yojanán* llamó a sus vestidos 'Mis honras'".

Así, la persona se esfuerza en una cierta medida hasta que obtiene la honorable vestimenta, e incluso luego de adquirirla, debe protegerla de cualquier desperfecto y daño. Es decir, cada día debe sacudirla, y si está manchada y se ensucia, debe lavarla y plancharla.

Pero, más importante aun, debe protegerla del más peligroso saboteador – ¡las polillas! En *Yiddish* se le llama "un *Mol*", que es un mosquito pequeño que no puede verse. El primer cuidado es que no debe entrar en contacto con ropas viejas. Y hay además un remedio maravilloso llamado "naftalina", que la protege de los que la dañan, los "*Mols*". Y cuando él tiene su vestimenta, está listo para recibir la Luz del placer que se viste en atuendos honorables.

Es similar con el amor. Para ser recompensado con la Luz del amor, uno debe encontrar un atuendo en el que la Luz pueda vestirse. Y las mismas reglas se aplican a estas vestimentas: evitar el "polvo" de la calumnia, y en especial al mosquito saboteador conocido como *Mol* (en *Yiddish*, *Moil* significa boca, así que hay aquí un juego de palabras), que son personas de buena apariencia, que hablan bellamente. Pensarías que ya se han "circuncidado" en las alianzas de las relaciones prohibidas y la calumnia, y circuncidaron su corazón, pero muy en el fondo en ellos está el saboteador que puede dañarlos, y no pueden protegerse de ello porque son de apariencia agradable y gran belleza.

Por eso este mosquito es tan diminuto que, sin una atención especial, es imposible detectar a este destructor que viene de aquellos circuncisos, que pueden arruinar esta preciosa vestimenta. De hecho, se sabe que este *Mol* le hace más daño a las vestimentas de lana (*TzéMeR*), es decir, las letras *MeReTz* (entusiasmo), que arruinan el entusiasmo para el trabajo. Y el *Yatush* (mosquito) se deriva de "*VaYitosh* (y él abandonó) al Dios que lo hizo", o en Arameo, "Y él cesó de adorar al Dios al que servía".

Es costumbre de quién tiene una preciosa vestimenta de lana, el evitar el contacto con ropas viejas. En otras palabras, debe evitar el contacto con "viejos *Jasidim* (practicantes)", que arruinan el entusiasmo, porque ya no son competentes para el trabajo, así que todas sus palabras son solo para disminuir el ánimo. E incluso uno con fuertes vestimentas de amor, que es parecido a un árbol –es decir, que tiene una firme existencia– también debe resguardarse de esa polilla, ya que si entra en contacto con la madera, también puede producir daños. Tal como vemos en la naturaleza, que si ese agente nocivo ingresa en el árbol, el mismo se pudre y se desintegra.

Y la única medicina es la naftalina, que viene de la palabra Naftoley, que Onkelos (traductor de la Biblia) traduce como *Tefilá* (plegaria), es decir, rezar al Creador para que este destructor no ingrese en su vestimenta.

Deben ser cuidadosos con una vestimenta honorable, porque si hay plumas de gallo sobre esta, deben ser eliminadas. Tampoco deben entrar en un lugar donde haya plumas de gallo mientras se visten esas ropas. En una vestimenta de la Luz del amor esto es interpretado como *Notzot* (plumas), de la palabra *Nitzim* (pelear), como en las peleas de gallos. Esto se refiere al canto y a los himnos de personas que aun están en el exilio, que se encuentran fuera del camino de la verdad y están esclavizados al amor propio. Todo el canto y alabanza que muestran durante su *Torá* y en su plegaria sólo causan disputas en tu alma, hasta que comienzan a hacer la guerra en sus pensamientos e ideas –y ustedes se cuestionan, ¿en qué lado se encuentra la verdad y la justicia? Esto arruina y ensucia sus vestimentas, las que hasta ahora podían albergar amor. Por lo tanto, debes ser cuidadoso y evitar lugares donde hay plumas de gallo, de manera que después no tengas que dedicarte a limpiarte esas plumas.

Podemos ver en aquella persona que se esfuerza en adquirir la Luz de los honores, si no protege sus vestimentas adecuadamente, cuando sale afuera, los externos inmediatamente se aferran a su ropa, cuando ven que no es un atuendo apropiado, adecuado para honrar a personas. En otras palabras, la gente verá que está aceptando la autoridad de ellos sobre él, y que está tan esclavizado a esas personas externas, que se ve obligado a hacer grandes esfuerzos para obtener las vestimentas pero también para conservarlas. E incluso la moda, es decir, el diseño y la manera de vestir, deben ser precisamente acorde a los gustos de esas personas bajo las cuales se somete. Así, precisamente son aquellos de quienes desea recibir respeto, a los que tiene que adorar con gran esfuerzo para ser favorecido por ellos, de manera que impartan sobre él la Luz del placer que está vestida en los atuendos de honor.

Y si, Dios lo prohíba, no les sirvió lo suficiente, esto puede arrojar resultados no placenteros. Es decir, no sólo no le darán el respeto que quería de ellos, sino al contrario, todos lo degradarán, lo humillarán, y le harán sentir bajo e inferior. Y esa sensación de inferioridad primero lo pondrá triste, luego ocioso, y luego sentirá que el mundo entero se ha oscurecido para él, hasta que no ve esperanza de obtener placer en la vida. Entonces, encuentra un solo consuelo –ir a casa, yacer en su cama, y pedir amargamente que su plegaria sea concedida– es decir, que el ángel del sueño, que es un sesentavo de la muerte, le impartirá la Luz del placer de dormir. Este es el único goce que puede esperar.

Y si, lamentablemente, el ángel del sueño no tiene misericordia de él y no encuentra un remedio para sí, entonces, por la amargura de su alma, él no tiene otra opción, sino adquirir placer de aquello que es popular entre los desesperados que buscan alivio para su tristeza: ellos pelean contra su deseo de existir, lo superan, y extraen placer del ángel llamado "suicidio". Es decir, ellos sienten que sólo este ángel puede liberarlos de la amargura de su alma. Evidentemente, es imposible obtener placeres del ángel recién mencionado sin terribles tormentos y una poderosa y horrible lucha emocional.

Por lo tanto, "Los ojos del sabio están en su cabeza", y él sabe y ve antes de tiempo lo que puede adquirir y obtener si no cumple las leyes y condiciones de sus contemporáneos. Es decir, debe rendirse y asumir todo lo que las personas externas le exigen, o lo castigarán de inmediato en este mundo. En otras palabras, la recompensa y el castigo son revelados en este mundo y no requieren fe por encima de la razón.

De esto podemos deducir el gran cuidado, desvelo ilimitado, y la atención especial requerida para obtener el ropaje que viste la Luz del amor, no sea que los exteriores se aferren a ella, y arruinen esta preciosa vestimenta. –que está hecha de una tela tan fina y delicada– que ha sido comprada con tanto sudor y sangre, literalmente hablando.

Y ahora déjame aclararte cómo y de qué manera comienzo a obtener esa vestimenta de amor.

El orden para hacer una vestimenta adecuada es, primero, hilar una pieza de tela. En otras palabras, tomamos hilos y los colocamos juntos a manera de trenzado y guía (entrecruzados). A través del entramado, se teje una pieza de tela.

Por lo tanto, tomo un hilo de trenzado en un hilo de guía o llenado. Un *Nima* (ar.: hilo así como "decir") se deriva de las palabras "Di una palabra sobre ello". *Shti* (llenado) viene de la palabra *Tashi* (debilita), como en "Tú has debilitado la Roca que te engendró". En otras palabras, comienzo a actuar con el poder de mi memoria y pronto recuerdo que mis amigos hablaron de mí desfavorablemente, que esas palabras les hicieron cometer cosas malas hacia mí, y estos dichos (también "trenzar") debilitan la amistad, la camaradería, y la hermandad.

Más adelante, un hilo de *Erev* (ameno) viene a mi mente, es decir, que escuché que mi amigo habló de mí favorablemente, lo cual lo hizo cometer buenas cosas, que son *Arevim* (amenas) y dulces a mi gusto. Es decir, veo y siento que mi amigo ha dejado todos sus compromisos y piensa y actúa solo a mi favor, de manera que tenga placeres agradables. Y esos dos hilos crean una mezcla en mí, y no sé de qué manera decidir y decir: ¿Está la verdad del lado del trenzado o del lado del llenado?

Es sabido que todo lo que existe en nuestro mundo está bajo la forma de positivo y negativo –derecha e izquierda, verdadero y falso, Luz y oscuridad, *Israel* y las naciones, sagrado y secular, impureza y pureza, y mal y bien. Esto es así porque es imposible detectar un buen sabor sin probar el sabor amargo del mal. Este es el significado de lo que nuestros sabios dijeron: "Demandar (*Pará*) a los malvados y dar una buena recompensa a los justos".

La palabra *Pará* (demandar) viene del verso. "*Pará* (suelta) el cabello en la cabeza de la mujer". En otras palabras, es posible recibir ayuda de los malvados con el fin de descubrir el verdadero sabor y sensación, de la buena recompensa del justo.

Por esta razón, al tejer la vestimenta, permanezco desconcertado y espero el veredicto que expulsará la pobreza de mente que me envuelve. Y como estoy ocupado en tejer un atuendo de amor, en colocar la Luz del placer ahí, ya no soy imparcial y paso a ser una parte interesada. Por esta razón, decido de acuerdo a las palabras del llenado, tal como la *Torá* nos dio indicios que "El soborno ciega los ojos del sabio".

Así, ya no me importa si la verdad es lo que es; es más, sólo me importa la meta que deseo en este momento, durante el tejido del atuendo de amor. En ese estado, tengo una línea de decisoria en el medio, es decir, es la meta la que define entre derecha e izquierda.

Y una vez que he adquirido las vestimentas mencionadas, de pronto empiezan a brillar chispas de amor dentro de mí. El corazón comienza a anhelar unirse con mis amigos, y me parece que mis ojos ven a mis amigos, mis oídos escuchan sus voces, mi boca les habla, las manos abrazan, los pies bailan con alegría y amor junto a ellos, en la ronda, y trasciendo mis límites corporales. Olvido la vasta distancia entre mis amigos y yo, y la tierra extendida a mucha distancia no se interpondrá entre nosotros.

Es como si mis amigos estuvieran situados justo dentro de mi corazón y vieran que todo lo que sucede allí, y yo me avergüenzo de mis insignificantes actos contra mis amigos. Entonces, simplemente salgo de mis vasijas corporales, al parecerme que no hay realidad en el mundo excepto mis amigos y yo. Después de eso, incluso el "Yo" es anulado, sumergido, e incluido en mis amigos hasta que me pongo de pie y declaro, que no hay otra realidad en el mundo –solo los amigos.

Debo ser breve, pues el día de fiesta se aproxima.

Tu amigo, *Baruj Shalom HaLevi*

Carta Nº 16
21 de diciembre de 1955

Deja que un brote naciente sane y déjales decir que estoy en la delegación de su Hacedor, volando entre los que vuelan, El Gran Tamarisco, a quien el Superior asiste, nuestro glorificado maestro, *Rav*...

Recibí tu carta, y que el Creador ilumine que nuestro camino sea el camino correcto y nosotros llevaremos al límite nuestra memoria para el día de la conmemoración. Entonces se nos entregará la Luz de la memoria, que es buena para limpiar el aire material, y respiraremos el aire sagrado, que es la vida verdadera y eterna.

Me gustaría añadir a lo que escribiste: "Estoy seguro de que si hubiera conocido al más grande hereje...", etc.

Sabemos que hay una costumbre, aplicada en todo el mundo, de que no es bueno para un artesano de primera línea estar entre trabajadores de pobre capacidad y aprender de sus acciones. Por ejemplo, cuando un zapatero está entre zapateros incompetentes, le dan a entender que no vale la pena hacer un buen zapato, sino hacerlo como salga, y que no vale la pena hacer un zapato bello y de calidad.

O un sastre, si es un experto, cuando está entre sastres incompetentes, le dan a entender que no vale la pena esforzarse por hacer las prendas agradables, pulcras y a la medida de su cliente. Entonces, debe ser cauteloso de no estar en contacto con ellos.

Pero cuando un constructor está entre sastres, no puede aprender de sus malas acciones porque no hay conexión entre ellos. Pero dentro de la misma profesión, cada uno debe cuidarse y estar en contacto sólo con personas de corazón puro.

Según lo anterior, **con cualquier persona que consideres un sirviente del Creador, debes estar en guardia y ver si es un trabajador capacitado**, es decir, que desea que su trabajo sea limpio y puro y destinado a "**por Su Nombre**".

En el último de los casos, debe saber que no es un buen trabajador y buscar consejo en su alma mediante el cual ser un trabajador capacitado, y no un trabajador ordinario que sólo aspira a su salario.

Pero un trabajador bueno y profesional es uno **que no considera la recompensa, sino que disfruta de su trabajo**. Si, por ejemplo, un sastre profesional sabe que las prendas le ajustan a su cliente en cada punto, esto le aporta placer espiritual, más que el dinero que recibe.

Así, con personas que no son de tu profesión, no es importante si estás entre ellos, ya que tú te dedicas a la construcción y ellos se ocupan del negocio de cueros.

Pero con las personas que se dedican a la *Torá*, pero que no son meticulosos en conservar las ropas a la medida de su propietario, sólo tienen una mente que está en contra de la *Torá*, opuesta a la visión de la *Torá*. Y aquí debes estar siempre en guardia... y mantenerte bien alejado de esas personas, a distancia de un tiro de flecha por así decirlo.

Y no es así con las personas ordinarias.

Por lo tanto, como no tienes contacto con las personas de *Mizraji*, no necesitas una vigilancia tan cuidadosa.

Pero de las personas de *Agudat Israel*, hace falta cuidarse.

Y con los *Jasidim*, necesitas aun mayor vigilancia.

Y con las personas que eran cercanas a mi padre (*Baal HaSulam*) necesitas mantener un ojo muy vigilante.

Y esta es la razón (que nos explica el *ARÍ* y nos aclara *Baal HaSulam* en *Talmud de las Diez Sfirot*): En el mundo de *Nekudim*, *Mélej HaDaat*, el nivel de *Kéter*, que es el primer *Mélej* (rey), cayó más bajo que todos los *Melajim* (reyes) durante la ruptura. Esto es así porque el más grueso es también el más elevado cuando tiene un *Masaj*, y es el peor cuando pierde el *Masaj*. Por esta razón, cae más bajo que todos los *Melajim*.

Y podemos interpretar estas palabras, para aquellos que caminan por la senda del Creador, tienen una voluntad de recibir mucho mayor tanto para la corporalidad, así como para la espiritualidad. En consecuencia, aquellos que eran cercanos a *Baal HaSulam*, mientras se apoyaban en él y estaban predispuestos, tenían un *Masaj* y *Aviut* (grosor). Pero ahora (luego del fallecimiento de *Baal HaSulam*) que no están comprometidos, no se anulan, y no tienen interés en tener un *Masaj*, su trabajo por entero está en ser "**Judíos hermosos**" o "*Rebes*" (grandes rabinos).

Así, este es un *Aviut* sin un *Masaj*, y así naturalmente se desarrollan sus acciones. Y para mí, son sospechosos en todo, y no hay nadie que los frene.

Estoy siendo breve porque no deseo tenerlos en mi pensamiento, ya que conoces la regla: "Uno está donde están sus pensamientos". Lo hago porque sé que eres devoto en saber la verdad, fui obligado en pensar sobre el caso de *Aviut* sin *Masaj*, que son del discernimiento de la rotura de vasijas, que aun no pueden ser dilucidadas.

Para entender el asunto más claramente, te daré un breve ejemplo: Se sabe que entre cada dos grados hay un punto medio, producido por los dos discernimientos juntos.

Entre el estado inanimado y el vegetal hay un punto medio llamado "corales".

Entre el vegetal y el animal, está la piedra del campo (o perro de campo), que es un animal que está atado a la tierra por el ombligo y se nutre de esta.

Y entre el animal y el hablante, está el mono.

Por tanto, hay una pregunta: **¿Cuál es el punto medio entre verdad y mentira? ¿Cuál es el punto que está formado por ambos discernimientos juntos?**

Antes de que lo aclare, añadiré otra regla: Es sabido que es imposible ver un objeto pequeño, y que es más fácil ver un objeto grande. Por lo tanto, cuando una persona comete algunas mentiras, no puede ver la verdad –que está caminando por un falso camino. Es más, dice que está yendo por el camino de la verdad. Pero no hay mentira más grande que esa. Y la razón es que no tiene suficientes mentiras para ver su estado verdadero.

Pero cuando una persona ha adquirido muchas mentiras, las mentiras crecen en él hasta tal punto que puede verlas si así lo desea. Así, ahora que ve las mentiras –que está caminando por un camino falso– ve su verdadero estado. En otras palabras, ve la **verdad** en su alma y cómo cambiar al camino correcto.

De esto se deduce que este punto, que es un punto **de verdad –que está pisando un camino falso–** es el punto medio entre verdad y mentira. Este es el puente que conecta verdad y falsedad. Este punto es, además, el fin de la mentira, y de aquí en adelante comienza el camino de la verdad.

Así, podemos ver que para ser recompensados con *Lishmá* (en beneficio de la *Torá)*, primero necesitamos preparar el más grande *Lo Lishmá* (no en beneficio de *la Torá*), y entonces podemos lograr *Lishmá*. Y de manera similar, *Lo Lishmá* es llamado una "mentira" y *Lishmá* es llamado "verdad".

Cuando la mentira es pequeña y las *Mitzvot* y las buenas acciones son pocas, tiene un *Lo Lishmá* pequeño, y entonces no puede ver la verdad. Por tanto, en ese estado, dice que está caminado por el sendero bueno y verdadero, es decir, que trabaja *Lishmá*.

Pero cuando se dedica todo el día y toda la noche a la *Torá* y *Mitzvot* en *Lo Lishmá*, entonces puede ver la verdad, ya que, mediante la acumulación de mentiras, su mentira aumenta y ve que en realidad está caminando por un sendero falso. Y entonces comienza a corregir sus acciones.

Y entonces comienza a corregir sus acciones. En otras palabras, entonces siente que todo lo que hace es sólo en *Lo Lishmá*. Desde esta perspectiva, uno pasa al camino de la verdad, a *Lishmá*. Sólo aquí, en este punto, comienza el asunto de "de *Lo Lishmá* uno llega a *Lishmá*". Pero antes de eso, él argumenta que está trabajando *Lishmá*, y, ¿cómo puede cambiar su estado y su comportamiento?

Por tanto, si una persona es perezosa en su trabajo, no puede ver la verdad, que está inmersa en la falsedad. Pero al aumentar la *Torá* y *Mitzvot* con el fin de otorgar satisfacción a su Creador, uno puede entonces ver la verdad: que está yendo por un camino falso, llamado *Lo Lishmá*. Y este es el punto medio entre verdad y la falsedad.

Así pues, debemos ser fuertes tal como nos indicó *Baal HaSulam* y estar seguros de nuestro camino, de manera que cada día sea nuevo para nosotros. Porque siempre necesitamos renovar nuestras bases, así obtendremos una unión eterna que no caerá, y entonces **iremos** hacia adelante.

Tu amigo, *Baruj Shalom HaLevi Ashlag*

Carta N° 24
7 de noviembre de 1946, Mánchester

Saludos y mis mejores deseos.

A mi amigo,

En respuesta a tu carta del 27 de octubre, con respecto a tu primera pregunta acerca de tener que estar en guardia y despertar el amor en los corazones de los amigos, lo cual encuentras indecoroso, de hecho justamente esto lo veo necesario para ti. Sabes lo que *Baal HaSulam* dijo, que partiendo de la relación entre uno y su amigo se aprende cómo comportarse ante el Creador.

Esto es así porque la Luz superior está en completo reposo, y es necesario evocar siempre el amor "Hasta que el amor de nuestra boda complazca". En otras palabras, se te está mostrando desde arriba que, en este camino, debes siempre despertar el amor al Creador. Ya que todos esperan tu despertar.

Esto es, tal como ves que en el amor de los amigos, tú tienes los derechos, tal como lo ves, significa que se te está siendo mostrado desde arriba que tú eres el que evoca (aun cuando la verdad no es necesariamente así; si le preguntas a los amigos, no estoy seguro de que estén de acuerdo contigo, con tu testimonio de que eres sólo tú quien los desea y no al revés).

Este es el significado de: "El juez no sabe más que lo que ven sus ojos". Esto es, en cuanto al juicio se refiere, debes juzgar sólo por tus evidencias. Por eso se te está mostrando desde arriba que tienes que seguir despertando el amor del Creador de esta manera, que debes siempre permanecer alerta, todo el día y toda la noche, o sea cuando sientes un estado de día o sientes un estado de noche.

Decimos al Creador; **"Tuyo es el día, y Tuya es también la noche"**. Así, también la noche, la oscuridad de la noche, viene del Creador para favorecer también al hombre, como está escrito: "Día a día expresa un discurso, y noche a noche experimentará conocimiento" (Ve el Comentario *Sulam*, parte 1, Punto 103).

De esto se deduce que tú debes despertar el corazón de los amigos hasta que la llama se eleve por sí misma, como nuestros sabios dijeron sobre ello: "Al elevar las velas" y por medio de ello, serás recompensado con el despertar del amor del Creador sobre nosotros.

Y con respecto a tu segunda pregunta acerca de tener siempre que despertar el corazón de los alumnos quienes, por su parte, tras haber ya sido recompensados con ver la importancia del estudio, etc., aun no respetan las lecciones, eso también es mérito tuyo.

En otras palabras, tenías que evaluarlo por ti mismo, ya que el Creador te ha otorgado Su proximidad varias veces. Ya han habido varias veces en que sentiste que no tenías otra preocupación en el mundo más que permanecer en adhesión a Él para siempre, porque no eres digno de servir al Rey incluso en los trabajos más simples porque, ¿cuál es la razón que has de ser tú más privilegiado que tus pares?

Y aun así, esperas que el Creador te despierte para trabajar, es decir, tener un despertar desde arriba, y entonces comenzarás a estudiar las lecciones.

Esto es, del mismo modo que tú debes despertar a los estudiantes, estás diciendo que el Creador debe despertarte a ti. Es decir, si el Creador te da una razón y un buen sabor en el trabajo, estarás de acuerdo en trabajar. Pero antes de eso, no puedes hacerlo. Entonces, se te muestra desde arriba cuan bajos e inferiores consideras que son los estudiantes.

Y con respecto a la tercera pregunta, acerca de sostener al grupo en emprendimientos exagerados, es porque así es como las personas se comportan cuando tienen miedo de que el bebé salga de casa solo y de noche. Le dicen: "Afuera hay un oso y otras bestias salvajes", ya que el bebé no puede entenderlo de ninguna otra manera. En otras palabras, si supiera la verdad, que no hay ningún león u oso afuera, sino que es sólo por el bien del bebé el que se vaya a dormir, y lo más importante, que permanezca dentro de casa, el bebé no sería capaz de aceptar la verdad.

Por lo tanto, debes saber, hermano mío, que en cuanto a aceptar el camino de la verdad y las palabras de verdad de *Baal HaSulam*, no hay muchas personas que puedan escucharlas, ya que tú sólo estás viendo a muchos niños. ¿Y qué puedo decirte mientras estás en la **guardería**, y estás impresionado por ellos, escribiéndome que están animados y alegres? Realmente, esa es la forma de ser de los bebés. Pero se sabe que no se toma en serio a un bebé cuando llora o es feliz porque sus emociones y sentimientos son sobre cuestiones intrascendentes.

Y cuando ves que el bebé está llorando durante el rezo, estás impresionado, y cuando está alegre y baila, estás impresionado, y escribes que envidias a los niños por estar animados y por bailar. ¿Y qué es lo que quieres? ¿Ser un bebé otra vez? Debes saber, mi hermano, que tus días de niñez se acabaron, ya que antes de que entraras en la habitación de *Baal HaSulam*, estabas bailando como ellos.

Y que el Creador nos asista en lo material y en lo espiritual.

Tu amigo, *Baruj Shalom HaLevi Ashlag*

Hijo de *Baal HaSulam*

Carta N° 34
Víspera de *Rosh HaShaná* (Año Nuevo Judío) 14 de septiembre de 1947

A los amigos, que vivan por siempre.

Tras haberme acercado a vosotros en el lugar terrenal imaginario, esperemos que nuestros corazones se acerquen porque, de un largo tiempo a esta parte, no hemos intercambiado correspondencia, y el acto físico trae la unidad, como está escrito en la oración de *Rosh Hashaná* (servicio de la Víspera de Año nuevo): "Y todos ellos se convirtieron en un grupo unido". En ese estado, será más fácil "Hacer Tú voluntad de todo corazón".

Esto es así porque mientras no haya un grupo unido, es difícil trabajar de todo corazón, porque parte del corazón permanece en pos de su propio beneficio y no por el beneficio del Creador. Se habla de ello en el *Midrash Tanjumá*: "'Aquí estáis hoy', así como el día a veces brilla y a veces se oscurece, así ocurre contigo. Cuando esté oscuro para ti, la Luz del mundo brillará para ti, como está dicho: 'Y el Señor será sobre ti una Luz eterna'. ¿Cuándo? Cuando todos seáis un grupo unido, como está escrito: 'Viven, todos vosotros en este día'.

Habitualmente, si alguien toma un montón de ramas, ¿puede quebrarlas todas de una vez? Pero si se toma una cada vez, incluso un bebé puede romperlas. De igual modo, encuentras que *Israel* no será redimido hasta que todos sean un grupo unido, como está dicho: 'En esos días y en ese momento, dice el Señor, los hijos de *Israel* vendrán, ellos y los hijos de Judá, juntos.' Así, cuando están unidos, reciben el rostro de la *Shejiná* (Divinidad)".

Presenté las palabras del *Midrash* para que no pienses que el asunto del grupo, que es el amor de los amigos, se relaciona con el Jasidismo. Más bien, es la enseñanza de nuestros sabios, quienes vieron cuan necesaria era la unidad de los corazones en un solo grupo para la recepción de la Divinidad.

Aunque siempre hay uno de los amigos que se levanta y grita: "¡Dad vuestras manos por un solo grupo!" y siempre atribuyen la negligencia a los amigos, aun así no puedo excluirlo de entre los amigos que son negligentes en el asunto, y para el buen entendedor estas palabras son suficientes.

Principalmente, esperemos que en el año nuevo, *Shin-Tav-Het-Yod* (son las siglas de "Que puedas vivir" pero además el año en el calendario hebreo, contado en letras [1949-50]), el Creador nos dé la vida eterna, tal como está escrito: "Porque Dios me ha asignado otra semilla en lugar de Abel", etc., y "Que puedas vivir" se hará realidad.

El significado de *Rosh HaShaná* (Víspera de Año Nuevo) es un nuevo comienzo, cuando una persona comienza a construir una nueva edificación. Es como nuestros sabios dijeron: "Uno debe siempre considerarse a sí mismo como mitad pecador y mitad justo. Si lleva a cabo una sola *Mitzvá* (precepto) feliz es él, porque se ha sentenciado a sí mismo y al mundo entero a la balanza del mérito. Si comete una transgresión, ay de él, porque se ha sentenciado a sí mismo y al mundo entero a la balanza del demérito".

Debemos entender qué significa que uno deba siempre considerarse mitad y mitad.

1) Si lleva a cabo una *Mitzvá* y sentencia del lado del mérito, ¿cómo se le puede decir que sea "mitad y mitad" otra vez? Después de todo, él ya ha dictado sentencia y ya tiene muchos méritos. Por el contrario, si cometió una transgresión, ¿cómo se le puede decir más tarde que es "mitad y mitad"?

2) ¿Cómo puede decirse que es mitad y mitad cuando uno sabe de sí mismo que se encuentra lleno de pecados y transgresión? Al mismo tiempo, uno está obligado a confesar: "Somos culpables, hemos traicionado", y "Por el pecado".

La cuestión es que nuestros sabios están haciéndonos entender el orden del trabajo. Aquí no existe una cuestión de un tribunal y un juicio de arriba. Sólo cuando uno llega ante el tribunal de arriba, sus transgresiones y méritos son sentenciados. En cambio, la cuestión es que aquí nuestros sabios nos están enseñando que uno siempre puede, al comenzar el trabajo elegir lo bueno y aborrecer lo malo. Esto es así porque la elección viene al caso *precisamente* en algo que es mitad y mitad, porque entonces él tiene el poder de elegir. Pero cuando uno de los lados tiene ya la mayoría, él ya no puede decidir porque el hombre sigue a la mayoría y entonces es irrelevante hablar de elección.

Esto plantea la pregunta: "¿Cómo puede engañarse a sí mismo y decir que es mitad y mitad cuando, de hecho, sabe que está lleno de pecados?" Sin embargo, debemos saber que el asunto de la elección que a uno se le da es permanente y existe siempre, como en "Aquel que es más grande que su amigo, su inclinación es mayor que él mismo". Según esta regla, si uno tiene muchos pecados, entonces tiene una inclinación pequeña, que no es más grande que la buena inclinación, sino precisamente mitad y mitad, de manera que sea capaz de elegir.

Y como las transgresiones llegan a través de la inclinación al mal y las *Mitzvot* (preceptos) llegan a través de la buena inclinación, tal como interpretó *RaShI*: "Tú has creado justos a través de la buena inclinación; Tú has creado malvados a través de la inclinación al mal", por tanto, nuestros sabios dijeron: "Uno debe siempre considerarse a sí mismo mitad pecador y mitad justo". En otras palabras, con respecto a la elección, es constante, y si las transgresiones de [...] entonces la inclinación al mal disminuye. Así pues, él es mitad y mitad. De manera similar, si él lleva a cabo una sola *Mitzvá*, y ha sentenciado ya del lado del mérito, a él se le da inmediatamente una mayor inclinación al mal, como está escrito: "Aquel que es más grande que su amigo, su inclinación es mayor que él mismo". De ese modo, ahora él es mitad y mitad, por lo que será capaz de sentenciar del lado del mérito.

Por lo tanto, en *Rosh HaShaná*, uno comienza nuevamente su trabajo. Además, los "diez días de penitencia" son llamados "días de perdón y expiación de los pecados", así que un hombre tendrá todas las oportunidades de regresar al trabajo del Creador una vez más, incluso cuando ha estado totalmente alejado del mismo.

Y el fundamento del trabajo es la oración, ya que sólo mediante la oración uno sale del dominio del público, e ingresa en el dominio del Único. Esto es así porque cuando se trata de oraciones, grande y pequeño son iguales. Más aun, quien siente su propia pequeñez puede ofrecer una plegaria más genuina desde el fondo del corazón, porque sabe sobre sí mismo que no puede liberarse de la dificultad por sí solo. Entonces puede decir que, de hecho, aquellos que fueron creados con talentos especiales y cualidades sutiles pueden hacer algo por sí solos, mientras que aquellos sin los talentos especiales y buenas cualidades sólo necesitan de la misericordia de los cielos. De esta manera, sólo esta persona puede ofrecer una plegaria honesta.

Sin embargo, uno debe ser cuidadoso y no escapar del trabajo, ya que este es el medio de la inclinación, que en donde uno puede ofrecer una verdadera plegaria, este le aporta chispas de desesperanza y le proporciona evidencias, conclusiones, y deducciones de que su plegaria será inútil, Finalmente, una persona se vuelve incapaz de creer en "Porque Tú escuchas las plegarias de cada boca". Es conocido que nuestros sabios dijeron: "El Creador anhela las plegarias de los justos". Esto es así porque la plegaria es la herramienta principal para atraer la Divinidad, porque se considera una plegaria para el pobre.

Y la plegaria se aplica incluso al más grande de los grandes. Sin esta, uno no puede continuar su trabajo. Este es el significado de: "Porque los pobres nunca cesarán en la tierra". Debemos entender por qué el Creador nos prometió esto –que siempre es necesario tener pobres. ¿No sería mejor si no hubiera tal cosa en *Israel*?

Sin embargo, en la interpretación anterior, "pobre" significa un lugar para la plegaria, y si no hay lugar para la carencia, no hay lugar para la plegaria. Así, ¿no hay lugar para la plegaria una vez que uno ha sido recompensado con grandeza? A ese respecto, el Creador nos promete: "Los pobres nunca cesarán", es decir, que siempre habrá un lugar donde es posible encontrar una necesidad de manera que uno pueda elevarse a un grado más alto.

Este es el significado de: "La pobreza es bella en *Israel* como una correa roja a un caballo blanco". Esto significa que incluso si él ya es un judío en la más absoluta grandeza, aun así, la pobreza le conviene, ya que éste es un lugar de deficiencia, de manera que podrá ofrecer una plegaria.

Este es el asunto presentado en la *Guemará* (*Brajot* 9b): "*Rabí Ela* dijo a *Ulla*: 'Cuando vayas arriba, saluda a mi hermano, *Rabí Berona*, en presencia de todo el grupo, porque es un gran hombre y se regocija en las *Mitzvot*. En cuanto logró unir la redención con la oración, la sonrisa no dejó sus labios en todo el día'". En otras palabras, el que sea un gran hombre significa que ya está en un estado de redención, redimido de todas las deficiencias y no tiene nada más que hacer. En ese estado, tiene el trabajo de buscar alguna falla en sí mismo para rezar por ello. Y cuando estaba

"Uniéndose a la redención con oración", pronto encontró un lugar para la oración y sintió una alegría infinita, como está escrito; "Porque los pobres no cesarán en la tierra".

De todo lo anterior se deduce que lo más importante es la plegaria. Sé fuerte en la plegaria y cree en "Tú escuchas la plegaria de cada boca".

Que seamos inscritos y sellados en el libro de la vida.

Tu amigo, *Baruj Shalom HaLevi*
Hijo de *Baal HaSulam*

Carta N° 37
25 de octubre de 1957

... y con respecto a separar el amor de los amigos del trabajo del Creador, no lo entiendo en absoluto, porque nunca fue la costumbre de *Baal HaSulam* conectar aquellos dos.

Por el contrario, siempre estaba prohibido expresar palabras de la *Torá* o de estados de grandeza o de pequeñez entre los amigos. Nuestra manera ha sido siempre: "Transita humildemente". Apenas si estaba permitido hablar de asuntos del trabajo entre los amigos, como está escrito en varios ensayos de *Baal HaSulam* con respecto a eso.

Más bien, la devoción de los amigos era aquella de la gente ordinaria, donde cada uno se preocupa sólo de la materialidad de su amigo, no de su espiritualidad. El acercamiento entre los amigos era, de hecho, a través de comidas y de beber vino, no a través de las palabras de la *Torá*.

Por lo tanto, no estoy seguro de qué innovaciones estás tratando de hacer. Tal vez hasta ahora creías que para el amor de los amigos no deberían ocuparse ni hablar de asuntos del trabajo espiritual, y ahora sabes con certeza que esta es la única manera en que debe ser, es decir, mediante transitar humildemente.

La manera es como uno que va al festejo de su amigo. Él no piensa en sí mismo –si está o no de buen ánimo– sino que debe participar en la alegría de su amigo y no fruncir el ceño, sino mostrar un rostro feliz. Es lo mismo aquí: el vínculo con los amigos debe ser tal que cada uno desee deleitar a su amigo, y precisamente con cosas materiales, ya que precisamente aquí está el asunto de "Cómprate un amigo".

"Hazte de un *Rav*" es una historia diferente. Esto es algunas veces, entre los amigos, uno desea ejecutar "Hazte de un *Rav*" hacia el otro. Sin embargo, esto es específicamente entre amigos que tienen gran cuidado y un rigor estricto, y no todo el mundo es adecuado para ello. Pero esto ya no se considera "amor de amigos", es decir, lo que el amor de los amigos requiere, ya que no hay relación con el trabajo espiritual, tal como me escribiste.

Baruj Shalom HaLevi
Hijo de *Baal HaSulam*

Carta N° 40
Día 31 de la cuenta de *Ómer*, Mánchester

A mis estudiantes, que vivan,

Recibí un telegrama de [...] que hemos ganado. Esperemos que también ganemos la guerra contra la inclinación (al mal) –que también aquí tengamos éxito y logremos la meta de satisfacer al Creador. Ha llegado el momento de comenzar a avanzar hacia nuestra sagrada meta como héroes poderosos y fuertes. Se sabe que el camino pavimentado que lleva a la meta es el amor de los amigos, mediante el cual pasamos al amor al Creador. Y en el asunto del amor, es a través de "Cómprate un amigo". En otras palabras, a través de las acciones, uno compra el corazón de su amigo. Incluso si ve que el corazón de su amigo es como una roca, eso no es excusa, y si ve que él es adecuado para ser su amigo en el trabajo, entonces debe comprarlo a través de acciones.

Porque cada regalo que le entrega a su amigo (y un regalo se establece como tal si sabe que su amigo lo disfrutará, ya sea en palabras, en pensamiento, o en acción) debe hacerse abiertamente, para que su amigo sepa de ello, ya que mediante los pensamientos, uno no sabe qué es lo que su amigo estaba pensando de él; así pues, también se necesitan las palabras, es decir, decirle que está pensando en él y que se preocupa por él. Y también en eso debe ser lo que su amigo ama, es decir, de lo que le gusta a su amigo. Alguien a quien no le gustan los dulces, sino los pepinillos, no puede convidar pepinillos a su amigo, sino específicamente a dulces, ya que esto es lo que le gusta a su amigo. Y de ahí, debemos entender que algo puede ser trivial para uno, puede ser lo más importante para el otro) es como una bala que hace un hoyo en la roca. Y aunque la primera bala sólo roza la roca, cuando la segunda bala impacta en el mismo lugar, ya le hace una ranura, y la tercera le hace un hueco.

Y a través de las balas que dispara repetidamente, el hueco se convierte en un hoyo en el corazón de piedra de su amigo, donde se acumulan todos los presentes. Y cada regalo se convierte en una chispa de amor hasta que todas las chispas de amor se acumulan en el hoyo del corazón de piedra y se vuelven una llama.

La diferencia entre una chispa y una llama es que donde hay amor, hay una revelación hacia el exterior, es decir, una revelación a todo el mundo de que el fuego del amor está ardiendo en él. Y el fuego del amor quema todas las transgresiones que encuentran en el camino.

Y si preguntaras: "¿Qué puede hacer uno si siente que tiene un corazón de piedra hacia su amigo?" Perdóname por escribir: "Todos y cada uno sienten que tienen un corazón de piedra", quiero decir, excepto los amigos que sienten y saben que no ponen objeciones a que su amigo les ame y les dé regalos (no necesariamente en acción sino, al menos, en buenas palabras y atención especial sólo hacia él). Me estoy refiriendo sólo a aquellos que sienten que tienen un corazón muy frío con respecto a amar a sus amigos, o aquellos que tienen un corazón de carne pero la frialdad de sus amigos, también les afectó y sus corazones se han congelado.

El consejo es muy simple: La naturaleza del fuego es que cuando frotas las rocas una contra otra, se enciende un fuego. Esta es una gran regla, ya que "De *Lo Lishmá* (no en nombre/beneficio de la *Torá*) uno viene a *Lishmá* (en nombre/beneficio de la *Torá*)". Y esto es así particularmente cuando el acto es *Lishmá*, es decir, otorgar un obsequio a su amigo, y sólo la intención es *Lo Lishmá*.

Esto es así porque uno le da un obsequio sólo a alguien que conocemos y reconocemos como alguien a quien amamos. De ahí se deduce que la intención del obsequio es como la gratitud por el amor que le da su amigo. Sin embargo, si uno le da un obsequio a un extraño, es decir, que él no siente que su amigo se encuentra cercano a su corazón, entonces no tiene nada por lo que estar agradecido. De esto se deduce que la intención es *Lo Lishmá*, es decir... la intención que debería haber. Y hay quienes piensan que a esto se le llama "caridad", ya que siente piedad por su amigo cuando ve que no hay nadie que le esté hablando y ni le saludan, y por eso se lo hace. Para ello existe una plegaria –que el Creador le ayude al hacerle sentir el amor de su amigo y acercar al amigo a su corazón. Así, a través de los actos, también es recompensado con la intención.

Pero si en el momento de hacerlo, el dador del obsequio tenía el fin de que el regalo que dio a sus amigos fuera sólo como caridad (incluso si está dedicando su tiempo a su amigo, ya que en ocasiones es más importante para una persona que su dinero, como está dicho: "Uno se preocupa por su falta de dinero pero no por su falta de tiempo". Sin embargo en relación al tiempo, cada uno tiene su propio valor, ya que hay personas que hacen una libra por hora, y hay más y hay menos. Y es lo mismo con la espiritualidad – (cuánta espiritualidad generan en una hora, etc.), entonces él está dando testimonio acerca de sí mismo que no tiene como intención el amor de los amigos, es decir, que a través de la acción, el amor entre ellos se incrementará.

Y sólo cuando ambos tengan la intención de hacer un regalo por el hecho de regalar y no por caridad, entonces a través de frotar los corazones, incluso de los más duros, cada uno extraerá calidez de las paredes de su corazón, y el calor encenderá las chispas de amor, hasta que una vestimenta de amor se forme. Entonces, ambos se cubrirán bajo una misma manta, es decir, un único amor los rodeará y los cubrirá a los dos, como es sabido que la Adhesión une a dos en uno.

Y cuando uno empieza a sentir el amor de su amigo, inmediatamente comienzan a despertar en él alegría y placer, porque la regla es que lo novedoso entretiene. Porque el amor de su amigo por él es algo nuevo para él, porque siempre entendió que él era el único que se preocupaba por su propio bienestar. Pero en el minuto en que descubre que su amigo se preocupa por él, esto evoca dentro de sí una alegría inconmensurable y ya no puede preocuparse por sí mismo, ya que el hombre puede esforzarse sólo cuando siente placer. Y como está comenzando a sentir placer al preocuparse de su amigo, de manera natural no puede pensar en sí mismo.

Vemos que en la naturaleza hay "amor hasta el fin del alma". Y si deseas preguntar: "¿Cómo puede ser que a través del amor, una persona desarrolle un deseo de anular su propia existencia?" Sólo hay una respuesta a eso: "El amor desvía del camino recto". En otras palabras, es irracional y no se considera correcto.

Sólo entonces, cuando existe tal amor, todos y cada uno caminan en un mundo que es completamente bueno y sienten que el Creador lo ha bendecido. Entonces "lo bendito se adhiere a lo bendito" y es recompensado con Adhesión con Él para siempre.

Y a través del amor, uno está dispuesto a anular su realidad por completo. Se sabe a nivel general, que el hombre se divide en dos partes: realidad y existencia de la realidad. Realidad significa que una persona se siente con una carencia, y como un deseo de recibir placer. La existencia de la realidad es el deleite y el placer que él recibe, mediante lo cual el cuerpo es alimentado y puede subsistir. Caso contrario, se verá obligado a perder su esencia y desaparecer del mundo. Este es el significado de: "Lo que Dios ha creado", es decir, la realidad, "para hacer", se refiere a la existencia de la realidad.

La existencia de la realidad se divide en tres partes:

La necesidad, sin la cual la realidad se anulará. En otras palabras, él debe comer al menos una pieza de pan seco y una taza de agua al día, y dormir unas cuantas horas en un banco, con las ropas puestas, y ni siquiera en casa, sino afuera, en la calle o en un campo. Y durante las lluvias, para evitar mojarse o tener frío, debe entrar en alguna cueva para dormir. Sus ropas, también pueden ser harapos, y esto es suficiente para él porque sólo quiere la existencia de la realidad y nada más.

Ser ordinario, un burgués importante –tener una casa y muebles, electrodomésticos, ropa respetable, etc.

Él desea ser como los ricos, que tienen muchas casas y sirvientes, muebles bonitos, y toda una parafernalia agradable a la vista. Y aun cuando no puede obtener lo que quiere, sus ojos y su corazón aspiran a ello y su única esperanza es llevar una vida de lujo, se esfuerza y trabaja sólo para lograr el nivel de un adinerado.

Y hay un cuarto discernimiento dentro de los tres discernimientos antes mencionados: Si ya ha hecho lo suficiente para el día, entonces ya no se preocupa por el mañana. Más bien, considera cada día como todos los años de su vida, como sus setenta años. Y como la naturaleza del hombre es preocuparse de sus necesidades durante sus setenta años, pero no del tiempo de después de su fallecimiento, de manera similar, considera cada día como su vida entera y piensa que no vivirá más que eso.

Y si le reanimara al día siguiente, es como si hubiera sido reencarnado y debiera arreglar lo que corrompió en la primera encarnación. Es decir, si pidió dinero prestado a alguien, se ha endeudado. Así que mañana –en la próxima vida– le paga, y esto se considera un mérito. En la próxima vida, primero arregla todas las deudas que le generó a otros o que otros le generaron. Y pasado mañana es considerado como una tercera encarnación, etc.

Y ahora explicaremos el asunto antes mencionado de que, a través del amor, el hombre está dispuesto a hacer concesiones. Algunas veces, cuando una persona siente amor por el Creador, está dispuesto a renunciar al tercer discernimiento, es decir, a la vida de lujos, ya que quiere dedicar tiempo y energía a dar algunos regalos al Creador, mediante los cuales comprar el amor al Creador (como se mencionó en relación al amor de los amigos). En otras palabras, aun cuando todavía no siente amor por el Creador, este brilla para él como Luz circundante de tal manera que vale la pena adquirir el amor del Creador.

Algunas veces una persona siente que para comprar el amor del Creador, también está dispuesta, si es necesario, a conceder el segundo discernimiento, es decir, la vida de burgués importante, y vivir sólo con lo necesario.

Algunas veces uno siente la grandeza del amor del Creador en tal medida que, si es necesario, estaría de acuerdo en renunciar incluso a la primera parte –las necesidades básicas de la vida– incluso si mediante eso, su propia existencia pudiera ser suprimida por no dar al cuerpo el alimento que necesita.

Y, algunas veces, una persona está dispuesta a renunciar a su misma existencia; quiere dar su cuerpo para que a través de ello, el nombre del Creador sea santificado en las masas, si tuviera la oportunidad de llevarlo a cabo. Es como *Baal HaSulam* dijo: "Uno debe seguir la cualidad de *Rabí Akiva* que dijo: 'Mi vida entera, me arrepentí de este verso: 'Con toda tu alma', ¿cuándo llegaría yo a observar este precepto?'"

Ahora podemos entender las palabras de nuestros sabios: "'Y deberás amar... con todo tu corazón', con tus dos inclinaciones. Y 'Con toda tu alma' significa incluso si Él toma tu alma. 'Y con toda tu fuerza' y con todas tus posesiones'". Como ya dijimos, el primer grado del amor es la existencia de la realidad, es decir, los alimentos del cuerpo, que son mediante la propiedad y las posesiones, es decir, renunciar a los tres discernimientos antes mencionados en la existencia de la realidad. El segundo grado se llama "Con toda tu alma", es decir, concediendo la propia existencia.

Y podemos cumplir eso a través de la buena inclinación, es decir, mediante la coacción, cuando uno deja al cuerpo entender que hay más deleite y placer en deleitar y dar al Creador que en deleitar y dar a uno mismo. Sin embargo, sin deleite y placer, uno no puede hacer nada. Cuando uno se aflige, debemos decir que a cambio recibe algún tipo de placer, o que siente o espera sentir placer durante el acto, ya que el sufrimiento purifica, así que más adelante será recompensado con un placer maravilloso a cambio del sufrimiento. En otras palabras, obtendrá el placer ya sea en este mundo u obtendrá placer al creer que recibirá placer en el próximo mundo. Puesto de manera diferente, u obtiene placer en forma de Luz interna o en forma de Luz circundante –del futuro.

Sin embargo, uno no debe pensar que uno puede hacer algo sin placer. A su vez (uno debe saber), hay muchos discernimientos en *Lishmá*, es decir, en otorgamiento: "otorgar con el fin de otorgar" significa recibir placer de dar al Creador. "Otorgar con el fin de recibir" significa que él le da al Creador y mediante eso recibirá algo más, sea lo que sea –este mundo, el próximo mundo, alcances o grados más elevados.

Sin embargo, uno debe otorgar con el fin de otorgar, es decir, derivar un placer maravilloso de dar al Creador, como realmente es para aquellos que son recompensados con ello. Uno debe hablar con el Creador desde el fondo de su corazón para que le dé esta sensación de amar al Creador debido a su grandeza.

Y si aun no es recompensado, debe creer y obligar a su cuerpo – que esto es un placer maravilloso y de gran importancia–, y amar al Creador por Su grandeza y sublimidad bendita. Pero uno debe saber algo: sin placer, uno no puede hacer nada de forma completa.

Regresemos a lo mencionado anteriormente: "'Con todo tu corazón', con tus dos inclinaciones", es decir, que uno debe ser completo en el amor al Creador, o sea que también la inclinación al mal esté de acuerdo en otorgarle a Él.

Seré breve ya que se aproxima el *Shabat*. Pienso que [...] será capaz de obtener respuestas a dos cartas que recibí de él, y que realmente disfruté. Estoy sorprendido de que [...] que acostumbraba escribirme cartas, ha pasado ya un tiempo desde que recibí una carta de él. Por favor hazme saber si está bien y con salud. Muchas gracias también a [...] por sus cartas, que recibo de él de tanto en tanto, y a [...] por el telegrama. Supongo que [...] no tiene mi dirección.

Su amigo

Baruj Shalom, hijo de *Baal HaSulam*, el *Rav Ashlag*

El árbol del conocimiento del bien y del mal
15 de enero de 1972

Está escrito en *El Zóhar*: "El árbol del conocimiento del bien y del mal, si lo lograron: bien; si no lo lograron: mal".

Se explica en el Comentario *Sulam* que si él lo logró, *Midat HaDin* (cualidad del juicio o sentencia) –cuarto discernimiento de la Luz directa no mitigada– es ocultada, y *Midat HaRajamim* (cualidad de la misericordia) es revelada; esto es, *Maljut* que es mitigada en *Midat HaRajamim* (cualidad de la misericordia), es revelada. Pero, si él no lo logra, sucede lo contrario.

Debemos entender el significado de revelación y ocultación. Es sabido que el hombre consta de virtudes y buenas cualidades, al igual que de malas cualidades. Esto es porque "No existe un justo sobre la tierra quien hará el bien sin pecar". En otras palabras, siempre existe una deficiencia en la persona, algo más que corregir, de otra manera, no habría nada más para hacer en el mundo.

Esto es como dos hombres que están unidos el uno al otro, y hay amistad entre ellos y, de pronto, uno de ellos escucha que el otro le hizo algo malo. Inmediatamente se aleja de él y no puede mirarlo o permanecer cerca de su amigo. Pero, después de todo, se reconcilian.

Nuestros sabios vienen y dicen: "No apacigües a tu amigo mientras esté enfadado". La pregunta es: ¿Por qué? Durante su enfado, él ve la falta de su amigo y no puede perdonarlo de ninguna forma, ya que la falta de su amigo está revelada, y sus buenas cualidades –aquellas por las que lo eligió como amigo– ahora están ocultas y sólo se revela la falta del amigo. Así pues, ¿cómo puede hablar a alguien que es malo?

Pero, después de algún tiempo, cuando olvida el daño que su amigo hizo, puede redescubrir las buenas cualidades y ocultar las malas cualidades de su amigo; es decir, que reaviva la sensación de las buenas cualidades de su amigo.

Naturalmente, mientras no se dé poder y apoyo a las malas cualidades de su amigo, estas son dejadas de lado y ocultadas. Esto sucede porque cuando hablamos de algo, el discurso da poder y sustento a las cosas que se están discutiendo. De esta manera, cuando el enfado es olvidado, es decir, cuando la pena que su amigo le causó pierde su escozor, es posible comenzar a hablar del placer que recibió de las buenas cualidades de su amigo.

Esta imagen se percibe mejor entre un marido y su esposa. A veces, están en tal desacuerdo que desean apartarse el uno del otro. Pero después se reconcilian. La pregunta es: "¿Qué sucede con las cosas malas que ocurrieron entre ellos mientras estaban reñidos? ¿Acaso han desaparecido?".

En realidad, debemos decir que ocultaron las razones, es decir, las malas cualidades que cada uno vio en el otro. Y ahora, durante el período de paz, cada uno recuerda únicamente las buenas cualidades entre ellos, las virtudes por las cuales se dio la unión entre ellos.

Pero, incluso después, si alguien de la familia viene y comienza a hablar al hombre o a la mujer, y muestra las faltas del otro, le daría fuerza y vitalidad a cosas que entre ellos suprimen y cancelan, y les expondría a ellas. En ese estado, uno puede provocar la separación entre ellos.

De forma similar, entre dos amigos, si una tercera persona viene y comienza a mostrar a uno de los amigos las faltas y desventajas de su amigo, hablando de cosas que están ocultas en ellas, él podría darles a estas cosas poder y vitalidad, y esa tercera persona podría provocar la separación entre ellos.

Y quizás esta es la razón por la que difamar está prohibido, aun cuando sea verdad; pues esto revela cosas que estaban escondidas previamente. Esto provoca lo opuesto –oculta las virtudes y revela las faltas de su amigo– provocando así separación y odio entre ellos. Y, pese a que todo lo que diga es verdad, la razón es tal como fue dicha arriba –que todo depende de qué se revela y qué se oculta.

También es lo mismo entre el Creador y el hombre. Mientras la maldad del hombre está cubierta y una persona se considera a sí misma virtuosa, se siente calificada para dedicarse a la *Torá* y las *Mitzvot* (preceptos), pues es digna de ascender de grado. Pero, cuando es al contrario, y sus virtudes están cubiertas y solo sus desventajas son reveladas, no puede comprometerse en la *Torá* y las *Mitzvot* porque siente que es indigno de cualquier cosa.

Así, podrá, al menos, disfrutar de este mundo como una bestia, pues no puede ser un ser humano. *Baal HaSulam* dijo sobre esto que, normalmente, conforme la persona se dedica a la *Torá* y las *Mitzvot*, siente su bajeza, y cuando se compromete en asuntos corporales, no siente ninguna bajeza.

Pero debería ser lo contrario –mientras se compromete en asuntos corporales, debería sentir su bajeza, y naturalmente podría hacer todo sin ninguna vitalidad; mientras que comprometido en *Torá* y las *Mitzvot*, él debería considerarse a sí mismo como completo. De hecho, es el mismo problema que hemos mencionado anteriormente.

Reprender al otro

"'Quien no sabe cómo ser cuidadoso'. No dijo: 'Reprender (ser reprensivo) ', sino 'Ser cuidadoso'" (*Zóhar, VaYeshev*). El hombre desea reprender a los demás, y enseñarles moral. Todos quieren que el resto trabaje con vasijas de otorgamiento, pues si todos los amigos trabajaran en otorgamiento, le darían todo lo que él necesita. Sin embargo, si él se reprendiera a sí mismo, acerca de que él debería ser el otorgante, entonces su deseo de recibir perdería. Pero cuando las vasijas de los demás trabajan en otorgamiento, su deseo de recibir se beneficia. Por eso todos desean que los demás sean puros.

El Hombre como un todo

Como un todo, el Hombre cuenta con dos discernimientos:
su propia existencia,
la existencia de la realidad.
La existencia de la realidad se divide en tres partes:
Necesidad, sin la cual la realidad podría dejar de ser. Por eso, es suficiente comer una pequeña rebanada de pan seco y una taza de agua fría por día, dormir en un banco durante unas pocas horas con la ropa aun puesta, y ni siquiera en casa, sino en un campo. O en alguna cueva durante la lluvia para no mojarse. También sus ropas pueden ser nada más que harapos.
Comportarse como un ordinario burgués; pero sin desear asemejarse al rico, quien tiene mucho dinero, un hermoso mobiliario, fina parafernalia, y agradable ropa, ni tener el deseo de comer y beber todo de lujo, tal como acostumbran los ricos.
Existe un ansia y demanda en su cuerpo por asemejarse al rico. Y pese a que él no puede obtener lo que desea, sus ojos y corazón están abocados a ello. Está expectante, desea y trabaja para obtenerlo –hace todo para llegar a ser rico.

Existe un cuarto caso que incluye los anteriores tres discernimientos: Si él ha hecho lo suficiente durante el día, no se preocupa del mañana. Es más, cada día es considerado por él como el lapso de toda su vida.

Normalmente, la gente se preocupa por satisfacer sus necesidades sólo durante setenta años. Pero, pasados ciento veinte años, un hombre ya no se preocupa de sus suministros. También, hay personas que piensan que cada día debe ser ante sus ojos como nuevo, es decir, como una nueva creación.

Esto es como una reencarnación –que la persona de ayer ha encarnado en la persona de hoy y debe corregir todo lo que hizo el día anterior; en ambas cosas, tanto méritos como deudas. Es decir, ya sea que haya hecho o trasgresiones.

Por ejemplo, si él tomó algo de su amigo, debe regresarlo. Y si le prestó algo a su amigo, debe recibirlo, ya que cobrar una deuda es una *Mitzvá* (sin. de *Mitzvot)*, por lo que debe cobrarle a su amigo y así otorgarle su debido mérito.

Y ahora hablaremos del amor por el Creador. Primero, uno debe saber que el amor se compra mediante acciones. A través de darles regalos a sus amigos, cada regalo que da a su amigo es como una flecha y una bala que hace un hoyo en el corazón de su amigo. Y aunque el corazón de su amigo es como una roca, aun así, cada bala hace un hoyo. Y todos los agujeros juntos hacen un espacio hueco por donde ingresa el amor del que da esos regalos.

Y la calidez del amor le acerca las chispas de amor de su amigo, y entonces los dos amores entretejen un manto de amor que los cubre a ambos. Significa que un mismo amor les rodea y envuelve a ambos, y ellos, naturalmente, se vuelven una sola persona; porque el ropaje que los cubre a ambos es único. Así pues, ambos se anulan ante el amor.

Y es una regla que todo lo novedoso es emocionante y entretiene. Por lo tanto, después de que uno reciba la vestimenta de amor del otro, sólo se regocija del amor del prójimo y se olvida del amor propio. En ese momento, cada uno de ellos comienza a recibir placer sólo por preocuparse de su amigo y ya no puede preocuparse de sí mismo, ya que cada persona puede trabajar sólo donde recibe placer.

Y siendo que disfruta del amor al prójimo y recibe placer específicamente de ello, no sentirá placer al preocuparse de sí mismo. Y si no hay placer, no hay preocupación y no puede realizar esfuerzo alguno.

Esta es la razón por la cual algunas veces, sea natural que por un gran amor al prójimo, uno podría cometer locuras. Al igual que en el amor por el Creador, algunas veces una persona está dispuesta a renunciar al tercer discernimiento arriba mencionado. Más tarde, desea renunciar al segundo discernimiento, y después al primero; cabe preguntarse, ¿Cómo puede cancelar su propia existencia?

El asunto es: "Si su existencia es revocada, ¿quién podrá ser el que reciba el amor?" Pero el Creador concede amor con el poder para desviar a la persona del camino correcto. En otras palabras, él deja de ser racional y desea ser anulado de la realidad por la fuerza del amor, y su raciocinio no tiene fuerza para detenerlo.

Por eso, si preguntamos: "¿Cómo es posible que uno llegue a tal estado?", existe una respuesta a eso: ¡"Probaron y vieron que el Señor es bueno"! Por eso la naturaleza obliga la anulación, aunque uno no lo entienda racionalmente.

Ahora podemos entender el verso: "Y amarás al Señor... con todo tu corazón y con toda tu alma y con todas tus fuerzas". "Tus fuerzas" significa la existencia de la realidad, "tu alma" significa tu propia existencia, y "tu corazón" ya es un alto grado, es decir, que contiene ambas inclinaciones la inclinación al bien, y la inclinación al mal.

Haremos y escucharemos (2)

Está escrito: "Y el hombre Moisés fue muy humilde". Humildad significa bajeza, cuando una persona se anula a sí misma frente a otra. No es necesariamente una anulación externa, sino también interna. Externa significa lo que se ve desde afuera, aquello que se revela, es cuando todos pueden ver que no da ninguna importancia a sí mismo, pero considera que su amigo se encuentra en un grado más importante que el suyo. Esto se ve por medio de los actos que hace frente a su amigo.

Y también existe el aspecto interno llamado "oculto". Estos son los pensamientos y la mente, los cuales también debe anular frente a su amigo. Este es el significado de lo que está escrito: "Mi alma debe ser como el polvo frente a todo". La pregunta es: "¿Cómo puede una persona pensante y racional decir que su razón será anulada frente a todos y cada uno, mientras él sabe y siente sobre sí mismo que él se encuentra en un grado que es cien veces más elevado que el de su amigo?".

Sin embargo, existe un discernimiento llamado "parte" y un

discernimiento llamado "todo". El todo es más elevado que la parte, y uno debe anularse a sí mismo frente a todas y cada una de las partes por ser integrantes del todo. En otras palabras, todo *Israel*, a pesar que particularmente no sea tan importante, con respecto a su totalidad, cada persona es muy importante.

Cada persona debe anular sus propias necesidades ante las necesidades del colectivo. Y como una persona debe anular su razón y sus pensamientos ante el Creador, así debe acostumbrarse también de forma externa. Esto se llama "hacer", lo cual es llamado "Nosotros haremos". Y todas esas anulaciones le permitirán anular su razón y sus pensamientos ante el Creador.

Así, resulta que quien tiene más conocimiento tiene más trabajo anulándose a sí mismo frente al Creador. Pero aquel que es un tonto, no precisa anular su razón, pues no tiene. De esto se deduce que el único mérito de la razón es que uno tiene algo para anular, y esta es la única razón por la que uno debe aspirar al conocimiento. Y aquel que no está listo para eso, es mejor que no tenga conocimiento.

Esto se llama "Su sabiduría es mayor que sus acciones". Significa que él tiene más conocimiento del que puede anular, puesto que la anulación es considerada hacer, y no escuchar. "Escuchar" significa entender, y "hacer" es sólo mediante la fuerza, sin el uso de la razón. Esto es lo que se llama: "Haremos y escucharemos". Por lo tanto, si tiene el poder de "hacer", será capaz de recibir el "escuchar", pues su base es la fe y no el conocimiento.

Interioridad y exterioridad

Humildad se le llama cuando sucede en todos los niveles. Tanto en la acción, cuando se anula ante el prójimo, o en el pensamiento. Siendo que su razón también debe ser anulada ante su amigo.

Y existe la interioridad y existe la exterioridad. Se llaman "lo revelado" y "lo oculto", "acto" y "pensamiento". Algo que todo el mundo puede ver pertenece a la parte del acto, pero el pensamiento no es revelado. Por eso el pensamiento se considera interno, es decir, que está en el interior del hombre. Pero un acto es considerado externo, cuando hay un pensamiento interno dentro de sí.

Por tanto, cuando uno debe anularse frente a su amigo, no se considera anulación, si no es de ambas maneras: en pensamiento y en acción.

No es sólo el acto, sino su mente también debe ser revocada, y decir que el punto de vista de su amigo es más importante que su propio punto de vista. De otra manera, no se considera como una anulación. Cuando demuestra su anulación frente a su amigo, esto no es más que adulación (halagos), es decir, que en el exterior él parece como si pensara que su amigo es más importante, pero por dentro, sabe que su amigo, no le llega a los talones.

ACERCA DE BNEI BARUJ

Bnei Baruj es una institución sin fines de lucro que tiene como propósito la difusión de la sabiduría de la Cabalá para acelerar la espiritualidad de la humanidad. El cabalista Rav Dr. Michael Laitman, quién fue discípulo y asistente personal del Rabí Baruj Ashlag, hijo del Rabí Yehuda Ashlag (autor del comentario sobre el Zóhar), sigue los pasos de su mentor guiando al grupo hacia el logro de la misión.

El método científico de Laitman provee a los individuos de todas las creencias, religiones y culturas las herramientas necesarias y precisas para embarcarse en un camino altamente eficaz de auto-descubrimiento y ascenso espiritual. Enfocándose en el proceso interno que los individuos llevan a su propio ritmo, Bnei Baruj, da la bienvenida a la gente de todas las edades y estilos de vida para que se incorporen en este gratificante proceso.

En años recientes, ha surgido una masiva búsqueda mundial por las respuestas a las preguntas acerca de la vida. La sociedad ha perdido su habilidad de ver la realidad por lo que ésta es, y en su lugar, han aparecido puntos de vista y opiniones formadas a la ligera. Bnei Baruj llega a todos aquellos que están buscando conciencia mas allá de lo estándar, a gente que busca entender cuál es nuestro verdadero propósito de estar aquí.

Bnei Baruj ofrece una guía práctica y un método confiable para entender los fenómenos mundiales. El auténtico método de enseñanza, concebido por el Rabí Yehuda Ashlag, no sólo ayuda a sobreponerse a las dificultades y tribulaciones de la vida diaria, sino que además inicia un proceso en el cual los individuos superan sus fronteras y limitaciones actuales.

El rabino Yehuda Ashlag dejó un método de estudio para esta generación, el cual esencialmente "entrena" a los individuos para comportarse como si ellos ya hubieran alcanzado la perfección de los Mundos Superiores, aún permaneciendo aquí en nuestro mundo. En las palabras del rabino Yehuda Ashlag, "Este método es un camino práctico para comprender el Mundo Superior y la fuente de nuestra existencia mientras aún vivimos en este mundo".

El cabalista es un investigador que estudia su propia naturaleza utilizando este método preciso, probado a través del tiempo. A través de este método, el hombre alcanza la perfección, toma control y descubre el propósito de su vida. Tal como una persona no puede conducirse apropiadamente en este mundo sin tener este conocimiento, así también su alma no puede funcionar de manera correcta en el Mundo Superior sin conocer de él.

La sabiduría de la Cabalá provee este conocimiento.

Información de contacto

Centro de Estudios de Cabalá Bnei Baruj

(Learning Center)

Sitio web: www.cabalacentroestudios.com

Sitios Web Bnei Baruj

www.kabbalah.info/es

www.kab.tv/spa

www.laitman.es

www.kabbalahmedia.info

www.kabbalahbooks.info

Bnei Baruj Instituto de Educación e Investigación de la Cabalá

Correo electrónico: spanish@kabbalah.info

www.ingramcontent.com/pod-product-compliance
Lightning Source LLC
Chambersburg PA
CBHW081216170426
43198CB00017B/2629